高等职业教育“十二五”规划教材

Customs Clearance and International Transportation Practice

# 报关与国际货运操作实务

陈 鑫 编著

天津大学出版社
TIANJIN UNIVERSITY PRESS

## 内 容 提 要

本书由“报关”和“国际货物运输”两部分内容及附录构成。第一部分包括报关活动、海关管理、对外贸易管制与报关规范、海关监管货物及其报关程序、一般进出口货物及其报关程序、保税加工货物及其报关程序、进出口商品归类、进出口税费缴纳与计算、进出口货物报关单填制等9章内容；第二部分包括国际海上货物运输、班轮运价与运费计算、海运提单与国际货物运输公约、国际班轮运输操作流程与班轮运输单证、集装箱及集装箱班轮运输业务流程、国际多式联运、租船货物运输、租船运输业务流程、航空货物运输、国际航空货物运价及运费计算、国际航空货物运输业务操作流程、航空货运单、国际航空快递货物运输等13章内容。

本书内容不仅注重对专业知识的理解和分析，更注重对专业知识在一个完整工作过程当中的实际应用，针对职业岗位所需专业知识和能力结构进行科学、合理的设计，突出报关与国际货运专业知识在国际贸易中应用的能力培养及对于人才的新要求。

本书可作为高等职业教育国际贸易专业、国际商务专业、商务英语专业、经济管理类专业开设“报关与国际货运”课程的教材，也可作为国际贸易行业从业人员的参考书。

**图书在版编目(CIP)数据**

报关与国际货运操作实务/陈鑫编著. —天津：天津大学出版社，2013.5

高等职业教育“十二五”规划教材

ISBN 978-7-5618-4695-7

Ⅰ.①报…　Ⅱ.①陈…　Ⅲ.①进出口贸易－海关手续－中国－高等职业教育－教材②国际运输－货物运输－高等职业教育－教材　Ⅳ.①F752.5②F511.41

中国版本图书馆CIP数据核字(2013)第110448号

**出版发行**　天津大学出版社
**出 版 人**　杨欢
**地　　址**　天津市卫津路92号天津大学内(邮编:300072)
**电　　话**　发行部:022-27403647
**网　　址**　publish.tju.edu.cn
**印　　刷**　廊坊市长虹印刷有限公司
**经　　销**　全国各地新华书店
**开　　本**　185mm×260mm
**印　　张**　21.5
**字　　数**　537千
**版　　次**　2013年6月第1版
**印　　次**　2013年6月第1次
**印　　数**　1－3 000
**定　　价**　49.00元

# 前　言

在经济全球化的今天，外贸从业人员既应该掌握国际贸易专业知识和专业技能，又需要具备报关与国际货运领域的专业知识和能力，才能满足社会对这一岗位综合职业能力的要求。

报关与国际货运作为国际贸易重要组成部分，是外贸从业人员必须掌握的内容之一。外贸从业人员是否熟悉进出口货物外贸管制等专业知识，是否具备熟练计算运费、进出口关税等专业技能，对国际贸易商务谈判成败至关重要。

外贸从业人员与报关和货运从业人员要求不同，侧重点不同。本书编著者曾从事外贸工作长达18年，并在近8年的一线教学工作中发现，目前针对外贸从业人员而写、集报关与国际货运为一体的教材极少。这次能够出版此教材奉献给大家，达成了作者长久的心愿。

本书内容不仅注重对专业知识的理解和分析，更注重对专业知识在一个完整工作过程当中的实际应用，针对职业岗位所需专业知识和能力结构进行科学、合理的设计，突出报关与国际货运专业知识在国际贸易中应用的能力培养及对于人才的新要求。

本书力求贴合外贸行业的新进展、新变化，如将国家外汇管理局、海关总署、国家税务总局关于货物贸易外汇管理制度改革的公告（国家外汇管理局公告2012年第1号）最新政策纳入报关相关部分，使读者及时掌握外汇核销环节最新要求。

该书可作为高等职业教育国际贸易专业、国际商务专业、商务英语专业、经济管理类专业开设"报关与国际货运"课程的教材，也可作为国际贸易行业从业人员的参考书。

为了帮助任课教师更好地备课，按照教学计划顺利完成教学任务，对选用本教材的授课教师免费提供一套教师专用版光盘资料，为读者提供全方位的、细致周到的教学资源增值服务。索取教学资料的联系电话：13902078274，电子信箱：zhaohongzhi1958@126.com。

编著者

2013年2月

# 目　　录

*Contents*

## 第一部分　报　关


**1　报关活动** …… (3)

1.1　报关含义及报关单位 …… (3)

1.2　报关范围及报关基本内容 …… (5)

1.3　自理报关与代理报关办理 …… (7)

**2　海关管理** …… (15)

2.1　我国海关性质与任务 …… (15)

2.2　我国海关管理体制与机构 …… (16)

2.3　海关权力 …… (18)

**3　对外贸易管制与报关规范** …… (24)

3.1　对外贸易管制基本知识 …… (24)

3.2　我国货物进出口许可管理制度 …… (24)

3.3　其他贸易管制制度 …… (30)

3.4　各类监管证件办理程序及报关规范 …… (35)

**4　海关监管货物及其报关程序** …… (49)

4.1　海关监管货物分类 …… (49)

4.2　报关基本程序 …… (49)

4.3　电子报关及电子通关系统 …… (51)

**5　一般进出口货物及其报关程序** …… (54)

5.1　一般进出口货物基本知识 …… (54)

5.2　一般进出口货物报关程序 …… (55)

5.3　修改或撤销申报内容的办理 …… (60)

5.4　滞报金计算 …… (62)

**6　保税加工货物及其报关程序** …… (66)

6.1　保税加工货物基本知识 …… (66)

6.2　纸质手册管理下的保税加工货物报关程序 …… (68)

6.3　电子账册管理下的保税加工货物报关程序 …… (72)

6.4　电子化手册管理下的保税加工货物报关程序 …… (76)

**7　进出口商品归类** …… (81)

7.1　《商品名称及编码协调制度》简介 …… (81)

7.2　我国海关进出口商品分类目录简介 …… (82)

7.3 进出口货物商品归类的海关管理 …………………………………………(83)
7.4 《协调制度》归类总规则 ……………………………………………………(86)
7.5 商品归类的一般方法 ………………………………………………………(91)
8 **进出口税费缴纳与计算** ………………………………………………………(94)
8.1 进出口税费基本知识 ………………………………………………………(94)
8.2 进出口关税计征方法 ………………………………………………………(94)
8.3 进出口关税的计算 …………………………………………………………(96)
8.4 进口环节海关代征税种类 …………………………………………………(100)
8.5 进口环节代征税计算 ………………………………………………………(102)
8.6 税款滞纳金计算 ……………………………………………………………(103)
9 **进出口货物报关单填制** ………………………………………………………(107)
9.1 进出口货物报关单种类及各联用途 ………………………………………(107)
9.2 海关对进出口货物报关单填制一般要求 …………………………………(109)
9.3 进出口货物报关单表头各栏目的填制 ……………………………………(109)
9.4 进出口货物报关单表体各栏目的填制 ……………………………………(116)
9.5 进出口货物报关单填制案例分析 …………………………………………(118)

## 第二部分　国际货物运输

1 **国际海上货物运输** ……………………………………………………………(133)
1.1 国际海上货物及运输工具 …………………………………………………(133)
1.2 港口与航线 …………………………………………………………………(136)
1.3 国际海运船舶营运方式 ……………………………………………………(139)
2 **班轮运价与运费计算** …………………………………………………………(142)
2.1 班轮运输及运价特点 ………………………………………………………(142)
2.2 影响运价主要因素及运价本 ………………………………………………(144)
2.3 班轮运费计算 ………………………………………………………………(145)
3 **海运提单与国际货物运输公约** ………………………………………………(155)
3.1 海运提单基本知识 …………………………………………………………(155)
3.2 提单的种类 …………………………………………………………………(157)
3.3 提单内容与提单填制 ………………………………………………………(161)
3.4 海运单与电放 ………………………………………………………………(166)
3.5 国际货物运输公约 …………………………………………………………(172)
4 **国际班轮运输操作程序与班轮运输单证** ……………………………………(178)
4.1 班轮运输主要关系人及船期表 ……………………………………………(178)
4.2 班轮货运操作程序 …………………………………………………………(180)
4.3 杂货班轮货运单证 …………………………………………………………(182)
4.4 集装箱班轮货运单证 ………………………………………………………(189)

5 集装箱及集装箱班轮运输业务流程 …… (201)
5.1 集装箱种类与规格 …… (201)
5.2 集装箱标志与集装箱号组成 …… (204)
5.3 集装箱货物交接 …… (207)
5.4 班轮集装箱整箱货物出口流程 …… (210)
5.5 班轮集装箱整箱货物进口流程 …… (214)
5.6 班轮集装箱拼箱货物运输流程 …… (216)
6 国际多式联运 …… (221)
6.1 国际多式联运基本知识 …… (221)
6.2 国际多式联运单据 …… (222)
6.3 北美陆桥运输及提单使用 …… (225)
7 租船货物运输 …… (231)
7.1 租船货运业务基本知识 …… (231)
7.2 租船运输特点 …… (233)
7.3 租船合同范本 …… (234)
7.4 租船货运经营方式 …… (236)
8 租船运输业务流程 …… (243)
8.1 租船运输业务程序 …… (243)
8.2 航次租船合同主要条款解释 …… (249)
8.3 装卸时间和滞期费、速遣费计算 …… (256)
9 航空货物运输 …… (262)
9.1 航空货运特点 …… (262)
9.2 航空运输经营方式 …… (263)
9.3 集中托运业务及单据 …… (263)
9.4 航空运输业务区 …… (267)
9.5 航空运价手册 …… (270)
9.6 航空货运代码简介 …… (271)
10 国际航空货物运价及运费计算 …… (277)
10.1 国际航空货物运价基本知识 …… (277)
10.2 国际航空货物运价体系 …… (279)
10.3 各类航空货物运费计算 …… (281)
11 国际航空货物运输业务操作流程 …… (295)
11.1 航空货物出口运输业务操作流程 …… (295)
11.2 航空货物进口运输业务操作流程 …… (301)
12 航空货运单 …… (305)
12.1 航空货运单基本知识 …… (305)
12.2 航空货运单填制规范 …… (307)

13 国际航空快递货物运输 ………………………………………………………………（315）
13.1 国际航空快递货物运输的基本知识 ……………………………………………（315）
13.2 航空快递的特点 ………………………………………………………………（317）

## 附　　录

附录 金康合同范本(中英文对照) …………………………………………………（323）
参考文献 …………………………………………………………………………………（333）

# 第一部分

## 报　关

# 1　报关活动

## 1.1　报关含义及报关单位

### 1.1.1　报关的含义

报关是与运输工具、货物、物品的进出境密切相关的一个概念。在国际物流、国际交流和交往活动中,往往存在着运输工具、货物、物品和人员进出境的情况。报关从海关行政管理的角度来讲,指向海关办理进出境手续及其他相关手续的过程。比如进出口公司的货物运输跨越关境,船舶、飞机、汽车等运输工具跨越关境,个人邮寄物品跨越关境,某人携带物品通过关境,这个时候都需要向海关提交报关单据及办理海关要求的其他手续,由海关审核是否符合《中华人民共和国海关法》(以下简称《海关法》)的规定,决定能否予以放行,这个过程就是报关。

一般而言,报关是指进出口货物收发货人(进出口公司)、进出境运输工具负责人、进出境物品的所有人或者他们的代理人向海关办理货物、物品或运输工具进出境手续及相关海关事务的过程。

### 1.1.2　报关单位

**1. 报关单位的概念**

**报关单位**是指依法在海关注册登记的**进出口货物收发货人**和**报关企业**。《海关法》规定:"进出口货物收发货人、报关企业办理报关手续,必须依法经海关注册登记。报关人员必须依法取得报关从业资格。未依法经海关注册登记的企业和未依法取得报关从业资格的人员,不得从事报关业务。"法律明确规定了对向海关办理进出口货物报关手续的进出口货物收发货人、报关企业实行注册登记管理制度。

**2. 报关单位的类型**

**1)进出口货物收发货人**

进出口货物收发货人是指依法直接进口或者出口货物的中华人民共和国关境内的法人、其他组织或者个人。

一般而言,进出口货物收发货人指的是依法向国务院对外贸易主管部门或者其委托的机构办理备案登记的对外贸易经营者。对于一些未取得对外贸易经营者备案登记表,但按照国家有关规定需要从事非贸易性进出口活动的单位,如境外企业、新闻机构、经贸机构、文化团体等依法在中国境内设立的常驻代表机构,少量货样进出境的单位,国家机关、学校、科研院所等组织机构,临时接受捐赠、礼品、国际援助的单位,国际船舶代理企业等,在进出口货物时,海关也视其为进出口货物收发货人。

进出口货物收发货人经向海关注册登记后,只能为本单位进出口货物报关。

**2)报关企业**

报关企业是指按照规定经海关准予注册登记,接受进出口货物收发货人的委托,以进出口货物收发货人的名义或者以自己的名义,向海关办理代理报关业务,从事报关服务的境内企业法人。

目前，我国从事报关服务的报关企业主要有两类：一类是经营国际货物运输代理等业务，兼营进出口货物代理报关业务的国际货物运输代理公司等；另一类是主营代理报关业务的报关公司或报关行。

**3. 进出口货物收发货人的报关行为规范**

进出口货物收发货人在海关办理注册登记后，可以在中华人民共和国关境内的各个口岸或者海关监管业务集中的地点办理本单位的报关业务，但不能代理其他单位报关。进出口货物收发货人自行办理报关业务时，应当通过本单位所属的报关员向海关办理。

进出口货物收发货人可以委托海关准予注册登记的报关企业，由报关企业所属的报关员代为办理报关业务，但不得委托未取得注册登记许可、未在海关办理注册登记的单位或者个人办理报关业务。

进出口货物收发货人办理报关业务时，向海关递交的纸质进出口货物报关单必须加盖本单位在海关备案的报关专用章。

进出口货物收发货人应对其所属报关员的报关行为承担相应的法律责任。进出口货物收发货人所属的报关员离职，报关员未按规定办理报关员注册注销的，进出口货物收发货人应当自报关员离职之日起 7 日内向海关报告并将报关员证件交注册地海关予以注销；报关员未交还报关员证件的，其所在单位应当在报刊上声明作废，并向注册地海关办理注销手续。

**4. 海关对进出口货物收发货人的分类管理**

为了鼓励企业守法自律，提高海关管理效能，保障进出口贸易的安全与便利，海关根据企业遵守法律、行政法规、海关规章、相关廉政规定和经营管理状况以及海关监管、统计记录等，对在海关注册登记的进出口货物收发货人、报关企业的守法及进出口行为规范程度进行评估，划分出信用差别，按照 AA，A，B，C，D 5 个管理类别进行管理，并对企业的管理类别予以公开。海关按照守法便利原则，对适用不同管理类别的企业，制定相应的差别管理措施，其中 AA 类企业为经海关验证的信用突出企业，A 类企业为信用良好企业，AA 类企业和 A 类企业适用相应的通关便利措施；B 类企业为信用一般企业，适用常规管理措施；C 类企业为信用较差企业，D 类企业为信用很差企业，C 类企业和 D 类企业适用严密监管措施。

进出口货物收发货人管理类别的设定在全国海关实行统一的企业分类标准、程序和管理措施。

(1) AA 类进出口货物收发货人，应当同时符合下列条件：

①已适用 A 类管理 1 年以上；

②上一年度进出口报关差错率 3% 以下；

③经海关验证稽查，符合海关管理、企业经营管理和贸易安全的要求；

④每年报送经营管理状况报告和会计师事务所出具的上一年度审计报告，每半年报送进出口业务情况表。

(2) A 类进出口货物收发货人，应当同时符合下列条件：

①已适用 B 类管理 1 年以上；

②连续 1 年无走私罪、走私行为、违反海关监管规定的行为；

③连续 1 年未因进出口侵犯知识产权货物而被海关行政处罚；

④连续 1 年无拖欠应纳税款、应缴罚没款项情事；

⑤上一年度进出口总值 50 万美元以上；

⑥上一年度进出口报关差错率 5% 以下；

⑦会计制度完善，业务记录真实、完整；

⑧主动配合海关管理，及时办理各项海关手续，向海关提供的单据和证件真实、齐全、有效；

⑨每年报送经营管理状况评估报告；

⑩按照规定办理中华人民共和国海关进出口货物收发货人报关注册登记证书的换证手续和相关变更手续；

⑪连续1年在商务、人民银行、工商、税务、质检、外汇、监察等行政管理部门和机构无不良记录。

(3)进出口货物收发货人有下列情形之一的，适用C类管理：

①有走私行为的；

②1年内有3次以上违反海关监管规定行为，且违规次数超过上一年度报关单及进出境备案清单总票数1‰的，或者1年内因违反海关监管规定被处罚款累计总额人民币100万元以上的；

③1年内有2次因进出口侵犯知识产权货物而被海关行政处罚的；

④拖欠应纳税款、应缴罚没款项人民币50万元以下的。

(4)进出口货物收发货人有下列情形之一的，适用D类管理：

①有走私罪的；

②1年内有2次以上走私行为的；

③1年内有3次以上因进出口侵犯知识产权货物而被海关行政处罚的；

④拖欠应纳税款、应缴罚没款项超过人民币50万元的。

(5)进出口货物收发货人未发生C类管理和D类管理所列情形并符合下列条件之一的，适用B类管理：

①首次注册登记的；

②首次注册登记后，管理类别未发生调整的；

③AA类企业不符合原管理类别适用条件，并且不符合A类管理类别适用条件的；

④A类企业不符合原管理类别适用条件的。

## 1.2 报关范围及报关基本内容

### 1.2.1 报关范围

进出口货物收发货人、进出境运输工具负责人、进出境物品的所有人或者他们的代理人等海关行政管理相对人履行报关义务时，根据其所涉及的报关对象、报关目的及报关行为性质的不同，可将报关分为以下三类。

**1.按照报关对象的不同，可分为运输工具报关、货物报关和物品报关**

由于海关对进出境运输工具、货物、物品的监管要求各不相同，履行运输工具报关、货物报关和物品报关的具体手续也各不相同。其中，进出境运输工具作为货物、人员及其携带物品的进出境载体，其报关主要是向海关直接交验随附的符合国际商业运输惯例、能反映运输工具进出境合法性及其所承运货物物品情况的合法证件、清单和其他运输单证，其报关手续较为简单。进出境物品由于其非贸易性质，且一般限于自用、合理数量，其报关手续也很简单。进出境货物的报关较为复杂，为此，海关根据对进出境货物的监管要求，制定了一系列报关管理规范,并要求必须由具备一定的专业知识和技能且经海关核准的专业人员代表报关单位专门办理。

**2. 按照报关目的的不同,可分为进境报关和出境报关**

对于运输工具、货物、物品的进境和出境,海关分别制定有不同的管理规定,运输工具、货物、物品根据进境或出境的目的分别形成了进境报关手续和出境报关手续。

**3. 按照报关行为性质的不同,可分为自理报关和代理报关**

一些运输工具负责人、进出口货物收发货人或者物品的所有人,由于经济、时间、地点等方面的原因,不能或者不愿意自行办理报关手续,而委托代理人代为报关,从而形成了自理报关和代理报关两种报关类型。《海关法》对接受进出境物品所有人的委托,代为办理进出境物品报关手续的代理人没有特殊要求;但对于接受进出口货物收发货人的委托,代为办理进出境货物报关手续的代理人则有明确的规定。因此,通常所称的自理报关和代理报关主要是针对进出境货物的报关而言的。

### 1.2.2 报关基本内容

**1. 进出境货物报关的基本内容**

根据海关规定,进出境货物的报关业务应由依法取得报关从业资格并在海关注册的报关员办理。进出境货物的报关业务包括:

①按照规定填制报关单,如实申报进出口货物的商品编码、实际成交价格、原产地及相应的优惠贸易协定代码,并办理提交报关单证等与申报有关的事宜;

②申请办理缴纳税费和退税、补税事宜;

③申请办理加工贸易合同备案、变更和核销及保税监管等事宜;

④申请办理进出口货物减税、免税等事宜;

⑤办理进出口货物的查验、结关等事宜;

⑥办理应当由报关单位办理的其他事宜。

海关对不同性质的进出境货物规定了不同的报关程序和要求,因此以上各项内容要根据海关对进出境货物监管的分类办理相应的报关手续,不是每一类的货物都需要办理以上6种手续。海关对监管货物的分类及办理相应报关程序的规定在第4章会讲到。

**2. 进出境物品报关的基本内容**

海关监管进出境物品包括行李物品、邮递物品和其他物品,三者在报关要求上有所不同。《海关法》规定,个人携带进出境的行李物品、邮寄进出境的物品,应当以自用合理数量为限。对于行李物品,"自用"指的是进出境旅客本人自用、馈赠亲友而非为出售或出租,"合理数量"是指海关根据进出境旅客旅行目的和居留时间所规定的正常数量;对于邮递物品,自用合理数量指的是海关对进出境邮递物品规定的征、免税限制。自用合理数量是海关对进出境物品监管的基本原则,也是对进出境物品报关的基本要求。需要注意的是,对于通过随身携带或邮政渠道进出境的货物要按货物办理进出境报关手续。经海关登记准予暂时免税进境或者暂时免税出境的物品,应当由本人复带出境或者复带进境。享有外交特权和豁免的外国机构或者人员的公务用品或者自用物品进出境,依照有关法律、行政法规的规定办理。

**1)进出境行李物品的报关**

当今世界上大多数国家的海关法律都规定对旅客进出境采用"红绿通道"制度,我国海关也采用了该制度。

我国海关规定,进出境旅客在向海关申报时,可以在分别以红色和绿色作为标记的两种通道中进行选择。带有绿色标志的通道称“无申报通道”(又称“绿色通道”),适用于携运物品在数量和价值上均不超过免税限额,且无国家限制或禁止进出境物品的旅客;带有红色标志的通道称“申报通道”(又称“红色通道”),适用于携带有应向海关申报物品的旅客。对于选择红色通道的旅客,必须填写中华人民共和国海关进出境旅客行李物品申报单或海关规定的其他申报单证,在进出境地向海关做出书面申报。

自2008年2月1日起,海关在全国各对外开放口岸实行新的进出境旅客申报制度。进出境旅客没有携带应向海关申报物品的,无需填写申报单,选择“无申报通道”通关。除海关免予监管的人员以及随同成人旅行的16周岁以下旅客以外,进出境旅客携带应向海关申报物品的,须填写申报单,向海关书面申报,并选择“申报通道”通关。持有中华人民共和国政府主管部门给予的外交、礼遇签证的进出境旅客,通关时应主动向海关出示本人有效证件,海关予以免验礼遇。

**2)进出境邮递物品的报关**

进出境邮递物品的申报方式由其特殊的邮递运输方式决定。我国是《万国邮政公约》的签约国,根据《万国邮政公约》的规定,进出口邮包必须由寄件人填写报税单(小包邮件填写绿色标签),列明所寄物品的名称、价值、数量,向邮包寄达国家的海关申报。进出境邮递物品的报税单和绿色标签随同物品通过邮政企业或快递公司呈递给海关。

**3.进出境运输工具报关的基本内容**

国际贸易的交货、国际人员的往来及其携带物品的进出境,除经其他特殊运输方式外,都要通过各种运输工具的国际运输来实现。根据我国海关法律规定,所有进出我国关境的运输工具必须经由设有海关的港口、车站、机场、国界孔道、国际邮件互换局(交换站)及其他可办理海关业务的场所申报进出境。进出境申报是运输工具报关的主要内容。根据海关监管的要求,进出境运输工具负责人或其代理人在运输工具进入或驶离我国关境时均应如实向海关申报运输工具所载旅客人数、进出口货物数量、装卸时间等基本情况。

## 1.3 自理报关与代理报关办理

### 1.3.1 自理报关办理

进出口货物收发货人自行办理报关业务称为自理报关。根据我国海关目前的规定,进出口货物收发货人应当按照规定到所在地海关办理注册登记手续,方能自行办理报关业务。

**1.办理海关注册登记手续**

进出口货物收发货人申请办理注册登记,应当提交的文件材料包括:

①企业法人营业执照副本复印件(个人独资、合伙企业或者个体工商户提交营业执照);

②对外贸易经营者登记备案表复印件(法律、行政法规或者商务部规定不需要备案登记的除外);

③企业章程复印件(非企业法人免提交);

④税务登记证书副本复印件;

⑤银行开户证明复印件;

⑥组织机构代码证书副本复印件;

⑦报关单位情况登记表、报关单位管理人员情况登记表;

⑧其他与注册登记有关的文件材料。

**2. 填制报关单位情况登记表、报关单位管理人员情况登记表**

限于篇幅,两表格范本及填写要求见光盘附件一。

申请材料齐全、符合法定形式的申请人由注册地海关核发中华人民共和国海关进出口货物收发货人报关注册登记证书(见图 1.1.1),进出口货物收发货人凭以办理报关业务。有效期为 3 年,进出口货物收发货人应当在有效期届满前 30 日到注册地海关办理换证手续。

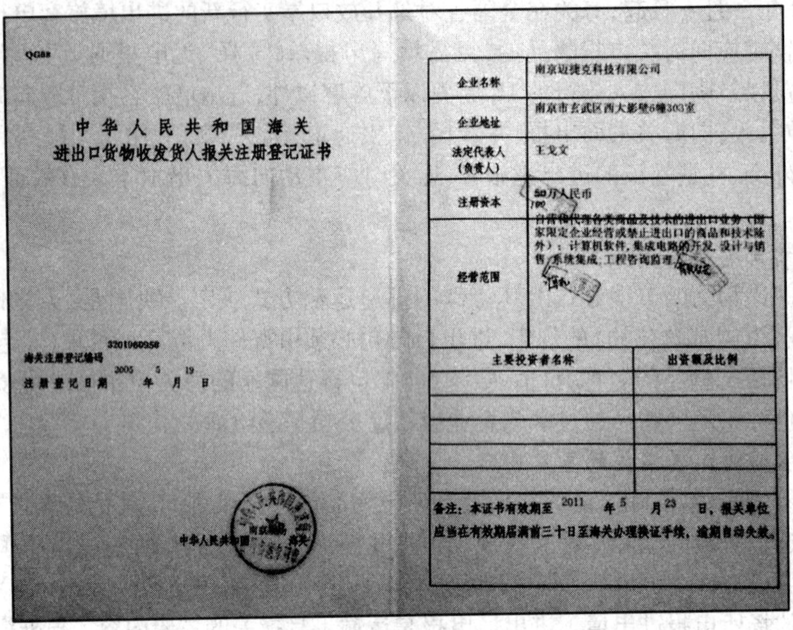


**图 1.1.1 进出口货物收发货人报关注册登记证书实样**

## 1.3.2 代理报关办理

代理报关是指接受进出口货物收发货人的委托,代理其办理报关业务的行为。

我国海关法律把有权接受他人委托办理报关业务的企业称为**报关企业**。报关企业必须依法取得报关企业注册登记许可并向海关注册登记后方能从事代理报关业务。

根据代理报关法律行为责任承担者的不同,代理报关又分为直接代理报关和间接代理报关。**直接代理报关**是指报关企业接受委托人(即进出口货物收发货人)的委托,以委托人的名义办理报关业务的行为,比如天津华洋动力有限公司委托天津顺利报关行出口一批摩托车到加拿大,出口报关单和其他出口相关单据都以天津华洋动力有限公司名义而不是以天津顺利报关行的名义填写办理报关业务。**间接代理报关**是指报关企业接受委托人的委托以报关企业自身的名义向海关办理报关业务的行为。目前,我国报关企业大多采取直接代理形式报关,经营快件业务的营运人等国际货物运输代理企业适用间接代理报关。在直接代理中,代理人代理行为的法律后果直接作用于被代理人;而在间接代理中,报关企业应当承担与进出口货物收发货人自己报关时所应当承担的相同的法律责任。

直接代理报关办理手续如下。

首先委托方与被委托方要签订《代理报关委托书》(如图 1.1.2 所示)并填写《委托报关协议》。《代理报关委托书》是进出口货物收发货人根据《海关法》要求提交报关企业的具有法律效力的授权证明,由进出口货物收发货人填写,并加盖单位行政公章和法人或被授权人签字。

## 代理报关委托书(正面)

编号:□□□□□□□□□□□□

我单位现　　(A.逐票　B.长期)　委托贵公司代理　　等通关事宜。(A.填单申报　B.辅助查验　C.垫缴税款　D.办理海关证明联　E.审批手册　F.核销手册　G.申办减免税手续　H.其他)详见《委托报关协议》。

我单位保证遵守《海关法》和国家有关法规,保证所提供的情况真实、完整、单货相符。否则,愿承担相关法律责任。

本委托书有效期自签字之日起至　　年　　月　　日止。

委托方(盖章):

法定代表人或其授权签署《代理报关委托书》的人(签字):

年　　月　　日

## 委托报关协议

为明确委托报关具体事项和各自责任,双方经平等协商签订协议如下:

| | |
|---|---|
| 委托方 | |
| 主要货物名称 | |
| HS编码 | □□□□□□□□□□ |
| 货物总价 | |
| 进出口日期 | 年　　月　　日 |
| 提单号 | |
| 贸易方式 | |
| 原产地/货源地 | |
| 其他要求: | |
| 背面所列通用条款是本协议不可分割的一部分,对本协议的签署构成了对背面通用条款的同意。 | |
| 委托方业务签章:<br><br>经办人签章:<br><br>联系电话:　　年　月　日 | |

| | | |
|---|---|---|
| 被委托方 | | |
| * 报关单编码 | No. | |
| 收到单证日期 | 年　月　日 | |
| 收到单证情况 | 合　　同□ | 发　　票□ |
| | 装 箱 清 单□ | 提(运)单□ |
| | 加工贸易手册□ | 许 可 证 件□ |
| | 其他 | |
| 报关收费 | 人民币:　　　元 | |
| 承诺说明: | | |
| 背面所列通用条款是本协议不可分割的一部分,对本协议的签署构成了对背面通用条款的同意。 | | |
| 被委托方业务签章:<br><br>经办报关员签章:<br><br>联系电话:　　年　月　日 | | |

(白联:海关留存。黄联:被委托方留存。红联:委托方留存)　　中国报关协会监制

**图1.1.2　代理报关委托书**

**委托报关协议通用条款(背面)**

**委托方责任**

委托方应及时提供报关报检所需的全部单证,并对单证的真实性、准确性和完整性负责。

委托方负责在报关企业办结海关手续后,及时履约支付代理报关费用,支付垫支费用,以及因委托方责任产生的滞报金、滞纳金和海关等执法单位依法处以的各种罚款。

负责按照海关要求将货物运抵指定场所。

负责与被委托方报关员一同协助海关进行查验,回答海关的询问,配合相关调查,并承担产生的相关费用。

在被委托方无法做到报关前提取货样的情况下,承担单货相符的责任。

**被委托方责任**

负责解答委托方有关向海关申报的疑问。

负责对委托方提供的货物情况和单证的真实性、完整性进行“合理审查”,审查内容包括:(一)证明进出口货物实际情况的资料,包括进出口货物的品名、规格、用途、产地、贸易方式等;(二)有关进出口货物的合同、发票、运输单据、装箱单等商业单据;(三)进出口所需的许可证件及随附单证;(四)海关要求的加工贸易(纸质或电子数据的)及其他进出口单证。

因确定货物的品名、归类等原因,经海关批准,可以看货或提取货样。

在接到委托方交付齐备的随附单证后,负责依据委托方提供的单证,按照《中华人民共和国海关进出口报关单填制规范》认真填制报关单,承担“单单相符”的责任,在海关规定和本委托报关协议中约定的时间内报关,办理海关手续。

负责及时通知委托方共同协助海关进行查验,并配合海关开展相关调查。

负责支付因报关企业的责任给委托方造成的直接经济损失,所产生的滞报金、滞纳金和海关等执法单位依法处以的各种罚款。

负责在本委托书约定的时间内将办结海关手续的有关委托内容的单证、文件交还委托方或其指定的人员。(详见《委托报关协议》“其他要求”栏)

**赔偿原则**

被委托方不承担因不可抗力给委托方造成损失的责任。因其他过失造成的损失,由双方自行约定或按国家有关法律法规的规定办理。由此造成的风险,委托方可以投保方式自行规避。

**不承担的责任**

签约双方各自不承担因另外一方原因造成的直接经济损失以及滞报金、滞纳金和相关罚款。

**收费原则**

一般货物报关收费原则上按当地《报关行业收费指导价格》规定执行。特殊商品可由双方另行商定。

**法律强制**

本《委托报关协议》的任一条款与《海关法》及有关法律法规不一致时,应以法律法规为准,但不影响《委托报关协议》其他条款的有效。

**协商解决事项**

变更、中止本协议或双方发生争议时,按照《中华人民共和国合同法》有关规定及程序处理。因签约双方以外的原因产生的问题或报关业务需要修改协议条款,应协商订立补充协议。双方可以在法律、行政法规准许的范围内另行签署补充条款,但补充条款不得与本协议的内容相抵触。

**图 1.1.2　代理报关委托书(续)**

**《代理报关委托书》、《委托报关协议》**

**填 写 说 明**

一、《代理报关委托书》是进出口货物收发货人根据《海关法》要求提交报关企业的具有法律效力的授权证明。

《代理报关委托书》由进出口货物收发货人认真填写，并加盖单位行政公章和法人或被授权人签字。

二、《委托报关协议》是进出口货物收发货人（或单位）经办人员与报关企业经办报关员按照《海关法》的要求签署的明确具体委托报关事项和双方责任的具有法律效力的文件，分正文表格和背书两大部分。

三、规范统一的《代理报关委托书》、《委托报关协议》纸质格式，是将两个独立的文件印制在一张 A4 无碳复写纸上，一式三联，由中国报关协会监制。

四、根据《中华人民共和国海关进出口货物申报管理规定》要求，《代理报关委托书》和《委托报关协议》作为代理报关时报关单的必备随附单证使用。其编号为 11 位阿拉伯数字，是代理报关业务的流水号，空白代理报关委托书自带编号。

五、双方经办人员应在开始委托报关操作前认真填写格式化《代理报关委托书》、《委托报关协议》，并签字、加盖业务专用章后生效。

六、《委托报关协议》正文表格分必填项、补填项。没有标记的各项为必填项，应在签署前填写；标明“ * ”的各项为补填项，应在本协议作为报关单随附单证递交海关前填写。

七、根据新修订的《中华人民共和国进出口关税条例》第五条的立法解释，委托方是关税的纳税义务人，应承担 HS 编码的填写责任。被委托方因业务熟悉，可帮助委托方进行填写。

八、填写“收到单证情况”一栏时，可用“√”表示收到，否则表示没有收到。

九、委托方“其他要求”一栏，是对被委托方服务内容的具体说明。被委托方“承诺说明”一栏，是被委托方对能否满足委托方“其他要求”的承诺。

十、填写《代理报关委托书》、《委托报关协议》应使用签字笔，字迹工整。涂改处盖章后才能有效。

**图 1.1.2 代理报关委托书（续）**

## 练习题

### 一、单项选择题

1. 下列对“报关”表述正确的是（　　）。

A. 指进出口货物的收发货人、进出境运输工具的负责人、进出境物品的所有人或者他们的代理人向国家质量监督检验检疫总局办理货物、物品或运输工具进出境手续的全过程

B. 指进出口货物的收发货人、进出境运输工具的负责人、进出境物品的所有人或者他们的代理人向商务部门办理货物、物品或运输工具进出境手续的全过程

C. 指进出口货物的收发货人、进出境运输工具的负责人、进出境物品的所有人或者他们的代理人向海关办理货物、物品或运输工具进出境手续的全过程

D. 指进出口货物的收发货人、进出境运输工具的负责人、进出境物品的所有人或者他们的代理人向交通部办理货物、物品或运输工具进出境手续的全过程

2. 下列对报关企业的注册资本额度表述正确的是（　　）。

A. 不低于人民币 100 万元　　B. 不低于人民币 150 万元

C. 不低于人民币 200 万元　　D. 不低于人民币 300 万元

3. 下列对报关企业及跨关区分支机构注册登记许可期限表述正确的是(　　)。

A. 均为1年　　B. 均为2年

C. 主体2年,分支机构1年　　D. 均为3年

4. 下列对中华人民共和国海关进出口货物收发货人报关注册登记证有效期表述正确的是(　　)。

A. 1年　　B. 2年　　C. 3年　　D. 5年

5. 报关企业不包括的范围是(　　)。

A. 进出口货物的收发货人　　B. 专业报关企业

C. 国际货物运输代理企业　　D 国际船舶运输代理企业

6. 在海关注册登记的某进出口公司自行进口货物,不可以(　　)办理报关手续。

A. 由企业自身的报关员　　B. 委托其他进出口公司

C. 委托国际货运代理公司　　D. 委托报关行

7. 下列关于报关企业和进出口货物收发货人报关范围的表述,正确的是(　　)。

A. 两者均可在关境内各海关报关

B. 两者均只能在注册地海关辖区内各海关报关

C. 报关企业可以在关境内各海关报关,进出口货物收发货人只能在注册地海关辖区内各海关报关

D. 报关企业只能在注册地海关辖区内各海关报关,进出口货物收发货人可以在关境内各海关报关

8. 有关代理报关业务中的法律责任问题,以下表述不正确的是(　　)。

A. 进出口货物收发货人未按照规定向报关企业提供所委托报关事项的真实情况,应承担相应的法律责任

B. 报关企业对委托人所提供的情况真实性未进行合理审查,应承担相应的法律责任

C. 以直接代理方式报关的,报关企业因违反规定造成海关少征税款,应承担相应的法律责任

D. 以间接代理方式报关的,报关企业不承担纳税责任

9. 西安某具有对外贸易经营权的进出口企业,常年在西安、上海、深圳口岸进出口货物,该企业应(　　)。

A. 在西安向海关申请办理报关注册登记手续

B. 在上海向海关申请办理报关注册登记手续

C. 在深圳向海关申请办理报关注册登记手续

D. 在西安向海关申请办理报关注册登记手续,并分别在上海、深圳向海关办理分支结构注册登记手续

10. 根据海关规定，需办理报关注册登记许可，不可直接向海关办理报关注册登记的单位有(　　)。

A. 兼营进出口货物代理报关业务的国际货物运输公司

B. 有权从事对外贸易经营活动的境内个体工商业者

C. 有权从事对外贸易经营活动的境内商贸组织

D. 需从事非贸易性进出口活动的台湾企业驻沪办事处

**二、判断题(正确 A，错误 B)**

1. 进出境运输工具负责人应当按照海关备案的范围在规定时限向海关传输舱单电子数据。(　　)

2. 报关企业在依法取得注册登记许可的直属海关关区内各口岸从事报关服务，应当在拟从事报关服务的口岸地依法设立分支机构，并且向拟注册地海关申请报关企业分支机构注册登记许可。(　　)

3. 自理报关单位没有进出口经营权，但有报关权。(　　)

4. 某进出口公司为首次注册登记企业，海关对其按 A 类企业实施企业管理。(　　)

5. 海关在企业评定为 AA 类等级之前进行准入式稽查，验证企业是否符合海关管理要求，以确保 AA 类企业的进出口活动不脱离海关监管。(　　)

**三、操作题**

请根据图 1.1.3 所示报关单(影印件)内容填写报关协议及委托书。

*000000000737471092*

数据中心统一编号：00000000073747

# 中华人民共和国海关进口货物报关单

预录入编号：010061261　　申报现场：天津海关(0201)　　海关编号：*020120101010061261*

020120101010061261

| | | | |
|---|---|---|---|
| 进口口岸 (0202) 新港海关 | 备案号 | 进口日期 20101105 | 申报日期 20101119 |
| 经营单位 (1216950006) 天津大通和昌金属制品有限公司 | 运输方式 水路运输 | 运输工具名称 0100202020150S509 | 提运单号 |
| 收货单位 (1216950006) 天津大通和昌金属制品有限公司（天津子 | 贸易方式 (0110) 一般贸易 | 征免性质 (101) 一般征税 | 征税比例 |
| 许可证号 | 启运国(地区) (116) 日本 | 装货港 (116) 日本 | 境内目的地 (12169) 静海县 |
| 批准文号 | 成交方式 C&F | 运费 | 保费 000/0.3/1 | 杂费 |
| 合同协议号 TN20101013 | 件数 2 | 包装种类 散装 | 毛重(千克) 46360 | 净重(千克) 46360 |
| 集装箱号 KMTU9009183 * 2(4) | 随附单证 入境货物通关单，自动进口许可证，固体废物进口许可证 | | 用途 企业自用 |

标记唛码及备注

备注：

随附单证号　120400110010612000，10-02-WB0880，SEPAX2010022078

集装箱号：KMTU9239123

| 项号 | 商品编号 | 商品名称、规格型号 | 数量及单位 | 原产国(地区) | 单价 | 总价 | 币制 | 征免 |
|---|---|---|---|---|---|---|---|---|
| 1 | 74040000.10 | 其他废铜线缆<br>通信电线等混合杂线总30铜30 | 46360千克<br>46360千克 | 日本<br>(116) | 3.3800 | 156696.80 | (502)<br>美元 | 照章征税 |

税费征收情况

| | | |
|---|---|---|
| 录入员　　录入单位<br>9200000000165 | 兹声明以上申报无讹并承担法律责任 | 海关审单批注及放行日期(签章) |
| 报关员<br>单位地址 | 申报单位(签章)<br>天津市越洋报关行 | 审单　　审价<br>征税　　统计 |
| 邮编　　电话 | 填制日期 2010.11.15 | 查验　　放行 |

020120101010061261

1/1

第一联

图 1.1.3　报关单(影印件)

# 2　海关管理

## 2.1　我国海关性质与任务

### 2.1.1　我国海关性质

**1. 海关是国家行政机关**

海关是国家的行政机关之一，是国务院的直属机构，从属于国家行政管理体制。海关代表国家依法独立行使行政管理权。

**2. 海关是国家进出境监督管理机关**

海关实施监督管理的范围是进出关境及与之有关的活动，监督管理的对象是所有进出关境的运输工具、货物、物品。

关境是世界各国海关通用的概念，指适用于同一海关法或实行同一关税制度的领域。在一般情况下，关境的范围等于国境，但对于关税同盟的签署国来说，其成员国之间货物进出国境不征收关税，只对来自和运往非同盟国的货物在进出共同关境时征收关税，因而对于每个成员国来说，其关境大于国境，如欧盟。若在国内设立自由港、自由贸易区等特定区域，因进出这些特定区域的货物都是免税的，因而该国的关境小于国境。关境同国境一样，包括其领域内的领水、领陆和领空，是一个立体的概念。我国的关境范围是除享有单独关境地位的地区以外的中华人民共和国的全部领域，包括领水、领陆和领空。目前我国的单独关境有香港、澳门和台澎金马单独关税区。在单独关境内，各自实行单独的海关制度。因此，我国关境小于国境。

**3. 海关的监督管理是国家行政执法活动**

海关通过法律赋予的权力，对特定范围内的社会经济活动进行监督管理，并对违法行为依法实施行政处罚，以保证这些社会经济活动按照国家的法律规范进行。

### 2.1.2　我国海关的任务

《海关法》明确规定海关有四项基本任务，即监管进出境的运输工具、货物、行李物品、邮递物品和其他物品（以下简称监管），征收关税和其他税费（以下简称征税），查缉走私（以下简称缉私）和编制海关统计（以下简称统计）。

**1. 监管**

海关监管是指海关运用国家赋予的权力，通过一系列管理制度与管理程序，依法对进出境运输工具、货物、物品的进出境活动所实施的一种行政管理。

根据监管对象的不同，海关监管分为运输工具监管、货物监管和物品监管三大体系，每个体系都有一整套规范的管理程序与方法。监管作为海关四项基本任务之一，除了通过备案、审单、查验、放行、后续管理等方式对进出境运输工具、货物、物品的进出境活动实施监管外，还要执行或监督执行国家其他对外贸易管理制度的实施，如进出口许可制度、外汇管理制度、进出口商品检验检疫制度、文物管理制度等，从而在政治、经济、文化道德、公众健康等方面维护国家利益。

**2. 征税**

征税是海关的另一项重要任务。海关征税工作的基本法律依据是《海关法》、《中华人民共和国进出口关税条例》(以下简称《关税条例》)以及其他有关法律、行政法规。征税工作包括征收关税和进口环节海关代征税。

关税的征收主体是国家,《海关法》明确将征收关税的权力授予海关,由海关代表国家行使征收关税的职能。因此,未经法律授权,其他任何单位和个人均不得行使征收关税的权力。

关税的课税对象是进出口货物、进出境物品。

**3. 缉私**

查缉走私是指海关依照法律赋予的权力,在海关监管场所和海关附近的沿海沿边规定地区,为发现、制止、打击、综合治理走私活动而进行的一种调查和惩处活动。

走私是指进出境活动的当事人或相关人违反《海关法》及有关法律、行政法规,逃避海关监管,偷逃应纳税款、逃避国家有关进出境的禁止性或者限制性管理,非法运输、携带、邮寄国家禁止、限制进出境或者依法应当缴纳税款的货物、物品进出境,或者未经海关许可并且未缴应纳税款、交验有关许可证件,擅自将保税货物、特定减免税货物以及其他海关监管货物、物品、进境的境外运输工具在境内销售的行为。它以逃避监管、偷逃税款、牟取暴利为目的,扰乱经济秩序,冲击民族工业,对国家危害性极大,必须予以严厉打击。

根据我国的缉私体制,除了海关以外,公安、工商、税务、烟草专卖等部门也有查缉走私的权力,但这些部门查获的走私案件,必须按照法律规定,统一处理。各有关行政部门查获的走私案件,应当给予行政处罚的,移送海关依法处理;涉嫌犯罪的,应当移送海关侦查走私犯罪公安机构或地方公安机关,依据案件管辖分工和法定程序办理。

**4. 统计**

海关统计以实际进出口货物作为统计和分析的对象,通过搜集、整理、加工处理进出口货物报关单或经海关核准的其他申报单证,对进出口货物的品种、数(重)量、价格、国别(地区)、经营单位、境内目的地、境内货源地、贸易方式、运输方式、关别等项目分别进行统计和综合分析,全面、准确地反映对外贸易的运行态势,及时提供统计信息和咨询,实施有效的统计监督,开展国际贸易统计的交流与合作,促进对外贸易的发展。我国海关的统计制度规定,实际进出境并引起境内物质存量增加或者减少的货物,列入海关统计;进出境物品超过自用、合理数量的,列入海关统计。对于部分不列入海关统计的货物和物品,则根据我国对外贸易管理和海关管理的需要,实施单项统计。

## 2.2 我国海关管理体制与机构

### 2.2.1 我国海关的管理体制

1980 年 2 月,国务院根据改革开放形势的需要做出了《国务院关于改革海关管理体制的决定》。该决定指出:“全国海关建制归中央统一管理,成立中华人民共和国海关总署作为国务院直属机构,统一管理全国海关机构和人员编制、财务及其业务。”从此海关恢复了集中统一的垂直领导体制。

1987 年 1 月,第六届全国人民代表大会常务委员会第十九次会议审议通过的《海关法》规定,“国务院设立海关总署,统一管理全国海关”,“海关依法独立行使职权,向海关总署负责”,确定了海关总署作为国务院直属部门的地位,进一步明确了海关机构的隶属关系,把海关集中统一的垂直领导体制以法律的形式予以确立。海关集中统一的垂直领导体制既适应了国家改革开放、社会主义现代化建设的需要,也适应了海关自身建设与发展的需要,有力地保证了海关各项监督管理职能的实施。

《海关法》以法律形式明确了海关的设关原则:“国家在对外开放的口岸和海关监管业务集中的地点设立海关。海关的隶属关系,不受行政区划的限制。”“对外开放的口岸”是指由国务院批准,允许运输工具及所载人员、货物、物品直接出入国(关)境的港口、机场、车站以及允许运输工具、人员、货物、物品出入国(关)境的边境通道。国家规定,在对外开放的口岸必须设置海关、出入境检验检疫机构。“海关监管业务集中的地点”是指虽非国务院批准对外开放的口岸,但是海关某类或某几类监管业务比较集中的地方,如转关运输监管、保税加工监管等。这一设关原则为海关管理从口岸向内地,进而向全关境的转化奠定了基础,同时也为海关业务制度的发展预留了空间。“海关的隶属关系,不受行政区划的限制”,表明了海关管理体制与一般性的行政管理体制的区域划分无必然联系,如果海关监督管理需要,国家可以在现有的行政区划之外考虑和安排海关的上下级关系和海关的相互关系。

### 2.2.2 我国海关的组织机构

中华人民共和国海关关徽和关衔如下所述。

#### 1. 我国海关关徽

关徽由商神手杖与金色钥匙交叉组成,见图1.2.1。商神手杖代表国际贸易,钥匙象征海关为祖国把关。关徽寓意着中国海关依法实施进出境监督管理,维护国家的主权和利益,促进对外经济贸易发展和科技文化交往,保障社会主义现代化建设。

图1.2.1 我国海关关徽

#### 2. 我国海关关衔制度

关衔的等级设置为五等十三级,见图1.2.2,即:一等,海关总监、海关副总监;二等,关务监督(一级、二级、三级);三等,关务督察(一级、二级、三级);四等,关务督办(一级、二级、三级);五等,关务员(一级、二级)。海关总监、海关副总监、一级关务监督、二级关务监督由国务院总理批准授予;三级关务监督至三级关务督察,由海关总署署长批准授予;海关总署机关及海关总署派出机构的一级关务督办及以下的关衔由海关总署政治部主任批准授予;各直属海关、隶属海关的一级关务督办及以下的关衔由各直属海关关长批准授予。

海关机构的设置为海关总署、直属海关和隶属海关三级。隶属海关由直属海关领导,向直属海关负责;直属海关由海关总署领导,向海关总署负责。

全国海关目前共有46个直属海关单位(广东分署,天津、上海特派办,41个直属海关,2所海关院校),600个隶属海关和办事处,通关监管点近4000个。中国海关现有关员(含海关缉私警察)约5万人。

##### 1)海关总署

海关总署是中华人民共和国国务院下属的正部级直属机构,统一管理全国海关。海关总署下设广东分署,在上海和天津设立特派员办事处,作为其派出机构。海关总署的基本任务是在国务院领导下，领导和组织全国海关正确贯彻实施《海关法》和国家的有关政策、行政法规，积极发挥依法行政、为国把关的职能，服务、促进和保护社会主义现代化建设。

**2）直属海关**

直属海关是指直接由海关总署领导，负责管理一定区域范围内海关业务的海关。目前直属海关共有41个，除香港、澳门、台湾地区外，分布在全国31个省、自治区、直辖市。直属海关就本关区内的海关事务独立行使职权，向海关总署负责。直属海关承担着在关区内组织开展海关各项业务和关区集中审单作业，全面有效地贯彻执行海关各项政策、法律法规、管理制度和作业规范的重要职责，在海关三级业务职能管理中发挥着承上启下的作用。

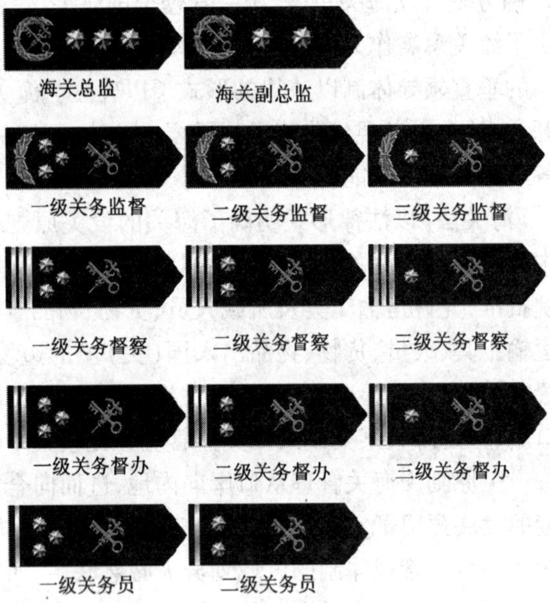


**图1.2.2　我国海关关衔**

**3）隶属海关**

隶属海关是指由直属海关领导，负责办理具体海关业务的海关，是海关进出境监督管理职能的基本执行单位，一般都设在口岸和海关业务集中的地点。

**4）海关缉私警察机构**

为了更好地适应反走私斗争新形势的要求，充分发挥海关打击走私的整体效能，根据党中央、国务院的决定，由海关总署、公安部联合组建缉私局，设在海关总署。缉私局既是海关总署的一个内设局，又是公安部的一个序列局，实行海关总署和公安部双重领导、以海关领导为主的体制。海关总署缉私局下辖广东分署缉私局、各直属海关缉私局，直属海关缉私局下辖隶属海关缉私分局。

## 2.3　海关权力

### 2.3.1　海关权力的内容

根据《海关法》及有关法律、行政法规，海关的权力主要包括以下内容。

**1. 行政审批权**

行政审批权包括海关对进出口货物收发货人提出的转关运输申请的审核、减免税审批、对参加报关员资格全国统一考试报名资格的审核等。

**2. 税费征收权**

税费征收权包括代表国家依法对进出口货物、物品征收关税及其他税费；根据法律、行政法规及有关规定，对特定的进出口货物、物品减征或免征关税，以及对经海关放行后的有关进出口货物、物品，发现少征或者漏征税款的，依法补征、追征税款的权力等。

**3. 行政检查权**

行政检查权是海关保证其行政管理职能得以履行的基本权力，主要包括以下内容。

**1）检查权**

海关有权检查进出境运输工具，检查有走私嫌疑的运输工具和有藏匿走私货物、物品的场所，检查走私嫌疑人的身体。

海关对进出境运输工具的检查不受海关监管区域的限制；对走私嫌疑人身体的检查，应在海关监管区和海关附近沿海沿边规定地区内进行；对于有走私嫌疑的运输工具和有藏匿走私货物、物品嫌疑的场所，在海关监管区和海关附近沿海沿边规定地区内，海关人员可直接检查，超出这个范围，在调查走私案件时，须经直属海关关长或者其授权的隶属海关关长批准，才能进行检查，但不能检查公民住处。

**2）查验权**

海关有权查验进出境货物、物品。海关查验货物认为必要时，可以径行提取货样。

**3）施加封志权**

根据《海关法》的规定，海关对所有未办结海关手续、处于海关监管状态的进出境货物、物品、运输工具，有权施加封志。

**4）查阅、复制权**

此项权力包括查阅进出境人员的证件，查阅、复制与进出境运输工具、货物、物品有关的合同、发票、账册、单据、记录、文件、业务函电、录音录像制品和其他有关资料。

**5）查问权**

海关有权对违反《海关法》或者其他有关法律、行政法规的嫌疑人进行查问，调查其违法行为。

**6）查询权**

海关在调查走私案件时，经直属海关关长或者其授权的隶属海关关长批准，可以查询案件涉嫌单位和涉嫌人员在金融机构、邮政企业的存款和汇款。

**7）稽查权**

自进出口货物放行之日起 3 年内或者在保税货物、减免税进口货物的海关监管期限内及其后的 3 年内，海关可以对与进出口货物直接有关的企业、单位的会计账簿、会计凭证、报关单证以及其他有关资料和有关进出口货物实施稽查。根据《中华人民共和国海关稽查条例》的规定，海关进行稽查时，可以行使下列职权：询问被稽查人的法定代表人、主要负责人和其他有关人员与进出口活动有关的情况和问题，检查被稽查人的生产经营场所，查询被稽查人在商业银行或者其他金融机构的存款账户，封存有可能被转移、隐匿、篡改、毁弃的账簿、单证等有关资料，封存被稽查人有违法嫌疑的进出口货物等。

**4. 行政强制权**

海关行政强制权是《海关法》及相关法律、行政法规得以贯彻实施的重要保障。具体包括以下内容。

**1）扣留权**

海关在下列情况下可以行使扣留权。

(1)对违反《海关法》或者其他有关法律、行政法规的进出境运输工具、货物和物品以及与之有关的合同、发票、账册、单据、记录、文件、业务函电、录音录像制品和其他资料,可以扣留。

(2)在海关监管区和海关附近沿海沿边规定地区,对有走私嫌疑的运输工具、货物、物品和走私犯罪嫌疑人,经直属海关关长或者其授权的隶属海关关长批准,可以扣留;对走私犯罪嫌疑人,扣留时间不得超过24小时,在特殊情况下可以延长至48小时。

(3)在海关监管区和海关附近沿海沿边规定地区以外,对其中有证据证明有走私嫌疑的运输工具、货物、物品,可以扣留。

海关对查获的走私犯罪嫌疑案件,应扣留走私犯罪嫌疑人,移送海关侦查走私犯罪公安机构。

**2)提取货物变卖、先行变卖权**

进口货物超过3个月未向海关申报,海关可以提取依法变卖处理;进口货物收货人或其所有人声明放弃的货物,海关有权提取依法变卖处理;海关依法扣留的货物、物品,不宜长期保留的,经直属海关关长或其授权的隶属海关关长批准,可以先行依法变卖;在规定期限内未向海关申报的以及误卸或溢卸的不宜长期保留的货物,海关可以按照实际情况提前变卖处理。

**3)强制扣缴和变价抵缴关税权**

进出口货物的纳税义务人、担保人超过规定期限未缴纳税款的,经直属海关关长或者其授权的隶属海关关长批准,海关可以:

①书面通知其开户银行或者其他金融机构从其存款内扣缴税款;

②将应税货物依法变卖,以变卖所得抵缴税款;

③扣留并依法变卖其价值相当于应纳税款的货物或者其他财产,以变卖所得抵缴税款。

**4)抵缴、变价抵缴罚款权**

根据《海关法》的规定,当事人逾期不履行海关处罚决定又不申请复议或者向人民法院提起诉讼的,海关可以将其保证金抵缴罚款,或者将其被扣留的货物、物品、运输工具依法变价抵缴罚款。

**5)其他特殊行政强制权**

Ⅰ.滞报金、滞纳金征收

海关对超期申报货物征收滞报金;对于逾期缴纳进出口税费的,征收滞纳金。

Ⅱ.处罚担保

根据《海关法》及有关行政法规的规定,对于有违法嫌疑的货物、物品、运输工具无法或不便扣留的,或者有违法嫌疑但依法不应予以没收的货物、物品、运输工具,当事人申请先予放行或解除扣留的,海关可要求当事人或者运输工具负责人提供等值担保。未提供等值担保的,海关可以扣留当事人等值的其他财产。受海关处罚的当事人在离境前未缴纳罚款,或未缴清依法被没收的违法所得和依法被追缴的货物、物品、走私运输工具的等值价款的,应当提供相当于上述款项的担保。

Ⅲ.税收担保

经海关批准的暂准进出境货物、保税货物,其收发货人须缴纳相当于税款的保证金或者提供其他形式的担保后,才可准予暂时免纳关税。

Ⅳ.税收保全

进出口货物纳税义务人在规定的纳税期限内有明显的转移、藏匿其应税货物以及其他财产迹象的，海关可以责令其提供担保，纳税义务人不能提供纳税担保的，经直属海关关长或者其授权的隶属海关关长批准，海关可以采取下列税收保全措施：

①书面通知纳税义务人开户银行或者其他金融机构暂停支付纳税义务人相当于应纳税款的存款；

②扣留纳税义务人价值相当于应纳税款的货物或者其他财产。

**5.行政处罚权**

海关有权对尚未构成走私罪的违法当事人处以行政处罚，包括对走私货物、物品及违法所得处以没收，对有走私行为和违反海关监管规定行为的当事人处以罚款，对有违法情事的报关企业和报关员处以暂停或取消报关资格的处罚等。

**6.其他权力**

**1)配备武器权**

海关为履行职责，可以配备武器。海关工作人员佩带和使用武器的规定，由海关总署会同公安部制定，报国务院批准。

根据海关总署、公安部联合发布《海关工作人员使用武器和警械的规定》，海关使用的武器包括轻型枪支、电警棍、手铐以及其他经批准可使用的武器和警械。武器和警械使用范围为执行缉私任务时；使用对象为走私分子和走私嫌疑人；使用条件必须是在不能制服被追缉逃逸的走私团体或遭遇武装掩护走私，不能制止走私分子或者走私嫌疑人以暴力劫夺查扣的走私货物、物品和其他物品，以及以暴力抗拒检查、抢夺武器和警械、威胁海关工作人员生命安全非开枪不能自卫时。

**2)连续追缉权**

进出境运输工具或者个人违抗海关监管逃逸的，海关可以连续追至海关监管区和海关附近沿海沿边规定地区以外，将其带回处理。这里所称的逃逸，既包括进出境运输工具或者个人违抗海关监管，自海关监管区和海关附近沿海沿边规定地区向内(陆地)一侧逃逸，也包括向外(海域)一侧逃逸。海关追缉时需保持连续状态。

**3)行政裁定权**

行政裁定权包括应对外贸易经营者的申请，对进出口商品的归类、进出口货物原产地的确定、禁止进出口措施和许可证件的适用等海关事务的行政裁定的权力。

**4)行政奖励权**

行政奖励权包括对举报或者协助海关查获违反《海关法》的案件的有功单位和个人给予精神或者物质奖励的权力。

## 练习题

### 一、单项选择题

1.根据《海关法》规定，海关的基本任务为：监管、征税、编制海关统计和(　　)。

A.查缉走私　　B.办理进口手续

C.发放许可证　　D.维护国家边防安全

2. 海关进行稽查时，发现被稽查人有可能转移、隐匿、篡改、毁弃账簿、单证等有关资料的，经(　　)批准，可以暂时封存其账簿单证等有关资料。

A. 海关稽查科长　　B. 直属海关关长或其授权的隶属海关关长

C. 海关稽查处长　　D. 海关总署署长

3. 海关有权查问违反《海关法》和相关法律法规的嫌疑人，指的是海关的(　　)权力。

A. 复制权　　B. 查问权　　C. 检查权　　D. 稽查权

4. 下列行为不属于海关行政检查权限范围的是(　　)。

A. 检查进出境运输工具

B. 检查有藏匿走私货物嫌疑的场所

C. 检查走私嫌疑人的住处

D. 检查走私嫌疑人的身体

5. 海关稽查的对象也称为被稽查人，不包括(　　)。

A. 经营保税物流的企业　　B. 使用减免税货物的企业

C. 报关企业　　D. 报关员

6. 下列行为中，不以走私的共同当事人论处的是(　　)。

A. 与走私人通谋为走私人提供海关单证

B. 与走私人通谋为走私人提供邮寄方便

C. 直接向走私人收购走私货物

D. 与走私人通谋为走私人提供贷款

7. 下列行政行为中，不属于海关行使行政强制权的是(　　)。

A. 依法提取变卖处理超期未报货物

B. 对超期申报的货物征收滞报金

C. 扣留纳税义务人价值相当于应纳税款的货物

D. 取消有违法情事的报关企业的报关资格

8. 根据我国缉私体制，不具有查缉走私权力的单位是(　　)。

A. 海关　　B. 公安部门　　C. 税务部门　　D. 检察机关

9. 海关对于暂准进出境货物，应在收发货人缴纳相当于税款的保证金或者提供其他形式的担保后，方可暂免征收关税。海关的此项权力属于(　　)。

A. 税费征收权　　B. 行政强制权　　C. 行政处罚权　　D. 行政审批权

**二、判断题(正确 A，错误 B)**

1. 我国海关现行的领导体制是垂直领导体制。(　　)

2. 未经海关许可，擅自开拆、提取、交付、发运、调换、改装、抵押、转让海关监管货物或者海关未放行的进出境物品的，是走私行为。(　　)

3. 被稽查人应当自收到海关稽查报告之日起 10 日内，将其书面意见送交海关。(　　)

4. 海关是知识产权的最终决定机关，申请人应当承担举证责任及因请求海关扣留侵权货物而可能给海关或收发货人造成的损失。(　　)

5. 按照海关有关规定，进出口货物的收发货人是纳税义务人。(　　)

### 三、问答题

1. 简述我国海关的性质和任务。
2. 请举例说明海关的权力。
3. 我国海关关徽的含义是什么？
4. 我国海关设关原则是什么？

# 3 对外贸易管制与报关规范

## 3.1 对外贸易管制基本知识

对外贸易管制是指一国政府为了国家的宏观经济利益、国内外政策需要以及履行所缔结或加入国际条约的义务，确立实行各种管制制度、设立相应管制机构和规范对外贸易活动的总称。各国对外贸易管制的特点是以对进口的管制为重点。

对外贸易管制是政府的一种强制性行政管理行为。它所涉及的法律、行政法规、部门规章是强制性的法律文件，不得随意改变。因此，对外贸易经营者或其代理人在报关活动中必须严格遵守这些法律、行政法规、部门规章，并按照相应的管理要求办理进出口手续，以维护国家利益不受侵害。

本章重点介绍我国对外贸易管制中有关货物、技术管制制度、措施以及在执行这些贸易管制措施过程中所涉及报关规范的相关内容。除此之外，我国对外贸易管制制度是一种综合管理制度，它还包括海关监管制度、关税制度、对外贸易经营者管理制度、进出口许可制度、出入境检验检疫制度、进出口货物收付汇管理制度以及贸易救济制度等。

## 3.2 我国货物进出口许可管理制度

进出口许可是国家对进出口的一种行政管理制度，既包括准许进出口的有关证件的审批和管理制度本身的程序，也包括以国家各类许可为条件的其他行政管理手续，这种行政管理制度称为进出口许可管理制度。进出口许可管理制度作为一项非关税措施，是世界各国管理进出口贸易的一种常见手段，在国际贸易中长期存在，并被广泛运用。

货物、技术进出口许可管理制度是我国进出口许可管理制度的主体，是国家对外贸易管制中极其重要的管理制度。其管理范围包括**禁止进出口的货物和技术、限制进出口的货物和技术、自由进出口的货物和技术以及自由进出口中部分实行自动许可管理的货物。**

### 3.2.1 禁止进出口管理

为维护国家安全和社会公共利益，保护人民的生命健康，履行我国所缔结或者参加的国际条约和协定，国务院商务主管部门会同国务院有关部门，依照《中华人民共和国对外贸易法》（以下简称《对外贸易法》）等有关法律法规，制定、调整并公布禁止进出口货物、技术目录。海关依据国家相关法律法规对禁止进出口商品实施监督管理。

**1. 禁止进口管理**

对列入国家公布的禁止进口目录以及国家法律法规明令禁止或停止进口的货物、技术，任何对外贸易经营者不得经营进口。

**1)禁止进口货物管理**

我国政府明令禁止进口的货物包括:列入由国务院商务主管部门或由其会同国务院有关部门制定的《禁止进口货物目录》的商品、国家有关法律法规明令禁止进口的商品以及因其他各种原因停止进口的商品。

(1)目前,我国公布的《禁止进口货物目录》包括如下内容。

①《禁止进口货物目录》(第一批)是为了保护我国的自然生态环境和生态资源,从我国国情出发,履行我国所缔结或者参加的与保护世界自然生态环境相关的一系列国际条约和协定而发布的。如国家禁止进口属破坏臭氧层物质的四氯化碳、禁止进口属世界濒危物种管理范畴的犀牛角、麝香、虎骨等。

②《禁止进口货物目录》(第二批)均为旧机电产品类,是国家对涉及生产安全(压力容器类)、人身安全(电器、医疗设备类)和环境保护(汽车、工程及车船机械类)的旧机电产品所实施的禁止进口管理。

③2008 年颁布的《禁止进口固体废物目录》由原三、四、五批禁止进口目录补充合并而成,所涉及的是对环境有污染的固体废物类,包括废动物产品,废动植物油脂,矿产品、矿渣、矿物油、沥青的废料,废药物,杂项化学品废物,废橡胶、皮革,废特种纸,废纺织原料及制品,玻璃废物,金属和含金属废物等。

④《禁止进口货物目录》(第六批)是为了保护人的健康,维护环境安全,淘汰落后产品,履行《关于在国际贸易中对某些危险化学品和农药采用事先知情同意程序的鹿特丹公约》和《关于持久性有机污染物的斯德哥尔摩公约》而颁布,如长纤维青石棉、二噁英等。

(2)国家有关法律法规明令禁止进口的商品包括:

①来自动植物疫情流行的国家和地区的有关动植物及其产品和其他检疫物;

②动植物病源(包括菌种、毒种等)及其他有害生物、动物尸体、土壤;

③带有违反"一个中国"原则内容的货物及其包装;

④以氯氟烃物质为制冷剂、发泡剂的家用电器产品和以氯氟烃物质为制冷工质的家用电器用压缩机;

⑤滴滴涕、氯丹等;

⑥莱克多巴胺和盐酸莱克多巴胺。

(3)因其他各种原因停止进口的商品包括:

①以 CFC—12 为制冷工质的汽车及以 CFC—12 为制冷工质的汽车空调压缩机(含汽车空调器);

②右置方向盘的汽车;

③旧服装;

④Ⅷ因子制剂等血液制品;

⑤氯酸钾、硝酸铵。

**2)禁止进口技术管理**

根据《对外贸易法》、《中华人民共和国技术进出口管理条例》(以下简称《技术进出口管理条例》)以及《中华人民共和国禁止进口限制进口技术管理办法》(以下简称《禁止进口限制进口技术管理办法》)的有关规定,国务院商务主管部门会同国务院有关部门,制定、调整并公布禁止进口的技术目录。属于禁止进口的技术,不得进口。

目前,《中国禁止进口限制进口技术目录》所列明的禁止进口的技术涉及钢铁冶金、有色金属冶金、化工、石油炼制、石油化工、消防、电工、轻工、印刷、医药、建筑材料生产等技术领域。

**2. 禁止出口管理**

对列入国家公布的禁止出口目录以及国家法律法规明令禁止出口的货物、技术,任何对外贸易经营者不得经营出口。

**1)禁止出口货物管理**

我国政府明令禁止出口的货物主要有列入《禁止出口货物目录》的商品和国家有关法律法规明令禁止出口的商品。

(1)目前,我国公布的《禁止出口货物目录》共有五批,包括如下内容。

①《禁止出口货物目录》(第一批)是为了保护我国自然生态环境和生态资源,从我国国情出发,履行我国所缔结或者参加的与保护世界自然生态环境相关的一系列国际条约和协定而发布的。如国家禁止出口属破坏臭氧层物质的四氯化碳,禁止出口属世界濒危物种管理范畴的犀牛角、虎骨、麝香,禁止出口有防风固沙作用的发菜和麻黄草等植物。

②《禁止出口货物目录》(第二批)主要是为了保护我国匮乏的森林资源,防止乱砍滥伐而发布的,如禁止出口木炭。

③《禁止出口货物目录》(第三批)为了保护人的健康,维护环境安全,淘汰落后产品,履行《关于在国际贸易中对某些危险化学品和农药采用事先知情同意程序的鹿特丹公约》和《关于持久性有机污染物的斯德哥尔摩公约》而颁布,如长纤维青石棉、二噁英等。

④《禁止出口货物目录》(第四批)主要包括硅砂、石英砂及其他天然砂。

⑤《禁止出口货物目录》(第五批)包括无论是否经化学处理过的森林凋落物以及泥炭(草炭)。

(2)国家有关法律法规明令禁止出口的商品包括:

①未定名的或者新发现并有重要价值的野生植物;

②原料血浆;

③商业性出口的野生红豆杉及其部分产品;

④劳改产品;

⑤以氯氟烃物质为制冷剂、发泡剂的家用电器产品和以氯氟烃物质为制冷工质的家用电器用压缩机;

⑥滴滴涕、氯丹等;

⑦莱克多巴胺和盐酸莱克多巴胺。

**2)禁止出口技术管理**

根据《对外贸易法》、《技术进出口管理条例》以及《中华人民共和国禁止出口限制出口技术管理办法》(以下简称《禁止出口限制出口技术管理办法》)的有关规定,国务院商务主管部门会同国务院有关部门遵照下列原则制定、调整并公布禁止出口的技术目录。属于禁止出口的技术,不得出口。

目前,列入《中国禁止出口限制出口技术目录》禁止出口部分的技术涉及渔、牧、有色金属矿采选、农副食品加工、饮料制造、造纸、化学制品制造、医药制造、非金属矿物制品业、有色金属冶炼、交通运输设备制造、农用机械制造、计算机及其他电子设备制造、工艺品制造、电信信息传输等几十个行业领域,包括畜牧品种的繁育、微生物肥料、中国特有的物种资源、蚕类品种繁育和蚕茧采集加工利用、水产品种的繁育、绿色植物生长调节剂制造、采矿工程、肉类加工、饮料生产、造纸、焰火爆竹生产、化学合成及半合成咖啡因生产、核黄素生产工艺、中药材资源及生产、中药饮片炮制、化学合成及半合成药物生产、非晶无机非金属材料生产、低维无机非金属材料生产、有色金属冶金、稀土的提炼加工和利用、航天器测控、航空器设计与制造、集成电路制造、机器人制造、地图制图、书画墨及八宝印泥制造、中国传统建筑、计算机网络、空间数据传输、卫星应用、大地测量、中医医疗等几十项技术。

### 3.2.2 限制进出口管理

为维护国家安全和社会公共利益,保护人民的生命健康,履行我国所缔结或者参加的国际条约和协定,国务院商务主管部门会同国务院有关部门,依照《对外贸易法》的规定,制定、调整并公布各类限制进出口货物、技术目录。海关依据国家相关法律法规对限制进出口目录货物、技术实施监督管理。

#### 1. 限制进口管理

#### 1)限制进口货物管理

目前,我国限制进口货物管理按照其限制方式划分为**许可证件管理**和**关税配额管理**。

Ⅰ. 许可证件管理

许可证件管理系指在一定时期内根据国内政治、工业、农业、商业、军事、技术、卫生、环保、资源保护等领域的需要以及为履行我国所加入或缔结的有关国际条约的规定,以经国家各主管部门签发许可证件的方式来实现各类限制进口的措施。

许可证件管理主要包括进口许可证、两用物项和技术进口许可证、濒危物种进口、限制类可利用固体废物进口、药品进口、音像制品进口、黄金及其制品进口等管理。国务院商务主管部门或者国务院有关部门在各自的职责范围内,根据国家有关法律、行政法规的规定签发上述各项管理所涉及的各类许可证件,申请人凭相关许可证件办理海关手续。

Ⅱ. 关税配额管理

关税配额管理系指一定时期内(一般是 1 年),国家对部分商品的进口制定关税配额税率并规定该商品进口数量总额,在限额内,经国家批准后允许按照关税配额税率征税进口,如超出限额则按照配额外税率征税进口的措施。一般情况下,关税配额税率优惠幅度很大,如小麦关税配额税率与最惠国税率相差达 65 倍。国家通过这种行政管理手段对一些重要商品,以关税这个成本杠杆来实现限制进口的目的,因此关税配额管理是一种相对数量的限制。

#### 2)限制进口技术管理

进口属于限制进口的技术,应当向国务院商务主管部门提出技术进口申请。国务院商务主管部门收到技术进口申请后,应当会同国务院有关部门对申请进行审查。技术进口申请经批准的,由国务院商务主管部门发给中华人民共和国技术进口许可意向书,进口经营者取得技术进口许可意向书后,可以对外签订技术进口合同。进口经营者签订技术进口合同后,应当向国务院商务主管部门申请技术进口许可证。经审核符合发证条件的,由国务院商务主管部门颁发中华人民共和国技术进口许可证,企业持证向海关办理进口通关手续。

目前,列入《中国禁止进口限制进口技术目录》中属限制进口的技术包括生物技术、化工技术、石油炼制技术、石油化工技术、生物化工技术和造币技术等。经营限制进口技术的经营者在向海关办理申报进口手续时,必须主动递交技术进口许可证,否则将承担由此而造成的一切法律责任。

**2. 限制出口管理**

**1)限制出口货物管理**

对于限制出口货物管理,《中华人民共和国货物进出口管理条例》规定,国家规定有数量限制的出口货物,实行配额管理;其他限制出口货物,实行许可证件管理;实行配额管理的限制出口货物,由国务院商务主管部门和国务院有关经济管理部门按照国务院规定的职责划分进行管理。

目前,我国货物限制出口按照其限制方式划分为**出口配额限制、出口非配额限制**。

Ⅰ. 出口配额限制

出口配额限制系指在一定时期内为建立公平竞争机制、增强我国商品在国际市场的竞争力、保障最大限度的收汇及保护我国产品的国际市场利益,国家对部分商品的出口数量直接加以限制的措施。

我国出口配额限制有两种管理形式,即**出口配额许可证管理和出口配额招标管理**。

ⅰ. 出口配额许可证管理

出口配额许可证管理是国家对部分商品的出口,在一定时期内(一般是 1 年)规定数量总额,经国家批准获得配额的允许出口,否则不准出口的配额管理措施。出口配额许可证管理是国家通过行政管理手段对一些重要商品以规定绝对数量的方式来实现限制出口的目的。

出口配额许可证管理是通过直接分配的方式,由国务院商务主管部门或者国务院有关部门在各自的职责范围内根据申请者需求并结合其进出口实绩、能力等条件,按照效益、公正、公开和公平竞争的原则进行分配。国家各配额主管部门对经申请有资格获得配额的申请者发放各类配额证明。申请者取得配额证明后,凭配额证明到国务院商务主管部门及其授权发证机关申领出口许可证。

ⅱ. 出口配额招标管理

出口配额招标管理是国家对部分商品的出口,在一定时期内(一般是 1 年)规定数量总额,采取招标分配的原则,经招标获得配额的允许出口,否则不准出口的配额管理措施。出口配额招标管理是国家通过行政管理手段对一些重要商品以规定绝对数量的方式来实现限制出口的目的。

国家各配额主管部门对中标者发放各类配额证明。中标者取得配额证明后,凭配额证明到国务院商务主管部门或其授权发证机关申领出口许可证。

Ⅱ. 出口非配额限制

出口非配额限制系指在一定时期内根据国内政治、军事、技术、卫生、环保、资源保护等领域的需要以及为履行我国所加入或缔结的有关国际条约的规定,以经国家各主管部门签发许可证件的方式来实现的各类限制出口措施。目前，我国非配额限制管理主要包括出口许可证、濒危物种出口、两用物项出口、黄金及其制品出口等许可管理。

**2)限制出口技术管理**

我国目前限制出口的技术目录主要有《两用物项和技术进出口许可证管理目录》和《中国禁止出口限制出口技术目录》等，涉及农、林、牧、渔、农副食品加工制造、饮料制造、纺织、造纸、化学原料制造、医药制造、橡胶制品业、金属冶炼及压延、非金属矿物制品业、金属制品业、通用及专用设备制造、电气机械及器材制造等几十个行业领域的上百项技术。出口属于上述限制出口的技术，应当向国务院商务主管部门提出技术出口申请，经国务院商务主管部门审核批准后取得技术出口许可证件，企业持证向海关办理出口通关手续。

经营限制出口技术的经营者在向海关办理申报出口手续时必须主动递交相关技术出口许可证件，否则将承担由此而造成的一切法律责任。

限制进出口货物管理分类如图 1.3.1 所示。

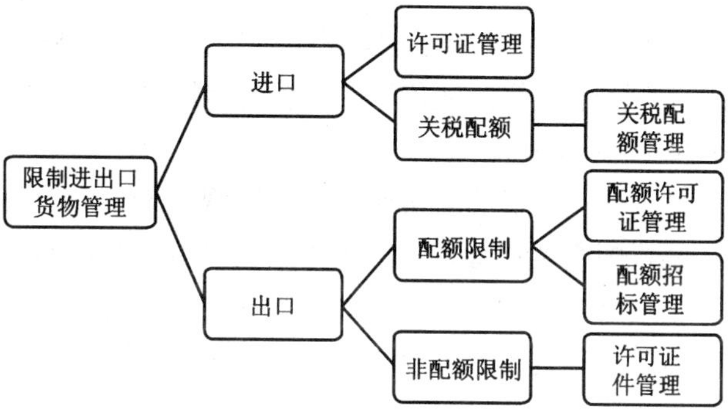


**图 1.3.1 限制进出口货物管理分类**

### 3.2.3 自由进出口管理

除上述国家禁止、限制进出口货物、技术外的其他货物、技术，均属于自由进出口范围。自由进出口货物、技术的进出口不受限制，但基于监测进出口情况的需要，国家对部分属于自由进口的货物实行自动进口许可管理，对自由进出口的技术实行技术进出口合同登记管理。

**1. 货物自动进口许可管理**

自动进口许可管理是在任何情况下对进口申请一律予以批准的进口许可制度。这种进口许可实际上是一种在自由进口货物进口前对其进行自动登记的许可制度，通常用于国家对这类货物的统计和监督，是我国进出口许可管理制度中的重要组成部分，也是目前各国普遍使用的一种进口管理制度。

进口属于自动进口许可管理的货物，进口经营者应当在办理海关报关手续前，向国务院商务主管部门或者国务院有关经济管理部门提交自动进口许可申请，凭相关部门发放的自动进口许可证，向海关办理报关手续。

**2. 技术进出口合同登记管理**

进出口属于自由进出口的技术，应当向国务院商务主管部门或者其委托的机构办理合同备案登记。国务院商务主管部门应当自收到规定的文件之日起 3 个工作日内，对技术进出口合同进行登记，颁发技术进出口合同登记证，申请人凭技术进出口合同登记证，办理外汇、银行、税务、海关等相关手续。

## 3.3 其他贸易管制制度

### 3.3.1 对外贸易经营者管理制度及备案登记办理

**1. 对外贸易经营者管理制度**

对外贸易经营者是指依法办理工商登记或者其他执业手续,依照《对外贸易法》和其他有关法律、行政法规、部门规章的规定从事对外贸易经营活动的法人、其他组织或者个人。

目前,我国对对外贸易经营者的管理,实行备案登记制。也就是法人、其他组织或者个人在从事对外贸易经营活动前,必须按照国家的有关规定,依法定程序在国务院商务主管部门备案登记,取得对外贸易经营资格后,方可在国家允许的范围内从事对外贸易经营活动。

从事货物进出口或者技术进出口的对外贸易经营者,应当向国务院商务主管部门或者其委托的机构办理备案登记,但法律、行政法规和国务院商务主管部门规定不需要备案登记的除外。备案登记的具体实施办法由国务院商务主管部门规定。对外贸易经营者未按照规定办理备案登记的,海关不予办理进出口货物的报关验放手续;对外贸易经营者可以接受他人的委托,在经营范围内代为办理对外贸易业务。

为对关系国计民生的重要进出口商品实行有效的宏观管理,国家可以对部分货物的进出口实行国营贸易管理。实行国营贸易管理的货物的进出口业务只能由经授权的企业经营,但国家允许部分数量的国营贸易管理的货物的进出口业务由非授权企业经营的除外。

目前我国实行国营贸易管理的商品主要包括:玉米、大米、煤炭、原油、成品油、棉花、锑及锑制品、钨及钨制品、白银等。

**2. 对外贸易经营者备案登记办理**

通过商务部政府网站(http://www.mofcom.gov.cn)下载对外贸易经营者备案登记表(以下简称登记表)或向本地区备案登记机关领取登记表(样式见表1.3.1)。向备案登记机关提交下列备案登记申请材料:

①登记表;

②营业执照复印件;

③组织机构代码证书复印件。

对外贸易经营者为外商投资企业的,还应当提交外商投资企业批准证书复印件。依法办理工商登记的个体工商户(独资经营者),还应当提交合法公证机构出具的财产公证证明。依法办理工商登记的外国(地区)企业,还应当提交合法公证机构出具的资金信用证明文件。

备案登记机关自收到备案登记申请材料之日起5日内完成备案登记手续。登记表自加盖备案登记印章之日起生效。登记表有效期为2年,逾期自动失效。

**表 1.3.1　对外贸易经营者备案登记表**

备案登记表编号：　　　　　　　　　　　　　　　　　　　　　　　　　　进出口企业代码：

| | | | |
|---|---|---|---|
| 经营者中文名称 | | | |
| 经营者英文名称 | | | |
| 组织机构代码 | | 经营者类型<br>（由备案登记机关填写） | |
| 住　所 | | | |
| 经营场所（中文） | | | |
| 经营场所（英文） | | | |
| 联系电话 | | 联系传真 | |
| 邮政编码 | | 电子邮箱 | |
| 工商登记<br>注册日期 | | 工商登记<br>注册号 | |

**依法办理工商登记的企业还须填写以下内容：**

| | | | |
|---|---|---|---|
| 企业法定代表人姓名 | | 有效证件号 | |
| 注册资金 | | | （折美元） |

**依法办理工商登记的外国（地区）企业或个体工商户（独资经营者）还须填写以下内容：**

| | | | |
|---|---|---|---|
| 企业法定代表人/<br>个体工商负责人姓名 | | 有效证件号 | |
| 企业资产/个人财产 | | | （折美元） |

| | |
|---|---|
| 备注： | |

备案登记机关

签章

年　月　日

### 3.3.2　出入境检验检疫制度

出入境检验检疫制度是指由国家出入境检验检疫部门依据我国有关法律和行政法规以及我国政府所缔结或者参加的国际条约、协定，对出入境的货物、物品及其包装物，交通运输工具，运输设备和出入境人员实施检验检疫监督管理的法律依据和行政手段的总和。其国家主管部门是国家质量监督检验检疫总局。

出入境检验检疫制度是我国贸易管制制度的重要组成部分，其目的是为了维护国家声誉和对外贸易有关当事人的合法权益，保证国内生产的正常开展、促进对外贸易的健康发展，保护我国的公共安全和人民生命财产安全等，是国家主权的具体体现。

**1. 出入境检验检疫职责范围**

（1）我国出入境检验检疫制度实行目录管理，即国家质量监督检验检疫总局根据对外贸易需要,公布并调整《出入境检验检疫机构实施检验检疫的进出境商品目录》(又称《法检目录》)。《法检目录》所列明的商品称为法定检验商品,即国家规定实施强制性检验的进出境商品。

《法检目录》(实样见图 1.3.2)2010 年进口商品检验共 1468 个,出口商品检验共 1928 个,进境动植物、动植物产品检疫共 1973 个,出境动植物、动植物产品检疫共 1963 个。

第二章　肉及食用杂碎

| 商品编码 | 商品名称及备注 | 计量单位 | 海关监管条件 | 检验检疫类别 |
|---|---|---|---|---|
| 0201100010 | 整头及半头鲜或冷藏的野牛肉 | 千克 | A/B | P. R/Q. S |
| 0201100090 | 其他整头及半头鲜或冷藏的牛肉 | 千克 | A/B | P. R/Q. S |
| 0201200010 | 鲜或冷藏的带骨野牛肉 | 千克 | A/B | P. R/Q |
| 0201200090 | 其他鲜或冷藏的带骨牛肉 | 千克 | A/B | P. R/Q |
| 0201300010 | 鲜或冷藏的去骨野牛肉 | 千克 | A/B | P. R/Q. S |
| 0201300090 | 其他鲜或冷藏的去骨牛肉 | 千克 | A/B | P. R/Q. S |
| 0202100010 | 冻藏的整头及半头野牛肉 | 千克 | A/B | P. R/Q. S |
| 0202100090 | 其他冻藏的整头及半头牛肉 | 千克 | A/B | P. R/Q. S |
| 0202200010 | 冻藏的带骨野牛肉 | 千克 | A/B | P. R/Q. S |
| 0202200090 | 其他冻藏的带骨牛肉 | 千克 | A/B | P. R/Q. S |
| 0202300010 | 冻藏的去骨野牛肉 | 千克 | A/B | P. R/Q. S |
| 0202300090 | 其他冻藏的去骨牛肉 | 千克 | A/B | P. R/Q. S |
| 0203111010 | 鲜或冷藏整头及半头野乳猪肉 | 千克 | A/B | P. R/Q. S |
| 0203111090 | 其他鲜或冷藏的整头及半头乳猪肉 | 千克 | A/B | P. R/Q. S |
| 0203119010 | 其他鲜或冷藏整头及半头野猪肉 | 千克 | A/B | P. R/Q. S |
| 0203119090 | 其他鲜或冷藏的整头及半头猪肉 | 千克 | A/B | P. R/Q. S |
| 0203120010 | 鲜或冷的带骨野猪前腿、后腿及肉块 | 千克 | A/B | P. R/Q. S |
| 0203120090 | 鲜或冷的带骨猪前腿、后腿及其肉块 | 千克 | A/B | P. R/Q. S |
| 0203190010 | 其他鲜或冷藏的野猪肉 | 千克 | A/B | P. R/Q. |
| 0203190090 | 其他鲜或冷藏的猪肉 | 千克 | A/B | P. R/Q. |
| 0203211010 | 冻整头及半头野乳猪肉 | 千克 | A/B | P. R/Q. |
| 0203211090 | 冻整头及半头乳猪肉 | 千克 | A/B | P. R/Q. |

图 1.3.2 《法检目录》实样

**《法检目录》中商品的"海关监管条件"栏中字母的含义：**

"A"表示实施进境检验检疫；

"B"表示实施出境检验检疫；

"D"表示海关与检验检疫机构联合监管。

**《法检目录》中"检验检疫类别"栏中字母的含义：**

"M"表示进口商品检验；

"N"表示出口商品检验；

"P"表示进境动植物、动植物产品检疫；

"Q"表示出境动植物、动植物产品检疫；

"R"表示进口食品卫生监督检验；

"S"表示出口食品卫生监督检验；

"L"表示民用商品入境验证。

(2)对于法定检验以外的进出境商品是否需要检验,由对外贸易当事人决定。对外贸易合同约定或者进出口商品的收发货人申请检验检疫时,检验检疫机构可以接受委托,实施检验检疫并制发证书。此外,检验检疫机构对法检以外的进出口商品,可以以抽查的方式予以监督管理。

(3)对关系国计民生,价值较高,技术复杂或涉及环境及卫生、疫情标准的重要进出口商品,收货人应当在对外贸易合同中约定,在出口国装运前进行预检验、监造或监装以及保留到货后最终检验和索赔的条款。

**2. 出入境检验检疫制度的组成**

我国出入境检验检疫制度内容包括进出口商品检验制度、进出境动植物检疫制度以及国境卫生监督制度。

**1)进出口商品检验制度**

进出口商品检验制度是根据《中华人民共和国进出口商品检验法》及其实施条例的规定,国家质检总局及口岸出入境检验检疫机构对进出口商品所进行的品质、质量检验和监督管理的制度。

我国实行进出口商品检验制度的目的是为了保证进出口商品的质量,维护对外贸易有关各方的合法权益,促进对外经济贸易关系的顺利发展。商品检验机构实施进出口商品检验的内容包括商品的质量、规格、数量、重量、包装以及是否符合安全、卫生的要求。我国商品检验的种类分为4种,即法定检验、合同检验、公证鉴定和委托检验。对法律、行政法规、部门规章规定有强制性标准或者其他必须执行的检验标准的进出口商品,依照法律、行政法规、部门规章规定的检验标准检验;对法律、行政法规、部门规章未规定有强制性标准或者其他必须执行的检验标准的,依照对外贸易合同约定的检验标准检验。

**2)进出境动植物检疫制度**

进出境动植物检疫制度是根据《中华人民共和国进出境动植物检疫法》及其实施条例的规定,国家质检总局及口岸出入境检验检疫机构对进出境动植物,动植物产品的生产、加工、存放过程实行动植物检疫的进出境监督管理制度。

我国实行进出境检验检疫制度的目的是为了防止动物传染病,寄生虫病,植物危险性病、虫、杂草以及其他有害生物传入、传出国境,保护农、林、牧、渔业生产和人体健康,促进对外经济贸易的发展。

口岸出入境检验检疫机构实施动植物检疫监督管理的方式有:注册登记、疫情调查、检测和防疫指导等。其内容主要包括:进境检疫、出境检疫、过境检疫、进出境携带和邮寄物检疫以及出入境运输工具检疫等。

**3)国境卫生监督制度**

国境卫生监督制度是指出入境检验检疫机构根据《中华人民共和国国境卫生检疫法》及其实施细则以及其他的卫生法律法规和卫生标准,在进出口口岸对出入境的交通工具、货物、运输容器以及口岸辖区的公共场所、环境、生活设施、生产设备所进行的卫生检查、鉴定、评价和采样检验的制度。

我国实行国境卫生监督制度是为了防止传染病由国外传入或者由国内传出,实施国境卫生检疫,保护人体健康。其监督职能主要包括:进出境检疫、国境传染病检测、进出境卫生监督等。

### 3.3.3 进出口货物收付汇管理制度

**1. 出口货物收汇管理措施**

我国一直以来对出口收汇管理采取的是外汇核销形式。货物出口时凭外汇核销单和其他出口相关单据办理报关手续，没有外汇核销单不予出口。

出口收汇核销管理制度始于1991年1月1日。出口收汇核销管理是指外汇局在商务、海关、税务、银行等有关部门的配合、协助下，以出口货物的价值为标准核对是否有相应的外汇（或货物）收回国内的一种事后监管措施，是对出口收汇的贸易真实性的审核。

2012年6月27日，《国家外汇管理局、海关总署、国家税务总局关于货物贸易外汇管理制度改革的公告》（国家外汇管理局公告2012年第1号）宣布，自2012年8月1日起，改革货物贸易外汇管理方式，取消出口收汇核销单（以下简称核销单），企业不再办理出口收汇核销手续，企业办理出口报关时不再提供核销单。

**2. 进口货物付汇管理措施**

外汇局根据企业贸易外汇收支的合规性及其与货物进出口的一致性，将企业分为A、B、C三类。A类企业进口付汇单证简化，可凭进口报关单、合同或发票等任何一种能够证明交易真实性的单证在银行直接办理付汇，出口收汇无须联网核查；银行办理收付汇审核手续相应简化。对B、C类企业在贸易外汇收支单证审核、业务类型、结算方式等方面实施严格监管，B类企业贸易外汇收支由银行实施电子数据核查，C类企业贸易外汇收支须经外汇局逐笔登记后办理。

### 3.3.4 对外贸易救济措施

我国于2001年年底正式成为世界贸易组织成员国。世界贸易组织允许成员方在进口产品倾销、补贴和过激增长等给其国内产业造成损害的情况下，采取反倾销、反补贴和保障措施手段来保护国内产业不受损害。

反补贴、反倾销和保障措施都属于贸易救济措施。反补贴和反倾销措施针对的是价格歧视这种不公平贸易行为，保障措施针对的则是进口产品激增的情况。

为充分利用世界贸易组织规则，维护国内市场上的国内外商品的自由贸易和公平竞争秩序，我国依据世界贸易组织《反倾销协议》、《补贴与反补贴措施协议》、《保障措施协议》以及我国《对外贸易法》的有关规定，制定颁布了《反补贴条例》、《反倾销条例》以及《保障措施条例》。

**1. 反倾销措施**

反倾销措施包括临时反倾销措施和最终反倾销措施。

**1）临时反倾销措施**

临时反倾销措施是指进口方主管机构经过调查，初步认定被指控产品存在倾销行为，并对国内同类产业造成损害，据此可以依据世界贸易组织所规定的程序进行调查，在全部调查结束之前，采取临时性的反倾销措施，以防止在调查期间国内产业继续受到损害。

临时反倾销措施有两种形式：一是征收临时反倾销税；二是要求提供保证金、保函或者其他形式的担保。

征收临时反倾销税，由商务部提出建议，国务院关税税则委员会根据其建议做出决定，商务部予以公告；要求提供保证金、保函或者其他形式的担保，由商务部做出决定并予以公告。海关自公告规定实施之日起执行。

临时反倾销措施实施的期限，自临时反倾销措施决定公告规定实施之日起，不超过4个月；在特殊情形下，可以延长至9个月。

**2)最终反倾销措施**

对终裁决定确定倾销成立并由此对国内产业造成损害的,可以征收反倾销税。征收反倾销税应当符合公共利益。

征收反倾销税,由商务部提出建议,国务院关税税则委员会根据其建议做出决定,商务部予以公告。海关自公告规定实施之日起执行。

**2. 反补贴措施**

反补贴与反倾销的措施相同,也分为临时反补贴措施和最终反补贴措施。

**1)临时反补贴措施**

初裁决定确定补贴成立并由此对国内产业造成损害的,可以采取临时反补贴措施。临时反补贴措施采取以保证金或者保函作为担保的征收临时反补贴税的形式。

采取临时反补贴措施,由商务部提出建议,国务院关税税则委员会根据其建议做出决定,商务部予以公告。海关自公告规定实施之日起执行。

临时反补贴措施实施的期限,自临时反补贴措施决定公告规定实施之日起,不超过4个月。

**2)最终反补贴措施**

在为完成磋商的努力没有取得效果的情况下,终裁决定确定补贴成立并由此对国内产业造成损害的,可以征收反补贴税。征收反补贴税应当符合公共利益。

征收反补贴税,由商务部提出建议,国务院关税税则委员会根据其建议做出决定,商务部予以公告。海关自公告规定实施之日起执行。

**3. 保障措施**

保障措施分为临时保障措施和最终保障措施。

**1)临时保障措施**

临时保障措施是指在有明确证据表明进口产品数量增加,将对国内产业造成难以补救的损害的紧急情况下,进口国与成员国之间可不经磋商而做出初裁决定,并采取临时性保障措施。临时保障措施的实施期限,自临时保障措施决定公告规定实施之日起,不得超过200天,并且此期限计入保障措施总期限。

临时保障措施采取提高关税的形式,如果事后调查不能证实进口激增对国内有关产业已经造成损害的,已征收的临时关税应当予以退还。

**2)最终保障措施**

最终保障措施可以采取提高关税、数量限制等形式。但保障措施应当限于防止、补救严重损害并便利调整国内产业所必要的范围内。

保障措施的实施期限一般不超过4年,在此基础上如果继续采取保障措施则必须同时满足4个条件,即对于防止或者补救严重损害仍有必要,有证据表明相关国内产业正在进行调整,已经履行有关对外通知、磋商的义务,延长后的措施不严于延长前的措施。保障措施全部实施期限(包括临时保障措施期限)不得超过10年。

## 3.4 各类监管证件办理程序及报关规范

### 3.4.1 进出口许可证管理

进出口许可证管理是指由商务部或者由商务部会同国务院其他有关部门,依法制定并调整进出口许可证管理目录，以签发进出口许可证的方式对进出口许可证管理目录中的商品实行的行政许可管理。

进出口许可证管理属于国家限制进出口管理范畴，分为进口许可证管理和出口许可证管理。商务部是全国进出口许可证的归口管理部门，负责制定进出口许可证管理办法及规章制度，监督、检查进出口许可证管理办法的执行情况，处罚违规行为。商务部会同海关总署制定、调整和发布年度进口许可证管理货物目录及出口许可证管理货物目录。

商务部统一管理、指导全国各发证机构的进出口许可证签发工作，商务部配额许可证事务局，商务部驻各地特派员办事处和各省、自治区、直辖市、计划单列市，以及商务部授权的其他省会城市商务厅（局）、外经贸委（厅、局）为进出口许可证的发证机构，负责在授权范围内签发中华人民共和国进口许可证（以下简称进口许可证）或中华人民共和国出口许可证（以下简称出口许可证）。

凡属于进出口许可证管理的货物，除国家另有规定外，对外贸易经营者应当在进口或出口前按规定向指定的发证机构申领进出口许可证，持有关进出口许可证向海关办理申报和验放手续。

**1. 管理范围**

进出口许可证用来证明对外贸易经营者经营商品列入国家进出口许可证管理目录，使该商品合法进出口的证明文件具有法律效力，是海关验放该类货物的重要依据。

（1）2011 年实施进口许可证管理的货物有重点旧机电产品和消耗臭氧层物质。

①重点旧机电产品包括：旧化工设备类、旧金属冶炼设备类、旧工程机械类、旧造纸设备类、旧电力电气设备类、旧食品加工及包装设备、旧农业机械类、旧印刷机械类、旧纺织机械类、旧船舶类、旧硒鼓等 11 大类（88 个 10 位商品编码）。商务部配额许可证事务局负责进口许可证的发证工作。

②消耗臭氧层物质包括：三氯氟甲烷（CFC—11），二氯、二氟甲烷（CFC—12）等商品（47 个 10 位商品编号）。进口许可证由各地外经贸委（厅、局）、商务厅（局）签发；在京中央管理企业的进口许可证，由配额许可证事务局签发。

（2）2011 年实行出口许可证管理的商品有 49 种，共 625 个 10 位商品编号，分别实行出口配额许可证、出口配额招标和出口许可证管理。

①实行出口配额许可证管理的商品是：玉米、大米、小麦、玉米粉、大米粉、小麦粉、棉花、锯材、活牛（对港澳）、活猪、活鸡、煤炭、焦炭、原油、成品油、稀土、锑及锑制品、钨及钨制品、锌矿砂、锡及锡制品、白银、铟及铟制品、钼、磷矿石。

②实行出口配额招标管理的商品是：蔺草及蔺草制品、碳化硅、滑石块（粉）、镁砂、矾土、甘草及甘草制品。

③实行出口许可证管理的商品是：活牛、活猪、活鸡、冰鲜牛肉、冻牛肉、冰鲜猪肉、冻猪肉、冰鲜鸡肉、冻鸡肉、消耗臭氧层物质、石蜡、锌及锌基合金、部分金属及制品、铂金、汽车及其底盘、摩托车及其发动机和车架、天然砂、钼制品、柠檬酸、维生素 C、青霉素工业盐、硫酸二钠。

其中，对港澳出口活牛、活猪、活鸡实行全球许可证下的国别配额许可证管理，对港、澳、台出口天然砂实行出口许可证管理，对标准砂实行全球出口许可证管理。

玉米、小麦、棉花、煤炭、原油、成品油等 6 类商品的出口许可证，由配额许可证事务局签发;大米、玉米粉、小麦粉、大米粉、锯材、活牛、活猪、活鸡、焦炭、稀土、锑及锑制品、钨及钨制品、锌矿砂、锡及锡制品、白银、铟及铟制品、钼、磷矿石、蔺草及蔺草制品、碳化硅、滑石块(粉)、镁砂、矾土、甘草及甘草制品、冰鲜牛肉、冻牛肉、冰鲜猪肉、冻猪肉、冰鲜鸡肉、冻鸡肉、铂金、天然砂等32类商品的出口许可证,由各地特派员办事处签发;消耗臭氧层物质、石蜡、锌及锌基合金、部分金属及制品、汽车及其底盘、摩托车及其发动机和车架、钼制品、柠檬酸、青霉素工业盐、维生素C、硫酸二钠等11类商品的出口许可证,由各地方发证机构签发。

**2. 办理程序**

**1)出口许可证及消耗臭氧层物质进口许可证的申领**

在组织进出口该类商品前,经营者应事先向主管部门申领进(出)口许可证,可通过网上和书面两种形式申领。申请进(出)口许可证时须提交加盖经营者公章的相对应的进(出)口许可证申请表、主管机关签发的进(出)口批准文件、进(出)口合同正本复印件[进(出)口商与收(发)货人不一致的,应当提交委托代理协议正本复印件]、商务部规定的其他应当提交的材料。网上申请的,领取进(出)口许可证时提交上述材料;书面申请的,申请时提交。如果为年度内初次申请进(出)口许可证的,还应提交企业法人登记营业执照、加盖对外贸易经营者备案登记专用章的对外贸易经营者备案登记表或中华人民共和国进出口企业资格证书;经营者为外商投资企业的,还应当提交外商投资企业批准证书。

**2)重点旧机电产品进口许可证的申领**

在组织进口列入《重点旧机电产品进口目录》的旧机电产品前,经营者应事先向主管部门申领进口许可证,可通过网上和书面两种形式申领。进口许可证应由旧机电产品进口的最终用户提出申请,并且申请企业应具备从事重点旧机电产品翻新(含再制造)的资质。申请时进口单位应当向商务部提交申请进口的重点旧机电产品用途说明,机电产品进口申请表,营业执照复印件,申请进口的重点旧机电产品的制造年限证明材料,申请进口单位提供设备状况说明,其他相关法律、行政法规规定需要提供的文件。从事翻新业务进口重点旧机电产品的单位,国家规定有资质要求的,还须提供资质证明文件;旧船舶的申请进口单位,还需提供中华人民共和国海事局出具的旧船舶进口技术评定书或中华人民共和国渔业船舶检验局出具的旧渔业船舶进口技术评定书。

申请进口单位申请材料齐全后,商务部应正式受理,并向申请进口单位出具受理通知单。商务部如认为申请材料不符合要求,应在收到申请材料后的5个工作日内一次性告知申请进口单位,要求申请进口单位说明有关情况、补充相关文件或对相关填报内容进行调整。商务部应在正式受理后20日内决定是否批准进口申请;如需征求相关部门或行业协会意见的,商务部应在正式受理后35日内决定是否批准进口申请。

**进出口许可证申请表及自动进口许可证申请表等由商务部配额许可证事务局颁发的许可证可以从网站(http://www.licence.org.cn)下载。**

对于经营边境小额贸易企业,凡出口配额招标的货物、消耗臭氧层物质、汽车及其底盘、摩托车及其发动机和车架,应与其他贸易方式相同,按照上述程序向商务部授权的发证机构办理出口许可证;出口列入《边境小额贸易出口许可证管理货物目录》商品的,应事先获得商务部下达的边境小额贸易出口配额,凭以向商务部授权的边境省、自治区商务主管部门申领出口许可证。边境小额贸易企业出口除上述货物以外的其余列入《出口许可证管理货物目录》的货物,一律免领出口许可证。

**3. 报关规范**

(1)进口许可证的有效期为1年,当年有效。特殊情况需要跨年度使用时,有效期最长不得超过次年3月31日,逾期自行失效。

(2)出口许可证的有效期最长不得超过6个月,且有效期截止时间不得超过当年12月31日。商务部可视具体情况,调整某些货物出口许可证的有效期。出口许可证应当在有效期内使用,逾期自行失效。

(3)进出口许可证一经签发,不得擅自更改证面内容。如需更改,经营者应当在许可证有效期内提出更改申请,并将许可证交回原发证机构,由原发证机构重新换发许可证。

(4)进出口许可证实行"一证一关"(指进出口许可证只能在一个海关报关,下同)管理。一般情况下,进出口许可证为"一批一证"(指进出口许可证在有效期内一次报关使用,下同)。如要实行"非一批一证"(指进出口许可证在有效期内可多次报关使用,下同),应当同时在进出口许可证备注栏内打印"非一批一证"字样,但最多不超过12次,由海关在许可证背面**"海关验放签注栏"**内逐批签注核减进出口数量。

(5)对实行"一批一证"进出口许可证管理的大宗、散装货物,以出口为例,其溢装数量在货物总量3%以内的原油、成品油予以免证,其他货物溢装数量在货物总量5%以内的予以免证;对实行"非一批一证"制的大宗、散装货物,在每批货物出口时,按其实际出口数量进行许可证证面数量核扣,在最后一批货物出口时,应按该许可证实际剩余数量溢装上限,即5%(原油、成品油溢装上限在3%)以内计算免证数额。

(6)凡列入禁止出口、出口配额许可证、出口许可证管理货物目录的商品,因添加、混合其他成分,或仅简单加工导致商品编号改变的,仍须按照原海关商品编号的管理方式进行管理。

(7)凡申报出口的商品成分中含有(添加或混合)禁止出口、出口配额许可证、出口许可证管理的商品(贵金属超过2%,其他超过10%)的,须按含有禁止出口、出口配额许可证、出口许可证管理商品的管理方式进行管理。

(8)为维护正常的经营秩序,国家对部分出口货物实行指定出口报关口岸管理。出口此类货物,均须到指定的口岸报关出口。

①锑及锑制品[包括锑砂、氧化锑、锑(包括锑合金)及锑制品]指定黄埔海关、北海海关、天津海关为出口报关口岸。

②镁砂出口许可证由大连特派员办事处签发,指定大连(大窑湾、营口、鲅鱼圈、丹东、大东港)、青岛(莱州)、天津(新港)、长春(图们)、满洲里为出口报关口岸。

③甘草指定天津海关、上海海关、大连海关为出口报关口岸,甘草制品指定天津海关、上海海关为出口报关口岸。

④以进口原木加工锯材复出口方式出口的锯材,黑龙江省指定大连、绥芬河为出口报关口岸,内蒙古自治区指定满洲里、二连浩特、大连、天津、青岛为出口报关口岸,新疆维吾尔自治区指定阿拉山口、天津、上海为出口报关口岸,福建省指定福州、厦门、莆田和漳州为出口报关口岸。

中华人民共和国进口许可证申请表见光盘附件二。

### 3.4.2 密码产品和含有密码技术的设备进口许可证管理

密码技术属于国家秘密。为了加强商用密码管理,保护信息安全,保护公民和组织的合法权益,维护国家的安全和利益,国家对密码产品和含有密码技术的设备实行限制进口管理。

国家密码管理局是密码产品和含有密码技术设备进口的国家主管部门,会同海关总署依法制定、调整并公布《密码产品和含有密码技术的设备进口管理目录》,以签发密码产品和含有密码技术设备进口许可证(以下简称密码进口许可证)的形式,对该类产品实施进口限制管理。

**1. 管理范围**

管理范围为列入《密码产品和含有密码技术的设备进口管理目录》(第一批)以及虽暂未列入目录但含有密码技术的进口商品。

2011 年列入第一批管理目录的商品包括加密传真机、加密电话机、加密路由器、非光通信加密以太网络交换机、密码机(包括电话密码机、传真密码机等)、密码卡等 6 类商品。

**2. 报关规范**

密码进口许可证是我国进出口许可证管理制度中具有法律效力,用来证明对外贸易经营者经营列入我国密码产品和含有密码技术的设备管理范围的商品合法进口的证明文件,是海关验放货物的重要依据。对外贸易经营者进口列入《密码产品和含有密码技术的设备进口管理目录》(第一批)的商品以及含有密码技术但暂未列入管理目录的商品,在组织进口前应事先向国家密码管理局申领密码进口许可证,凭以向海关办理通关手续。

(1)免于提交密码进口许可证的情形有以下几种:

①加工贸易项下为复出口而进口的;

②由海关监管,暂时进口后复出口的;

③从境外进入保税区、出口加工区及其他海关特殊监管区域和保税监管场所或在海关特殊监管区域、保税监管场所之间进出的。

(2)从海关特殊监管区域、保税监管场所进入境内区外,需交验密码进口许可证。

(3)进口单位知道或者应当知道其所进口的商品含有密码技术,虽暂未列入目录也应当申领密码进口许可证。进口时,应主动向海关提交密码进口许可证。

(4)在进口环节发现应提交而未提交密码进口许可证的,海关按有关规定进行处理。

密码产品和含有密码技术设备进口许可证申请表见光盘附件二。

### 3.4.3 自动进口许可证管理

商务部根据监测货物进口情况的需要,对部分自由进口货物实行自动许可管理。商务部配额许可证事务局,商务部驻各地特派员办事处和各省、自治区、直辖市、计划单列市商务主管部门以及地方机电产品进出口机构负责自动进口许可货物管理和自动进口许可证的签发工作。目前涉及的管理目录是商务部公布的《自动进口许可管理货物目录》,对应的许可证件为中华人民共和国自动进口许可证(以下简称自动进口许可证)。

**1. 管理范围**

**1)自动进口许可证管理的商品范围**

2011 年实施自动进口许可管理的商品包括非机电产品、机电产品(包括旧机电产品),分为 3 个管理目录。

(1)目录一(非机电产品):肉鸡、植物油、牛肉、羊肉、烟草、二醋酸纤维丝束、铜精矿、煤、废纸、废钢、废铝、铜、鲜奶、奶粉、乳清、大豆、油菜子、豆粕、猪肉及副产品、铁矿石、铝土矿、原油、成品油、天然气、氧化铝、化肥、钢材,共27类。

(2)目录二(机电产品)包括下面内容。

①由商务部发证的机电产品涉及光盘生产设备、烟草机械、移动通信产品、卫星广播电视设备及关键部件、汽车产品、飞机、船舶、游戏机等8类商品。

②由地方、部门机电产品进出口办公室发证的机电产品涉及锅炉、汽轮机、发动机(非第八十七章车辆用)及关键部件、水轮机及其他动力装置、化工装置、食品机械、工程机械、造纸及印刷机械、纺织机械、金属冶炼及加工设备、金属加工机床、电气设备、铁路机车、汽车产品、飞机、船舶、医疗设备等17类商品。

(3)目录三(旧机电产品):目前只涉及旧胶印机一类。由商务部颁发自动进口许可证。

**2)免交自动进口许可证的情形**

进口列入《自动进口许可管理货物目录》的商品,在办理报关手续时须向海关提交自动进口许可证,但下列情形免交:

①加工贸易项下进口并复出口的(原油、成品油除外);

②外商投资企业作为投资进口或者投资额内生产自用的(旧机电产品除外);

③货样广告品、实验品进口,每批次价值不超过5000元人民币的;

④暂时进口的海关监管货物;

⑤进入保税区、出口加工区等海关特殊监管区域及进入保税仓库、保税物流中心的属自动进口许可管理的货物;

⑥加工贸易项下进口的不作价设备监管期满后留在原企业使用的;

⑦国家法律法规规定其他免领自动进口许可证的。

**2. 办理程序**

进口属于自动进口许可管理的货物,收货人(包括进口商和进口用户)在办理海关报关手续前,应向所在地或相应的发证机构提交自动进口许可证申请,并取得自动进口许可证。其中属于法律法规规定应当招标采购的,收货人还应当依法招标。收货人申请自动进口许可证,应当提交其从事货物进出口的资格证书、备案登记文件或者外商投资企业批准证书(以上证书、文件仅限公历年度内初次申领者提交)、自动进口许可证申请表、货物进口合同(属于委托代理进口的,应当提交委托代理进口协议正本)。对进口货物用途或者最终用户法律法规有特定规定的,应当提交进口货物用途或者最终用户符合国家规定的证明材料,针对不同商品在管理目录中列明的应当提交的材料,商务部规定的其他应当提交的材料。同时收货人应当对所提交材料的真实性负责,并保证其有关经营活动符合国家法律规定。

收货人可以直接向发证机构书面申请自动进口许可证,也可以通过网上申请。其中书面申请的,收货人可以到发证机构领取或者从相关网站下载自动进口许可证申请表(可复印)等有关材料,按要求如实填写,并采用送递、邮寄或者其他适当方式,与其他相关材料一并递交发证机构。采取网上申请的,收货人应当先到发证机构申领用于企业身份认证的电子钥匙。申请时,登录相关网站,进入相关申领系统,按要求如实在线填写自动进口许可证申请表等资料,同时向发证机构提交有关材料。申请内容正确且形式完备的,发证机构收到后应当予以签发自动进口许可证,最多不超过10个工作日。对于收货人已申领的自动进口许可证,如未使用,应当在有效期内交回原发证机构，并说明原因，发证机构对收货人交回的自动进口许可证予以撤销。自动进口许可证如有遗失，收货人应当立即向原发证机构以及自动进口许可证证面注明的进口口岸地海关书面报告挂失。原发证机构收到挂失报告后，经核实无不良后果的，予以重新补发。对于自动进口许可证自签发之日起 1 个月后未领证的，发证机构可予以收回并撤销。

**3. 报关规范**

(1) 自动进口许可证有效期为 6 个月，但仅限公历年度内有效。

(2) 自动进口许可证项下货物原则上实行"一批一证"管理，对部分货物也可实行"非一批一证"管理。对实行"非一批一证"管理的，在有效期内可以分批次累计报关使用，但累计使用不得超过 6 次。每次报关时，海关在自动进口许可证原件"海关验放签注栏"内批注后，留存复印件，最后一次使用后，海关留存正本。同一进口合同项下，收货人可以申请并领取多份自动进口许可证。

(3) 对实行"一批一证"的自动进口许可证管理的大宗、散装货物，其溢装数量在货物总量 3% 以内的原油、成品油、化肥、钢材等 4 种大宗散装货物予以免证，其他货物溢装数量在货物总量 5% 以内的予以免证；对"非一批一证"的大宗散装货物，每批货物进口时，按其实际进口数量核扣自动进口许可证额度数量，最后一批货物进口时，应按该自动进口许可证实际剩余数量的允许溢装上限，即 5%（原油、成品油、化肥、钢材溢装上限在 3%）以内计算免证数额。

中华人民共和国自动进口许可证申请表见光盘附件二。

### 3.4.4 固体废物进口管理

为了防治固体废物污染环境，保障人体健康，促进社会主义现代化建设的发展，环境保护部根据《中华人民共和国固体废物污染环境防治法》、《控制危险废物越境转移及其处置的巴塞尔公约》等法律法规，对进口固体废物实施禁止、限制以及自动许可管理。

**1. 管理范围**

固体废物是指《中华人民共和国固体废物污染环境防治法》管理范围内的废物，即在生产建设、日常生活和其他活动中产生的污染环境的废弃物质，包括工业固体废物（指在工业、交通等生产活动中产生的固体废物）、城市生活垃圾（指在城市日常生活中或者为城市日常生活提供服务的活动中产生的固体废物以及法律、行政法规规定视为城市生活垃圾的固体废物）、危险废物（指列入国家危险废物名录或者根据国家规定的危险废物鉴别标准和鉴别方法认定的具有危险特性的废物）以及液态废物和置于容器中的气态废物。

国家禁止进口不能用做原料的固体废物，限制进口可以用做原料的固体废物。环境保护部会同国家发展改革委、商务部、海关总署、国家质检总局制定、调整并公布《限制进口类可用做原料的废物目录》及《自动进口许可管理类可用做原料的废物目录》，对未列入上述两个目录的固体废物禁止进口。

**2. 办理程序**

固体废物进口单位或者利用单位直接向环境保护部提出固体废物进口申请，由环境保护部审查批准，取得环境保护部签发的中华人民共和国自动许可进口类可用做原料的固体废物进口许可证或中华人民共和国限制进口类可用做原料的固体废物进口许可证（以下统称为废物进口许可证）后才可组织进口。

进口固体废物运抵口岸后，口岸检验检疫机构凭环境保护部签发的废物进口许可证及其他必要单证受理报验。经审核未发现不符合环境保护要求的，向报验人出具入境货物通关单，海关凭有效废物进口许可证及入境货物通关单办理通关手续。对不符合环境保护要求的，向报验人出具检验证书并及时以检验证书副本通知口岸海关和当地环保部门，海关会同地方环保部门依法对废物进行处理。

**3. 报关规范**

固体废物进口许可证是我国进出口许可管理制度中具有法律效力、用来证明对外贸易经营者经营列入《限制进口类可用做原料的废物目录》及《自动进口许可管理类可用做原料的废物目录》的废物合法进口的证明文件，是海关验放货物的重要依据。不论以何种方式进口列入上述管理范围的固体废物，均须事先申领废物进口许可证。

(1)向海关申报进口列入《限制进口类可用做原料的废物目录》或《自动进口许可管理类可用做原料的废物目录》的废物，报关单位应主动向海关提交有效的废物进口许可证、口岸检验检疫机构出具的入境货物通关单及其他有关单据。

(2)对未列入《限制进口类可用做原料的废物目录》、《自动进口许可管理类可用做原料的废物目录》或虽列入上述目录但未取得有效废物进口许可证的固体废物一律不得进口或存入保税仓库。

(3)废物进口许可证实行“非一批一证”管理。

(4)进口的固体废物不能转关(废纸除外)，只能在口岸海关办理申报进境手续。

(5)对废金属、废塑料、废纸进口实施分类装运管理。进口时不得与其他非重点固体废物及不属于固体废物的货物混合装运于同一集装箱内；报经海关总署批准后，须在具备监管条件的口岸现场或园区按类别进行分拣，并按分拣后的状态，按规范申报的要求逐项申报；对未按上述规定进口的废物，如无走私或违反海关监管规定嫌疑，进口企业可申请办理直接退运。

固体废物进口许可证见光盘附件二。

### 3.4.5 进口关税配额管理

关税配额管理属限制进口，实行关税配额证管理。对外贸易经营者经国家批准取得关税配额证后允许按照关税配额税率征税进口，如超出限额则按照配额外税率征税进口。

2011 年我国实施进口关税配额管理的农产品有小麦、稻谷和大米、玉米、棉花、食糖、羊毛及毛条，实施进口关税配额管理的工业品有尿素、磷酸氢二铵、复合肥等 3 种农用肥料。

**1. 实施关税配额管理的农产品**

(1)农产品进口关税配额为全球关税配额，其国家主管部门为商务部及国家发展改革委，所有贸易方式进口上述农产品均列入关税配额管理范围。海关凭商务部、国家发展改革委各自授权机构向最终用户发放的，并加盖商务部农产品进口关税配额证专用章或国家发展和改革委员会农产品进口关税配额证专用章的农产品进口关税配额证办理验放手续。其中，以加工贸易方式进口上述农产品，海关凭企业提交的在“贸易方式”栏目中注明“加工贸易”的进口关税配额证办理通关验放手续。由境外进入保税仓库、保税区、出口加工区的上述农产品，不需提交农产品进口关税配额证，海关按现行规定验放并实施监管。从保税仓库、保税区、出口加工区出库或出区进口的关税配额农产品，企业持进口关税配额证向海关办理进口手续。

(2)农产品进口关税配额证实行“一证多批”制，即最终用户需分多批进口的，凭农产品进口关税配额证可多次办理通关手续，直至“海关核注栏”填满为止。农产品进口关税配额证有效期为每年 1 月 1 日至当年 12 月 31 日，如需要延期，应向原发证机构申请办理换证，但延期最迟不得超过下一年2月底。进口关税配额证证面内容不得更改，如需更改，应到发证部门换发新证。

(3)农产品进口关税配额的申请期为每年10月15日至30日(凭合同先来先领，分配方式除外)。商务部、国家发展改革委分别于申请期前1个月在《国际商报》、《中国经济导报》以及商务部和国家发展改革委网站上公布每种农产品下一年度进口关税配额总量、关税配额申请条件及国务院关税税则委员会确定的关税配额农产品税则号列和适用税率。其中食糖、羊毛、毛条由商务部公布并由商务部授权机构负责受理本地区内申请，小麦、玉米、大米、棉花由国家发展改革委公布并由发展改革委授权机构负责受理本地区内的申请。

(4)农产品进口关税配额的分配是根据申请者的申请数量和以往进口实绩、生产能力、其他相关商业标准或根据先来先领的方式进行分配。分配的最小数量将以每种农产品商业上可行的装运量确定。每年1月1日前，商务部、国家发展改革委通过各自授权机构向最终用户发放农产品进口关税配额证，并加盖商务部农产品进口关税配额证专用章或国家发展和改革委员会农产品进口关税配额证专用章。

**2. 实施关税配额管理的工业品**

(1)化肥进口关税配额为全球配额，商务部负责全国化肥关税配额管理工作。商务部的化肥进口关税配额管理机构负责管辖范围内化肥进口关税配额的发证、统计、咨询和其他授权工作。关税配额内化肥进口时，海关凭进口单位提交的化肥进口关税配额证明，按配额内税率征税，并验放货物。

(2)商务部负责在化肥进口关税配额总量内，根据国民经济综合平衡及资源合理配置的要求，对化肥进口关税配额进行分配。凡在中华人民共和国工商行政管理部门登记注册的企业(以下简称申请单位)，在其经营范围内均可向所在地区的授权机构申请化肥进口关税配额。商务部于每年的9月15日至10月14日公布下一年度的关税配额数量。申请单位应当在每年的10月15日至10月30日向商务部提出化肥关税配额的申请。商务部根据各地区生产和市场需求，并参考申请单位以往的进口实绩(申请单位的生产能力、经营规模、销售状况)、以往分配的配额是否得到充分使用、新的进口经营者的申请情况、申请配额的数量情况等因素，于每年12月31日前将化肥关税配额分配到进口用户。

**农产品进口关税配额证申请表和化肥进口关税配额证明申请表可以到商务部官网(http://www.mofcom.gov.cn)下载。**

### 3.4.6 野生动植物种进出口管理

野生动植物是人类宝贵的自然财富。挽救珍稀濒危动植物种，保护、发展和合理利用野生动植物资源，对维护自然生态平衡，开展科学研究，发展经济、文化、教育、医药、卫生等事业有着极其重要的意义。为此，我国颁布了《中华人民共和国森林法》、《中华人民共和国野生动物保护法》以及《中华人民共和国野生植物保护条例》等相关法律法规，并发布了我国物种自主保护目录，同时，我国也是《濒危野生动植物种国际贸易公约》的成员国。因此，我国进出口管理的濒危物种包括《濒危野生动植物种国际贸易公约》成员国(地区)应履行保护义务的物种以及为保护我国珍稀物种而自主保护的物种。

野生动植物种进出口管理是指国家濒危物种进出口管理办公室会同国家其他部门，依法制定或调整《进出口野生动植物种商品目录》并以签发濒危野生动植物种国际贸易公约允许进出口证明书(以下简称公约证明)、中华人民共和国濒危物种进出口管理办公室野生动植物允许进出口证明书(以下简称非公约证明)或非《进出口野生动植物种商品目录》物种证明(以下简称物种证明)的形式,对该目录列明的依法受保护的珍稀濒危野生动植物及其产品实施的进出口限制管理。

凡进出口列入《进出口野生动植物种商品目录》的野生动植物或其产品,必须严格按照有关法律、行政法规的程序进行申报和审批,并在进出口报关前取得国家濒危物种进出口管理办公室或其授权的办事处签发的公约证明、非公约证明或物种证明后,向海关办理进出口手续。

**1. 非公约证明管理范围及报关规范**

非公约证明是我国进出口许可管理制度中具有法律效力、用来证明对外贸易经营者经营列入《进出口野生动植物种商品目录》中属于我国自主规定管理的野生动植物及其产品合法进出口的证明文件,是海关验放该类货物的重要依据。

**1)管理范围**

对列入《进出口野生动植物种商品目录》中属于我国自主规定管理的野生动植物及其产品,不论以何种方式进出口,均须事先申领非公约证明。

**2)报关规范**

(1)向海关申报进出口列入《进出口野生动植物种商品目录》中属于我国自主规定管理的野生动植物及其产品,报关单位应主动向海关提交有效的非公约证明及其他有关单据。

(2)非公约证明实行"一批一证"制度。

**2. 公约证明管理范围及报关规范**

公约证明是我国进出口许可管理制度中具有法律效力、用来证明对外贸易经营者经营列入《进出口野生动植物种商品目录》中属于《濒危野生动植物种国际贸易公约》成员国(地区)应履行保护义务的物种合法进出口的证明文件,是海关验放该类货物的重要依据。

**1)管理范围**

对列入《进出口野生动植物种商品目录》中属于《濒危野生动植物种国际贸易公约》成员国(地区)应履行保护义务的物种,不论以何种方式进出口,均须事先申领公约证明。

**2)报关规范**

(1)向海关申报进出口列入《进出口野生动植物种商品目录》中属于《濒危野生动植物种国际贸易公约》成员国(地区)应履行保护义务的物种,报关单位应主动向海关提交有效的公约证明及其他有关单据。

(2)公约证明实行"一批一证"制度。

**3. 物种证明适用范围及报关规范**

由于受濒危物种进出口管理的动植物种很多,认定工作的专业性很强,为使濒危物种进出口监管工作做到既准确又严密,海关总署和国家濒危物种进出口管理办公室共同商定启用物种证明,由国家濒危物种进出口管理办公室指定机构进行认定并出具物种证明,报关单位凭以办理报关手续。

**1)适用范围**

对于进出口列入《进出口野生动植物种商品目录》中适用公约证明、非公约证明管理的《濒危野生动植物种国际贸易公约》附录及国家重点保护野生动植物以外的其他列入商品目录的野生动植物及相关货物或物品和含野生动植物成分的纺织品,均须事先申领物种证明。

**2)报关规范**

(1)物种证明由国家濒危物种进出口管理办公室统一按确定的格式制作,不得转让或倒卖。证面不得涂改、伪造。

(2)物种证明分为"一次使用"和"多次使用"两种。

①一次使用的物种证明有效期自签发之日起不得超过6个月。

②多次使用的物种证明只适用于同一物种、同一货物类型、在同一报关口岸多次进出口的野生动植物。多次使用的物种证明有效期截至发证当年12月31日。持证者须于1月31日之前将上一年度使用多次物种证明进出口有关野生动植物标本的情况汇总上报发证机关。

(3)进出口企业必须按照物种证明规定的口岸、方式、时限、物种、数量和货物类型等进出口野生动植物。对于超越物种证明中任何一项许可范围的申报行为,海关均不予受理。

(4)海关对经营者进出口列入《进出口野生动植物种商品目录》的商品以及含野生动植物成分的纺织品是否为濒危野生动植物种提出质疑的,经营者应按海关的要求,向国家濒危物种进出口管理办公室或其办事处申领物种证明;属于公约证明或非公约证明管理范围的,应申领公约证明或非公约证明。经营者未能出具证明书或物种证明的,海关不予办理有关手续。

(5)对进出境货物或物品包装或说明中标注含有商品目录所列野生动植物成分的,经营者应主动、如实向海关申报,海关按实际含有该野生动植物的商品进行监管。

### 3.4.7 出入境检验检疫管理

对列入《法检目录》及其他法律法规规定需要检验检疫的货物进出口时,货物所有人或其合法代理人,在办理进出口通关手续前,必须向口岸检验检疫机构报检。海关凭口岸出入境检验检疫机构签发的中华人民共和国检验检疫入境货物通关单或中华人民共和国检验检疫出境货物通关单验放。

**1.入境货物通关单**

(1)入境货物通关单实行"一批一证",证面内容不得更改。

(2)入境货物通关单主要适用于下列情况:

①列入《法检目录》的商品;

②外商投资财产价值鉴定(受国家委托,为防止外商瞒骗对华投资额而对其以实物投资形式进口的投资设备的价值进行的鉴定);

③进口可用做原料的废物;

④进口旧机电产品;

⑤进口货物发生短少、残缺或其他质量问题需对外索赔时,其赔付的进境货物;

⑥进口捐赠的医疗器械;

⑦其他未列入《法检目录》,但国家有关法律、行政法规明确由出入境检验检疫机构负责检验检疫的入境货物或特殊物品等。

**2.出境货物通关单**

(1)出境货物通关单实行"一批一证",证面内容不得更改。

(2)出境货物通关单适用于下列情况:

①列入《法检目录》的货物;

②出口纺织品标志;

③对外经济技术援助物资及人道主义紧急救灾援助物资;

④其他未列入《法检目录》,但国家有关法律、行政法规明确由出入境检验检疫机构负责检验检疫的出境货物。

中华人民共和国出入境检验检疫出入境货物通关单见光盘附件二。

部分进出口监管证件一览表见表1.3.2。

**表1.3.2　部分进出口监管证件表**

| 监管证件名称 | 主管部门 | 发证机关 | 报关规范 | 单证有效期 | 备注 |
|---|---|---|---|---|---|
| 进口许可证 | 商务部 | 三级发证:<br>配额许可证事务局;<br>特派员办事处;<br>商务委/商务厅 | 一证一关、<br>一批一证、<br>非一批一证 | 有效期1年,当年有效,跨年不得超过次年3月31日<br>非一批一证最多使用12次 | 散装货物溢装数量上限为许可证所列数量5%,原油、成品油3%免证 |
| 出口许可证 | 商务部 | 三级发证:<br>配额许可证事务局;<br>特派员办事处;<br>商务委/商务厅 | 一证一关、<br>一批一证、<br>非一批一证 | 有效期6个月,不得超过当年12月31日<br>非一批一证最多使用12次 | 散装货物溢装数量上限为许可证所列数量5%,原油、成品油3%免证 |
| 自动进口许可证 | 商务部 | 配额许可证事务局;<br>特派员办事处;<br>各地商务主管部门 | 一批一证、<br>非一批一证 | 6个月的有效期,不得跨年度使用<br>非一批一证累计使用不超过6次 | 散装货物溢装数量上限为许可证所列数量5%,原油、成品油、化肥、钢材3%免证 |
| 密码进口许可证 | 国家密码管理局 | 国家密码管理局 | 免于提交密码许可证有以下情形:加工贸易项下为复出口而进口的;由海关监管,暂时进口后复出口的;在境外进入保税区、出口加工区及其他海关特殊监管区域和保税监管场所的,或在海关特殊监管区域、保税监管场所之间进出的 | 按具体货物要求办理 | |

续表

| 监管证件名称 | 主管部门 | 发证机关 | 报关规范 | 单证有效期 | 备注 |
|---|---|---|---|---|---|
| 废物进口许可证 | 环境保护部 | 环境保护部 | 非一批一证 | 按具体货物要求办理 | 不能转关(废纸除外)<br>非金属、废塑料、废纸进口时不得与其他非重点固体废物及不属于固体废物的货物混合装运于同一集装箱内 |
| 农产品进口关税配额证 | 农产品:商务部及国家发展和改革委员会<br>化肥:商务部 | 商务部;国家发展和改革委员会 | 一证多批 | 有效期每年1月1日至12月31日,最迟不得超过下一年2月底 | |
| 公约证明;<br>非公约证明;<br>非物种证明 | 濒危物种进出口管理办公室 | 濒危物种进出口管理办公室 | 一批一证;<br>一批一证;<br>一次使用和多次使用 | 一次使用的物种证明有效期不得超过6个月<br>多次使用的物种证明有效期不得超过当年12月31日。 | 多次物种证明须于1月31日之前将上一年度使用其有关野生动植物标本的情况上报发证机关<br>多次使用的物种证明只适用于同一物种、同一货物、在同一报关口岸多次报关 |
| 入境货物通关单<br>出境货物通关单 | 国家质量监督检验检疫总局 | 出入境检验检疫机构 | 一批一证 | 按具体货物办理 | 2008年1月1日起,国家实行出入境货物通关单电子数据联网。 |

限于篇幅,第二章所涉及申请表见光盘附件二。

## 练习题

### 一、单项选择题

1. 下列属于允许进口货物的是(　　)。

A. 犀牛角　　B. 车床废车屑　　C. 城市垃圾　　D. 旧衣服

2. 下列对"非一批一证"的中华人民共和国进口许可证在有效期内最多可以使用的次数表述正确的是(　　)。

A. 2次　　B. 6次　　C. 10次　　D. 12次

3. 下列对"非一批一证"的中华人民共和国自动进口许可证有效期及在有效期内最多可以使用的次数表述正确的是(　　)。

A. 6个月、3次　　B. 6个月、6次　　C. 1年、6次　　D. 1年、12次

4. 下列不属于实施出口管理的黄金及其制品范围的是(　　)。

A. 黄金首饰　　B. 黄金镶钻石戒指　　C. 黄金铸币　　D. 镀金烟缸

5. 中华人民共和国国家食品药品监督管理局精神药品进口准许证的签发机关是(　　)。

A. 商务部　　B. 口岸药检所

C. 国家食品药品监督管理局　　D. 国家食品药品监督管理局授权机关

6. 不禁止进口(　　)。

A. 犀牛角　　B. 虎骨　　C. 木炭　　D. 旧服装

7. 下列关于进口废物管理的表述,错误的是(　　)。

A. 废物进口许可证实行"一批一证"管理

B. 存入保税仓库的废物必须取得有效废物进口许可证

C. 对未列入《限制进口类可用做原料的废物目录》的废物一律不得进口

D. 向海关申报允许进口的废物,应主动向海关提交废物进口许可证、入境货物通关单及其他有关单据

8. 下列列入《自动进口许可管理货物目录》的货物,可免交自动进口许可证的是(　　)。

A. 参加 F1 上海站比赛进口后需复出口的赛车

B. 加工贸易项下进口并复出口的成品油

C. 外商投资企业作为投资进口的旧机电产品

D. 每批次价值超过 5000 元人民币的进口货样、广告品

9. 属于我国货物、技术进出口许可管理制度的证件是(　　)。

A. 关税配额证　　B. 入境货物通关单

C. 有毒化学品环境管理放行通知单　　D. 进口农药登记证明

10. 根据企业申请,于 2009 年 9 月 30 日向企业签发了自动进口许可证,该证有效期截止到(　　)。

A. 2010 年 3 月 31 日　　B. 2009 年 12 月 31 日

C. 2010 年 6 月 30 日　　D. 2010 年 9 月 30 日

**二、判断题(正确 A,错误 B)**

1. 对外贸易管制是一个国家对外经济和外交政策的具体体现,是国家管制。(　　)

2. 对外贸易管制的重点一般放在对出口的管制上。(　　)

3. 列入国家公布《禁止进口货物目录》的商品及其他法律法规明令禁止或停止进口的商品,任何企业不得进口。(　　)

4. 我国对国家规定有数量限制的进口货物,实行许可证管理。(　　)

5. 属于关税配额内进口的货物,按照配额内税率缴纳关税。(　　)

**三、讨论题**

福建归真堂被爆上市募集资金用于年产 4000 千克熊胆粉,遭到社会舆论强烈反对。

2011 年 4 月亚洲动物基金会向福建证监局抗议,认为"一家以活熊取胆为主业的企业,不应获得上市批准"。2 万名以上的网民在各大门户网站的微博以及投票上表达了自己对"活熊取胆"之残忍性的批判态度。归真堂创始人邱淑花认为"养熊是林业部颁发批文,生产熊胆粉是 1995 年卫生部颁发药准字号,是合法的"。(见视频资料)

请就野生动植物种进出口管理相关内容,说出你的看法。

# 4 海关监管货物及其报关程序

## 4.1 海关监管货物分类

根据货物进出境目的的不同,海关监管货物可以分成六大类。

(1)一般进出口货物:包括一般进口货物和一般出口货物。一般进口货物是指办结海关手续进入国内生产、消费领域流通的进口货物;一般出口货物是指办结海关手续到境外生产、消费领域流通的出口货物。

(2)保税货物:是指经海关批准未办理纳税手续进境,在境内储存、加工、装配后复运出境的货物。保税货物又分为保税加工货物和保税物流货物两类。

(3)特定减免税货物:是指经海关依法准予免税进口的用于特定地区、特定企业,有特定用途的货物。

(4)暂准进出境货物:包括暂准进境货物和暂准出境货物。暂准进境货物是指经海关批准凭担保进境,在境内使用后原状复运出境的货物;暂准出境货物是指经海关批准凭担保出境,在境外使用后原状复运进境的货物。

(5)过境、转运、通运货物:是指由境外起运,通过中国境内继续运往境外的货物。

(6)其他进出境货物:是指上述货物以外尚未办结海关手续的其他进出境货物。

海关按照对各种监管货物的不同要求,分别建立了相应的海关监管制度。

## 4.2 报关基本程序

### 4.2.1 前期阶段

前期阶段是指进出口货物收发货人或其代理人根据海关对进出境货物的监管要求,在货物进出口之前,向海关办理备案手续的过程,主要包括如下内容。

(1)保税加工货物进口之前,进口货物收货人或其代理人办理加工贸易备案手续,申请建立加工贸易电子账册、电子化手册或者申领加工贸易纸质手册。

(2)特定减免税货物进口之前,进口货物收货人或其代理人办理货物的减免税备案和审批手续,申领减免税证明。

(3)暂准进出境货物进出口之前,进出口货物收发货人或其代理人办理货物暂准进出境备案申请手续。

(4)其他进出境货物中的加工贸易不作价设备进口之前,进口货物收货人或其代理人办理加工贸易不作价设备的备案手续;出料加工货物出口之前,出口货物发货人或其代理人办理出料加工的备案手续。

### 4.2.2 进出口阶段

进出口阶段是指进出口货物收发货人或其代理人根据海关对进出境货物的监管要求，在货物进出境时，向海关办理进出口申报、配合查验、缴纳税费、提取或装运货物手续的过程。

在进出口阶段中，进出口货物收发货人或其代理人需要完成以下4个环节的工作。

**1. 进出口申报**

进出口申报是指进出口货物收发货人或其代理人在海关规定的期限内，按照海关规定的形式，向海关报告进出口货物的情况，提请海关按其申报的内容放行进出口货物的工作环节。

**2. 配合查验**

配合查验是指申报进出口货物经海关决定查验时，进出口货物的收发货人或其代理人到达查验现场，配合海关查验货物，按照海关要求搬移货物、开拆包装以及重新封装货物的工作环节。

**3. 缴纳税费**

缴纳税费是指进出口货物收发货人或其代理人接到海关发出的税费缴纳通知书后，到海关指定的银行办理税费款项的缴纳手续，通过银行将有关税费款项缴入海关专门账户的工作环节。

**4. 提取或装运货物**

提取货物即提取进口货物，是指进口货物收货人或其代理人，在办理了进口申报、配合查验、缴纳税费等手续，海关决定放行后，凭海关加盖放行章的进口提货凭证或海关通过计算机发送的放行通知书，提取进口货物的工作环节。

装运货物即装运出口货物，是指出口货物发货人或其代理人，在办理了出口申报、配合查验、缴纳税费等手续，海关决定放行后，凭海关加盖放行章的出口装货凭证或海关通过计算机发送的放行通知书，通知港区、机场、车站及其他有关单位装运出口货物的工作环节。

### 4.2.3 后续阶段

后续阶段是指进出口货物收发货人或其代理人根据海关对进出境货物的监管要求，在货物进出境储存、加工、装配、使用、维修后，在规定的期限内，按照规定的要求，向海关办理上述进出口货物核销、销案、申请解除监管等手续的过程，主要包括如下内容。

(1)保税加工货物，进口货物收货人或其代理人在规定期限内办理申请核销的手续。

(2)特定减免税货物，进口货物收货人或其代理人在海关监管期满，或者在海关监管期内经海关批准出售、转让、退运、放弃并办妥有关手续后，向海关申请办理解除海关监管的手续。

(3)暂准进境货物，收货人或其代理人在暂准进境规定期限内，或者在经海关批准延长暂准进境期限到期前，办理复运出境手续或正式进口手续，然后申请办理销案手续；暂准出境货物，发货人或其代理人在暂准出境规定期限内，或者在经海关批准延长暂准出境期限到期前，办理复运进境手续或正式出口手续，然后申请办理销案手续。

(4)其他进出境货物中的加工贸易不作价设备、外包进口货物、出料加工货物、修理货物、部分租赁货物等,进出口货物收发货人或其代理人在规定的期限内办理销案手续。

## 4.3 电子报关及电子通关系统

**1. 电子报关**

电子报关是指进出口货物收发货人或其代理人通过计算机系统,按照《中华人民共和国海关进出口货物报关单填制规范》(以下简称《报关单填制规范》)的有关要求,向海关传送报关单电子数据,并备齐随附单证的申报方式。

《海关法》规定:"办理进出口货物的海关申报手续,应当采用纸质报关单和电子数据报关单的形式。"这一规定确定了电子报关的法律地位,使电子数据报关单和纸质报关单具有同等的法律效力。

在一般情况下,进出口货物收发货人或其代理人应当采用纸质报关单形式和电子数据报关单形式向海关申报,即进出口货物收发货人或其代理人先向海关计算机系统发送电子数据报关单,接收到海关计算机系统返回的表示接受申报的信息后,凭以打印向海关提交的纸质报关单,并准备必需的随附单证。

特殊情况下经海关同意,允许先采用纸质报关单形式申报,电子数据事后补报。在向未使用海关信息化管理系统作业的海关申报时,可以采用纸质报关单申报形式。在特定条件下,进出口货物收发货人或其代理人可以单独使用电子数据报关单向海关申报,保存纸质报关单证。

**2. 电子通关系统**

我国海关已经在进出境货物通关作业中全面使用计算机进行信息化管理,成功地开发运用了多个电子通关系统。

**1)海关 H883/EDI 通关系统**

H883/EDI 通关系统是中国海关报关自动化系统的简称,是我国海关利用计算机对进出口货物进行全面信息化管理,实现监管、征税、统计三大海关业务一体化管理的综合性信息利用项目。

**2)海关 H2000 通关系统**

H2000 通关系统是对 H883/EDI 通关系统的全面更新换代项目,界面如图 1.4.1 所示。

H2000 通关系统在集中式数据库的基础上建立了全国统一的海关信息作业平台,不但提高了海关管理的整体效能,而且使进出口企业真正享受到简化报关手续的便利。进出口企业可以在其办公场所办理加工贸易登记备案、特定减免税证明申领、进出境报关等各种海关手续。

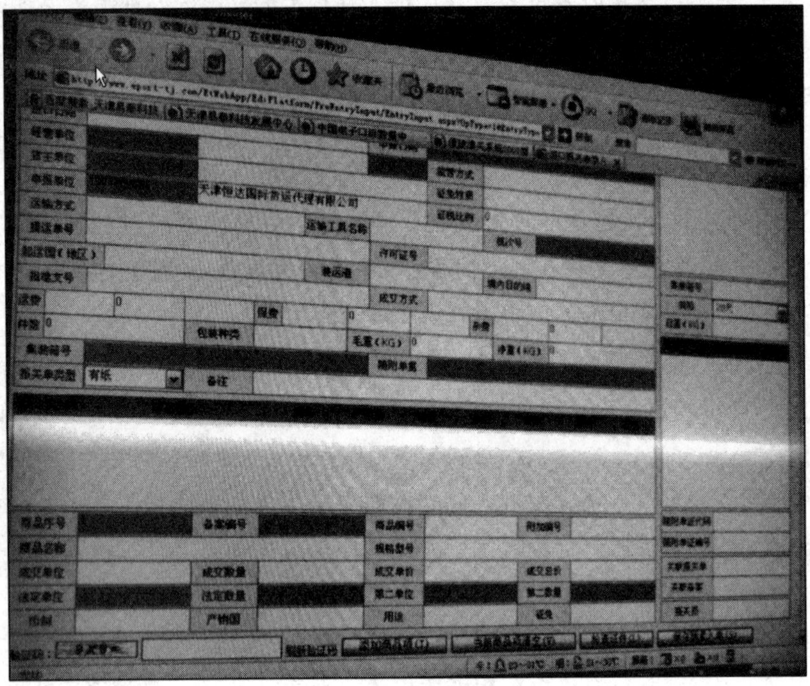

图 1.4.1　H2000 通关系统界面

3) 中国电子口岸系统

中国电子口岸系统又称口岸电子执法系统，简称电子口岸，是利用现代计算机信息技术，将与进出口贸易管理有关的政府机关分别管理的进出口业务信息电子底账数据集中存放在公共数据中心，为管理部门提供跨部门、跨行业联网数据核查，为企业提供网上办理各种进出口业务的国家信息系统。

电子口岸系统和 H2000 通关系统连接起来，构成了覆盖全国的进出口贸易服务和管理的信息网络系统。进出口企业在其办公室就可以上网向海关及其他有关国家管理机关办理与进出口贸易有关的各种手续，与进出口贸易有关的海关及其他有关国家管理机关也能在网上对进出口贸易进行有效管理。

## 练习题

### 一、问答题

海关监管货物共分为几类，其特点是什么？

### 二、判断题(正确 A，错误 B)

1. 进出境船舶和航空器，由于不可抗力的原因，被迫在未设立海关的地点停泊、降落或者抛掷、起卸货物、物品，运输工具负责人应当立即报告附近海关。(　　)

2. 进口货物自进境起到办结海关手续止，出口货物自向海关申报起到出境止，过境、转运和通运货物自进境起到出境止，应当接受海关监管。(　　)

3. 过境、转运和通运货物，运输工具负责人应当向进境地海关如实申报，并应当在规定期

限内运输出境。因这些货物的特殊性,海关无权查验过境、转运和通运货物。(  )

4. 海关规定的报关程序中,在进出境阶段应完成进出口申报、配合查验、缴纳税费、提取或装运货物等4项工作。(  )

5. 覆盖全国的进出口贸易服务和贸易管理信息网络系统由口岸电子执法系统及海关H2000系统组成。(  )

# 5 一般进出口货物及其报关程序

## 5.1 一般进出口货物基本知识

**1.含义**

一般进出口货物是一般进口货物和一般出口货物的合称,是指在进出口环节缴纳了应征的进出口税费并办结了所有必要的海关手续,海关放行后不再进行监管,可以直接进入生产和消费领域流通的进出口货物。

**2.特征**

一般进出口货物有以下特征。

**1)进出境时缴纳进出口税费**

一般进出口货物的收发货人应当按照《海关法》和其他有关法律、行政法规的规定,在货物进出境时向海关缴纳应当缴纳的税费。

**2)进出口时提交相关的许可证件**

货物进出口时受国家法律、行政法规管制并需要申领进出口许可证件的,进出口货物收发货人或其代理人应当向海关提交相关的进出口许可证件。

**3)海关放行即办结海关手续**

海关征收了全额的税费,审核了相关的进出口许可证件,并对货物进行实际查验(或做出不予查验的决定)以后,按规定签章放行。这时,进出口货物收发货人或其代理人才能办理提取进口货物或者装运出口货物的手续。

**3.范围**

对一般进出口货物来说,海关放行就意味着海关手续已经全部办结,海关不再监管,可以直接进入生产和消费领域流通。

实际进出口的货物,除特定减免税货物外,都属于一般进出口货物的范围,主要有以下货物:

①一般贸易进口货物;

②一般贸易出口货物;

③转为实际进口的保税货物、暂准进境货物,转为实际出口的暂准出境货物;

④易货贸易、补偿贸易进出口货物;

⑤不批准保税的寄售代销贸易货物;

⑥承包工程项目实际进出口货物;

⑦外国驻华商业机构进出口陈列用的样品;

⑧外国旅游者小批量订货出口的商品;

⑨随展览品进境的小卖品;

⑩免费提供的进口货物,如外商在经济贸易活动中赠送的进口货物,外商在经济贸易活动

中免费提供的试车材料,我国在境外的企业、机构向国内单位赠送的进口货物等。

## 5.2 一般进出口货物报关程序

一般进出口货物的报关程序没有前期阶段和后续阶段,只有进出口阶段,由4个环节构成,即进出口申报、配合查验、缴纳税费、提取或装运货物。

### 5.2.1 进出口申报

**1. 申报的规定**

**1)申报含义**

申报是指进出口货物收发货人、受委托的报关企业,依照《海关法》及有关法律、行政法规的要求,在规定的期限、地点,采用电子数据报关单和纸质报关单形式,向海关报告实际进出口货物的情况,并接受海关审核的行为。

**2)申报地点**

进口货物应当由收货人或其代理人在货物的进境地海关申报,出口货物应当由发货人或其代理人在货物的出境地海关申报。

经收发货人申请,海关同意,进口货物的收货人或其代理人可以在设有海关的货物指运地申报,出口货物的发货人或其代理人可以在设有海关的货物起运地申报。

以保税货物、特定减免税货物和暂准进境货物申报进境的货物,因故改变使用目的从而改变货物性质转为一般进口时,进口货物的收货人或其代理人应当在货物所在地的主管海关申报。

**3)申报期限**

进口货物的申报期限为自装载货物的运输工具申报进境之日起14日内(从运输工具申报进境之日的第二天开始算,下同)。进口货物自装载货物的运输工具申报进境之日起超过3个月仍未向海关申报的,货物由海关提取并依法变卖。对属于不宜长期保存的货物,海关可以根据实际情况提前处理。

出口货物的申报期限为货物运抵海关监管区后、装货的24小时以前。

**4)申报日期**

进出口货物收发货人或其代理人的申报数据自被海关接受之日起,其申报的数据就产生法律效力,即进出口货物收发货人或其代理人应当承担“如实申报”、“如期申报”等法律责任。因此,海关接受申报数据的日期非常重要。

申报日期是指申报数据被海关接受的日期。不论是以电子数据报关单方式申报,还是以纸质报关单方式申报,海关接受申报数据的日期即为接受申报的日期。

采用先电子数据报关单申报,后提交纸质报关单,或者仅以电子数据报关单方式申报的,申报日期为海关计算机系统接受申报数据时记录的日期,该日期将反馈给原数据发送单位,或公布于海关业务现场,或通过公共信息系统发布。电子数据报关单经过海关计算机检查被退回的,视为海关不接受申报,进出口货物收发货人或其代理人应当按照要求修改后重新申报,申报日期为海关接受重新申报的日期。海关已接受申报的报关单电子数据,送人工审核后,需要对部分内容进行修改的,进出口货物收发货人或其代理人应当按照海关规定进行修改并重新发送,申报日期仍为海关原接受申报的日期。

先纸质报关单申报,后补报电子数据,或只提供纸质报关单申报的,海关工作人员在报关单上做登记处理的日期,为海关接受申报的日期。

**2. 申报的步骤**

**1)准备申报单证**

申报单证可以分为报关单和随附单证两大类,其中随附单证包括基本单证和特殊单证。

基本单证是指进出口货物的货运单据和商业单据,主要有进口提货单据、出口装货单据、商业发票、装箱单等。一般来说,任何货物的申报,都必须有基本单证。

特殊单证主要有进出口许可证件、加工贸易手册(包括纸质手册、电子账册和电子化手册)、特定减免税证明、作为有些货物进出境证明的原进出口货物报关单、出口收汇核销单、原产地证明书、贸易合同等。某些货物的申报,必须有特殊单证,比如租赁贸易货物进口申报,必须有租赁合同,而别的货物进口申报则不一定需要贸易合同,所以贸易合同对于租赁贸易货物申报来说是一种特殊单证。

进出口货物收发货人或其代理人应向报关员提供基本单证、特殊单证,如图 1.5.1 所示,报关员审核这些单证后据以填制报关单。

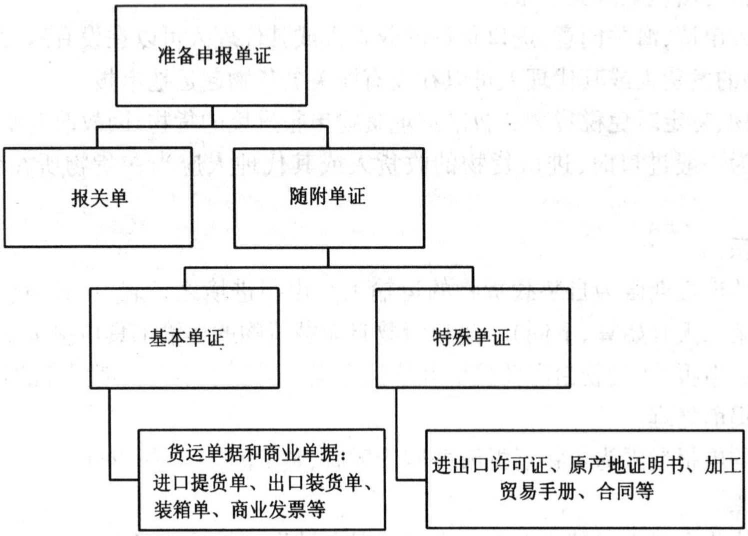


**图 1.5.1 准备申报单证**

准备申报单证的原则是:基本单证、特殊单证必须齐全、有效、合法,填制报关单必须真实、准确、完整,报关单与随附单证数据必须一致。

**2)申报前看货取样**

进口货物的收货人,在向海关申报前,为了确定货物的品名、规格、型号等,可以向海关提交查看货物或者提取货样的书面申请。海关审核同意的,派员到场监管。

涉及动植物及其产品和其他须依法提供检疫证明的货物,如需提取货样,应当按照国家的有关法律规定,事先取得主管部门签发的书面批准证明。提取货样后,到场监管的海关工作人员与进口货物的收货人在海关开具的取样记录和取样清单上签字确认。

**3)申报**

Ⅰ.电子数据申报

进出口货物收发货人或其代理人可以选择终端申报方式、委托 EDI 方式、自行 EDI 方式、网上申报方式等 4 种电子申报方式中适用的一种,将报关单内容录入海关电子计算机系统,生成电子数据报关单。一般中小企业大多采用委托 EDI 方式。

进出口货物收发货人或其代理人在自行录入或委托录入报关单数据的计算机上接收到海关发送的接受申报信息,即表示电子申报成功;接收到海关发送的不接受申报信息后,则应当根据信息提示修改报关单内容后重新申报。

Ⅱ.提交纸质报关单及随附单证

海关审结电子数据报关单后,进出口货物收发货人或其代理人应当自接到海关"现场交单"或"放行交单"信息之日起 10 日内,持打印的纸质报关单,备齐规定的随附单证并签名盖章,到货物所在地海关提交书面单证,办理相关海关手续。未在规定期限或核准的期限内提交纸质报关单,海关予以撤销电子数据报关单处理,进口货物收货人因此重新向海关申报产生滞报的,滞报金的征收以自运输工具申报进境之日起 15 日为起始日,以海关重新接受申报之日为截止日。

**例题 1:**运载进出口货物的运输工具 5 月 9 日申报进境,收货人 5 月 15 日向海关传送报关单电子数据,海关当天受理申报并发出现场交单通知,收货人于 5 月 27 日提交纸质报关单时,发现海关已于 5 月 26 日撤销电子数据报关单,遂于 5 月 30 日重新向海关申报,海关当天受理申报并发出现场交单通知,收货人 5 月 31 日提交纸质报关单,如以上日期均不涉及法定节假日,滞报天数应为几天?

**解析:**运输工具 9 日进境,次日开始计算,第 15 日即 24 日为起始日;30 日当天受理为截止日,共计 7 天(未在规定期限或核准的期限内提交纸质报关单,海关予以撤销电子数据报关单处理)。

### 5.2.2 配合查验

**1.海关查验的规定**

**1)海关查验含义**

海关查验是指海关为确定进出口货物收发货人向海关申报的内容是否与进出口货物的真实情况相符,或者为确定商品的归类、价格、原产地等,依法对进出口货物进行实际核查的执法行为。

海关通过查验,检查报关单位是否伪报、瞒报、申报不实,同时也为海关的征税、统计、后续管理提供可靠的资料。

**2)查验地点**

查验应当在海关监管区内实施。

因货物易受温度、静电、粉尘等自然因素影响,不宜在海关监管区内实施查验,或者因其他特殊原因,需要在海关监管区外查验的,经进出口货物收发货人或其代理人书面申请,海关可以派员到海关监管区外实施查验。

**3)查验时间**

当海关决定查验时,即将查验的决定以书面通知的形式通知进出口货物收发货人或其代理人,约定查验的时间。查验时间一般约定在海关正常工作时间内。

在一些进出口业务繁忙的口岸,海关也可接受进出口货物收发货人或其代理人的请求,在海关正常工作时间以外实施查验。

对于危险品或者鲜活、易腐、易烂、易失效、易变质等不宜长期保存的货物以及因其他特殊情况需要紧急验放的货物,经进出口货物收发货人或其代理人申请,海关可以优先实施查验。

**4)查验方法**

海关实施查验可以彻底查验,也可以抽查。彻底查验是指对一票货物逐件开拆包装,验核货物实际状况;抽查是指按照一定比例有选择地对一票货物中的部分货物验核实际状况。

查验操作可以分为人工查验和设备查验。

**5)复验**

海关可以对已查验货物进行复验。已经参加过查验的查验人员不得参加对同一票货物的复验。

**6)径行开验**

径行开验是指海关在进出口货物收发货人或其代理人不在场的情况下,对进出口货物进行开拆包装查验。

**2. 收发货人的主要义务**

海关查验货物时,进出口货物收发货人或其代理人应当到场,配合海关查验。

进出口货物收发货人或其代理人配合海关查验应当做好如下工作。

(1)负责按照海关要求搬移货物、开拆包装以及重新封装货物。

(2)预先了解和熟悉所申报货物的情况,如实回答查验人员的询问及提供必要的资料。

(3)协助海关提取需要做进一步检验、化验或鉴定的货样,收取海关出具的取样清单。

(4)查验结束后,认真阅读查验人员填写的海关进出境货物查验记录单,注意以下情况的记录是否符合实际:

①开箱的具体情况;

②货物残损情况及造成残损的原因;

③提取货样的情况;

④查验结论。

**3. 海关查验程序**

(1)海关确定查验后,由现场关员打印查验通知单交报关员。

(2)安排查验计划。由现场海关查验受理岗位安排查验的具体时间,一般当天安排第二天的查验计划。

(3)海关查验时,进口货物的收货人、出口货物的发货人或其授权报关员应当到场,并负责协助搬移货物,开拆和重封货物的包装。海关认为必要时,可以径行开验、复验或者提取货样。

(4)查验结束后,由陪同人员在查验记录单上签名、确认。

**4. 货物损坏赔偿**

因进出口货物所具有的特殊属性,容易因开启、搬运不当等原因导致货物损毁,需要海关查验人员在查验过程中予以特别注意的,进出口货物收发货人或其代理人应当在海关实施查验前申明。

在查验过程中,或者证实海关在径行开验过程中,因为海关查验人员的责任造成被查验货物损坏的，进出口货物的收发货人或其代理人可以要求海关赔偿。海关赔偿的范围仅限于在实施查验过程中，由于查验人员的责任造成被查验货物损坏的直接经济损失。直接经济损失的金额根据被损坏货物及其部件的受损程度确定，或者根据修理费确定。

以下情况不属于海关赔偿范围：

①进出口货物的收发货人或其代理人搬移、开拆、封装货物或保管不善造成的损失；

②易腐、易失效货物在海关正常工作程序所需时间内（含扣留或代管期间）所发生的变质或失效；

③海关正常查验时产生的不可避免的磨损；

④在海关查验之前已发生的损坏和海关查验之后发生的损坏；

⑤由于不可抗力的原因造成货物的损坏、损失。

### 5.2.3 缴纳税费

进出口货物收发货人或其代理人将报关单及随附单证提交给货物进出境地指定海关，海关对报关单进行审核，对需要查验的货物先由海关查验，然后核对计算机计算的税费，开具税款缴款书和收费票据。进出口货物收发货人或其代理人在规定时间内，持缴款书或收费票据向指定银行办理税费交付手续；在试行中国电子口岸网上缴税和付费的海关，进出口货物收发货人或其代理人可以通过电子口岸接收海关发出的税款缴款书和收费票据，在网上向指定银行进行电子支付税费。一旦收到银行缴款成功的信息，即可报请海关办理货物放行手续。

### 5.2.4 提取或装运货物

#### 1. 海关进出境现场放行和货物结关

（1）海关进出境现场放行是指海关接受进出口货物的申报，审核电子数据报关单和纸质报关单及随附单证，查验货物，征免税费或接受担保以后，对进出口货物做出结束海关进出境现场监管决定，允许进出口货物离开海关监管现场的工作环节。

海关进出境现场放行一般由海关在进口货物提货凭证或者出口货物装货凭证上加盖海关放行章。进出口货物收发货人或其代理人签收进口提货凭证或者出口装货凭证，凭以提取进口货物或将出口货物装上运输工具离境。

在实行“无纸通关”申报方式的海关，海关做出现场放行决定时，通过计算机将海关决定放行的信息发送给进出口货物收发货人或其代理人和海关监管货物保管人。进出口货物收发货人或其代理人从计算机上自行打印海关通知放行的凭证，凭以提取进口货物或将出口货物装运到运输工具上离境。

（2）海关进出境现场放行有两种情况：一种情况是货物已经结关，对于一般进出口货物，放行时进出口货物收发货人或其代理人已经办理了所有海关手续，因此，海关进出境现场放行即等于结关；另一种情况是货物尚未结关，对于保税货物、特定减免税货物、暂准进出境货物、部分其他进出境货物，放行时进出境货物的收发货人或其代理人并未办完所有的海关手续，海关在一定期限内还需进行监管，所以该类货物的海关进出境现场放行不等于结关。

#### 2. 提取货物或装运货物

进口货物收货人或其代理人签收海关加盖海关放行章戳记的进口提货凭证，凭以到货物进境地的港区、机场、车站、邮局等地的海关监管仓库，办理提取进口货物的手续。

出口货物发货人或其代理人签收海关加盖海关放行章戳记的出口装货凭证，凭以到货物出境地的港区、机场、车站、邮局等地的海关监管仓库，办理将货物装上运输工具离境的手续。

**3. 申请签发报关单证明联和办理其他证明手续**

进出口货物收发货人或其代理人,办理完提取进口货物或装运出口货物的手续以后,如需要海关签发有关货物的进口、出口货物报关单证明联或办理其他证明手续的,均可向海关提出申请,如对需要在国家税务机构办理出口退税的出口货物,出口货物的发货人或其代理人应当向海关申请签发出口货物报关单退税证明联。海关经审核,对符合条件的,在证明联上签章,同时,通过电子口岸执法系统向国家税务机构发送证明联电子数据;对进口汽车、摩托车,进口货物的收货人或其代理人应当向海关申请签发进口货物证明书,进口货物收货人凭以向国家交通管理部门办理汽车、摩托车的牌照申领手续。

## 5.3 修改或撤销申报内容的办理

海关接受进出口货物申报后,电子数据和纸质的进出口货物报关单不得修改或者撤销;确有正当理由的,经海关审核批准,可以修改或撤销,其主要有以下两种情况。

(1)进出口货物收发货人要求修改或撤销,删单申请书如表1.5.1所示。

(2)海关已经决定布控、查验的以及涉案的进出口货物的报关单在办结前不得修改或者撤销。

进出口货物收发货人或其代理人申请修改或者撤销进出口货物报关单的,应当向海关提交进出口货物报关单修改/撤销申请表(见表1.5.2),并相应提交可以证明进出口实际情况的合同、发票、装箱单等相关单证,外汇管理、国税、检验检疫、银行等有关部门出具的相关单证,应税货物的海关专用缴款书及用于办理收付汇和出口退税的进出口货物报关单证明联等海关出具的相关单证。

海关发现进出口货物报关单需要进行修改或者撤销,但进出口货物收发货人或其代理人未提出申请的,海关应当通知进出口货物的收发货人或其代理人。在进出口货物收发货人或其代理人填写进出口货物报关单修改/撤销确认书(见表1.5.3),海关确认进出口货物报关单修改或者撤销的内容后,对进出口货物报关单进行修改或者撤销。

**表1.5.1 致海关删单申请书**

| |
|---|
| 致天津新港海关:<br>我司于2010年7月18日申请一票出口货物<br>报关单号:020220080528716960<br>船名航次:MAERSKKURE V.0807<br>提单号:582789632<br>由于未赶上船期,从而无法正常通关,现办理删单手续,望贵关予以批准为盼。<br>由此给贵关造成的不便,我司深表歉意!<br>此致<br>天津××国际货运代理有限公司<br>2010年7月22日(盖章) |

**表 1.5.2　进出口货物报关单修改/撤销申请表**

编号：××海关〔××××年〕　××××号

| | | | |
|---|---|---|---|
| 报关单编号 | | 报关单类别 | □进口　□出口 |
| 经营单位名称 | | 申请事项 | □修改　□撤销 |
| 报关单位名称 | | | |

| 修改/撤销内容 | | | |
|---|---|---|---|
| 报关单数据项(进口/出口) | | 原填报内容 | 应当填报内容 |
| 需按审查程序办理的项目 | 商品编号 | | |
| | 商品名称及规格型号 | | |
| | 币　制 | | |
| | 单　价 | | |
| | 总　价 | | |
| | 原产国(地区)/最终目的国(地区) | | |
| | 贸易方式(监管方式) | | |
| | 成交方式 | | |
| 其他项目 | | | |
| | | | |
| | | | |
| | | | |

**修改或者撤销原因：**

兹声明以上申请理由和申请内容无讹，随附证明资料真实有效，如有虚假，愿承担法律责任。

申请人签字：　　　　申请日期：　　　　申请单位(公章)：

**海关批注：**

经审查，上述申请符合/不符合《中华人民共和国海关进出口货物报关单修改和撤销管理办法》第　条第　款的规定，我关同意/不同意 修改/撤销。

海关印章：　　　　　　　　年　月　日

**表 1.5.3　进出口货物报关单修改/撤销确认书**

编号：××海关〔××××年〕××××号

| 报关单编号 | | 申报日期 | |
|---|---|---|---|
| 经营单位名称 | | 报关单位名称 | |
| 修改或撤销原因 | | | |
| 原填报内容 | | | |
| 修改内容 | | | |
| 经营单位或报关单位确认：<br>同意 ×× 海关对上述报关单内容进行修改/撤销。<br>报关员卡号：　　报关人员签名：<br>经营单位或报关单位：(公章)<br>日期： | | | |
| 现场海关发现部门批注：<br>经办关员：　　科长：<br>年　月　日 | | | |
| 现场海关处理情况：<br>经办关员：　　科长：　　关长(主任)：<br>年　月　日 | | | |

## 5.4　滞报金计算

进口货物收货人未按规定期限向海关申报产生滞报的，由海关按规定征收滞报金。

进口货物收货人超过规定期限向海关申报的，滞报金的征收，以自**运输工具**申报进境之日起第 15 日为起始日，以海关接受申报之日为截止日。

进口货物滞报金按日计征。起始日和截止日均计入滞报期间。

进口货物因收货人在运输工具申报进境之日起超过 3 个月未向海关申报，被海关提取做变卖处理后，收货人申请发还余款的，滞报金的征收，以自运输工具申报进境之日起第 15 日为起始日，以该 3 个月期限的最后一日为截止日。

滞报金的日征收金额为进口货物完税价格的0.5‰,以人民币“元”为计征单位,不足人民币1元的部分免予计收。

征收滞报金的计算公式为

**滞报金额=进口货物完税价格×0.5‰×滞报天数**

滞报金的起征点为人民币50元。

滞报金的计征起始日如遇法定节假日或休息日,则顺延至其后第一个工作日。

因不可抗力等特殊情况产生的滞报可以向海关申请减免滞报金。

**例题2**:某公司以总价USD55000.00 CIF XINGANG进口汽车零配件,船舶于2011年6月24日(周五)向海关申报进境,7月14日(周四)该公司向海关报关,适用中国银行的外汇折算牌价为1美元=人民币6.33元,对某公司的滞报行为依法征收滞报金为多少元?

**解析**:

计征起始日为运输工具申报进境之日起第15日为7月9日(星期六),截止日为海关接受申报之日为7月14日(星期四),滞报天数共计4天。(遇法定节假日或休息日,则顺延至其后第一个工作日)

**某公司应加收滞报金=55000×6.33×0.5‰×4=696.30元**

计算结果为696.30元,滞报金的起征点为人民币50元,不足人民币1元的部分免予计收。因此,加收滞报金696.00元。

## 练习题

### 一、单项选择题

1.海关规定的货物报关程序中,不需要在前期阶段完成相应工作的是(　　)。

A.保税加工货物　　B.特定减免税货物　　C.暂时进口货物　　D.广告样品

2.出口货物的申报期限为货物运抵海关监管后(　　)。

A.装货前的24小时　B.装货的24小时前　C.装货前的48小时　D.装货的48小时前

3.进口货物收货人超过规定期限向海关申报的,滞报金的征收,以运输工具申报进境之日起(　　)为起始日,以(　　)为截止日。起始日和截止日均计入滞报期间。

A.第14日,收货人申报之日　　B.第15日,收货人申报之日

C.第14日,海关接受申报之日　　D.第15日,海关接受申报之日

4.在以下进出口货物中,不属于一般进出口货物的是(　　)。

A.不批准保税的寄售供销贸易货物

B.救灾捐赠物资

C.外国驻华商业机构进出口陈列用的样品

D.随展览品进境的小卖品

5.某公司进口红酒一批。海关于2009年1月12日(星期一)填发税款缴款书。该公司于2月11日(星期三)缴纳税款(注:1月25日—31日为法定节假日)。税款滞纳天数为(　　)。

A.3天　　B.10天　　C.11天　　D.15天

6.关于报关单的修改和撤销,以下表述正确的是(　　)。

A.海关发现进出口货物报关单需要进行修改或者撤销的,海关可以直接进行修改或撤销

B. 海关发现进出口货物报关单需要进行修改或者撤销的，收发货人或其代理人应当提交进出口货物报关单修改/撤销申请表

C. 收发货人或其代理人要求修改或者撤销报关单的，应当提交进出口货物报关单修改/撤销确认书

D. 因修改或者撤销进出口货物报关单导致需要变更、补办进出口许可证件的，进出口货物收发货人或者其代理人应当向海关提交相应的进出口许可证件

7. 下列关于海关征收滞报金的表述，正确的是(　　)。

A. 计征起始日为运输工具申报进境之日起第15日，截止日为海关接受申报之日(即申报日期)，起始日计入滞报期间，但截止日不计入滞报期间

B. 滞报金的日征收金额为进口货物完税价格的5‰

C. 滞报金计算至人民币"分"

D. 滞报金的起征点为人民币50元

8. 关于申报地点，以下表述不正确的是(　　)。

A. 进口货物应当在进境地海关申报

B. 出口货物应当在出境地海关申报

C. 保税货物转为一般进口时应当在货物原进境地海关申报

D. 经收货人申请，海关同意，进口货物可以在设有海关的指运地申报

9. 一般进口货物进境报关手续不包括(　　)等环节。

A. 进口申报　　B. 配合检查　　C. 缴纳税费　　D. 申请解除监管

## 二、判断题(正确A，错误B)

1. 进出口货物的海关统计价格分别按照美元和人民币统计。(　　)

2. 进出口货物收发货人对海关查验结论有异议，向海关提出复验要求的，经海关同意，可以由原查验人员对该票货物予以复验。(　　)

3. 一般进出口货物，海关放行后，即可在关境内自由流通或运往境外。(　　)

4. 收货人或其代理人如因特殊情况未能在规定时限内报关，其责任不在进口货物收货人或其代理人的，经向海关申请并提供确实证明，经海关审查认可的，海关对其不按滞报论处或减收滞报金。(　　)

5. 在海关查验进出口货物时，报关员应按时到场，负责搬移货物、开拆和重封货物的包装。(　　)

## 三、计算题

1. 上海某公司从日本进口一批货物，成交价格为CIF上海10000美元，载运货物的运输工具于2011年5月17日(周二)申报进境，该公司于2011年6月20日(周一)向上海海关申报，求该货物应缴纳的滞报金。(1美元=6.37元人民币)

2. A公司以总价CIF SHANGHAI USD55000.00进口零配件，船舶于2008年6月27日(周五)向海关申报进境，7月14日(周一)该公司向海关报关，按我国《海关法》的有关规定，海关按当时的美元对人民币汇率(1:6.89)对A公司的滞报行为依法征收滞报金，请问应该征收的滞报金是多少?

## 四、操作题

1. 请根据下面的销售确认书设计一般出口货物报关流程。

缙云华洋动力机械有限公司 正本

**Jinyun KAYO Motor Machinery Co. ,Ltd.** (ORIGINAL)

Xinbi Industrial Zone,Jinyun County,Zhejiang Province,China

售货确认书

## SALES CONFIRMATION

买方:

Buyers: DNC ASIATIC HOLDINGS SDN BHD.

合同编号 Contract No. :JK11177

日期 Date:Feb. 13th,2012

签约地 Signed in:JINYUN

双方同意按下列条款由买方购进卖方售出下列商品:

The Buyers agree to buy and the Sellers agree to sell the following goods on terms and conditions as set forth below:

| (1)货物名称、规格 Name of Commodity, Specification | (2)包装 Packing | (3)装运唛头 Shipping Mark | (4)数 量 Quantity | (5)单价 Unit price | (6)金额 Amount |
|---|---|---|---|---|---|
| | | | | 价格条款 Price term:FOB NINGBO CHINA | |
| ENGINE<br>MOTORCYCLE CKD PARTS | CARTON | N/M | 190 UNITS<br>9346. 8 kgs | USD 200. 00<br>USD 12. 50 | USD 38000. 00<br>USD 116835. 00 |
| (7)(装运数量允许有 3 %的增减)<br>(Shipment Quantity 3 % more or less allowed) | | | | (8)总值<br>Total: USD 154835.00(CIF) | |

(9)装 运 期 限

Time of Shipment:**BEFORE 31th Dec** 2012

(10)运 输 方 式

Means of transportation:**BY SEA**

(11)装 运 口 岸

Port of Loading:NINGBO CHINA

(12)目 的 口 岸

Port of Destination:**KELANG NORTH PORT,MALAYSIA**

(13)保 险 由卖方自理

Insurance: ☐ To be effected by the seller

(14)付款条件

Terms of Payment:**L/C**

买 方:

The Buyers

卖 方:

The Sellers

请在本合同签字后寄回一份存档

Please sign and return one copy for our file

# 6 保税加工货物及其报关程序

## 6.1 保税加工货物基本知识

保税加工货物是指经海关批准未办理纳税手续进境，在境内加工、装配后复运出境的货物。

**1.保税加工货物特征**

保税加工货物有以下特征。

(1)料件进口时暂缓缴纳进口关税及进口环节海关代征税，成品出口时除另有规定外无须缴纳关税。

(2)料件进口时除国家另有规定外免予交验进口许可证件，成品出口时凡属许可证件管理的，必须交验出口许可证件。

(3)进出境海关现场放行并未结关。海关对保税加工货物的监管无论是地点，还是时间，都需要延伸。从地点上说，保税加工的料件运离进境地口岸海关监管场所后进行加工、装配的地方，都是海关监管的场所。从时间上说，保税加工的料件在进境地被提取并不是海关保税监管的结束，而是继续，海关一直要监管到加工、装配后复运出境或者办结正式进口手续最终核销结案为止。

**2.保税加工货物范围**

保税加工货物的范围如下。

(1)专为加工、装配出口产品而从国外进口且海关准予保税的原材料、零部件、元器件、包装物料、辅助材料(简称料件)。

(2)用进口保税料件生产的成品、半成品。

(3)在保税加工生产过程中产生的副产品、残次品、边角料和剩余料件。

**3.保税加工货物监管模式**

海关对保税加工货物的监管模式有两大类：一类是物理围网的监管模式，采用海关特殊监管区域进行监管；另一类是非物理围网的监管模式，采用纸质手册管理或计算机联网监管。所谓物理围网监管，是指在关境内或关境线上，经国家批准设立海关特殊监管区域，企业在物理围网的封闭区域内从事保税加工业务，海关在卡口进行监管的监管方式。

纸质手册管理是一种传统的监管方式，主要是用加工贸易纸质手册进行合同内容的备案，凭以进出口，并记录进口料件及出口成品的实际情况，最终凭以办理核销结案手续。

联网监管主要是应用计算机手段实现海关对加工贸易企业实施监管，建立电子账册或电子化手册，合同备案、料件进口、产品出口、手册核销，全部通过计算机进行。这种监管方式又分为两种：一种是针对大型企业的，以建立电子账册为主要标志，以企业为单元进行管理；另一种是针对中小企业的，以建立电子化手册为主要标志，以合同为单元进行管理。

**4. 保税加工贸易企业分类**

不同地区的加工贸易企业,按地区分为东部地区加工贸易企业和中西部地区加工贸易企业。东部地区包含辽宁省、北京市、天津市、河北省、山东省、江苏省、上海市、浙江省、福建省、广东省。中西部地区指东部地区以外的中国其他地区。

加工贸易企业按报关单位分类管理中"收发货人的审定标准"分为 AA 类、A 类、B 类、C 类、D 类 5 个管理类别。

**5. 保税加工贸易商品管理分类**

加工贸易商品分为禁止类、限制类、允许类 3 类。

加工贸易禁止类和限制类商品目录由商务部、海关总署会同国家其他有关部门适时公布。

目前公布的加工贸易禁止类目录主要包括:

①国家明令禁止进出口的商品;

②为种植、养殖而进口的商品;

③高能耗、高污染的商品;

④低附加值、低技术含量的商品;

⑤其他列名的加工贸易禁止类商品。

列入加工贸易禁止类进口商品目录的,凡用于深加工结转转入,或从具有保税加工功能的海关特殊监管区域内企业经实质性加工后进入区外的商品,不按加工贸易禁止类进口商品管理。列入加工贸易禁止类出口商品目录的,凡用于深加工结转转出,或进入具有保税加工功能的海关特殊监管区域内企业加工生产的商品,不按加工贸易禁止类出口商品管理。这些商品未经实质性加工不得直接出境。

目前公布的加工贸易限制类目录共计 500 个商品编号。其中,限制进口 394 个,限制进口涉及的商品,包括冻鸡,植物油,初级形状聚乙烯,聚酯切片,天然橡胶,糖,棉、棉纱、棉坯布和混纺坯布,化学短纤,铁和非合金钢材、不锈钢,电子游戏机等;限制出口 106 个,限制出口涉及的商品,包括线型低密度聚乙烯、初级形状聚苯乙烯、初级形状环氧树脂、初级形状氨基树脂等化工品,拉敏木家具、容器等制成品,玻璃管、棒、块、片及其他型材和异型材,羊毛纱线,旧衣物,部分有色金属(如铜及其合金型材、异型材,镍及其合金、型材、异型材,铅及其合金型材、异型材)等。

以加工贸易深加工结转方式转出、转入的商品属于限制类的按允许类商品管理。

禁止类和限制类以外的商品为允许类商品。

(1)任何企业都不得开展禁止类商品的加工贸易。

(2)适用 D 类管理的企业不得开展加工贸易。

(3)适用 C 类管理的企业,不管在什么地区开展加工贸易,进口限制类、允许类商品都要设台账,按全部进口料件应征税款金额全额征收保证金。

(4)东部地区适用 B 类管理的企业开展加工贸易,进口限制类、允许类商品均设台账,进口限制类商品按进口限制类商品应征税款的 50% 征收保证金,进口允许类商品不征收保证金。

(5)东部地区适用 A 类管理的企业,中西部地区 A 类、B 类管理的企业开展加工贸易,进口限制类、允许类商品均设台账,但不征收保证金。

(6)适用 AA 类管理的企业,不管在什么地区开展加工贸易,进口允许类商品不设台账,进口限制类商品设台账,但不征收保证金。

(7)适用AA类、A类、B类管理的企业,不管在什么地区,进口料件(不管是限制类还是允许类商品)金额在1万美元及以下的,可以不设台账,因此也不征收保证金。

(8)东部地区适用B类管理的企业从事限制类商品加工贸易,其台账保证金计算公式如下。

——进口料件属限制类商品或进口料件,台账保证金计算公式:

台账保证金=(进口限制类料件的关税+进口限制类料件的增值税)×50%

——出口成品属限制类商品,台账保证金计算公式:

台账保证金=进口料件备案总值×(限制类成品备案总值÷全部出口成品备案总值)×22%×50%

(9)适用C类管理的企业从事限制类商品加工贸易,其台账保证金计算公式如下。

台账保证金=(进口全部料件的进口关税+进口全部料件的进口增值税)×100%

保证金台账表如表1.6.1所示。

表1.6.1 保证金台账表

<table>
<tr><th rowspan="2">台账分类管理内容</th><th colspan="2">禁止类商品</th><th colspan="2">限制类商品</th><th colspan="2">允许类商品</th></tr>
<tr><th>东部</th><th>中西部</th><th>东部</th><th>中西部</th><th>东部</th><th>中西部</th></tr>
<tr><td>AA类企业</td><td colspan="2" rowspan="4">不准开展加工贸易</td><td colspan="2" rowspan="2">空转</td><td colspan="2">不转</td></tr>
<tr><td>A类企业</td><td colspan="2">空转</td></tr>
<tr><td>B类企业</td><td>半实转</td><td colspan="3">空转</td></tr>
<tr><td>C类企业</td><td colspan="4">实转</td></tr>
<tr><td>D类企业</td><td colspan="6">不准开展加工贸易</td></tr>
<tr><td>特殊监管区域企业</td><td colspan="2">不准开展加工贸易</td><td colspan="4">不转</td></tr>
</table>

注:表中"不转"指不设台账,"空转"指设台账不付保证金,"实转"指设台账付保证金,"半实转"指设台账减半支付保证金。

## 6.2 纸质手册管理下的保税加工货物报关程序

纸质手册管理模式的主要特征是以合同为单元进行监管,其基本程序是**合同备案、进出境货物报关、合同报核**。

### 6.2.1 合同备案

**1.海关合同备案含义**

加工贸易合同备案是指加工贸易企业持经批准的加工贸易合同到主管海关备案,申请保税并领取加工贸易手册或其他准予备案凭证的行为。

海关受理合同备案,是指海关根据国家规定在接受加工贸易合同备案后,批准合同约定的进口料件保税,并把合同内容转化为手册内容或做必要的登记,然后核发手册或其他准予备案的凭证。

对符合规定的加工贸易合同,海关应当在规定的期限内予以备案,并核发加工贸易手册或其他准予备案的凭证。对不予备案的合同,海关应当书面告知经营企业。

**2. 合同备案企业**

**经营企业**是指负责对外签订加工贸易进出口合同的各类进出口企业和外商投资企业，以及经批准获得来料加工经营许可的对外加工装配服务公司。

**加工企业**是指受经营企业委托，负责对进口料件进行加工或者装配，且具有法人资格的生产企业以及由经营企业设立的虽不具有法人资格但实行相对独立核算并已经办理工商营业证（执照）的工厂。

**3. 办理海关合同备案的程序（获取纸质手册的程序）**

企业与外商签订加工贸易合同之后，须经商务主管部门审批合同，得到批准之后，领取加工贸易业务批准证和加工贸易企业经营状况和生产能力证明；需要领取其他许可证件的还要向有关主管部门申领许可证件。然后进入**海关合同备案**的程序，其步骤如下。

（1）将合同相关内容预录入与主管海关联网的计算机。

（2）由海关审核确定是否准予备案。准予备案的，由海关确定是否需要开设加工贸易银行保证金台账。

（3）需办理开设台账手续的，应向银行（中行、工行）办理台账保证金专用账户设立手续。已设立台账保证金专用账户的企业，凭海关注册登记证明向银行进行一次性备案登记。

银行与海关目前采用台账电子化联网管理模式。企业在预录入端收到回执后，直接凭银行签发的电子银行保证金台账登记通知单向海关办理加工贸易备案手续，无须再往返于海关与银行之间传递单证，有关单证的电子数据均实现网上传输。

（4）不需要开设台账的，直接向海关领取纸质加工贸易手册或其他备案凭证。需要开设台账的，凭银行保证金台账登记通知单领取纸质加工贸易手册。

**4. 办理海关合同备案资料**

**1）备案单证**

备案需要的单证有：

①商务主管部门按照权限签发的加工贸易业务批准证和加工贸易企业经营状况和生产能力证明；

②加工贸易合同或合同副本；

③加工贸易合同备案申请表及企业加工贸易合同备案呈报表；

④属于加工贸易国家管制商品的需交验主管部门的许可证件或许可证件复印件；

⑤为确定单耗和损耗率所需的有关资料；

⑥其他备案所需要的单证。

**2）备案商品**

（1）加工贸易禁止类商品不准备案。

（2）进出口消耗臭氧层物质、易制毒化学品、监控化学品，在备案时需要提供进出口许可证或两用物项进出口许可证复印件。

（3）进出口音像制品、印刷品、地图产品及附有地图的产品、进口工业再生废料等，在备案时需要提供有关主管部门签发的许可证件或批准文件。

**3）台账制度**

为了简化手续，进口料件金额在1万美元及以下的，适用AA类、A类、B类管理的加工贸易企业可以不设台账，因此也不必向银行交付保证金。适用AA类、A类、B类管理的加工贸易企业进口金额在5000美元及以下的客供服装辅料（拉链、纽扣、鞋扣、扣绊、摁扣、垫肩、胶袋、花边等78种）免领手册，但必须凭出口合同向主管海关备案。

**4）其他准予备案的凭证**

对为生产出口产品而进口属于国家规定的78种列名服装辅料，且金额不超过5000美元的合同，除C类企业外，免予申领手册，直接凭出口合同备案准予保税后，凭海关在备案出口合同上的签章和编号直接进入进出口报关阶段。

### 6.2.2 进出境货物报关

保税加工货物进出境申报必须持有加工贸易手册或其他准予合同备案的凭证。

保税加工货物进出境的报关程序与一般进出口货物一样，也有4个环节，其中申报、配合查验、提取货物或装运货物3个环节与一般进出口货物基本一致（见一般进出口货物的报关程序）。有区别的是，保税加工货物进境的报关程序第3个环节不是缴纳税费，而是暂缓纳税，即保税。

### 6.2.3 合同报核

加工贸易合同报核，是指加工贸易企业在加工贸易合同履行完毕或终止合同并按规定对未出口的货物进行处理后，按照规定的期限和规定的程序，向加工贸易主管海关申请核销、结案的行为。

**1. 准予保税的期限**

纸质手册和电子化手册管理的保税加工期限，原则上不超过1年，经批准可以延长，延长的最长期限原则上也是1年。具体执行中根据合同期限、加工期限和其他情况而有所变化。

**2. 申请核销的期限**

纸质手册和电子化手册管理的保税加工报核期限是在纸质手册有效期到期之日起或最后一批成品出运后30天内。

**3. 报核的单证**

企业报核所需的单证如下：

①企业合同核销申请表；

②加工贸易手册；

③进出口货物报关单；

④核销核算表；

⑤其他海关需要的资料。

**4. 海关受理报核和核销**

海关自受理企业报核之日起20个工作日内核销完毕，特殊情况下，可以由直属海关的关长批准或者由直属海关关长授权的隶属海关关长批准，延长10个工作日。

对未开设台账的加工贸易手册，经核销准予结案的，海关向经营单位签发核销结案通知书。经核销情况正常且开设台账的，签发银行保证金台账核销联系单，企业凭以到银行销台账。其中“实转”的台账，企业在银行领回保证金和应得的利息，或者撤销保函，并领取银行保证金台账核销通知单，凭以向海关领取核销结案通知书。

**名词解释**

**1. 来料加工**

来料加工是指由境外企业提供料件，经营企业不需要付汇进口，按照境外企业的要求进行加工或装配，只收取加工费，制成品由境外企业销售的经营活动。从国际贸易角度看这是一笔交易。

**2. 进料加工**

进料加工是指经营企业用外汇购买料件进口，制成成品后外销出口的经营活动。从国际贸易角度看，视为两笔交易。

**3. 经营企业**

经营企业是指负责对外签订加工贸易进出口合同的各类进出口企业和外商投资企业，以及经批准获得来料加工经营许可的对外加工装配服务公司。

**4. 加工企业**

加工企业是指接受经营企业委托，负责对进口料件进行加工或者装配，且具有法人资格的生产企业以及由经营企业设立的虽不具有法人资格但实行相对独立核算并已经办理工商营业证(执照)的工厂。

**5. 异地加工贸易**

异地加工贸易是指一个直属海关关区内的加工贸易经营企业，将进口料件委托另一个直属海关关区内的加工生产企业加工，并组织出口的加工贸易。

**6. 外发加工**

外发加工是指经营企业因受自身生产特点和条件限制，经海关批准并办理有关手续，委托承揽企业对加工贸易货物进行加工，在规定期限内将加工后的产品运回本企业并最终复出口的行为。

**7. 加工贸易串料**

经营企业因加工出口产品急需，需在本企业内部进行料件串换。

①保税进口料件和保税进口料件之间及保税进口料件和征税进口料件之间的串换，必须符合同品种、同规格、同数量的条件；

②保税进口料件和国产料件(不含深加工结转料件)之间的串换必须符合同品种、同规格、同数量、关税税率为零，且商品不涉及进出口许可证件管理的条件。

经海关批准的保税进口料件和征税进口料件之间及保税进口料件和国产料件之间发生串换，串换下来的同等数量的保税进口料件，由企业自行处置。

**8. 深加工结转**

加工贸易深加工结转是指加工贸易企业将保税进口料件加工的产品转至另一加工贸易企业进一步加工后复出口的经营活动。其程序分为计划备案、收发货登记、结转报关3个环节。

## 6.3 电子账册管理下的保税加工货物报关程序

### 6.3.1 电子账册管理简介

海关对加工贸易企业实施联网监管，是指加工贸易企业通过数据交换平台或者其他计算机网络方式向海关报送能满足海关监管要求的物流、生产经营等数据，海关对数据进行核对、核算，并结合实物进行核查的一种海关保税加工监管方式。

电子账册管理是加工贸易联网监管中海关以加工贸易企业的整体加工贸易业务为单元对保税加工货物实施监管的一种模式。海关为联网企业建立电子底账，联网企业只设立一个电子账册。根据联网企业的生产情况和海关的监管需要确定核销周期，并按照该核销周期对实行电子账册管理的联网企业进行核销。

### 6.3.2 电子账册建立的步骤

电子账册的建立要经过加工贸易经营企业的联网监管申请和审批、加工贸易业务的申请和审批、建立商品归并关系和电子账册等 3 个步骤。

**1. 联网监管的申请和审批程序**

(1)加工贸易经营企业申请电子账册管理模式的加工贸易联网监管，一般应当具备下列条件：

①在中国境内具有独立法人资格，并具备加工贸易经营资格，在海关注册的生产型企业；

②守法经营，资信可靠，内部管理规范，对采购、生产、库存、销售等实行全程计算机管理；

③能按照海关监管要求提供真实、准确、完整并具有被查核功能的数据。

申请电子账册管理模式的加工贸易联网监管的企业在向海关申请联网监管前，应当先向企业所在地商务主管部门办理前置审批手续，由商务主管部门对申请联网监管企业的加工贸易经营范围依法进行审批。

(2)经商务主管部门审批同意后，加工贸易企业向所在地直属海关提出书面申请，并提供加工贸易企业联网监管申请表、企业进出口经营权批准文件、企业上一年度经审计的会计报表、工商营业执照复印件、经营范围清单(含进口料件和出口制成品的品名及 4 位数的 HS 编码)及海关认为需要的其他单证。

(3)主管海关在接到加工贸易企业电子账册管理模式的联网监管申请后，对申请实施联网监管的企业进口料件、出口成品的归类和商品归并关系进行预先审核和确认。经审核符合联网监管条件的，主管海关制发海关实施加工贸易联网监管通知书。

**2. 加工贸易业务的申请和审批程序**

联网企业的加工贸易业务由商务主管部门审批。商务主管部门总体审定联网企业的加工贸易资格、业务范围和加工生产能力。

商务主管部门收到联网企业申请后，对非国家禁止开展的加工贸易业务，予以批准，并签发联网监管企业加工贸易业务批准证。

**3. 建立商品归并关系和电子账册**

联网企业凭商务主管部门签发的联网监管企业加工贸易业务批准证向所在地主管海关申请建立电子账册。

海关以商务主管部门批准的加工贸易经营范围、年生产能力等为依据，建立电子账册，取代纸质手册。

电子账册包括加工贸易经营范围电子账册和便捷通关电子账册。经营范围电子账册用于检查控制便捷通关电子账册进出口商品的范围，不能直接报关。便捷通关电子账册用于加工贸易货物的备案、通关和核销。电子账册编码为12位。经营范围电子账册第1、2位为标记代码“IT”，因此经营范围电子账册也叫IT账册；便捷通关电子账册第1位为标记代码“E”，因此便捷通关电子账册也叫E账册。

电子账册是在商品归并关系确立的基础上建立起来的，没有商品归并关系就不能建立电子账册，所以联网监管的实现依靠商品归并关系的确立。

**商品归并关系**是指海关与联网企业根据监管的需要，按照中文品名、HS编码、价格、贸易管制等条件，将联网企业内部管理的“料号级”商品与电子账册备案的“项号级”商品归并或拆分，建立“一对多”或“多对一”的对应关系。

### 6.3.3 电子账册报关程序

**1.备案程序**

**1)经营范围电子账册备案**

企业凭商务主管部门的批准证通过网络向海关办理经营范围电子账册备案手续，备案内容为：

①经营单位名称及代码；

②加工单位名称及代码；

③批准证件编号；

④加工生产能力；

⑤加工贸易进口料件和成品范围(商品编码前4位)。

企业在收到海关的备案信息后，应将商务主管部门的纸质批准证交海关存档。

**2)便捷通关电子账册备案**

企业可通过网络向海关办理便捷通关电子账册备案手续。便捷通关电子账册的备案内容为：

①企业基本情况表，包括经营单位及代码、加工企业及代码、批准证编号、经营范围账册号、加工生产能力等；

②料件、成品部分，包括归并后的料件、成品的名称，规格，商品编码，备案计量单位，币制，征免方式等；

③单耗关系，包括出口成品对应料件的净耗、损耗率等。

其他部分可同时申请备案，也可分阶段申请备案，但料件必须在相关料件进口前备案，成品和单耗关系最迟在相关成品出口前备案。

海关将根据企业的加工能力设定电子账册最大周转金额，并对部分高风险或需要重点监管的料件设定最大周转数量。电子账册进口料件的金额、数量，加上电子账册剩余料件的金额、数量，不得超过最大周转金额和最大周转数量。

每一个企业一般只能申请建立一份便捷通关电子账册，但是如果企业设有无法人资格独立核算的分厂，料件、成品单独管理的，经海关批准，可另建立电子账册。

企业需在异地口岸办理进出口报关或异地深加工结转报关手续的，可以向海关申请办理便捷通关电子账册异地报关备案。

3)备案变更

Ⅰ.经营范围电子账册变更

企业的经营范围、加工能力等发生变更时,经商务主管部门批准后,企业可通过网络向海关申请变更,海关予以审核通过,并收取商务主管部门出具的联网监管企业加工贸易业务批准证变更证明等相关书面材料。

Ⅱ.便捷通关电子账册变更

便捷通关电子账册的最大周转金额、核销期限等需要变更时,企业应向海关提交申请,海关批准后直接变更。便捷通关电子账册的基本情况表中的内容、料件成品发生变化的,包括料件、成品品种、单损耗关系的增加等,只要未超出经营范围和加工能力的,企业不必报经商务主管部门审批,可通过网络直接向海关申请变更,海关予以审核通过。

**2.进出境报关程序**

电子账册模式下联网监管企业的保税加工货物报关与纸质手册模式一样,适用进出口报关阶段程序的,也有进出境货物报关、深加工结转货物报关和其他保税加工货物报关3种情形。这里只讲进出境货物报关,其具体内容如下。

1)报关清单的生成

使用便捷通关电子账册办理报关手续,企业应先根据实际进出口情况,从企业系统导出料号级数据生成归并前的报关清单,通过网络发送到电子口岸。报关清单应按照加工贸易合同填报监管方式,进口报关清单填制的总金额不得超过电子账册最大周转金额的剩余值,其余项目的填制参照报关单的填制规范。

2)报关单的生成

联网企业进出口保税加工货物,应使用企业内部的计算机,采用计算机原始数据形成报关清单,报送中国电子口岸。电子口岸将企业报送的报关清单根据归并原则进行归并,并分拆成报关单后发送回企业。由企业填报完整的报关单内容后,通过网络向海关正式申报。

3)报关单的修改、撤销

不涉及报关清单的报关单内容可直接进行修改,涉及报关清单的报关单内容修改必须先修改报关清单,再重新进行归并。

报关单经海关审核通过后,一律不得修改,必须修改的要进行撤销重报。待报关清单的报关单撤销后,报关清单一并撤销,不得重复使用。

报关单放行前修改,内容不涉及报关单表体内容的,企业经海关同意可直接修改报关单;涉及报关单表体内容的,企业必须撤销报关单重新申报。

4)填制报关单要求

联网企业备案的进口料件和出口成品等内容,是货物进出口时与企业实际申报货物进行核对的电子底账。因此,申报数据与备案数据应当一致。

企业按实际进出口的"货号"(料件号和成品号)填报报关单,并按照加工贸易货物的实际性质填报监管方式。

海关按照规定审核申报数据,进口货物报关单的总金额不得超过电子账册最大周转金额的剩余值,如果电子账册对某项下料件的数量进行限制,那么报关单上该项商品的申报数量不得超过其最大周转量的剩余值。

5）申报方式选择

联网企业根据需要和海关规定可以选择有纸报关或无纸报关方式申报。

联网企业进行无纸报关的，海关凭同时盖有申报单位和其代理企业的提货专用章的放行通知书办理“实货放行”手续；报关单位凭同时盖有经营单位、报关单位及报关员印章的纸质单证办理“事后交单”事宜。

联网企业进行有纸报关的，应由本企业的报关员办理现场申报手续。

有关许可证件管理和税收征管的规定与纸质手册管理下的保税加工货物进出境报关一样，参照纸质手册的有关内容。

### 6.3.4 电子账册报核和核销程序

电子账册采用的是以企业为单元的管理方式，一个企业只有一个电子账册，因此，对电子账册模式的核销实行滚动核销的形式，即对电子账册按照时间段进行核销，将某个确定的时间段内企业的加工贸易进出口情况进行平衡核算。

海关对采用电子账册管理模式的联网企业报核期限，一般规定 180 天为一个报核周期。首次报核期限，为从电子账册建立之日起 180 天后的 30 天内；以后报核期限，为从上次报核之日起 180 天后的 30 天内。

企业必须在规定的期限内完成报核手续，确有正当理由不能按期报核的，经主管海关批准可以延期，但延长期限不得超过 60 天。

企业报核和海关核销程序如下。

1. 企业报核

1）预报核

预报核是加工贸易联网企业报核的组成部分。企业在向海关正式申请核销前，在电子账册本次核销周期到期之日起 30 天内，将本核销期内申报的所有的电子账册进出口报关数据按海关要求的内容，包括报关单号、进出口岸、扣减方式、进出标志等，以电子报文形式向海关申请报核。

2）正式报核

正式报核是指企业预报核通过海关审核后，以预报核海关核准的报关数据为基础，准确、详细地填报本期保税进口料件的应当留存数量、实际留存数量等内容，以电子数据向海关正式申请报核。

海关认为必要时可以要求企业进一步报送料件的实际进口数量、耗用数量、内销数量、结转数量、边角料数量、放弃数量、实际损耗率等内容，对不相符且属于企业填报有误的可以退单，企业必须重新申报。

经海关认定企业实际库存多于应存数，有合理正当理由的，可以计入电子账册下期核销，对其他原因造成的，依法处理。

联网企业不再使用电子账册的，应当向海关申请核销。电子账册核销完毕，海关予以注销。

2. 海关核销

海关核销的基本目的是掌握企业在某个时段所进口的各项保税加工料件的使用、流转、损耗的情况，确认是否符合以下的平衡关系：

进口保税料件（含深加工结转进口）＝出口成品折料（含深加工结转出口）＋内销料件＋内销成品折料＋剩余料件＋损耗－退运成品折料

海关核销除了对书面数据进行必要的核算外,还会根据实际情况采取盘库的方式。经核对,企业报核数据与海关底账数据及盘点数据相符的,海关通过正式报核审核,打印核算结果,系统自动将本期结余数转为下期期初数。企业实际库存量多于电子底账核算结果的,海关会按照实际库存量调整电子底账的当期结余数量;企业实际库存量少于电子底账核算结果且可以提供正当理由的,对短缺部分,联网企业按照内销处理;企业实际库存量少于电子底账核算结果且联网企业不能提供正当理由的,对短缺部分,海关将移交缉私部门处理。

## 6.4 电子化手册管理下的保税加工货物报关程序

### 6.4.1 电子化手册管理简介

电子化手册管理是加工贸易联网监管的另一种监管方式。

电子化手册管理仍然以企业的单个加工贸易合同为单元实施对保税加工货物的监管,但不再使用纸质手册。海关为联网企业建立电子底账。一份加工贸易合同建立一本电子化手册。

**1. 电子化手册管理特点**

电子化手册管理有以下特点。

(1)以合同(订单)为单元进行管理。商务主管部门审批每份加工贸易合同(订单),海关根据合同(订单)建立电子底账,企业根据合同(订单)的数量建立多本电子化手册。

(2)企业通过计算机网络向商务主管部门和海关申请办理合同审批和合同备案、变更等手续。

(3)纳入加工贸易银行保证金台账制度管理。

(4)纳入电子化手册的加工贸易货物进口时全额保税。

(5)无须调度手册,凭身份认证卡实现全国口岸的报关。

**2. 电子化手册的建立**

电子化手册的建立同样要经过加工贸易经营企业的联网监管申请和审批、加工贸易业务的申请和审批、建立商品归并关系和电子化手册等 3 个步骤,基本程序同电子账册。

电子化手册商品归并关系的建立是针对联网企业的所有料号级保税加工货物的,是一项基础性预备工作。归并关系一经海关审核,即产生企业以后所有向海关申报的 HS 编码级的基础数据,不需要每本电子化手册都进行申报审核。

电子化手册商品归并原则与便捷通关电子账册商品归并原则一致。

海关审核通过企业提交的预归类、预归并关系后,企业将申报地海关、企业内部编号、经营单位、加工单位、主管海关、管理对象等企业基本信息以及保税进口料件和出口成品的序号、货号、中文品名、计量单位、法定单位等企业料号级物料数据传送到电子口岸数据中心,海关对数据进行审核,审核通过后,系统自动向企业发送回执。

企业接收回执后,再将包括归并关系列表、归并后物料信息、归并前物料信息列表等数据在内的料件归并关系和成品归并关系发送至电子口岸,海关予以审核通过,建立电子底账。

### 6.4.2 报关程序

**1. 备案**

电子化手册的备案分为按合同常规备案和分段式备案两种。

1)按合同常规备案

按合同常规备案除不申领纸质手册以外,其他要求同纸质手册管理基本一样。详见纸质手册管理有关内容。

2)分段式备案

分段式备案指将电子化手册的相关内容分为合同备案和通关备案两部分分别备案,通关备案的数据建立在合同备案数据的基础上。

合同备案环节的备案内容有3部分,即表头数据、料件表和成品表。

Ⅰ.表头数据

表头数据包括企业及企业合同的基本信息,如经营单位、加工单位、手册类型、主管海关、商务主管部门、贸易方式、征免性质、加工贸易业务批准证编号、进口合同、备案进口总额、进口币制、备案出口总额、出口币制、加工种类、有效日期、管理对象等内容。

Ⅱ.料件表

料件表包括料件序号、商品编号、商品名称、申报计量单位、法定计量单位、申报数量、申报单价、总价、币制等内容。

Ⅲ.成品表

成品表包括成品序号、商品编号、商品名称、申报计量单位、法定计量单位、申报数量、申报单价、总价、币值等内容。

电子化手册备案时,海关审核要求与对纸质手册的审核要求完全一致:审核企业的备案申请内容与商务主管部门出具的加工贸易业务批准证是否相符,备案申请数量是否超出了商务主管部门确定的加工生产能力,企业的相关申请是否符合法律、行政法规的规定。电子化手册审核通过后,系统自动生成手册编号。

3)备案变更

Ⅰ.合同备案变更

企业办理合同备案变更手续应当通过电子口岸向主管海关发送合同备案变更数据,并提供企业的变更申请与商务主管部门出具的加工贸易业务批准证变更证明以及相关单证材料。

Ⅱ.通关备案变更

如果通关备案已通过,则合同备案变更通过后,系统将对通关备案的数据自动进行变更。

2.进出口报关

电子化手册方式下联网监管企业的保税加工货物报关与纸质手册方式一样,适用进出口报关阶段程序的,也有进出境货物报关、深加工结转货物报关和其他保税加工货物报关3种情形。

1)进出境货物报关

Ⅰ.报关清单的生成

企业在加工贸易货物进出境报关前,应从企业管理系统导出料号级数据生成归并前的报关清单,或通过电子口岸电子化手册系统按规定格式录入当次进出境的料号级清单数据,并向电子口岸数据中心报送。

Ⅱ.报关单的生成

数据中心按归并关系和其他合并条件,将企业申报的清单生成报关单。企业通过中小企业模式联网监管系统的报关申报系统调出清单所生成的报关单信息后,将报关单上剩余各项填写完毕，即可生成完整的报关单，向海关进行申报。

如属异地报关的，本地企业将报关单补充完整后，将报关单上传，由异地报关企业下载报关单数据，进行修改、补充后向海关申报。

Ⅲ. 报关单的修改、撤销

异地报关的报关单被退单，且涉及修改表体商品信息的，应由本地企业从清单开始修改，并重新上传，异地下载后重新申报；如仅需修改表头数据的，则可在异地直接修改报关单表头信息后，直接向海关申报。

有关许可证件管理和税收征管的规定与纸质手册管理下的保税加工货物进出境报关一样，参照纸质手册部分的有关内容。

**2）深加工结转货物报关**

电子化手册加工贸易深加工结转货物报关与纸质手册管理下的加工贸易深加工结转货物报关一样，参照纸质手册部分的有关内容。

**3）其他保税加工货物报关**

电子化手册管理下的联网企业以内销、结转、退运、放弃、销毁等方式处理保税进口料件、成品、副产品、残次品、边角料和受灾货物的报关手续，与纸质手册管理下的其他保税加工货物报关一样，参照纸质手册部分的有关内容。

后续缴纳税款时，同样要缴纳缓税利息（边角料除外）。缓税利息计息的起始日期为内销料件或者制成品所对应的加工贸易合同项下电子化手册记录的首批料件进口之日，截止日为海关签发税款缴款书之日。

### 6.4.3 报核和核销

海关对电子化手册核销的基本目的是掌握企业在某个电子化手册下所进口的各项加工贸易保税料件的使用、流转、损耗的情况，确认是否符合以下的平衡关系：

**进口保税料件（含深加工结转进口）＝出口成品折料（含深加工结转出口）＋内销料件＋内销成品折料＋剩余料件＋损耗－退运成品折料**

海关核销除了对书面数据进行必要的核算外，还会根据实际情况采取盘库的方式进行核对。

电子化手册采用的是以企业合同（订单）为单元的管理方式，一个企业可以有多本电子化手册，海关根据加工贸易合同的有效期限确定核销日期，对实行电子化手册管理的联网企业进行定期核销管理，即对电子化手册按照对应的合同（订单）项下加工贸易进出口情况进行平衡核算。报核和核销的大体程序如下。

（1）报核：企业通过电子口岸数据中心向主管海关传送报核表头、报关单、进口料件、出口成品、单损耗等五方面的报核数据。

（2）核销：海关对报核的电子化手册进行数据核算，核对企业报核的料件、成品进出口数据与海关底账数据是否相同，核实企业申报的成品单损耗与实际耗用量是否相符，企业内销征税情况与实际内销情况是否一致。

（3）结案：海关对通过核销核算的电子化手册进行结案处理，并打印结案通知书交付企业。

## 练习题

### 一、单项选择题

1. 经海关批准的保税进口料件和国产料件之间发生串换，串换下来的保税进口料件（　　）。

A. 海关照章征税　　B. 必须加工出口

C. 应当继续保税　　D. 企业自行处置

2. 采用纸制手册管理的保税加工货物，不需要领取许可证，不需要开设台账，办理合同备案阶段步骤正确的是（　　）。

A. 合同内容预录入—海关审核—审批合同—领取加工贸易登记手册

B. 审批合同—合同内容预录入—海关审核—领取加工贸易登记手册

C. 审批合同—海关审核—合同内容预录入—领取加工贸易登记手册

D. 领取加工贸易登记手册—合同内容预录入—海关审核—审批合同

3. 目前已经公开的加工贸易禁止类商品目录不包括（　　）。

A. 国家明令禁止进出口的商品　　B. 为种植、养殖而进口的商品

C. 引起高能耗、高污染的商品　　D. 高附加值、高技术含量的商品

4. 下列关于加工贸易保证金台账制度的表述正确的是（　　）。

A. 海南省、广西壮族自治区、河北省属于西部地区

B. 加工贸易企业为 AA 类、A 类、B 类、C 类、D 类 5 个管理类别

C. 商品分为禁止的、限制的、允许的、鼓励类 4 类

D. 中西部地区 C 类企业进口允许类商品，按应征税款的 50% 征收保证金

5. 经海关批准设立的保税仓库可以存放的货物是（　　）。

A. 进口货物　　B. 进口货物、出口货物

C. 出口货物　　D. 加工贸易进出口货物

6. 在加工贸易合同项下海关准予备案的料件，（　　）。

A. 85% 料件保税，15% 的料件不保税

B. 95% 料件保税，5% 的料件不保税

C. 不予保税

D. 100% 保税

7. 下列不属于海关在监管管理活动中应当行使行政处罚权的有（　　）。

A. 未按规定在纸制报关单上加盖报关专用章的

B. 向海关申报进口货物品名不实的

C. 加工贸易企业遗失加工贸易登记手册的

D. 报关员与他人通谋走私，构成走私罪的

### 二、判断题（正确 A，错误 B）

1. 加工贸易银行保证金台账制度的核心是对不同地区的加工贸易企业和加工贸易涉及的进出口商品实行分类管理，对部分企业进口的部分料件和出口的部分成品征收保证金。（　　）

2. 加工贸易外发加工，是指经营企业因受自身生产特点和条件限制，经海关批准并办理有

关手续，委托承揽企业对加工贸易货物进行加工，在规定期限内将加工后的产品运回本企业并最终复出口的行为。（ ）

3. 外发加工的成品必须运回本企业。（ ）

4. 电子化手册管理是海关以企业为单元，对加工贸易进行联网监管的一种方式。（ ）

5. 企业从事加工贸易，应当持有关批准文件和加工贸易合同向海关备案，加工贸易制成品单位耗料量由海关按照有关规定核定。（ ）

**三、讨论题**

**都是"串料"惹的祸**

浩强公司是一家中外合资铝材加工制造企业，简单来说，就是买来铝锭，熔铸成铝棒，再进行延压、拉伸，形成不同规格、形状、品种的铝材及铝制品再销售出去。由于全套引进国际先进技术，质量把关到位，这家公司虽然产量、产值不是很高，但利润不错，特别是在国际市场赢得不少好评。

由于每年有几百万美元的出口加工业务，浩强公司当然不会错失国家扶持出口加工贸易的优惠政策，设厂当年就在海关办理了所需的各种手续。在随后的几年中，进口料件对应出口成品，国内采购料件对应境内销售，丁是丁，卯是卯，公司的管理一直做得井井有条。

2008 年下半年，境内家电客户突然提出扩大订单数量。浩强公司老板喜出望外，对客户提出的十分紧迫的供货周期也一口答应了下来。为了尽快履约，公司决定组织突击加工，两条生产线开始日夜运转，满负荷工作。

10 天后，物流部负责关务的助理经理小刘来到物流部经理办公室，提出国产料件库存迅速减少，如果再不及时补料，用不了 3 天时间，就要停产。

"这该是你管的吗？"物流经理对小刘瞟了一眼，不冷不热说了一句。"这确实不是属于我应该过问的事情，公司不可能停产，不停产他们到时候就一定会拿进口保税料件来替代，保税料件管理属于我的工作职责，我提前把这个问题提出来，就是为了避免发生问题！"小刘向这位比自己年轻的香港上司表达了自己的顾虑。

"你不要自以为是，一天到晚找机会拿海关说事，难道公司的运作就必须围着你关务转？我们一不走私、二不逃税，有什么大不了的事？"物流经理知道小刘对他一直不太服气，刚刚过来的时候还要让着三分，大半年下来，自己的根基已经稳了，该是到了让他懂点规矩的时候了。

小刘回到自己的办公室，最后还是用中文和英语写了一个正式的邮件，将海关对保税料件以及加工贸易中有关串料处理的相关规定发送给物流经理，并抄送给了主管物流的副总。

问：如果你是小刘，你会如何写这封电子邮件？

**四、操作题**

如何办理保税加工贸易纸质手册？

# 7 进出口商品归类

海关进出口商品归类是指在《商品名称及编码协调制度公约》(以下简称《协调制度公约》)商品分类目录体系下,以《中华人民共和国进出口税则》(以下简称《进出口税则》)为基础,按照《进出口税则商品及品目注释》(以下简称《商品及品目注释》)、《中华人民共和国进出口税则本国子目注释》(以下简称《本国子目注释》)以及海关总署发布的关于商品归类的行政裁定、商品归类决定的要求,确定进出口货物商品编码的活动。

海关进出口商品归类是海关监管、海关征税及海关统计的基础,正确申报商品的归类是进出口货物收发货人或其代理人应尽的法律义务,由于关税是进出口成本的重要组成部分,归类的正确与否与进出口货物收发货人的切身利益密切相关,因此,进出口商品归类是外销员应熟悉的基本业务之一。

## 7.1 《商品名称及编码协调制度》简介

### 7.1.1 产生背景

海关进出口商品归类是建立在商品分类目录基础上的。早期的国际贸易商品分类目录只是因为对进出本国的商品征收关税而产生的,其结构较为简单。后来随着社会化大生产的发展,进出口商品品种与数量增加,除了税收的需要,人们还要了解进出口贸易情况,即还要进行贸易统计,因此,海关合作理事会(1995 年更名为世界海关组织)与联合国统计委员会分别编制了两个独立的商品分类目录,即《海关合作理事会商品分类目录》(简称 CCCN)和《国际贸易标准分类目录》(简称 SITC)。

由于商品分类目录的不同,同一种商品有时在一次国际贸易过程中要使用不同的编码,这给国际贸易带来极大的不便。因此,海关合作理事会于 1983 年 6 月通过了《协调制度公约》及其附件《商品名称及编码协调制度》(The Harmonized Commodity Description and Coding System,简称《协调制度》或 HS)。《协调制度》既满足了海关税则和贸易统计需要,又包容了运输及制造业等要求,因此,该目录自 1988 年 1 月 1 日起正式生效后,即被广泛应用于海关税则、国际贸易统计、原产地规则、国际贸易谈判、贸易管制等多种领域。截至 2010 年 3 月,已有 204 个国家、地区和国际组织采用《协调制度》分类目录。

随着新产品的不断出现和国际贸易结构的变化,《协调制度》一般每隔若干年就要修订一次。自 1988 年生效以来,《协调制度》共进行了 4 次修订,形成了 1988 年、1992 年、1996 年、2002 年和 2007 年共 5 个版本。

为了帮助人们正确理解《协调制度》,海关合作理事会在制定《协调制度》的同时还制定了《商品名称及编码协调制度注释》(简称《协调制度注释》)。《协调制度注释》是对《协调制度》的官方解释,同时与《协调制度》的各个版本同步修订。我国通过法律程序批准在我国实行的《协调制度注释》称为《商品及品日注释》。

### 7.1.2 基本结构

《协调制度》将国际贸易涉及的各种商品按照生产类别、自然属性和不同功能用途等分为21类97章,每一章由若干品目构成,品目项下又细分出若干一级子目和二级子目。为了避免各品目和子目所列商品发生交叉归类,在类、章下加有类注、章注和子目注释。为了保证《协调制度》解释的统一性,设立了归类总规则,作为整个《协调制度》商品归类的总原则。

《协调制度》是一部系统的国际贸易商品分类目录,所列商品名称的分类和编排是有一定规律的。

从类来看,它基本上按社会生产的分工分类,如农业在第一、二类,化学工业在第六类,纺织工业在第十一类,冶金工业在第十五类,机电制造业在第十六类等。

从章来看,基本上按商品的自然属性或功能、用途划分。第一章至第八十三章(第六十四章至第六十六章除外)基本上是按商品的自然属性来分章,如第一章至第五章是活动物和动物产品,第六章至第十四章是活植物和植物产品,第二十五章至第二十七章是矿产品。又如第十一类包括了动植物和化学纤维的纺织原料及其产品,其中,第五十章和第五十一章是蚕丝、羊毛及其他动物毛,第五十二章和第五十三章是棉花、麻及其他植物纺织纤维,第五十四章和第五十五章为化学纤维。商品之所以按自然属性分类是因为其种类成分或原料比较容易区分,同时也因为商品价值的高低往往取决于构成商品本身的原材料。另外,第六十四章至第六十六章和第八十四章至第九十七章则是按货物的用途或功能来分章的,其中,第六十四章是鞋,第六十五章是帽,第八十四章是机械设备,第八十五章是电气设备,第八十七章是车辆,第八十八章是航空航天器,第八十九章是船舶等。这样分类的原因一是因为这些物品往往由多种材料构成,难以将这些物品作为某一种材料制成的物品来分类;二是因为商品的价值主要体现在生产该物品的社会必要劳动时间上,如一台机器,其价值一般主要看生产这台机器所耗费的社会必要劳动时间,而不是看机器用了多少贱金属等。

从品目的排列看,一般也是原材料先于成品,加工程度低的产品先于加工程度高的产品,列名具体的品种先于列名一般的品种。如在第三十九章内,品目3901至3914是初级形状的塑料,品目3916至3921是塑料半制品,品目3922至3926是塑料制成品。

## 7.2 我国海关进出口商品分类目录简介

### 7.2.1 我国海关进出口商品分类目录的产生

我国海关自1992年1月1日起开始采用《协调制度》,进出口商品归类工作成为我国海关最早实现与国际接轨的执法项目之一。

根据海关征税和海关统计工作的需要,我国在《协调制度》的基础上增设本国子目(三级子目和四级子目),形成了我国海关进出口商品分类目录,然后分别编制出《进出口税则》和《中华人民共和国海关统计商品目录》(以下简称《统计商品目录》)。

为了明确增设的本国子目的商品含义和范围,我国又制定了《本国子目注释》,作为归类时确定三级子目和四级子目的依据。

根据《协调制度公约》对缔约国权利义务的规定,我国《进出口税则》和《统计商品目录》与《协调制度》的各个版本同步修订。自2007年1月1日起,我国采用2007年版《协调制度》,并据此编制了2007年版《进出口税则》和《统计商品目录》,其后每年再根据需要对本国子目进行适当调整。

### 7.2.2 我国海关进出口商品分类目录的基本结构

《进出口税则》中的商品号列称为税则号列，为征税需要，每项税号后列出了该商品的税率；《统计商品目录》中的商品号列称为商品编号，为统计需要，每项商品编号后列出了该商品的计量单位，并增加了第二十二类“特殊交易品及未分类商品”，内分第九十八章、第九十九章。

《协调制度》中的编码只有6位数，而我国进出口税则中的编码为8位数，其中第7位、第8位是我国根据实际情况加入的“本国子目”。

编码的编排是有一定规律的，以0301.9210“鳗鱼苗”为例说明如下。

| | | | | | | |
|---|---|---|---|---|---|---|
| 编码： | 0 3 | 0 1 | 9 | 2 | 1 | 0 |
| 位数： | 1 2 | 3 4 | 5 | 6 | 7 | 8 |
| 含义： | 章号 | 顺序号 | 一级子目 | 二级子目 | 三级子目 | 四级子目 |

从以上可以看出：第5位编码代表一级子目，第6位编码代表二级子目，第7位、第8位依此类推。需要指出的是，若第5～8位上出现数字“9”，则通常情况下代表未具体列名的商品，即在“9”的前面一般留有空序号以便用于修订时增添新商品。如上述编码0301.9210中第5位的“9”代表除观赏鱼以外的其他活鱼，其中1～9之间的空序号可以用于将来增添新的其他需要具体列名的活鱼。

## 7.3 进出口货物商品归类的海关管理

为了规范进出口货物的商品归类，保证商品归类结果的准确性和统一性，根据《海关法》、《关税条例》，海关总署以第158号总署令发布了《中华人民共和国海关进出口货物商品归类管理规定》。

### 7.3.1 归类的依据

进出口货物的商品归类应当遵循客观、准确、统一的原则。具体来说，对进出口货物进行商品归类的依据是：

①《进出口税则》；

②《商品及品目注释》；

③《本国子目注释》；

④海关总署发布的关于商品归类的行政裁定；

⑤海关总署发布的商品归类决定。

### 7.3.2 归类的申报要求

为了规范进出口企业申报行为，提高进出口商品申报质量，促进贸易便利化，海关总署制定了《中华人民共和国海关进出口商品规范申报目录》（以下简称《规范申报目录》）。《规范申报目录》按我国海关进出口商品分类目录的品目顺序编写，并根据需要在品目级或子目级列出了申报要素。

例如，品目2204“鲜葡萄酿造的酒”下各子目的申报要素分别如下所示。

子目2204.1000“汽酒”:①品名;②种类;③加工方法。

子目2204.2100“装入2升及以下容器的其他酒及加酒精抑制发酵的酿酒葡萄汁”:①品名;②品牌;③加工方法;④容器容积;⑤年份;⑥产区。

子目2204.2900“装入2升以上容器的其他酒及加酒精抑制发酵的酿酒葡萄汁”:①品名;②种类;③加工方法;④容器容积。

子目2204.3000“其他酿酒葡萄汁”:①品名;②加工方法。

再如,对于品目8528“电视接收装置,不论是否装有无线电收音装置或声音、图像的录制或重放装置”的申报要素为:①品名;②用途;③品牌;④显像类型;⑤显示屏幕尺寸;⑥型号。

收发货人或者其代理人应当按照法律、行政法规规定以及海关的要求如实、准确申报进出口货物的商品名称、规格型号等,并且对其申报的进出口货物进行商品归类,确定相应的商品编码。

收发货人或者其代理人向海关提供的资料涉及商业秘密,要求海关予以保密的,应当事前向海关提出书面申请,并且具体列明需要保密的内容,海关应当依法为其保密。收发货人或者其代理人不得以商业秘密为理由拒绝向海关提供有关资料。

海关在审核收发货人或者其代理人申报的商品归类事项时,可以依照《海关法》和《关税条例》的规定行使下列权力,收发货人或者其代理人应当予以配合:

①查阅、复制有关单证、资料;

②要求收发货人或者其代理人提供必要的样品及相关商品资料;

③组织对进出口货物实施化验、检验,并且根据海关认定的化验、检验结果进行商品归类。

海关可以要求收发货人或者其代理人提供确定商品归类所需的资料,必要时可以要求收发货人或者其代理人补充申报。

收发货人或者其代理人隐瞒有关情况,或者拖延、拒绝提供有关单证、资料的,海关可以根据其申报的内容依法审核确定进出口货物的商品归类。

### 7.3.3 归类的修改

收发货人或者其代理人申报的商品编码需要修改的,应当按照《中华人民共和国海关进出口货物报关单修改和撤销管理办法》等规定向海关提出申请。

海关经审核认为收发货人或者其代理人申报的商品编码不正确的,可以根据《中华人民共和国海关进出口货物征税管理办法》(以下简称《征管办法》)的有关规定,按照商品归类的有关规则和规定予以重新确定,并且根据《中华人民共和国海关进出口货物报关单修改和撤销管理办法》等有关规定通知收发货人或者其代理人对报关单进行修改。

### 7.3.4 预归类

在海关注册登记的进出口货物经营单位(以下简称申请人),可以在货物实际进出口的45日前,向直属海关申请就其拟进出口的货物预先进行商品归类(以下简称预归类),有关预归类的规定如下。

#### 1. 预归类申请

申请人申请预归类的,应当填写并且提交中华人民共和国海关商品预归类申请表,见表1.7.1。

预归类申请应当向拟实际进出口货物所在地的直属海关提出。

表 1.7.1　中华人民共和国海关商品预归类申请表

| | |
|---|---|
| 申请人: | |
| 企业代码: | |
| 通信地址: | |
| 联系电话: | |
| 商品名称(中、英文): | |
| 其他名称: | |
| 商品描述(规格、型号、结构原理、性能指标、功能、用途、成分、加工方法、分析方法等): | |
| 进出口计划(进出口日期、口岸、数量): | |
| 随附资料清单(有关资料请附后): | |
| 此前如就相同商品持有海关商品预归类决定书的,请注明决定书编号: | |
| 申请人(章):<br><br>年　月　日 | 海关(章):<br>签收人:<br>接受日期:　年　月　日 |

注:1. 填写此申请表前应阅读《中华人民共和国海关进出口货物商品归类管理规定》;
2. 本申请表一式两份,申请人和海关各执一份;
3. 本申请表加盖申请人和海关印章方为有效。

**2. 预归类受理和预归类决定**

申请预归类的商品归类事项,经直属海关审核认为属于《进出口税则》、《商品及品目注释》、《本国子目注释》以及海关总署发布的关于商品归类的行政裁定、商品归类决定有明确规定的,应当在接受申请之日起 15 个工作日内制发中华人民共和国海关商品预归类决定书(以下简称预归类决定书),并且告知申请人。属于没有明确规定的,直属海关应当在接受申请之日起 7 个工作日内告知申请人按照规定申请行政裁决。

**3. 预归类决定书的使用**

申请人在制发预归类决定书的直属海关所辖关区进出口预归类决定书所述商品时,应当主动向海关提交预归类决定书。

申请人实际进出口预归类决定书所述商品,并且按照预归类决定书申报的,海关按照预归类决定书所确定的归类意见审核放行。

做出预归类决定书所依据的有关规定发生变化导致相关预归类决定书不再适用的,做出预归类决定的直属海关应当制发通知单,或者发布公告,通知申请人停止使用有关的预归类决定书。

### 7.3.5　商品归类决定

海关总署可以根据有关法律、行政法规规定,对进出口货物做出具有普遍约束力的商品归类决定。进出口相同货物,应该适用相同的商品归类决定。

商品归类决定由海关总署对外公布。

做出商品归类决定所依据的法律、行政法规以及其他相关规定发生变化的，商品归类决定同时失效。商品归类决定失效的，应当由海关总署对外公布。

海关总署发现商品归类决定存在错误的，应当及时予以撤销。撤销商品归类决定的，应当由海关总署对外公布。被撤销的商品归类决定自撤销之日起失效。

### 7.3.6 其他管理要求

因商品归类引起退税或者补征、追征税款以及征收滞纳金的，按照有关法律、行政法规以及海关总署规章的规定办理。

违反《中华人民共和国海关进出口货物商品归类管理规定》，构成走私行为、违反海关监管规定行为或者其他违反《海关法》行为的，由海关依照《海关法》和《海关行政处罚实施条例》的有关规定予以处理；构成犯罪的，依法追究刑事责任。

## 7.4 《协调制度》归类总规则

### 7.4.1 规则一

**1. 条文内容**

*类、章及分章的标题，仅为查找方便而设；具有法律效力的归类，应按品目条文和有关类注或章注确定，如品目、类注或章注无其他规定，按以下规则确定。*

**2. 条文解释**

(1)尽管 HS 系统地将商品按类、章(部分章内还设有分章)分类，每类、章、分章标有标题，并使这些标题尽可能地概括该类、章、分章所包含的商品，但是由于各类、章、分章所包含的商品种类繁多，类、章、分章的标题不可能将其一一列出而全部包括进去。例如第八十六章的标题是"铁道及电车道机车、车辆及其零件；铁道及电车道轨道固定装置及其零件、附件；各种机械(包括电动机械)交通信号设备"，但实际上，除了上述商品外，该章还包括章的标题所没有列出的"集装箱"。

反之，由于类、章、分章的标题只是一个大概，无法规定具体内容，即同一类的商品在不同条件下可能有不同的分类，而这种情况在标题上是无法得到体现的，所以类、章、分章的标题所列出的商品也有可能不归入该类、章、分章。例如第一章的标题是"活动物"，但从实际上，马、牛、羊等活动物归入该章，而活的鱼、甲壳动物、软体动物及其他水生无脊椎动物却归入第三章。

另外，标题之间还会产生交叉，例如塑料鞋既属于第三十九章标题"塑料及其制品"所列的商品，又属于第六十四章标题"鞋靴、护腿和类似品及其零件"所列的商品，所以仅根据这两章的标题无法确定塑料鞋应归入第三十九章还是第六十四章。

综上所述，类、章、分章标题只为方便查找，本身不是归类的依据。

(2)归类的法律依据应该是品目条文和类注、章注。例如针织女式胸衣，如果直接看标题，似乎符合第六十一章的标题"针织或钩编的服装及衣着附件"，可以归入第六十一章，但由于标题不是归类依据，所以应根据品目条文和类注、章注来确定。按第六十一章章注二(一)、第六十二章章注一和 6212 品目条文的规定，该商品应归入品目 6212。

(3)如果按品目条文、类注或章注还无法确定归类，则按下面的其他规则(规则二、三、四、五)确定品目的归类。

### 7.4.2 规则二

**1. 条文内容**

**(一)品目所列货品,应视为包括该项货品的不完整品或未制成品,只要在进口或出口时该项不完整品或未制成品具有完整品或制成品的基本特征;还应视为包括该货品的完整品或制成品(或按本款可作为完整品或制成品归类的货品)在进口或出口时的未组装件或拆散件。**

**(二)品目中所列材料或物质,应视为包括该种材料或物质与其他材料或物质混合或组合的物品。品目所列某种材料或物质构成的货品,应视为包括全部或部分由该种材料或物质构成的货品。由一种以上材料或物质构成的货品,应按规则三归类。**

**2. 条文解释**

(1)规则二(一)将所有列出某一些物品的品目范围扩大为不仅包括完整的物品,而且还包括该物品的不完整品或未制成品,只要报验时它们具有完整品或制成品的基本特征。其中不完整品指货品缺少某些部分、不完整;未制成品指货品尚未完全制成,需进一步加工才成为制成品。

但是,“基本特征”的判断有时是很困难的,例如缺少了多少零部件的冰箱仍具有冰箱的基本特征,仍可以按冰箱归类。由于商品的繁杂,寄希望于通过制定几条“一刀切”的规则来确定货品的基本特征是行不通的,所以对于具体的某种不完整品或未制成品,需要综合结构、性能、价值、作用等方面的因素进行具体分析才能确定。但作为一般原则可以这样判断:

①对于不完整品而言,主要看其关键部件是否存在,以冰箱为例,如果压缩机、蒸发器、冷凝器、箱体这些关键部件存在,则可以判断为具有冰箱的基本特征;

②对于未制成品而言,主要看其是否具有制成品的特征,例如齿轮的毛坯,须经进一步完善方可作为制成品或制成零件使用,但已具有制成品或制成零件的大概形状或轮廓,则可以判断为具有齿轮的基本特征。

(2)规则二(一)的第二部分规定,完整品或制成品的未组装件或拆散件应归入已组装物品的同一品目。例如,品目8517不仅包括已组装好的电话机,还应包括电话机的未组装件或拆散件。

未组装件或拆散件指货品尚未组装或已拆散。货品以未组装或拆散形式报验,通常是由于包装、装卸或运输上的需要,或是为了便于包装、装卸或运输。

本款规则也适用于以未组装或拆散形式报验的不完整品或未制成品,只要按照本规则第一部分的规定,它们可作为完整品或制成品看待。例如,缺少某些非关键零件(如螺丝、螺帽、垫圈等)的电话机的散件,同样应按电话机归入品目8517。

鉴于第一类至第六类各品目的商品范围,规则二(一)的规定一般不适用于这六类所包括的货品。

(3)规则二(二)是针对混合及组合的材料或物质以及由两种或多种材料或物质构成的货品而设的,目的在于将任何列出某种材料或物质的品目扩大为包括该种材料或物质与其他材料或物质的混合品或组合品,同时还将任何列出某种材料或物质构成的货品的品目扩大为包括部分由该种材料或物质构成的货品。它所适用的是列出某种材料或物质的品目。

例如,品目4503是“天然软木制品”,该品目属于“某种材料或物质构成的货品”,根据本规则,如果是“涂蜡的热水瓶软木塞子”(已加入了其他材料或物质),则仍应归入品目4503。

但是,本款规则绝不意味着将品目范围扩大到不按照规则一的规定,将不符合品目条文的货品也包括进来,即由于添加了另外一种材料或物质,使货品丧失了原品目所列货品特征的情况。例如,稻谷中加入了杀鼠剂,已经成为了一种用于杀灭老鼠的毒饵,就不能再按品目1006的"稻谷"归类。

(4)只有在规则一无法解决时,方能运用规则二。例如,品目1503的品目条文规定为"液体猪油,未经混合",而混合了其他油的液体猪油,不能运用规则二(二)归入品目1503。

### 7.4.3 规则三

**1.条文内容**

**当货品按规则二(二)或由于其他原因看起来可归入两个或两个以上品目时,应按以下规则归类:**

**(一)列名比较具体的品目,优先于列名一般的品目。但是如果两个或两个以上品目都仅述及混合或组合货品所含的某部分材料或物质,或零售的成套货品中的某些货品,即使其中某个品目对该货品描述得更为全面、详细,这些货品在有关品目的列名应视为同样具体。**

**(二)混合物,不同材料构成或不同部件组成的组合物以及零售的成套货品,如果不能按照规则三(一)归类时,在本款可适用的条件下,应按构成货品基本特征的材料或部件归类。**

**(三)货品不能按照规则三(一)或(二)归类时,应按号列顺序归入其可归入的最末一个品目。**

**2.条文解释**

(1)对于根据规则二(二)或其他原因看起来可归入两个或两个以上品目的货品,本规则规定了三条归类办法。这三条办法应按照其在本规则的先后次序加以运用。据此,只有在不能按照规则三(一)归类时,才能运用规则三(二);不能按照规则三(一)和(二)两款归类时,才能运用规则三(三)。因此,它们优先权的次序为:①具体列名;②基本特征;③从后归类。

(2)只有在品目条文和类注、章注无其他规定的条件下,才能运用本规则。例如,第九十七章章注四(二)规定,根据品目条文既可归入品目9701至9705中的一个品目,又可归入品目9706的货品,应归入品目9706以前的有关品目,即货品应按第九十七章章注四(二)的规定而不能根据本规则进行归类。

(3)规则三(一)是本规则的第一条归类办法,它规定列名比较具体的品目应优先于列名比较一般的品目。

①列出品名比列出类名更为具体。例如,电动剃须刀应归入品目8510"电动剃须刀、电动毛发推剪及电动脱毛器",而不应归入品目8509"家用电动器具"。

②如果某一品目所列名称更为明确地述及某一货品,则该品目要比所列名称不那么明确述及该货品的其他品目更为具体。例如,确定为用于小汽车的簇绒地毯,不应作为小汽车附件归入品目8708"机动车辆的零件、附件"而应归入品目5703"簇绒地毯及纺织材料的其他簇绒铺地制品,不论是否制成的",因为品目5703所列地毯更为具体。

(4)如果两个或两个以上品目都仅述及混合或组合货品所含的某部分材料或物质,或零售成套货品中的某些货品,即使其中某个品目比其他品目对该货品描述得更为全面、详细,这些货品在有关品目的列名应视为同样具体。在这种情况下,货品应按规则三(二)或(三)的规定进行归类。

(5)规则三(二)是指不能按规则三(一)归类的混合物、组合物以及零售的成套货品的归类。它们应按构成货品基本特征的材料或部件归类。

但是,不同的货品,确定其基本特征的因素会有所不同。例如,可根据其所含材料或部件的性质、体积、数量、重量或价值来确定货品的基本特征,也可根据所含材料对货品用途的作用来确定货品的基本特征。例如,由快熟面条、调味包、塑料小叉构成的碗面,由于其中的快熟面条构成了这个零售成套货品的基本特征,所以应按面食归入品目 1902。

还要注意,本款规则所称"零售的成套货品",是指同时符合以下三个条件的货品:

①由至少两种看起来可归入不同品目的不同物品构成的,例如,六把乳酪叉不能作为本款规则所称的成套货品;

②为了迎合某项需求或开展某项专门活动而将几件产品或物品包装在一起的;

③其包装形式适于直接销售给用户而货物无须重新包装的,例如,装于盒、箱内或固定于板上。

例如,成套理发工具,由一个电动理发推子、一把梳子、一把剪子、一把刷子及一条毛巾,装于一个皮匣子内组成,符合上述的三个条件,所以属于"零售的成套货品"。

不符合以上三个条件时,不能看成是规则三(二)中的零售成套货品。例如"包装在一起的手表与打火机",由于不符合以上第二个条件,所以只能分开归类。

(6)货品如果不能按照规则三(一)或(二)归类时,应按号列顺序归入其可归入的最后一个品目。例如,"等量的大麦与燕麦的混合麦",由于其中大麦与燕麦含量相等,"基本特征"无法确定,所以应"从后归类",即按品目 1003 与品目 1004 中的后一个品目 1004 归类。

### 7.4.4 规则四

**1. 条文内容**

**根据上述规则无法归类的货品,应归入与其最相类似的货品的品目。**

**2. 条文解释**

由于时代的发展、科技的进步,可能会出现一些《协调制度》在分类时无法预见的情况,这时按以上规则一至规则三仍无法归类的货品,只能用最相类似的货品的品目来替代,即将报验货品与类似货品加以比较以确定其与哪种货品最相类似,然后将所报验的货品归入与其最相类似的货品的同一品目。这里的"最相类似"指名称、特征、功能、用途、结构等因素,需要综合考虑才能确定。

### 7.4.5 规则五

**1. 条文内容**

**除上述规则外,本规则适用于下列货品的归类:**

**(一)制成特殊形状仅适用于盛装某个或某套物品并适合长期使用的照相机套、乐器盒、枪套、绘图仪器盒、项链盒及类似容器,如果与所装物品同时进口或出口,并通常与所装物品一同出售的,应与所装物品一并归类。但本款不适用于本身构成整个货品基本特征的容器。**

**(二)除规则五(一)规定的以外,与所装货品同时进口或出口的包装材料或包装容器,如果通常是用来包装这类货品的,应与所装货品一并归类。但明显可重复使用的包装材料和包装容器可不受本款限制。**

**2. 条文解释**

(1)规则五(一)仅适用于同时符合以下各条规定的容器:

①制成特定形状或形式,专门盛装某一物品或某套物品的,即专门按所要盛装的物品进行

设计的,有些容器还制成所装物品的特殊形状;

②适合长期使用的,即容器的使用期限与所盛装的物品相比是相称的,在物品不使用期间(例如,运输或储藏期间),这些容器还起保护物品的作用;

③与所装物品一同报验的(单独报验的容器应归入其所应归入的品目);

④通常与所装物品一同出售的;

⑤本身并不构成整个货品基本特征的。

例如,与所装电动剃须刀一同报验的电动剃须刀的皮套,由于符合以上条件,因此应与电动剃须刀一并归入品目 8510。

但是,本款规则不适用于本身构成整个货品基本特征的容器,例如,装有茶叶的银质茶叶罐。

(2)规则五(二)仅适用于同时符合以下各条规定的包装材料及包装容器:

①规则五(一)以外的;

②通常用于包装有关货品的;

③与所装物品一同报验的(单独报验的包装材料及包装容器应归入其所应归入的品目);

④不属于明显可重复使用的。

例如,装有电视机的瓦楞纸箱,由于符合以上条件,因此应与电视机一并归入品目 8528。

但是,如果是明显可重复使用的包装材料和包装容器,则本款规定不适用。例如,"煤气罐装有液化煤气",由于具有明显可重复使用的特性,所以不能与液化煤气一并归类,而应与液化煤气分开归类。

### 7.4.6 规则六

**1. 条文内容**

**货品在某一品目项下各子目的法定归类,应按子目条文或有关的子目注释以及以上各条规则来确定,但子目的比较只能在同一数级上进行。除条文另有规定的以外,有关的类注、章注也适用于本规则。**

**2. 条文解释**

本规则是关于子目应当如何确定的一条原则,子目归类首先按子目条文和子目注释确定;如果按子目条文和子目注释还无法确定归类,则上述各规则的原则同样适用于子目的确定;除条文另有规定的以外,有关的类注、章注也适用于子目的确定。

在具体确定子目时,还应当注意以下两点。

(1)确定子目时,一定要按先确定一级子目,再二级子目,然后三级子目,最后四级子目的顺序进行。

(2)确定子目时,应遵循"同级比较"的原则,即一级子目与一级子目比较,二级子目与二级子目比较,依此类推。

例如,"中华绒螯蟹种苗"在归入品目 0306 项下子目时,应按以下步骤进行:

①先确定一级子目,即将两个一级子目"冻的"与"未冻的"进行比较后归入"未冻的";

②再确定二级子目,即将二级子目"龙虾"、"大螯虾"、"小虾及对虾"、"蟹"、"其他"进行比较后归入"蟹";

③然后确定三级子目,即将两个三级子目"种苗"与"其他"进行比较后归入"种苗"。

所以,中华绒螯蟹种苗应归入子目 0306.2410。

## 7.5 商品归类的一般方法

进出口商品归类尽管复杂,但任何事情总是有一定的方法可循。一般情况下,归类应该按照以下步骤。

### 7.5.1 确定品目(四位数)

确定品目的步骤为:商品特性分析—初判大概位置—查品目条文—查类注、章注—运用规则二、三—确定品目。具体如下。

第一步:根据有关资料分析商品特性(如组成、结构、加工、用途等)。

第二步:根据 HS 的分类规律初步分析该商品可能涉及的类、章和品目(可能有几个)。

第三步:查找涉及的几个有关品目的品目条文。

第四步:查看所涉及的品目所在章和类的注释,检查一下相关章注和类注是否有特别的规定。

第五步:仍然有几个品目可归而不能确定时,运用规则二、三(主要是规则三)。

通过以上几个步骤,一般即可确定该商品的品目归类。

例如,对于商品"食用调和油(含大豆油 60%、花生油 20%、菜子油 15%、棕榈油 5%)"的归类,运用以上方法,按照以下步骤进行:

①该商品为植物油,由几种不同植物材料的油脂混合而成,属于混合的植物食用油;

②该商品可以考虑第十五章"动、植物油、脂及其分解产品;精制的食用油脂";

③在第十五章查找合适的品目,该商品符合品目 1517"本章各种动、植物油、脂及其分离品混合制成的食用油、脂或制品"(注意不能误认为该商品符合品目 1507"豆油及其分离品",因为该商品是混合油而不是单独的豆油);

④查第十五章章注,没有发现对该商品的归类有其他规定,故确定该商品应归入品目 1517。

再如,对于商品"纯金烟斗"的归类,运用以上方法,按照以下步骤进行:

①该商品的材料为纯金,用途为烟斗;

②金为贵金属,"纯金烟斗",属于贵金属制品,可以考虑第七十一章"贵金属及其制品",而如果按"烟斗"的用途考虑,则可以考虑第九十六章"杂项制品";

③分别在第七十一章和第九十六章查找有关的品目,品目 7114 的条文为"贵金属或包贵金属制的金银器及其零件",品目 9614 的条文为"烟斗(包括烟斗头)和烟嘴及其零件",显然,仅仅根据品目条文无法确定该商品应该归入品目 7114 还是 9614;

④查阅第七十一章和第九十六章的有关注释,其中第七十一章章注三(十四)规定,第七十一章不包括"根据第九十六章章注四应归入该章的物品",第九十六章章注四为"除品目 9601 至 9606 或 9615 的货品以外,本章的物品还包括全部或部分用贵金属、包贵金属、天然或养殖珍珠、宝石或半宝石(天然、合成或再造)制成的物品",根据这两个注释可知,品目 9614 的烟斗可以用贵金属制成,因此本例商品应按功能和用途归入品目 9614,而不能按材料归入品目 7114。

### 7.5.2 确定子目(八位数)

品目确定之后就是子目的确定,由于品目需要在很大的范围之内确定,并且还要仔细查找和对比很多有关的章注、类注,而相比较而言,子目只需要在品目项下确定,其范围要小得多,所以很多情况下子目的确定是很容易的。

例如,前面例题中的"食用调和油"在品目1517项下确定子目时,由于只有两个一级子目1517.1000"人造黄油,但液态的除外"和1517.9000"其他",显然,该商品应该归入一级子目1517.9000;然后再归入三级子目1517.9090"其他"。

有时子目的确定有一定难度,尤其是子目比较多的时候,所以掌握正确的方法仍然是关键。具体方法是:查一级子目条文—查子目注释—查二级子目—……—确定子目。

例如,对于商品"猪肉制的婴儿均化食品,罐头装,重量250克"的归类,运用以上方法,按照以下步骤进行:

①该商品应该归入品目1602项下,在确定其子目时,查一级子目条文,发现该商品同时符合两个一级子目1602.1000"均化食品"和1602.4000"猪的"的规定;

②查第十六章子目注释一子目1602.1000的"均化食品",是指用肉、食用杂碎或动物血经精细均化制成供婴幼儿食用或营养用的零售包装食品(每件净重不超过250克),归类时该子目优于品目1602的其他子目,该商品符合该子目注释的规定,并且根据该规定,子目1602.1000优先于子目1602.4000,所以该商品应该归入子目1602.1000。

再如,对于商品"针织印花棉制床单"的归类,很多人往往会犯盲目"跳级"的错误。

品目6302项下的子目列名如下:

| | |
|---|---|
| 6302 | 床上、餐桌、盥洗及厨房的织物制品: |
| | －针织或钩编的床上用织物制品: |
| 6302.1010 | －－－棉制 |
| 6302.1090 | －－－其他纺织材料制 |
| | －其他印花的床上用织物制品: |
| | －－棉制: |
| 6302.2110 | －－－床单 |
| 6302.2190 | －－－其他 |

很多人在归品目6302项下的子目时,容易直接按"棉制床单"的列名归入子目6302.2110,其错误的根源在于看到"床单"的列名就迫不及待地"跳级"归类,而没有按照"子目的比较只能在同一数级上进行"这一规则,先确定一级子目,再二级子目。由于该床单是针织的,所以应归入品目6302项下的第一个一级子目"针织或钩编的床上用织物制品",然后再确定三级子目(这里没有二级子目),由于该床单是棉制的,所以应归入三级子目6302.1010。

## 练习题

### 一、商品归类题

1. 普洱茶,净重1千克/包
2. "SKⅡ"洗发香波,500毫升/瓶
3. 涤纶弹力丝(由聚酯化学纤维长丝加工成的变形纱线),非供零售零用
4. 立体显微镜

5. 高尔夫球

6. 由高速钢(一种合金钢)热轧制得的圆钢,截面为实心圆形,直条状,直径4厘米,长4米

7. “达能”草莓果粒酸奶,125克/瓶

8. “惠普”静电感光式多功能一体机,具有复印、扫描、打印和传真功能,可通过与电脑连接进行激光打印,与电话网络连接收发传真

9. “立邦”梦幻系列硝基木器漆,以硝酸纤维素为基本成膜成分,加上有机溶剂、颜料和其他添加剂调制而成

10. 男式蓝色一次性浴衣(涤纶无纺布制)

11. 一种牛津布,用尼龙短纤织成机织物,染成黑色,然后在其一面(此面作为背面)薄薄地涂上聚氨基甲酸酯(肉眼可见涂层)以防止雨水渗透,用于制作箱包

12. 汽车发动机(点燃式活塞内燃发动机)排气门用的螺旋弹簧(材料为合金钢)

13. “远洋”牌烤鱿鱼丝,用新鲜的鱿鱼配以白砂糖、盐、味精后烤制而成,125克/袋

14. 纳米隔热膜,宽1.524米,成卷,一种新型的汽车玻璃用隔热膜,它将氮化钛材料用真空溅射技术在优质的聚对苯二甲酸乙二酯薄膜上形成纳米级的涂层,起隔热、防紫外线、防爆等效果

15. 快速吸水浴巾,由一种新型超细纤维(70%涤纶和30%锦纶)织成的毛巾布制成

# 8 进出口税费缴纳与计算

## 8.1 进出口税费基本知识

进出口税费是指在进出口环节中由海关依法征收的关税、进出口环节代征税(消费税、增值税)、船舶吨税等税费。依法征收税费是海关的任务之一。依法缴纳税费是有关纳税义务人的基本义务。学会如何计算和缴纳进出口税费是每个外销员应具备的专业技能之一,对于商务谈判中商品成本的核算至关重要。

船舶吨税是指国际航行船舶在我国港口行驶,使用了我国的港口和助航设备,应缴纳的税费。凡征收了船舶吨税的船舶不再征收车船税;对已经征收车船使用税的船舶,不再征收船舶吨税。篇幅所限,在此不做介绍。

海关征收的关税、进口环节增值税、进口环节消费税、船舶吨税、滞纳金等税费一律以人民币计征,起征点为人民币 50 元。完税价格、税额采用四舍五入法计算至分。

进出口货物的成交价格及有关费用以外币计价的,计算税款前海关按照该货物适用税率之日所适用的计征汇率折合为人民币计算完税价格。海关每月使用的计征汇率为上一个月第三个星期三(第三个星期三为法定节假日的,顺延采用第四个星期三)中国人民银行公布的外币对人民币的基准汇率。以基准汇率币种以外的外币计价的,采用同一时间中国银行公布的现汇买入价和现汇卖出价的中间值(人民币元后采用四舍五入法保留 4 位小数)。如果上述汇率发生重大波动,海关总署认为必要时,可另行规定计征汇率,并对外公布。

## 8.2 进出口关税计征方法

关税是国家税收的重要组成部分,是由海关代表国家按照国家制定的关税政策和有关法律、行政法规的规定,对准许进出关境的货物和物品向纳税义务人征收的一种流转税。

关税是一种国家税收,其征收主体是国家,由海关代表国家向纳税义务人征收;课税对象是进出关境的货物和物品。

关税纳税义务人亦称关税纳税人或关税纳税主体,是指依法负有直接向国家缴纳关税义务的法人或自然人。我国关税的纳税义务人是进口货物的收货人、出口货物的发货人、进(出)境物品的所有人。

关税是国家保护国内经济、实施财政政策、调整产业结构、发展进出口贸易的重要手段,也是世界贸易组织允许各缔约方保护其境内经济的一种手段。

**1. 进口关税**

**1)含义**

进口关税是指一国海关以进境货物和物品为课税对象所征收的关税。在国际贸易中,它一直被各国公认是一种重要的经济保护手段。

2)计征方法

进口关税计征方法包括从价税、从量税、复合税、滑准税等。

Ⅰ.从价税

从价税是以货物、物品的价格作为计税标准,以应征税额占货物价格的百分比为税率,价格和税额成正比例关系的关税。从价税是包括中国在内的大多数国家使用的主要计税标准。

我国对进口货物征收进口关税主要采用从价税计税标准。

Ⅱ.从量税

从量税是以货物和物品的计量单位(如重量、数量、容量等)作为计税标准,按每一计量单位的应征税额征收的关税。

我国目前对冻鸡、石油原油、啤酒、胶卷等类进口商品征收从量税。

Ⅲ.复合税

复合税是在《进出口税则》中,一个税目中的商品同时使用从价、从量两种标准计税,计税时以两者之和作为应征税额征收的关税。

我国目前对录像机、放像机、摄像机、非家用型摄录一体机、部分数字照相机等进口商品征收复合关税。

Ⅳ.滑准税

滑准税是在《进出口税则》中预先按产品的价格高低分档制定若干不同的税率,然后根据进口商品价格的变动而增减进口税率的一种关税。当商品价格上涨时采用较低税率,当商品价格下跌时则采用较高税率,其目的是使该种商品的国内市场价格保持稳定。

目前,我国对关税配额外进口的一定数量的棉花(税号:5201.0000)实行滑准税。

确定滑准税暂定关税税率的具体方式如下。

(1)当进口棉花完税价格高于或等于11.397元/千克时,按0.570元/千克计征从量税。

(2)当进口棉花完税价格低于11.397元/千克时,暂定关税税率按下述公式计算:

$$R_i = 8.686/P_i + 2.526\% \times P_i - 1$$

对上式计算结果四舍五入保留3位小数。将$R_i$值换算为暂定关税税率,高于40%时,取40%;$P_i$为关税完税价格,单位为元/千克。

3)进口关税的种类

进口关税分为进口正税和进口附加税。进口正税即按《进出口税则》中的进口税率征收的关税。

进口附加税指国家由于特定需要对进口货物除征收关税正税之外另行征收的一种进口税。进口附加税一般具有临时性,包括反倾销税、反补贴税、保障措施关税、报复性关税等特别关税在内。世界贸易组织不准其成员方在一般情况下随意征收进口附加税,只有符合世界贸易组织反倾销、反补贴条例等有关规定的,才可以征收。

反倾销税是为抵制外国商品倾销进口,保护国内相关产业而征收的一种进口附加税,即在倾销商品进口时除征收进口关税外,另外加征反倾销税。根据我国《中华人民共和国反倾销条例》的规定,凡进口产品以低于其正常价值出口到我国且对我国相关企业造成实质性损害的即为倾销。反倾销税由海关负责征收,其税额不超出倾销幅度。**我国目前征收的进口附加税主要是反倾销税。**

此外,为应对他国对我国出口产品实施的歧视性关税或待遇,我国还相应地对其产品征收报复性关税。《中华人民共和国进出口关税条例》(以下简称《关税条例》)规定:任何国家或者地区违反与中华人民共和国签订或者共同参加的贸易协定及相关协定,对中华人民共和国在贸易方面采取禁止、限制、加征关税或者其他影响正常贸易的措施的,对原产于该国家或者地区的进口货物可以征收报复性关税,适用报复性关税税率。征收报复性关税的货物、适用国别、税率、期限和征收办法,由国务院关税税则委员会决定并公布。

**2. 出口关税**

出口关税是指海关以出境货物、物品为课税对象所征收的关税。征收出口关税的主要目的是限制和调控某些商品的过度、无序出口,特别是防止本国一些重要自然资源和原材料的无序出口。为鼓励出口,世界各国一般不征收出口税或仅对少数商品征收出口税。

**我国出口关税主要以从价税为计征标准。**

根据实际情况,我国还在一定时期内对部分出口商品临时开征出口暂定关税,或者在不同阶段实行不同的出口暂定关税税率,或者加征特别出口关税。

根据《关税条例》的规定,适用出口税率的出口货物有暂定税率的,应当适用暂定税率。除法律法规有明确规定可以免征出口关税外,对出口应税商品一律照章征收出口关税。

**3. 暂准进出境货物进出口关税**

第二类暂准进出境货物(即《关税条例》第四十二条第一款所列范围以外的其他暂准进出境货物),海关按照审定进出口货物完税价格的有关规定和海关接受该货物申报进出境之日适用的计征汇率、税率,审核确定其完税价格,按月征收税款,或者在规定期限内货物复运出境或者复运进境时征收税款。暂准进出境货物在规定期限届满后不再复运出境或者复运进境的,纳税义务人应当在规定期限届满前向海关申报办理进出口及纳税手续,缴纳剩余税款。

计征税款的期限为60个月。不足1个月但超过15天的,按1个月计征;不超过15天的,免予计征。计征税款的期限自货物放行之日起计算。

按月征收税款的计算公式为

每月关税税额 = 关税总额 ×(1 ÷60)

每月进口环节代征税税额 = 进口环节代征税总额 ×(1 ÷60)

## 8.3 进出口关税的计算

**1. 进口关税的计算**

1)从价税

Ⅰ. 计算公式

应征进口关税税额 = 进口货物完税价格 × 进口从价税税率

减税征收的进口关税税额 = 进口货物完税价格 × 减按进口关税税率

Ⅱ. 计算实例

[**实例一**]国内某公司从香港购进日本产丰田皇冠轿车10辆,成交价格合计为FOB香港120000.00美元,实际支付运费5000美元,保险费800美元。已知小轿车的汽缸容量2000 cc,适用中国银行的外汇折算价为1美元 = 人民币6.5718元,计算应征进口关税。

**计算方法:**

①确定税则归类,汽缸容量2000 cc的小轿车归入税号8703.2341;

②原产国日本适用最惠国税率25%；

③审定完税价格为125800美元(120000美元+5000美元+800美元)；

④将外币价格折算成人民币为125800×6.5718=826732.44元；

⑤计算应征税款。

应征进口关税税额=完税价格×关税税率

=826732.44×25%

=206683.11(元)

[实例二]国内某远洋渔业企业从美国购进国内性能不能满足需要的柴油船用发动机2台，成交价格合计为CIF境内目的地口岸680000.00美元。经批准该发动机进口关税税率减按1%计征。已知适用中国银行的外汇折算价为1美元=人民币6.5718元，计算应征进口关税。

计算方法：

①确定税则归类，该发动机归入税号8408.1000；

②原产国美国适用最惠国税率5%，减按1%计征；

③审定CIF价格为680000.00美元；

④将外币价格折算成人民币为4468824.00元；

⑤计算应征税款。

应征进口关税税额=完税价格×减按进口关税税率

=4468824.00×1%

= 44688.24（元）

2)从量税

Ⅰ.计算公式

应征税额 = 进口货物数量 × 单位税额

Ⅱ.计算实例

[实例一]国内某公司从香港购进日本产柯达彩色胶卷50400卷(宽度35毫米，长度1.8米)，成交价格合计为CIF境内某口岸10.00港币/卷，已知适用中国银行的外汇折算价为1港币=人民币0.8431元；以规定单位换算表折算，规格135/36的彩色胶卷1卷= 0.05775平方米，计算应征进口关税。

计算方法：

①确定税则归类，彩色胶卷归入税号3702.5410；

②原产地日本适用最惠国税率22元/平方米；

③确定其实际进口量50400卷×0.05775平方米/卷=2910.60平方米；

④计算应征税款。

应征进口关税税额=货物数量×单位税额

=2910.60×22.00

=64033.20(元)

3)复合税

Ⅰ.计算公式

应征税额 = 进口货物数量 × 单位税额 + 进口货物完税价格 × 进口从价税税率

Ⅱ.计算实例

[实例一]国内某公司从日本购进该国企业生产的广播级电视摄像机40台,其中有20台成交价格为CIF境内某口岸4000美元/台,其余20台成交价格为CIF境内某口岸5200美元/台,已知适用中国银行的外汇折算价为1美元=人民币6.5718元,计算应征进口关税。

计算方法:

①确定税则归类,该批摄像机归入税号8525.8012;

②货物原产国为日本,关税税率适用最惠国税率,经查关税税率为:完税价格不高于5000美元/台的,关税税率为单一从价税率35%,完税价格高于5000美元/台的,关税税率为3%,加12960元从量税;

③确定后成交价格分别合计为80000美元(每台4000美元的20台)和104000美元(每台5200美元的20台);

④将外币价格折算成人民币分别为525744.00元和683467.20元。

⑤按照计算公式分别计算进口关税税款。

20台单一从价进口关税税额 = 完税价格 × 关税税率
= 525744.00 × 35%
= 184010.40(元)

20台复合进口关税税额 = 货物数量 × 单位税额 + 完税价格 × 关税税率
= 20 × 12960 + 683467.20 × 3%
= 259200.00 + 20504.02
= 279704.02(元)

40台合计进口关税税额 = 从价进口关税税额 + 复合进口关税税额
= 184010.40 + 279704.02
= 463714.42(元)

4)滑准税

Ⅰ.计算公式

从价应征进口关税税额 = 完税价格 × 暂定关税税率

从量应征进口关税税额 = 进口货物数量 × 暂定关税税率

Ⅱ.计算实例

[实例一]国内某公司购进配额外未梳棉花1吨,原产地为美国,成交价格为CIF某口岸1012.27美元/吨。企业已向海关提交由国家发展改革委授权机构出具的关税配额外优惠关税税率进口棉花配额证,经海关审核确认后,征收滑准关税。已知其适用中国银行的外汇折算价为1美元=人民币6.5718元,计算应征进口关税税款。

计算方法:

①确定税则归类,未梳棉花归入税号5201.0000;

②确定关税税率,审定完税价格1012.27 × 6.5718 = 6652.44,折算后每千克为6.652元。将此完税价格与11.397元/千克做比较,鉴于6.652元/千克低于11.397元/千克,该进口货物原产国适用最惠国税率,根据"当配额外进口棉花完税价格低于11.397元/千克时,暂定关税税率按公式计算,当公式计算值高于40%时取值40%"的规定,计算该货物的暂定关税税

率；

暂定关税税率 =8.686 ÷ 完税价格 +2.526% × 完税价格 −1
=8.686 ÷ 6.652 +2.526% ×6.652 −1
=0.474

③该滑准关税税率计算后为 47%，大于 40%，按照 40% 的关税税率计征关税；

④计算应征税款。

应征进口关税税额 = 完税价格 × 暂定关税税率
=6652.44 ×40%
=2660.98(元)

**[实例二]某加工生产企业内销一批配额外未梳棉花 1 吨，原产地为美国，成交价格 CIF 某口岸 1096.52 美元/吨。企业已向海关提交由国家发展改革委授权机构出具的关税配额外优惠关税税率进口棉花配额证，经海关审核确认后，征收滑准关税。已知其适用中国银行的外汇折算价为 1 美元 = 人民币 6.5718 元，计算应征进口关税税款。**

**计算方法：**

①确定税则归类，未梳棉花归入税号 5201.0000；

②确定关税税率，审定完税价格 1096.52 ×6.5718 = 7206.11 元/吨，折算后每千克为 7.206 元，将此完税价格与 11.397 元/千克做比较，鉴于 7.206 元/千克低于 11.397 元/千克，该进口货物原产国适用最惠国税率，根据"当配额外进口棉花完税价格低于 11.397 元/千克时，暂定关税税率按公式计算，当公式计算值高于 40% 时取值 40%"的规定，计算该货物的暂定关税税率；

暂定关税税率 =8.686 ÷ 完税价格 +2.526% × 完税价格 −1
=8.686 ÷7.206 + 2.526% ×7.206 −1
=0.387

③该滑准关税税率计算后为 38.7%，小于 40%，按照实际计算的关税税率计征关税；

④计算应征税款。

应征进口关税税额 = 完税价格 × 暂定关税税率
=7206.11 × 38.7%
=2788.76(元)

**[实例三]某加工生产企业内销一批关税配额外未梳棉花 1000 千克，原产地为美国，成交价格为 CIF 某口岸 1.78 美元/千克。企业已向海关提交由国家发展改革委授权机构出具的关税配额外优惠关税税率进口棉花配额证，经海关审核确认后，征收滑准关税。已知其适用中国银行的外汇折算价为 1 美元 = 人民币 6.5718 元，计算应征进口关税税款。**

**计算方法：**

①确定税则归类，未梳棉花归入税号 5201.0000；

②确定关税税率，审定完税价格 1780.00 ×6.5718 = 11697.80，折算后每千克为 11.698 元。将此完税价格与 11.397 元/千克做比较，鉴于 11.698 元/千克高于 11.397 元/千克，该进口货物原产国适用最惠国税率，根据"当配额外进口棉花完税价格高于或等于 11.397 元/千克时，按 0.570 元/千克计征从量税"的规定，该批货物的暂定关税税率为 0.570 元/千克。

③计算应征税款。

应征进口关税税额 = 进口货物数量 × 暂定关税税率

= 1000 × 0.570

= 570.00(元)

**2. 出口关税税额的计算**

Ⅰ. 计算公式

应征出口关税税额 = 出口货物完税价格 × 出口关税税率

出口货物完税价格 = FOB(中国境内口岸) ÷ (1 + 出口关税税率)

Ⅱ. 计算实例

[实例一] 国内某企业从广州出口硅铁一批，申报成交价格为 FOB 广州黄埔港 9060.25 美元，其适用中国银行的外汇折算价为 1 美元 = 人民币 6.5718 元，计算出口关税。

**计算方法：**

①确定税则归类，该批硅铁归入税号 7202.2100，出口税率为 25%；

②审定 FOB 为 9060.25 美元；

③将外币价格折算成人民币为 59542.15 元；

④计算应征税款。

出口关税税额 = [成交价格 ÷ (1 + 出口关税税率)] × 出口关税税率

= [59542.15 ÷ (1 + 25%)] × 25%

= 47633.72 × 25%

= 11908.43(元)

## 8.4 进口环节海关代征税种类

进口货物、物品在办理海关手续放行后，进入国内流通领域，与国内货物同等对待，所以应缴纳应征的国内税。进口货物、物品的一些国内税依法由海关在进口环节征收。目前，进口环节海关代征税(简称进口环节代征税)主要有增值税、消费税两种。

**1. 增值税**

1) 含义

增值税是以商品的生产、流通和劳务服务各个环节所创造的新增价值为课税对象的一种流转税。进口环节增值税是在货物、物品进口时，由海关依法向进口货物的法人或自然人征收的一种增值税。

采用并全面推行国际通行的增值税制，有利于促进专业分工与协作，体现税赋的公平合理，稳定国家财政收入，同时也有利于出口退税的规范操作。

2) 征纳

进口环节增值税由海关依法向进口货物的法人或自然人征收，其他环节的增值税由税务机关征收。

进口环节增值税以组成价格作为计税价格，征税时不得抵扣任何税额。进口环节的增值税组成价格由关税完税价格加上关税税额组成，应征消费税的品种的增值税组成价格要另加上消费税税额。

进口环节增值税税率的调整以及增值税的免税、减税项目由国务院规定，任何地区、部门均不得规定免税、减税项目。进口环节增值税的起征点为人民币 50 元,低于 50 元的免征。

在中华人民共和国境内销售货物或者提供加工、修理修配劳务以及进口货物的单位和个人,为增值税的纳税义务人,应当依照增值税条例缴纳增值税。进口货物由纳税义务人(进口人或者其代理人)向办理进口手续的海关申报纳税。

进口环节增值税的征收管理,适用关税征收管理的规定。

**3)征收范围和税率**

在我国境内销售货物(销售不动产或免征的除外)或提供加工、修理修配劳务以及进口货物的单位和个人,都要依法缴纳增值税。在我国境内销售货物,是指所销售的货物的起运地和所在地都在我国境内。

我国增值税的征收原则是中性、简便、规范,采取基本税率再加一档低税率的征收模式。适用基本税率(17%)的范围包括:纳税人销售或者进口除适用低税率的货物以外的货物以及提供加工、修理修配劳务。适用低税率(13%)的范围是指纳税人销售或者进口下列货物:

①粮食、食用植物油;

②自来水、暖气、冷气、热水、煤气、石油液化气、天然气、沼气、居民用煤炭制品;

③图书、报纸、杂志;

④饲料、化肥、农药、农机、农膜;

⑤国务院规定的其他货物。

**2. 消费税**

**1)含义**

消费税是以消费品或消费行为的流转额作为课税对象而征收的一种流转税。我国开征消费税的目的是调节我国的消费结构,引导消费方向,确保国家财政收入,它是在对货物普遍征收增值税的基础上,选择少数消费品再予征收的税。

**2)征纳**

我国的消费税由税务机关征收,进口的应税消费品的消费税由海关代征,由纳税义务人(进口人或者其代理人)在报关进口时向报关地海关申报纳税。

我国进口的应税消费品消费税采用从价、从量和复合计税的方法计征。消费税的税目、税率,依照《中华人民共和国消费税暂行条例》所附的消费税税目税率表执行;消费税税目、税率的调整,由国务院决定。进口环节消费税的起征点为人民币 50 元,低于 50 元的免征。进口环节消费税的征收管理,适用关税征收管理的规定。

**3)征收范围**

消费税的征税范围,主要是根据我国经济社会发展现状和现行消费政策、人民群众的消费结构以及财政需要,并借鉴国外的通行做法确定的。

消费税的征收范围,仅限于少数消费品。应税消费品大体可分为以下四种类型:

①一些过度消费会对人的身体健康、社会秩序、生态环境等方面造成危害的特殊消费品,如烟、酒、酒精、鞭炮、焰火等;

②奢侈品、非生活必需品,如贵重首饰及珠宝玉石、化妆品等;

③高能耗的高档消费品,如小轿车、摩托车、汽车轮胎等;

④不可再生和替代的资源类消费品,如汽油、柴油等。

## 8.5 进口环节代征税计算

**1. 消费税税款的计算**

Ⅰ. 计算公式

(1)实行从价定率办法计算纳税额,计算公式如下。

消费税组成计税价格 =(进口关税完税价格 + 进口关税税额)/(1 - 消费税比例税率)

消费税应纳税额 = 消费税组成计税价格 × 消费税比例税率

(2)从量征收的消费税的计算公式如下。

消费税应纳税额 = 应征消费税消费品数量 × 消费税单位税额

Ⅱ. 计算实例

[实例一]某进出口公司进口丹麦产啤酒3800升(988升=1吨),经海关市审核其成交价格总值为CIF境内某口岸1672.00美元。其适用中国银行的外汇折算价为1美元=人民币6.5718元,计算应征的进口环节消费税税款。

**计算方法:**

①确定税则归类,啤酒归入税号2203.0000;

②消费税税率为从量税,进口完税价格≥370美元/吨的消费税税率为250元/吨,进口完税价格<370美元/吨的消费税税率为220元/吨;

③进口啤酒数量为3800升÷988升/吨=3.846吨;

④计算完税价格单价为1672美元÷3.846吨 = 434.74美元/吨(进口完税价格>370美元/吨),则消费税税率为250元/吨;

⑤按照计算公式计算进口环节消费税。

应征消费税税额 = 应征消费税消费品数量 × 消费税单位税额
= 3.846 × 250
= 961.50(元)

**2. 增值税的计算**

Ⅰ. 计算公式

应纳税额 = 增值税组成计税价格 × 增值税税率

增值税组成计税价格 = 进口关税完税价格 + 进口关税税额 + 消费税税额

Ⅱ. 计算实例

[实例一]某公司进口货物一批,经海关审核其成交价格为1239.50美元,其适用中国银行的外汇折算价为1美元=人民币6.5718元。已知该批货物的关税税率为12%,消费税税率为10%,增值税税率为17%,计算应征增值税税额。

**计算方法:**

首先计算关税税额,然后计算消费税税额,最后再计算增值税税额。

①将外币价格折算成人民币为1239.50美元×6.5718=8145.75元;

②计算关税税额;

应征关税税额 = 进口关税完税价格 × 关税税率
= 8145.75 × 12%

=977.49（元）

③计算消费税税额；

应征消费税税额=[（进口关税完税价格+进口关税税额）÷(1-消费税税率)]×消费税税率

=[(8145.75+977.49)÷(1-10%)]×10%

=10136.93×10%

=1013.69(元)

④计算增值税税额。

应征增值税税额=(进口关税完税价格+进口关税税额+消费税税额)×增值税税率

=(8145.75+977.49+11013.69)×17%

=20136.93×17%

=3423.28(元)

**[实例二]某进出口公司进口某批不用征收进口消费税的货物，经海关审核其成交价格总值为CIF境内某口岸827.00美元。已知该批货物的关税税率为35%，增值税税率为17%，其适用中国银行的外汇折算价为1美元=人民币6.5718元，计算应征增值税税率。**

**计算方法：**

首先计算关税税额，然后计算增值税税额。

①计算关税税额；

应征关税税额=进口关税完税价格×进口关税税率

=827.00×6.5718×35%

=5434.88×35%

=1902.21(元)

②计算增值税税额。

应征增值税税额=(进口关税完税价格+进口关税税额)×增值税税率

=(5434.88+1902.21)×17%

=7337.09×17%

=1247.31(元)

## 8.6 税款滞纳金计算

### 8.6.1 征收范围

征收滞纳金是税收管理中的一种行政强制措施。按照规定，关税、进口环节增值税、进口环节消费税的纳税义务人或其代理人，应当自海关填发税款缴款书之日起15日内向指定银行缴纳税款，逾期缴纳的，海关依法在原应纳税款的基础上，按日加收滞纳税款0.5‰的滞纳金。

在实际计算纳税期限时，应从海关填发税款缴款书之日的第二天起计算，当天不计入。缴纳期限的最后一日（到期日）是星期六、星期天或法定节假日，则关税缴纳期限顺延至周末或法定节假日过后的第一个工作日。如果税款缴纳期限内含有星期六、星期天或法定节假日则不予扣除。滞纳天数从缴纳期限最后一日的第二天起（即到期日不算在内），按照实际滞纳天数计算（实际交税那天也要算），其中的星期六、星期天或法定节假日一并计算。

### 8.6.2 滞纳金的计算

**1. 计算公式**

关税滞纳金＝滞纳关税税额×0.5‰×滞纳天数

进口环节税滞纳金＝滞纳的进口环节税税额 ×0.5‰×滞纳天数

**2. 计算实例**

[实例一]国内某公司从香港购进日本丰田皇冠牌轿车一批，已知该批货物应征关税为352793.52元，应征进口环节消费税为72860.70元，进口环节增值税为247726.38元。海关于2011年3月3日(周四)填发海关专用缴款书，该公司于2011年3月29日(周二)缴纳税款。现计算应征的滞纳金。

**计算方法：**

首先确定滞纳天数，然后再分别计算应缴纳的关税、进口环节消费税和增值税的滞纳金，对其中滞纳金额超过起征点50元人民币的，予以征收。

税款缴款期限为2011年3月18日(星期五)，3月19日—3月29日为滞纳期，共滞纳11天。

按照计算公式分别计算进口关税、进口环节消费税和增值税的滞纳金。

关税滞纳金＝滞纳关税税额×0.5‰×滞纳天数
＝352793.52 ×0.5‰×11
＝1940.36(元)

消费税滞纳金＝滞纳消费税税额×0.5‰×滞纳天数
＝72860.70×0.5‰×11
＝400.73(元)

增值税滞纳金＝滞纳增值税税额×0.5‰×滞纳天数
＝247726.38×0.5‰×11
＝1362.50(元)

## 练习题

**一、单项选择题**

1. 目前我国不实行从量计税的进口商品是(　　)。

A. 冻乌鸡　　B. 鲜啤酒　　C. 未梳原棉　　D. 盘装胶卷

2. 境内某公司从日本进口电焊机一批。已知该批货物应征关税税额人民币15000元，进口环节增值税税额为人民币30000元。海关于2007年4月16日(星期一)填发海关专用缴款书，该公司于2007年5月10日缴纳税款，应缴的税款滞纳金是(　　)。

A. 0　　B. 45元　　C. 67.50元　　D. 225元

3. 下列属进出口环节由海关依法征收的税费是(　　)。

A. 关税　　B. 所得税

C. 进口车辆购置附加费　　D. 船舶吨税

4. 关税和进口环节增值税、消费税的纳税义务人，应当自海关填发税款缴款书之日起(　　)内缴纳税款，逾期缴纳的，海关依法按日加收滞纳税款(　　)的滞纳金。

A. 5日；0.5%　　B. 5日；0.5‰　　C. 15日；0.5%　　D. 15日；0.5‰

5. 下列类别的特定减免税货物，免征进口关税同时免征进口环节增值税的是(　　)。

A. 外商投资企业自有资金项目　　B. 国内投资项目进口自用设备

C. 贷款中标项目进口零部件　　D. 重大技术装备

6. 关税的纳税义务人不包括(　　)。

A. 进口货物收货人　　B. 出口货物发货人

C. 进出境物品所有人　　D. 运输工具的负责人

7. 纳税义务人自缴纳税期限届满之日起超过3个月未缴纳税款的，海关可以采取税收强制措施(　　)。

A. 查封公司

B. 书面通知金融机构从其存款中扣缴税款

C. 将应税货物依法变卖，以变卖所得抵缴税款

D. 暂扣其货物或者其他财产

8. 根据《中华人民共和国进出口关税条例》的规定，下列表述正确的是(　　)。

A. 适用最惠国税率的进口货物有暂定税率的，应当适用最惠国税率

B. 适用协定税率的进口货物有暂定税率的，应当从低适用税率

C. 适用特惠税率的进口货物有暂定税率的，应当从高适用税率

D. 适用普通税率的进口货物有暂定税率的，应当适用暂定税率

9. 关于进出口货物税费的计算，下列表述不正确的是(　　)。

A. 海关按照该货物适用税率之日所适用的计征汇率折合为人民币计算完税价格

B. 关税税额采用四舍五入法计算至人民币"分"

C. 完税价格采用四舍五入法计算至人民币"元"

D. 滞纳金的起征点为人民币50元

10. 对于已缴纳进出口关税的货物，纳税义务人在规定期限内不可以申请退还关税的有(　　)。

A. 因规格原因原状退货复运进境，并已重新缴纳因出口而退还的国内环节有关税收的

B. 因销售渠道不畅原状退货退运进境，并已重新缴纳因出口而退还的国内环节有关税收的

C. 因品质原因原状退货复运出境的

D. 因故未装运出口申报退关的

**二、判断题(正确A，错误B)**

1. 我国目前征收的进口附加税主要是报复性关税。(　　)

2. 消费税组成计税价格的计算方法为(进口关税完税价格+进口关税税额)÷(1+消费税税率)。(　　)

3. 在计算出口关税时，优先执行暂定税率。(　　)

4. 强制扣缴和变价抵扣的税款含纳税义务人未缴纳的税款的滞纳金。(　　)

5. 优惠原产地规则的实施必须遵守最惠国待遇原则，即必须普遍地无差别地适用于所有原产地为最惠国的进口货物。(　　)

**三、计算题**

1. 某进口公司从香港进口皇冠汽车一辆，成交价为CIF天津USD25000/辆。进口关税税率为100%，外汇基准价USD100=RMB631，消费税率8%，应征消费税多少？

2. 某进出口公司出口某种货物100件，每件重250千克，成交价为CFR HK 50000美元。已申报运费为每公吨350元，出口税率为15%，外汇基准价USD100 = RMB631，海关应征收的出口税税额是多少？

3. 贸易公司从荷兰进口了3000箱“喜力”牌啤酒，规格为24支×330毫升/箱，申报价格为FOB鹿特丹HKD50/箱。发票列明：运费为HKD20000，保险费率为0.3%，经海关审查属实，该啤酒的优惠税率为3.5元/升，消费税税额为220元/吨（1吨=988升），增值税税率为17%，外汇牌价为100港币=82元人民币。该批啤酒的关税、消费税和增值税分别是多少？

4. 某贸易公司于2004年1月1日（星期三）进口一批货物，海关于当日开出税款缴纳证，交企业纳税。其中关税税款为人民币48000元，增值税税款为人民币70200元，消费税税款为人民币17800元。经核查，实际缴款日期为1月21日。该公司应缴的滞纳金是多少？

# 9 进出口货物报关单填制

## 9.1 进出口货物报关单种类及各联用途

### 9.1.1 进出口货物报关单种类

(1)按进出口流向分类,可分为:

①进口货物报关单;

②出口货物报关单。

(2)按介质分类,可分为:

①纸质报关单;

②电子数据报关单。

(3)按海关监管方式分类,可分为:

①进料加工进(出)口货物报关单;

②来料加工及补偿贸易进(出)口货物报关单;

③一般贸易及其他贸易进(出)口货物报关单。

### 9.1.2 进出口货物报关单各联用途

纸质进口货物报关单一式四联,分别是海关作业联、企业留存联、海关核销联、进口付汇证明联;纸质出口货物报关单一式五联,分别是海关作业联、企业留存联、海关核销联、出口收汇证明联、出口退税证明联。

**1.进出口货物报关单海关作业联**

进出口货物报关单海关作业联是进出口货物收发货人配合海关查验、缴纳税费、提取或装运货物的重要单据,也是海关查验货物、征收税费、编制海关统计以及处理其他海关事务的重要凭证。

**2.进口货物报关单付汇证明联、出口货物报关单收汇证明联**

进口货物报关单付汇证明联和出口货物报关单收汇证明联,是海关对已实际进出境的货物所签发的证明文件,是银行和国家外汇管理部门办理售汇、付汇和收汇及核销手续的重要依据之一。

对需办理进口付汇核销或出口收汇核销的货物,进出口货物的收发货人或其代理人应当在海关放行货物或结关以后,向海关申领进口货物报关单进口付汇证明联或出口货物报关单出口收汇证明联,凭以向银行或国家外汇管理部门办理付汇、收汇核销手续。

**3.进出口货物报关单加工贸易核销联**

进出口货物报关单海关核销联是指接受申报的海关对已实际申报进口或出口的货物所签发的证明文件,是海关办理加工贸易合同核销、结案手续的重要凭证。加工贸易的货物进出口后，申报人应向海关领取进出口货物报关单海关核销联，并凭以向主管海关办理加工贸易合同核销手续。该联在报关时与海关作业联一并提供。

**4. 出口货物报关单出口退税证明联**

出口货物报关单出口退税证明联是海关对已实际申报出口并已装运离境的货物所签发的证明文件，是国家税务部门办理出口货物退税手续的重要凭证之一。

对可办理出口退税的货物，出口货物发货人或其代理人应当在载运货物的运输工具实际离境，海关办理结关手续后，向海关申领出口货物报关单出口退税证明联，有关出口货物发货人凭以向国家税务管理部门申请办理出口货物退税手续。对不属于退税范围的货物，海关均不予签发该联。

出口退税报关单证明联因遗失、损毁申请补签，出口货物的发货人、受委托的报关企业应当自原出口货物报关单出口退税证明联签发日起1年内向海关提出书面申请，随附主管其出口退税的地(市)国家税务局签发的关于申请出具(补办报关单)证明及有关证明材料，经海关审核同意后，可予以补签，并在出口退税专用报关单上注明“补签”字样。

出口货物退运进境，进出口货物收发货人应向海关出具主管其出口退税的地(市)国家税务局签发的出口商品退运已补税证明，证明其货物未办理出口退税或所退税款已退回税务机关，海关方予以办理该批货物的退运手续。

出口退税联实样如图1.9.1所示。

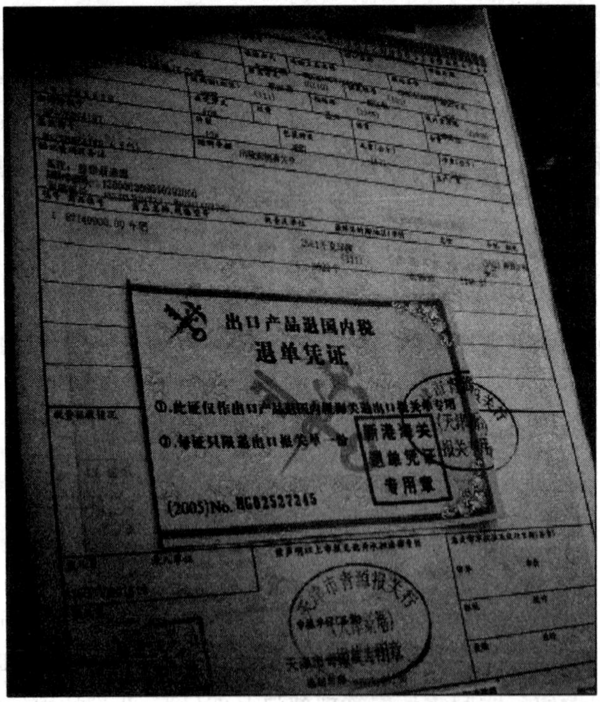


图1.9.1 出口退税联实样

## 9.2 海关对进出口货物报关单填制一般要求

进出境货物的收发货人或其代理人向海关申报时，必须填写并向海关递交进出口货物报关单。申报人在填制报关单时，应当依法如实向海关申报，对申报内容的真实性、准确性、完整性和规范性承担相应的法律责任。

第一，报关人必须按照《海关法》、《中华人民共和国海关进出口货物申报管理规定》和《中华人民共和国进出口货物报关单填制规范》的有关规定和要求，向海关如实申报。

第二，报关单的填报必须真实，做到"两个相符"：一是单证相符，即所填报关单各栏目的内容必须与合同、发票、装箱单、提单以及批文等随附单据相符；二是单货相符，即所填报关单各栏目的内容必须与实际进出口货物的情况相符，不得伪报、瞒报、虚报。

第三，报关单的填报要准确、齐全、完整、清楚，报关单各栏目内容要逐项详细准确填报，字迹清楚、整洁、端正，不得用铅笔或红色复写纸填写；若有更正，必须在更正项目上加盖校对章。

第四，不同批文或许可证以及不同合同的货物、同一批货物中不同贸易方式的货物、不同备案号的货物、不同提运单的货物、不同征免性质的货物、不同运输方式或相同运输方式但不同航次以及不同运输工具名称的货物等，均应分单填报。一份原产地证书只能对应一份报关单。同一份报关单上的商品不能同时享受协定税率和减免税。在一批货物中，对于实行原产地证书联网管理的，如涉及多份原产地证书或含非原产地证书商品，亦应分单填报。

第五，在反映进出口商品情况的项目中，须分项填报的主要有下列几种情况：商品编号不同的，商品名称不同的，原产国（地区）/最终目的国（地区）不同的。

第六，已向海关申报的进出口货物报关单，如原填报内容与实际进出口货物不一致而又有正当理由的，申报人应向海关递交书面更正申请，经海关核准后，对原填报的内容进行更改或撤销。

## 9.3 进出口货物报关单表头各栏目的填制

进出口货物报关单表头部分包括30个栏目。

报关单海关编号由18位数组成，其中前4位为接受申报海关的编号（关区代码表中相应海关代码），第5至第8位为海关接受申报的公历年份，第9位为进出口标志（"1"为进口，"0"为出口），第10至第18位为报关单顺序编号。例：

| 0202 | 2006 | 0 | 215514049 |
|---|---|---|---|
| 海关代码 | 年份 | 进出口标志 | 报关单顺序编号 |

**1. 进口口岸/出口口岸**

本栏目应根据货物实际进出境的口岸海关，填报海关规定的关区代码表中相应口岸海关的名称及代码。部分关区代码如表1.9.1所示。

例如：上海浦江海关代码为2201，应填写为浦江海关2201。

表 1.9.1　部分关区代码

| 关区代码 | 关区名称 | 关区代码 | 关区名称 | 关区代码 | 关区名称 | 关区代码 | 关区名称 |
|---|---|---|---|---|---|---|---|
| 0200 | 天津关区 | 0209 | 蓟县海关 | 2200 | 上海海关 | 2222 | 青浦海关 |
| 0202 | 新港海关 | 0210 | 武清海关 | 2201 | 浦江海关 | 2224 | 崇明海关 |
| 0203 | 津开发区 | 0211 | 津加工区 | 2202 | 吴淞海关 | 2233 | 浦东机场 |
| 0204 | 东港海关 | 0212 | 天津保税物流园区 | 2208 | 宝山海关 | 2246 | 上海保税物流园区 |
| 0205 | 津塘沽办 | 0213 | 天津东疆保税港区 | 2210 | 浦东海关 | 2248 | 洋山海关（港区） |
| 0206 | 津驻邮办 | 0214 | 天津滨海新区综合保税区 | 2217 | 嘉定海关 | 2249 | 洋山海关（保税）海关 |
| 0207 | 津机场办 | 0215 | 天津机场海关快件监管中心 | 2218 | 外高桥关 | 2240 | 漕河泾加 |
| 0208 | 津保税区 | 0216 | 天津经济技术开发区保税物流中心 | 2221 | 松江海关 | 2244 | 上海快件 |

**2. 备案号**

一份报关单只允许填报一个备案号，一般进出口货物备案号免填报。部分备案号字头标记如表 1.9.2 所示。

本栏目应填写加工贸易手册编号，不得为空，如 B57707170022。

表 1.9.2　部分备案号字头标记

| 首位代码 | 备案审批文件 | 首位代码 | 备案审批文件 |
|---|---|---|---|
| B | 加工贸易手册（来料加工） | Y | 原产地证书 |
| C | 加工贸易手册（进料加工） | Z | 征免税证明 |
| E | 加工贸易电子账册 | | |

**3. 进口日期/出口日期**

进口日期填报运载进口货物的运输工具申报进境的日期。进口货物收货人在进口申报时无法确知相应的运输工具的实际进境日期时，本栏允许为空。

出口日期指运载出口货物的运输工具办结出境手续的日期，本栏目供海关签发打印报关单证明联用，在申报时免予填报。

本栏目为 8 位数字，顺序为年（4 位）、月（2 位）、日（2 位）。

例如：2009 年 11 月 12 日填写为 20091112。

**4. 申报日期**

申报日期指海关接受进出口货物收发货人、受委托的报关企业申报数据的日期。

以电子数据报关单方式申报的，申报日期为海关计算机系统接受申报数据时记录的日期。以纸质报关单方式申报的，申报日期为海关接受纸质报关单并对报关单进行登记处理的日期。

本栏目在申报时免于填报。

**5. 经营单位**

本栏目填报在海关注册登记的对外签订并执行进出口贸易合同的中国境内法人、其他组织或个人的名称及海关注册编码。

经营单位编码指经营单位向所在地海关办理注册登记手续时，海关为之设置的注册登记号码，为10位编码。

**6. 运输方式**

本栏目应根据货物实际进出境的运输方式，按照海关规定的运输方式代码表选择填报相应的运输方式或编号，见表1.9.3。

例如：水路运输（或2）、航空运输（或5）。

**表1.9.3 运输方式代码**

| 代 码 | 名 称 |
|---|---|
| 2 | 水路运输 |
| 3 | 铁路运输 |
| 4 | 公路运输 |
| 5 | 航空运输 |

**7. 运输工具名称**

本栏目填报载运货物进出境的运输工具名称或编号及航次号。

（1）水路运输：填报船舶英文名称 +“/”+ 航次号。

例如：Hanjin 号轮 HV300W 航次，应填为 Hanjin/HV300W。

（2）航空运输：填报航班号。部分航空公司代码见表1.9.4。

例如：航班号为 CA103 表示天津到香港的航班。

**表1.9.4 部分航空公司代码**

| 航空公司中文名称 | 航空公司英文名称 | 航空公司代码 |
|---|---|---|
| 中国国际航空公司 | Air China | CA |
| 法国航空公司 | Air France | AF |
| 英国航空公司 | British Airways | BA |
| 加拿大国际航空公司 | Canadian Airlines International Ltd. | CP |
| 德国汉莎航空公司 | Lufthansa German Airlines | LH |
| 上海航空公司 | Shanghai Airlines | FM |

**8. 提运单号**

（1）水路运输：本栏目填报进出口货物提单的编号。如有分提单的，填写进出口提单号 +“*”+ 分提单号。

(2)航空运输:填写总运单号+“_”(下画线)+ 分运单号,无分运单时只填报总运单号。

**9.收货单位/发货单位**

有海关注册编码或加工企业编码的收发货单位,填报其中文名称及编码;没有编码的,填报其中文名称。

**10.贸易方式(监管方式)**

本栏目应根据实际对外贸易情况按海关规定的监管方式代码表选择填报相应的监管方式简称或代码。一份报关单只允许填报一种监管方式。部分贸易方式(监管方式)代码见表1.9.5。

例如:一般贸易填写“0110”或“一般贸易”。

**表1.9.5 部分贸易方式(监管方式)代码**

| 代 码 | 简 称 | 全 称 |
|---|---|---|
| 0110 | 一般贸易 | 一般贸易 |
| 0214 | 来料加工 | 来料加工装配贸易进口料件及加工出口货物 |
| 0615 | 进料对口 | 进料加工 |

**11.征免性质**

本栏目应根据实际情况按海关规定的征免性质代码表选择填报相应的征免性质简称或代码。部分征免性质代码见表1.9.6。

例如:一般征税应填写“101”或“一般征税”。

**表1.9.6 部分征免性质代码**

| 代 码 | 简 称 | 全 称 |
|---|---|---|
| 101 | 一般征税 | 一般征税进出口货物 |
| 502 | 来料加工 | 来料加工装配和补偿贸易进口料件及出口成品 |
| 503 | 进料加工 | 进料加工贸易进口料件及出口成品 |

**12.征税比例/结汇方式**

进口报关单本栏目免于填写。

出口报关单按照海关规定的结汇方式代码表填写相应的结汇方式名称或代码。常用结汇方式代码见表1.9.7。

出口货物不需结汇的,应填写“其他”。

**表1.9.7 常用结汇方式代码**

| 代 码 | 结汇方式 | 英文缩写 | 英文名称 |
|---|---|---|---|
| 1 | 信汇 | M/T | Mail Transfer |
| 2 | 电汇 | T/T | Telegraphic Transfer |
| 3 | 票汇 | D/D | Remittance by Banker's Demand Draft |
| 4 | 付款交单 | D/P | Documents against Payment |

续表

| 代　码 | 结汇方式 | 英文缩写 | 英文名称 |
|---|---|---|---|
| 5 | 承兑交单 | D/A | Documents against Acceptance |
| 6 | 信用证 | L/C | Letter of Credit |

**13. 许可证号**

本栏目填报许可证的编号。一份报关单只允许填报一个许可证号，非许可证管理商品本栏目免填。

**14. 启运国(地区)/运抵国(地区)**

启运国(地区)指进口货物启始发出直接运抵我国或者在运输中转国(地区)未发生任何商业性交易的情况下运抵我国的国别(地区)。应填报相应国别(地区)的中文名称或代码。

运抵国(地区)指出口货物离开我国关境直接运抵或者在运输中转国(地区)未发生任何商业性交易的情况下最后运抵的国别(地区)。应填报相应国别(地区)的中文名称或代码。

国别(地区)为非中文名称时，应翻译成中文名称填报或填报其相应代码。

部分国别(地区)代码见表1.9.8。

**表1.9.8　部分国别(地区)代码**

| 代　码 | 国别(地区) | 代　码 | 国别(地区) |
|---|---|---|---|
| 110 | 中国香港 | 307 | 意大利 |
| 116 | 日本 | 331 | 瑞士 |
| 121 | 中国澳门 | 344 | 俄罗斯联邦 |
| 132 | 新加坡 | 501 | 加拿大 |
| 133 | 韩国 | 502 | 美国 |
| 142 | 中国 | 601 | 澳大利亚 |
| 143 | 中国台澎金马关税区 | 609 | 新西兰 |
| 303 | 英国 | 701 | 国(地)别不详 |
| 304 | 德国 | 702 | 联合国及其机构和国际组织 |
| 305 | 法国 | | |

**15. 装货港/指运港**

装货港填报进口货物在运抵我国关境前的最后一个境外装运港。

指运港即目的港，指最终卸货的港口。应填报中文名称或代码。如遇装运港或指运港为非中文名称时，应翻译成中文名称填报。

对无实际进出境的货物，应填报“中国境内”(代码:0142)。

**16. 境内目的地/境内货源地**

境内目的地指已知的进口货物在国内的消费、使用地或最终运抵地，其中最终运抵地为最终使用单位所在的地区。应填报国内地区名称或代码。最终使用单位难以确定的，填报货物进口时预知的最终收货单位所在地。

境内货源地指出口货物在国内的产地或原始发货地。出口货物产地难以确定的，填报最早发运该出口货物的单位所在地。

**17. 批准文号**

进口报关单中本栏目免予填报。

出口报关单中本栏目填报出口收汇核销单编号。

**18. 成交方式**

本栏目应根据进出口货物实际成交价格条款，按海关规定的成交方式代码表（见表1.9.9）选择填报相应的成交方式或代码。

**表1.9.9　成交方式代码**

| 成交方式代码 | 成交方式名称 |
| --- | --- |
| 1 | CIF |
| 2 | CFR |
| 3 | FOB |

**19. 运费**

运费可按运费单价、总价或运费率三种方式之一填报，注明运费标记（运费标记“1”表示运费率，“2”表示每吨货物的运费单价，“3”表示运费总价），并按海关规定的货币代码表选择填报相应的币种代码。

运保费合并计算的，填报在本栏目。

(1)运费率：直接填报运费率的数值+“/”+运费率标记。例如：5%的运费率填报为“5/1”。

(2)运费单价：填报运费币制代码+“/”+运费单价的数值+“/”+运费单价标记。

(3)运费总价：填报运费币制代码+“/”+运费总价的数值+“/”+运费总价标记。

例如：1000美元的运费总价填报为502/1000/3，24美元的运费单价填报为502/24/2。

**20. 保费**

保费可按保险费总价或保险费率两种方式之一填报，注明保险费标记（保险费标记“1”表示保险费率，“3”表示保险费总价），并按海关规定的货币代码表选择填报相应的币种代码。填报要求如运费规定。

例如：3‰的保险费率填报为“0.3/1”；1000港元保险费总价填报为“110/1000/3”。

运保费合并计算的，本栏目免予填报。

**21. 杂费**

可按杂费总价或杂费率两种方式之一填报，注明杂费标记（杂费标记“1”表示杂费率，“3”表示杂费总价），并按海关规定的货币代码表选择填报相应的币种代码。

**22. 合同协议号**

填报进出口合同的编号。在发票上合同号一般表示为“Contract No. ××××××”。

**23. 件数**

本栏目填报有外包装的进出口货物的实际件数。特殊情况填报要求如下。

(1)舱单件数为集装箱的，填报集装箱个数。

(2)舱单件数为托盘的，填报托盘数。

(3)既列明集装箱件数又列明托盘件数,按集装箱个数填报。

(4)既列明托盘数量又列明单件包装数量(纸箱、木箱、桶等),填报托盘数量。

本栏目不得填报为零,裸装货物、散装货物填报为"1"。

**24. 包装种类**

本栏目应根据进出口货物的实际外包装种类,选择填报相应的包装种类,如木箱、纸箱、铁桶、散装、裸装、托盘、包、捆、袋等。

**25. 毛重(千克)**

本栏目填报进出口货物及其包装材料的重量之和,计量单位为千克,不足一千克的填报为"1"。如货物毛重在1千克以上且非整数,其小数点后保留4位,第5位及以后略去。

**26. 净重(千克)**

本栏目填报进出口货物的毛重减去外包装材料后的重量,即货物本身的实际重量,计量单位为千克,不足1千克的填报为"1"。

**27. 集装箱号**

本栏目填报装载进出口货物集装箱的箱体信息。一个集装箱填一条记录,分别填报集装箱号、集装箱的规格和集装箱的自重。填报方式为:集装箱号+"/"+规格+"/"+自重。

例如:TEXU3605231/20/2275,表明这是一个20英尺集装箱,箱号为TEXU3605231,自重2275千克。

多个集装箱,第一个集装箱号填报在"集装箱号"栏中,其余依次填报在"标记唛码及备注"栏中。

非集装箱货物填报为"0"。

**28. 随附单证**

随附单据包括发票、装箱单、提单等基本单据不在本栏填报,这一栏只填监管证件表中的监管证件名称及代码。填报格式为:监管证件代码+":"+监管证件编号。

所申报货物涉及多个监管证件,一个监管证件代码和编号填报在该栏,其余监管证件代码和编号填报在"标记唛码及备注"栏中。

部分监管证件代码见表1.9.10。

**表1.9.10 部分监管证件代码**

| 代码 | 监管证件名称 | 代码 | 监管证件名称 |
|---|---|---|---|
| A | 入境货物通关单 | 1 | 进口许可证 |
| B | 出境货物通关单 | 2 | 出口许可证 |
| P | 固体废物进口许可证 | 7 | 自动进口许可证 |
| O | 自动进口许可证(新旧机电产品) | Y | 原产地证明 |

**29. 用途/生产厂家**

进口货物时在本栏目填报用途,应根据进口货物的实际用途按海关规定的用途代码表选择填报相应的用途或代码。部分用途代码见表1.9.11。"生产厂家"栏指出口生产企业,只在必要时填报。

表 1.9.11 部分用途代码

| 代码 | 名称 | 代码 | 名称 | 代码 | 名称 |
|---|---|---|---|---|---|
| 01 | 外贸自营内销 | 02 | 特区内销 | 03 | 其他内销 |
| 04 | 企业自用 | 05 | 加工返销 | 06 | 借用 |
| 08 | 免费提供 | 09 | 作价提供 | 10 | 货样、广告品 |

**30. 标记唛码及备注**

填写除图形以外的所有文字和数字。通常可按照发票中唛码及备注填写。

## 9.4 进出口货物报关单表体各栏目的填制

进出口货物报关单表体部分包括8个栏目。

一张纸质报关单最多可打印5项商品,可另附带3张纸质报关单,合计一份纸质报关单,即使用一个报关单号。最多可打印20项商品。

**1. 项号**

本栏目分两行填报及打印。第一行填报报关单中的商品顺序编号。第二行专用于加工贸易、减免税和实行原产地证书联网管理等已备案的审批货物,填报该项货物在加工贸易手册中的项号、征免税证明或对应的原产地证书上的商品项号。

如一张加工贸易料件进口报关单上某项商品的项号上面是01下面是10,说明其列此报关单申报商品的第一项,且对应加工贸易手册中第10项。

**2. 商品编号**

本栏目应填报由《中华人民共和国进出口税则》确定的进出口货物的税则号列和《中华人民共和国海关统计商品目录》(以下简称《海关统计商品目录》)确定的商品编码以及符合海关监管要求的附加编号组成的10位商品编号。

**3. 商品名称、规格型号**

本栏目分两行填报及打印。第一行填报进出口货物规范的中文商品名称,如果发票中的商品名称为非中文名称,应翻译成规范的中文名称填报。第二行填报规格型号。

如:第一行　　**干红葡萄酒**

　　第二行　　**散装750ml,2004年波尔多产区**

**4. 数量及单位**

本栏目分三行填报。

(1)第一行应按进出口货物的法定第一计量单位填报数量及单位,法定计量单位以《海关统计商品目录》中的计量单位为准。

(2)凡列明有法定第二计量单位的,应在第二行按照法定第二计量单位填报数量及单位。无法定第二计量单位的,本栏目第二行为空。

(3)成交计量单位及数量应填报并打印在第三行。

成交计量单位是指买卖双方在交易过程中使用的计量单位，如打、罗，在填报时应换算成 12 个(台/件)、144 个(台/件)。

法定计量单位指按照《中华人民共和国计量法》的规定采用的计量单位。

成交计量单位与法定计量单位也可以是同一个计量单位，如：千克、公吨、米、升等。

**5. 原产国(地区)/最终目的国(地区)**

原产国(地区)指进口货物的生产、开采或加工制造的国家或地区。最终目的国(地区)指已知的出口货物的最终实际消费国或地区。应填报相应的国家(地区)中文名称或代码。

**6. 单价**

本栏目填报同一项号下进出口货物实际成交的商品单位价格，如非整数，小数点后保留 4 位。

如：珠海某进出口公司出口 DVD 机 1000 台，每台 100 美元，应填报为"100"。

**7. 总价**

本栏目填报同一项号下进出口货物实际成交的商品总价格，如非整数，小数点后保留 4 位。

本栏目应按海关规定的货币代码表选择相应的货币名称或代码填报。部分货币代码见表 1.9.12。

**表 1.9.12　部分货币代码**

| 货币代码 | 货币符号 | 货币名称 | 货币代码 | 货币符号 | 货币名称 |
|---|---|---|---|---|---|
| 110 | HKD | 港币 | 116 | JPY | 日元 |
| 142 | CNY | 人民币 | 303 | GBP | 英镑 |
| 302 | DKK | 丹麦克朗 | 300 | EUR | 欧元 |
| 331 | CHF | 瑞士法朗 | 501 | CAD | 加拿大元 |
| 502 | USD | 美元 | 133 | KRW | 韩国圆 |

**8. 征免**

本栏目应按照海关核发的征免税证明或有关政策规定，对报关单所列每项商品选择海关规定的征减免税方式代码表(见表 1.9.13)中相应的征减免税方式填报。例如：一般进出口货物填"照章征税"或"1"。

**表 1.9.13　征减免税方式代码**

| 代码 | 名称 | 代码 | 名称 |
|---|---|---|---|
| 1 | 照章征税 | 5 | 随征免性质 |
| 2 | 折半征税 | 6 | 保证金 |
| 3 | 全免 | 7 | 保函 |
| 4 | 特案 | | |

## 9.5 进出口货物报关单填制案例分析

**[实例一]**广州粤梯有限公司(440193 ××××)持C51066000Q19号加工贸易手册向海关申报进口电梯用曳引机一批,该批货物列手册第22项,法定计量单位同成交计量单位。保险费率为0.3%。(后附提单、发票/装箱单、运费通知单)

**步骤一:审核发票(INVOICE)**

发票中一般包含以下对于填制报关单有价值的内容:

①发票的接受人信息(一般包括名称及地址等,一般在发票的抬头部分或上方部分);

②发票的出票人信息(包括名称和地址,在发票的上方。上方没有就一定会体现在发票最下方的签章处。发票的出票人和接受人一般是贸易的买卖双方,他们的信息对于判断起运国(地区)或运抵国(地区)有价值);

③品名和货物的描述(主要包括货物的名称、规格型号、品质及包装情况);

④贸易方式、成交的数量及单位、单价、总价、计价货币(可能还包括佣金、折扣或运、保费等信息);

⑤起运地和目的地(可能会包括运输工具名称、提运单号、转运等信息);

⑥合同号、原产地信息;

⑦标记唛码;

⑧结汇方式或信用证号;

⑨还可能包括毛、净重,集装箱的信息。

**步骤二:审核装箱单(PACKING LIST)**

装箱单上对于填制报关单有价值的内容主要有:

①买方的信息(在抬头部分显示);

②商品名称和规格;

③包装种类、件数、编号(还可能包括每件包装内的细节,如遇分单填报的情形,这是很重要的信息,需要从中确定所要申报货物的包装种类和件数);

④数量(每种包装下的件数以及合计件数);

⑤毛重、净重(可能会列出每件包装的毛重、净重、皮重,对于分单填报很重要);

⑥唛头(运输标记可能会包含一些填写报关单有用的信息)。

有的装箱单包含有运输信息(如采用的运输方式,起运地、目的地以及运输工具信息等)。有的装箱单与发票合并填写为一张单证,这是因为包装情况比较简单(名称为:INVOIVE & PACKING LIST)。

见以下发票/装箱单(INVOIVE & PACKING LIST )(实样见图1.9.2)分析。

| To: Guangzhou Elevator Co., Ltd.<br>Guanghua Road<br>GZ 510425 Guangzhou, China | **INVOICE & PACKING LIST**<br>**No. 52020** | | |
|---|---|---|---|
| | Contract No. B7NU 0945-46 | DATE | 02.06.2006 |
| Fm: OMS Antriebstechnik OHG<br>Postfach 36219 Cormberg,<br>Germany | INV&PL No. No.52020 | | |

| Description of Goods | Trade Terms | QTY unit | Package cases | N.W.(kgs) | G.W.(kgs) | Unit Price euro | Amount euro |
|---|---|---|---|---|---|---|---|
| ECH3 ESCALATOR MACHINE 11.0 KW-380/415V-50HZ | EX-WORKS | 14 | 7 | 3980 | 4260 | 3,706.22 | 51,887.08 |
| Total | | 14 | 7 | 3980 | 4260 | | 51,887.08 |

SHIPMENT BY SEA FREIGHT FROM HAMBURG, GERMANY FOR TRANSPORTATION TO GUANGZHOU, CHINA

PAYMENT : T/T PAYMENT

COUNTRY OF ORIGIN: FEDERAL REPUBLIC OF GERMANY

AS manufacturer

OMS-ANTRIEBSTECHNIK OHG

**图 1.9.2 发票/装箱单实样**

从这张发票中可以获知以下信息。

（1）出口商：OMS Antriebstechnik OHG Postfach 36219 Cormberg，“Cormberg”是德国一个城市的名字，由此确定起运国是德国。

（2）进口商：广州电梯有限公司和文字说明资料给出的相一致。

（3）包装种类、数量及商品名称：品名是 ECH3 ESCALATOR MACHINE；包装种类是“cases（木箱）”，件数是“7”。

（4）毛重、净重：毛重为 4260 千克；净重为 3980 千克。

(5)数量及单位和规格型号:14 台;规格型号 ECH3 11.0KW-380/415V-50HZ。

(6)合同协议号: B7NU 0945-46(在单据右上方)。

(7)单价和币制:单价 3706.22,币制为“欧元”。

(8)成交方式、总价:总价为 51887.08 欧元。“EX-WORKS”(工厂交货),海关的成交方式代码表中没有,选择 FOB 填报。“EURO”为标准的欧元符号。

(9)运输信息:SHIPMENT BY SEAFREIGHT FROM HAMBURG, GERMANY FOR TRANSPORTATION TO GUANGZHOU, CHINA(从德国的汉堡装船海运到中国广州)。虽然有此文字,但确定起运国和装货港还需结合提单分析确定。

(10)结汇方式:T/T PAYMENT(电汇付款)。进口货物报关单没有设这个栏目,不需填报。

(11)原产国:COUNTRY OF ORIGIN: FEDERAL REPUBLIC OF GERMANY(原产国:德国)。

(12)生产制造商:AS manufacturer, OMS-ANTRIEBSTECHNIK。前面已经知道原产国是德国,因此,生产制造商 OMS-ANTRIEBSTECHNIK 就应该是位于德国的公司。而公司的名称和发票最上方显示的出票人一致,这说明这批进口货物是我国的企业与德国的这家公司交易的。

通过发票及装箱单进一步确认了一些栏目填制的内容,而有些栏目的内容还需要结合提单分析确认。提单中也有一些发票中没有体现的内容,因此下一步是查看提单。

**步骤三:审核提单(BILL OF LADING)**

报关单部分涉及的运输方式主要是水路运输和航空运输,作为资料给出的运输单证主要是提单和航空运单,尤以提单为多。航空运单中涉及报关单栏目填制内容的信息量较少,这里主要介绍海运提单。提单的格式不一,但一般包含以下对于填制报关单有价值的内容:

①提单号(多在提单的右上方,以 B/L No. 表示);

②托运人信息[名称和地址信息,如果托运人和发票的出票人相同,则托运人的地址信息对确定起运国(地区)有帮助];

③收货人信息[出口货物收货人的地址信息对确定运抵国(地区)或最终目的国(地区)有参考作用];

④收货地[Place of Receipt,对确定起运国(地区)有参考作用];

⑤装运港[Port of Loading, 对确定装货港和起运国(地区)有参考作用];

⑥卸货港(Port of Discharge,对判断是否发生中转有参考作用);

⑦船名、船次号(有的会给出运输工具编号);

⑧中转信息(有些提单会给出中转港或中转使用船名、提单号的信息);

⑨集装箱号及唛头;

⑩件数、包装种类的信息(注意比较与发票、装箱单包装件数是否一致);

⑪货物的描述(货物的名称、规格型号、数量等);

⑫毛重、净重、体积(承运人通常会以毛重或体积计算运费,故提单都会写明)。

当所给的提单中的信息与发票中所给出的同一项目的内容不一致时,一定要注意。很可能是货物发生了中转或有需要分单填报的情形,这时需要比照各种单证及说明性资料,根据栏目的填报要求确认填报的内容。见以下提单(B/L)(实样见图 1.9.3)分析。

从这张提单中,得到以下信息。

| 托运人 Shipper<br>SCHENKER INTL (H.K.)LTD.<br>O/B OMS GETRIEBE UND ZAHNRADFABRIK | | 粤海运输有限公司<br>**GUANGDONG TRANSPORT LTD.**<br>船舶代码：5201904008 | |
|---|---|---|---|
| 收货人 Consignee<br>广州电梯有限公司<br>GUANGZHOU ELEVATOR CO., LTD.<br>GUANGHUA ROAD<br>GUANGZHOU 510425 | | 直运或转船提单<br>**BILL OF LADING**<br>**DIRECT OR WITH TRANSHIPMENT** | |
| 通知地址 Notify address<br>SAME AS CONSIGNEE | | | |
| **Vessel** | **Voy. No.** | **No.of original B/L** | **B/L No.** |
| SUI DONG FANG | 510100607150 | THREE | 06XF02014 |
| **Port of loading** | **Port of discharge** | **Final destination** | **Freight payable at** |
| HONGKONG | XINFENG (GUANGZHOU) | XINFENG (GUANGZHOU) | HONGKONG |

| Marks and Nos. | Number and kind of packages | Description of goods | N.W.(KGS) | G.W.(KGS) | MEAS.($m^3$) |
|---|---|---|---|---|---|
| 6005343<br>6005344<br>6004843<br>6005273 | 13 cases | 电梯零件 | 7073 | 7640 | 12.88 |

KCRU9912601/40HQ/GDTL05448/04909
TOTAL: THIRTEEN CASES ONLY.

以上细目由托运人提供
ABOVE PARTICULARS FURNISHED BY SHIPPER

| 运费和费用 Freight and charges<br>运费预付 **FREIGHT PREPAID**<br>**CY/CY** | |
|---|---|
| | 签单地点和日期 **HONG KONG 15 JUL. 2006**<br>**Place and date of issue**<br>代表承运人签字<br>**Signed for or on behalf of the carrier** |

图 1.9.3 提单实样

(1)SCHENKER INTL(H. K. )LTD. 与发票中出票人不一致,但在 O/B(on behalf of)后面有 OMS GETRIEBE UND ZAHNRADFABRIK,不必深究,待看完全部单证后再做分析。

(2)收货人:广州电梯公司,与说明资料和发票中的一致。

(3)运输工具名称和航次号:船名 SUI DONG FANG,航次号 510100607150。

(4)提单号:提单号 B/L No. 06XF02014。

(5)装货港:香港。和发票中载明的不同。这说明该批货物在香港发生了中转,而本张提单是换装后的运输工具签发的提单。前面的托运人"SCHENKER INTL(H. K. )LTD."应该是货运代理人,而"O/B"后面的"OMS GETRIEBE ZAHNRADFABRIK"应该是前一个发货人或原始的发货人。

(6)卸货港:广州新风(XINFENG)港。

(7)唛头:在"Marks and Nos."栏下的一组数字是标记唛码,其含义不必深究。

(8)集装箱信息:在"Marks and Nos."下唛头的下面给出集装箱的信息是"KCRU9912601/40HQ/GDTL05448/04909"。可以确定的是集装箱号 KCRU9912601;集装箱规格 40 英尺,没有给出皮重的信息,而其他的信息可以忽略。

(9)件数和包装种类:件数为 13,包装种类为木箱,件数和发票中载明的 7 箱不一致。可留此疑问待最后填报时再分析。

(10)货物描述:货名为电梯零件。和说明资料中的名称"电梯用曳引机"略有不同,但曳引机也属于电梯零件。

(11)净重、毛重:净重 7073 千克,毛重 7640 千克。和发票中的重量不同。提单中的重量是 13 箱货重量,发票中的是 7 箱的重量。这对于填制报关单的件数、毛重、净重栏目产生了不确定因素,待具体填报时再分析。

查看提单后,有些信息进一步明确,而有些内容则产生了疑问,难点就在于对这些疑问的内容综合分析,确定报关单题目要填写的选项。试题所给资料如果还有其他的单证应全部看完,然后再分析试题。

**步骤四:审核其他单证**

一般情况下,有了发票、装箱单、提单,就能够填写报关单了。但如果有其他的单证,也要查看一下,以便对所申报的货物情况有更全面的了解。可能出现的其他单证主要有原产地证明、征免税证明、出/入境货物通关单、自动进口许可证、加工贸易手册。这些单证中也都会载有货物的名称、规格型号、经营单位、数量及单位等。但它们也还有本身特有的内容,如:证件的编号、原产地、征免性质、商品位列手册中的位置等。

见以下运费通知单(FREIGHT NOTE)(实样见图 1.9.4)分析。

SCHENKER
Logistics

| TO: GUANGZHOU ELEVATOR CO.,LTD.<br><br>GUANGZHOU<br>CHINA 510425 | SCHENKER (H.K.) LTD.<br><br>38/F CHINA RESOURCE BLDG .<br>26 HARBOUR ROAD, WANCHAI<br>HONGKONG |
|---|---|

FREIGHT NOTE 4950607778

**This serves as the Freight /Charges Note and is not an Invoice.**
**Please contact us if there is any changes /discrepancies.**

| Marks & Nos. | packages | Description of Goods | G.W.(kgs) | CBM |
|---|---|---|---|---|
| | 13 | | 7640.00 | 12.88 |
| 6005343 | | ESCALATOR MACHINE | | |
| 6005344 | | | | |
| 6004843 | | FREIGHT COLLECT | | |
| 6005273 | | | | |

| Charges Description | Factor Base | Cur. | Inv.Amount |
|---|---|---|---|
| INLAND FREIGHT | | USD | 583.16 |
| OCEAN FREIGHT | | USD | 1030.40 |
| OTHER CHARGES | | USD | 517.51 |
| TOTAL AMOUNT: | | USD | 2131.07 |

**Remarks:**

**All business,whether involving transport or not, is handled subject to our general conditions**

**CHEQUES SHOULD BE MADE PAYABLE TO " SCHENKER INT'L (HK) LTD " , And send to**
**ADDRESS: Room 3801-5 China Resources bldg, 26 Harbour Road,HongKong**

**图 1.9.4 运费通知单实样**

这张运费清单显示,它是由"SCHENKER(H. K. )LTD."开给广州电梯有限公司的,并不是提单上的签发人(承运人)"粤海运输有限公司"。这说明"SCHENKER(H. K. )LTD."是广州电梯公司的货运代理人。该清单还显示共发生运费是2131.07美元,其中陆路运费583.16美元,海运费1030.40美元,其他相关费用517.51美元。如此高的陆路运费肯定不是短途运费。结合发票中的成交方式"EX-WORKS"是工厂交货,那么,从工厂到汉堡再到香港、广州的运费都需要广州电梯公司承担。它的运输路线应该是"CORMBERG - HAMBURG 陆运","HAMBURG - HANGKONG 海运",在香港换船"HANGKONG - XINFENG(GUANGZHOU)海运"。而整个的运输都是由"SCHENKER(H. K. )LTD."公司代理的。清楚了运输过程报关单的起运国(地区)和装货港、运输方式、运输工具名称,提运单号栏目就很容易确定了。

运费清单上对填制报关单有价值的信息还有:件数“13”、毛重“7640 千克”以及标记唛码(都和提单中的信息一致)。

查看过全部的资料后就可以进行报关单填制。

**该题报关单填制分析如下。**

(1)“提运单号”栏应填:

A. 10203437　　B. 06XF02014　　C. BTNU0945-46　　D. 5202087

**分析**:填报要求是填报对应装载所申报货物进境的运输工具的提单号,查看单证时已确定资料中所给提单即是装载货物进境的运输工具提单。因此,提单上的提单号(B/L No. 06XF02014)即为应填写的内容。

确定答案:B

(2)“贸易方式”栏应填:

A. 进料对口　　B. 一般贸易　　C. 进料非对口　　D. 来料加工

**分析**:根据文字说明资料中的手册编号(备案号)“C51066000Q19”的标记码“C”与贸易方式的逻辑关系即可确定贸易方式是“进料对口”。

确定答案:A

(3)“征免性质”栏应填:

A. 来料加工　　B. 进料加工　　C. 中外合资　　D. 中外合作

**分析**:根据备案号或者贸易方式与征免性质的逻辑关系可确定征免性质是“进料加工”。

确定答案:B

(4)“起运国(地区)”栏应填:

A. 110　　B. 116　　C. 300　　D. 304

**分析**:在查看发票的时候就确定货物是由德国起运的,而且该批货物是与德国的公司交易的,即可确定起运国是德国。虽然结合提单分析确定在香港发生了中转,但由于商业行为不是与香港的公司发生的,故而起运国是德国。德国的国别代码是“304”。

确定答案:D

5.“装货港”栏应填:

A. 中国香港　　B. 香港　　C. 汉堡　　D. HONGKONG

**分析**:根据各种单证信息分析确定在香港发生中转,香港是该批货物进入我国前的最后一个装货港,按国别(地区)代码表中的中文名称应该填报“中国香港”。

确定答案:A

(6)“成交方式”栏应填:

A. EXW　　B. CIF　　C. CFR　　D. FOB

**分析**:在查看发票时就已经确认实际成交方式是“EXW”,而对应的应该填报“FOB”。

确定答案:D

(7)“运费”栏应填:

A. 此栏为空　　B. 502/899.29/3

C. 502/1188.27/3　　D. 502/2131.07/3

**分析**:发票中的货物是 7 箱,毛重是 4260 千克。而提单和运费单中的货物是 13 箱,毛重是7640千克。这说明广州电梯有限公司共进口货物13箱,但此份报关单要申报的只是其中的7箱。因此,运费、保费、件数、集装箱号、毛重、净重等都应该按7箱来申报。运费清单中只给出了13箱货物的运费是2131.07美元。这种情况下运费应该按重量(毛重)的比例来分摊,因此7箱货物的运费总价应该是(4260/7640)×2131.07美元=1188.27美元(题目的选项中都取小数点后2位),按填报的格式要求应该填写为"502/1188.27/3"。

确定答案:C

(8)"保费"栏应填:

A. 0.3/1　　B. 0.3　　C. 000/0.3/1　　D. 此栏为空

**分析**:文字说明资料中给出了保险费率是0.3%,按填报格式要求应填报为0.3(因所给的不是保险费的总价目,不需按比例分摊计算)。

确定答案:B

(9)"杂费"栏应填:

A. 此栏为空　　B. 300/517.51/3　　C. 300/-517.51/3　　D. 517.51/3

**分析**:没有资料显示有特别需要及如何扣除的费用,因此此栏为空。运费清单中给出的其他费用是在运输过程中发生的,属于运费的一部分。

确定答案:A

(10)"件数"栏应填:

A. 13　　B. 7　　C. 14　　D. 21

**分析**:在填报运输栏时已经分析过,件数应该按发票填写为"7"。

确定答案:B

(11)"包装种类"栏应填:

A. 集装箱　　B. 托盘　　C. 木箱　　D. 其他

**分析**:发票中显示包装种类是"木箱"(CASE)。

确定答案:C

(12)"毛重"栏应填:

A. 7640　　B. 7073　　C. 3980　　D. 4260

**分析**:在填报运费栏时已经分析过,毛重应该按发票填写,7箱货物的毛重是4260千克。

确定答案:D

(13)"净重"栏应填:

A. 7640　　B. 7073　　C. 3980　　D. 4260

**分析**:在填报运费栏时已经分析过,净重应该按发票填写,7箱货物的净重是3980千克。

确定答案:C

(14)"集装箱号"栏应填:

A. 0　　B. 9912601

C. KRRU　　D. KCRU9912601/40/××××

**分析**:提单中显示有集装箱的信息,集装箱号是"KCRU9912601",规格是"40英尺"。没有给出集装箱的皮重,考试填报可用××××代替。按填报格式要求应填写为"KCRU9912601/40/××××"。

确定答案:D

(15)"项号"栏应填:

A.01　22　　B.01　　C.22　　D.22　01

**分析**:查看文字说明资料,已知所申报的货物是加工贸易进口料件,位列手册的第22项,按填报要求应该分两行填报,第一行填报商品的序号,因为只有一项商品故第一行填报"01",第二行填报"22"。

确定答案:A

(16)"数量及单位"栏应填:

A.7箱　　B.14台　　C.13箱　　D.21件

**分析**:发票中显示实际成交的数量和单位是14台(或套),题目的选项中对应数量14的只有14台,说明该设备采用单位"台"比较恰当。又因为文字说明资料提示法定计量单位与成交计量单位相同,因此,该栏目只需填报一行。

确定答案:B

(17)"原产国(地区)"栏应填:

A.110　　B.116　　C.300　　D.304

**分析**:发票中已说明原产国是德国,德国的国别代码是"304"。

确定答案:D

(18)"总价"栏应填:

A.3706.22　　B.3706　　C.51887.08　　D.51887

**分析**:发票中清楚地说明了数量是14台,单价是3706.22欧元/台。总价为数量乘以单价,$14 \times 3706.22 = 51887.08$。总价如果为非整数,保留小数点后2位。

确定答案:C

(19)"币制"栏应填:

A.110　　B.116　　C.300　　D.304

**分析**:发票中对应单价、总价所使用的货币符号是欧元。而欧元的币制代码是"300"。

确定答案:C

(20)"征免"栏应填:

A.保证金　　B.保函　　C.照章征税　　D.全免

**分析**:征免和备案号、贸易方式、征免性质有逻辑对应关系。当备案号的标记码是"C"或者贸易方式是"进料对口"或征免性质是"进料加工"时,征免一定是全免。

确定答案:D

## 练习题

### 一、操作题

1. 根据以下进口单据(资料)填制进口报关单。

**资料一**

上海顺达贸易发展公司(经营单位代码:2201213070)于2008年11月15日进口货物一批,次日凭入境货物通关单(代码A:44030020106448)、"机电产品证明"(代码O:D1014540)及相关单证,由该公司自理向上海浦东海关(关区代码2210)报关。商品编码84411000,法定计量单位为台,保险费率0.3%。集装箱自重4000千克。

## 资料二

HAIDA HEALTH MANAGEMENT LTD.
TUNG SHING BUILDING A. 80 CHEUNG SHA WAN ROAD, KOWLOON
BOSTON, U. S. A

**INVOICE**

Date: October 28, 2008

NO. SH04-10-001

For account and risk of Messrs.

SHANGHAI SHUNDA TRADE DEVELOPMENT CORP.

9/F NO. 266 DONG FENG XI RD, SHANGHAI P. R. CHINA 上海顺达贸易发展公司 2201213070(上海浦东新区)

Shipped by HAIDA HEALTH MANAGEMENT LTD. Per QIAN JIN 308

sailing on or about Oct. 31, 2008 from BOSTON U. S. A to PUDONG PORT, SHANGHAI CHINA

L/C NO. 360LC010050115 Contract NO. SHDI01-16HH024

| Mark & Nos. | Description of Goods | Quantity | Unit Price | Amount |
|---|---|---|---|---|
| VADI<br>BOSTON<br>U. S. A<br>C/No.: 1-80 | VIDD CUTTING MACHINES<br>(VI-400)<br>(VIDD 牌 切纸机 VI-400)<br>COUNTRY OF ORIGIN:<br>GERMANY | 80 PCS | CFR SHANGHAI<br>USD 650.00 | USD 52000.00 |
| | | 80 PCS | | USD 52000.00 |
| | SAY TOTAL U.S.DOLLARS FIFTY TWO THOUSAND ONLY. | | | |

## 资料三

HAIDA HEALTH MANAGEMENT LTD.
TUNG SHING BUILDING A, 80 CHEUNG SHA WAN ROAD, KOWLOON
BOSTON, U. S. A

No. SH04-10-001

Date: October 28. 2008

B/L NO. : SH0103580

For account and risk of Messrs. SHANGHAI SHUNDA TRADE DEVELOPMENT CORP.

9/F NO. 266 DONG FENG XI RD SHANGHAI P. R. CHINA

Shipped by HAIDA HEALTH MANAGEMENT LTD. Per QIAN JIN 308

Sailing on or about Oct. 31, 2008

From BOSTON U. S. A to PUDONG PORT, SHANGHAI CHINA

L/C NO. 360LC010050115 Contract NO. SHDI01-16HH024

MARKS&NOS.
VADI
BOSTON U. S. A
C/NO. : 1-10

| Case No. | Description | Quantity | Net Weight | Gross Weight | Measurement |
|---|---|---|---|---|---|
| 1-80 | VIDD CUTTING MACHINES(VI-400)<br>(VIDD 牌 切纸机 VI-400) | @ 8 PCS<br><br>80 PCS | @144.00 kg<br><br>1440.00 kg | @ 156.00 kg<br><br>1560.00 kg | |
| | TOTAL: 10 CASES | 80 PCS | 1440.00 kg | 1560.00 kg | |
| | SAY TOTAL TEN CASES ONLY.<br><br>2 * 40CONTAINER<br>CONTAINER NO.: ABTU136898-9<br>ABTU136899-8 | | | | |

HAIDA HEALTH MANAGEMENT LTD.

2. 根据以下出口单据(资料)填写出口报关单。

**资料一**

上海兰生股份有限公司

SHANGHAI LANSHENG CORPORATION

HEADQUARTERS: 1230-1240 ZHONGSHAN ROAD NO. 1 SHANGHAI 200437 CHINA, SHANGHAI 200002 CHINA
TO: GOLDEN MOUNTAIN TRADING LTD. Invoice No. 04A702158
ROOM 611 TOWER B, HUNGHOM COMMERCIAL CENTRE, 37-39 MA TAU WAI ROAD, HUNGHOM,
KOWLOON, HONGKONG Sales Contract No. 04A3272

**INVOICE/PACKING LIST**

From: SHANGHAI To: LOS ANGELES

Payment T/T Issued by:
Vessel: HANJIN DALIAN/014E

| Marks&Nos. | Quantities and Descriptions | Amount |
|---|---|---|
| DNS NO. 7920<br>MADE IN CHINA<br><br>PORT: LOS ANGELES<br>C/NO.: 1-117 | FOOTWEAR<br>ART. NO. CC10758-112 ORDER NO. BNS7920<br>COL: WHITE SZ: 5-10 2106 PRS<br><br>TOTAL G. W. 1638.000KGS<br>TOTAL N. W. 1404.000KGS<br>TOTAL MEAS. 5.616M$^3$<br>TOTAL PACKED IN 117 CARTONS ONLY | CIF LOS ANGELES<br>@USD3.15<br>USD6633.90 |

SHANGHAI LANSHENG CORPORATION

**资料二**

出口成品皮鞋(胶度)位列 C2207910502 号登记手册备案成品第 2 项

商品编号: 64039900　　计价单位:双

外汇核销号: 311555451

出境货物通关单编号: 311090204038739000

运费:USD800　保险费率:0. 27%　　　　B/L NO. :HJSHB142939

上海兰生股份有限公司(黄浦区)生产,海关注册编号: 3101915020

2004 年 12 月 18 日接到吴淞海关(关区代码 2202)的同意放行回复

Sales Contract NO. 04A3272

# 第二部分

# 国际货物运输

# 1 国际海上货物运输

## 1.1 国际海上货物及运输工具

### 1.1.1 海运货物分类

**1. 按货物装运形态分类**

按货物装运形态,海运货物可分为件杂货和散装货。

(1)件杂货通常是一种按计件形式装运和交接的货物。件杂货包括包装货物(Packed Cargo),裸装货物(Unpacked Cargo)和成组化货物(Unitized Cargo)。随着件杂货的集装箱化,成组化货物中的集装箱货物已经与件杂货并列成为单独的一类货物,即集装箱货物(Containerized Cargo)。

(2)散装货通常是一种按计量形式装运和交接的货物。散装货包括干质散装货(Solid Bulk Cargo)和液体散装货(Liquid Bulk Cargo)。

**2. 按货物性质分类**

按货物的性质不同,一般将货物分为普通货物(General Cargo)和特殊货物(Special Cargo)两大类。

**1)普通货物**

普通货物主要有以下几种。

(1)清洁货物(Clean Cargo):是指清洁、干燥的货物,也可称为精细货物(Fine Cargo)。如运输保管中不能混入杂质或被玷污的棉纺织品;供人们食用的食品(Foodstuffs)中的糖果、粮食、茶叶,不能受压、易于损坏的易碎品(Fragile Cargo)中的陶瓷器、玻璃制品等;另外,还有各种日用工业品等。

(2)液体货物(Liquid Cargo):是指盛装于桶、瓶、坛等容器内的流质或半流质货物。在运输过程中,液体货物包装容器易破损而使液体滴漏。如油类、酒类、药品和普通饮料等。

(3)粗劣货物(Rough Cargo):是指具有油污、水湿、扬尘和散发异味等特性的货物。如能散发气味的气味货物(Smelly Cargo)中的生皮、骨粉、鱼粉、烟叶、大蒜等,易扬尘并使其他货物受到污染的扬尘污染性货物(Dusty and Dirty Cargo)中的水泥、炭黑、颜料等。

**2)特殊货物**

特殊货物主要有以下几种。

(1)危险货物(Dangerous Cargo):是指具有易燃、易爆、毒害、腐蚀、放射射线和污染等性质,在运输过程中可能引起人身伤亡和财产毁损,必须按照有关危险货物运输规则的规定进行运输的货物。危险货物还可以进一步分成若干种类和不同等级。

(2)冷藏货物(Reefer Cargo):是指在常温条件下易腐烂变质和其他需按指定的某种低温条件运输的货物。如易腐性货物(Perishable Cargo)中的需处于冷冻状态运输的肉、鱼、鸡等,处于低温状态运输的水果、蔬菜等。另外,如需处于低温状态下运输的药品等。

(3)贵重货物(Valuable Cargo):是指价值昂贵的货物。如金银等贵重金属、货币、高价商品、精密仪器等。

(4)活的动植物(Livestock and Plants):是指具有正常生命活动,在运输中需要特别照顾的动物和植物。如牛、马、猪、羊等家畜以及其他兽类、鸟类、家禽、鱼类等活的动物,树木等植物。

(5)长大、笨重货物(Bulky and Lengthy Cargo,Heavy Cargo):是指单件货物体积过大或过长,重量超过一定界限的货物。按照港口费收规定和运价本规定,通常将单件重量为5吨以上的货物称为重件货物,将长度超过9米的货物视为长大件货物。

### 1.1.2 海运船舶分类

#### 1. 干货船

干货船可以分为件杂货船、集装箱船、滚装船、冷藏船、多用途船和干散货船等许多不同类型。国际货运实践中经常涉及的是集装箱船,因此,在此将重点介绍集装箱船。

**1)杂货船**

杂货船(General Cargo Vessel),也称普通杂货船、件杂货船,主要用于运输各种包装和裸装的普通货物。杂货船通常设有双层底,并采用多层甲板以防止货物因堆装过高而被压损;一般设置三到六个货舱,每个货舱设有货舱口,货舱口两端备有吊杆或起重机,吊杆起重量相对较小(通常在2吨到20吨之间),若配置塔型吊机,则可起吊重件。国际海上货运中,杂货船的吨位一般在5000吨到20000吨之间。

**2)滚装船**

滚装船(Roll-on/Roll-off Ship;Ro/Ro Ship)是采用将装有集装箱或其他件杂货的半挂车或装有货物的带轮的托盘作为货运单元,由牵引车或叉车直接在岸船之间进行装卸作业形式的船舶。其主要特点是将船舶装卸作业由垂直方向改为水平方向。滚装船上甲板平整全通,下面的多层甲板之间用斜坡道或升降平台连通,以便车辆通行;有的滚装船甲板可以移动,便于装运大件货物。滚装船的开口一般设在船尾,有较大的铰接式跳板,跳板可以35度到40度角斜搭到岸上,船舶航行时跳板可折起矗立。滚装船的吨位大多在3000吨到26000吨之间。

**3)冷藏船**

冷藏船(Refrigerated Ship)是将货物处于冷藏状态下进行载运的专用船舶。其货舱为冷藏舱,并有若干个舱室。每个舱室都是一个独立、封闭的装货空间,舱门、舱壁均为气密,并用隔热材料使相邻舱室可以装运不同温度的货物。冷藏船上有制冷装置;制冷温度一般为摄氏15度到摄氏零下25度。冷藏船的吨位较小,通常为数百吨到几千吨。

**4)多用途船**

多用途船(Multi-purpose Ship)是具有多种装运功能的船舶。多用途船按货物对船舶性能和设备等的不同要求可分为以载运集装箱为主的多用途船,以载运重大件为主的多用途船,兼运集装箱和重大件的多用途船以及兼运集装箱、重大件和滚装货四种多用途船。

**5)干散货船**

干散货船(Dry Bulk Carrier)是运输粉末状、颗粒状、块状等无包装大宗货物的船舶。由于其所运输货物的种类较少,对隔舱要求不高,所以仅设单层甲板,但船体结构较强。为提高装卸效率,货舱口很大。按所载运的货物种类不同,又可分为运煤船(Coal Carrier)、散粮船(Bulk Grain Carrier)、矿石船(Ore Carrier)以及其他专用散装船。

6)集装箱船

人们通常所说的集装箱船是指吊装式全集装箱船,或称集装箱专用船。吊装式集装箱船是指利用船上或岸上的起重机将集装箱进行垂直装卸的船舶。全集装箱船(Full Container Ship)是一种专用于装载集装箱以便在海上运输时能安全、有效地大量运输集装箱而建造的专用船舶。全集装箱船的结构特点是,一般为大开口、单甲板船,且常为双船壳,以利于集装箱的装载和卸载。船舱内设置格栅结构,以固定集装箱,防止集装箱在运输途中发生前、后、左、右方向移动,从而保证航行安全和货运质量。舷侧设有边舱,可供载燃料或做压载用。甲板上设置了能装载多层集装箱的特殊结构。因为在舱内设有永久性的格栅结构,只能装运集装箱而无法装载杂货。目前大多数全集装箱船都依靠港内的装卸桥装卸,不设装卸设备。

第一艘集装箱船是美国于1957年用一艘货船改装而成的。它的装卸效率比常规杂货船高10倍,停港时间大为缩短,并减少了运输装卸中的货损。从此,集装箱船得到迅速发展。到20世纪70年代,集装箱船已经成熟定型。

国际上一般以集装箱船载箱量多少进行分“代”,见表1.10.1。

**表1.10.1 集装箱分代载箱量**

| 集装箱船 | 时 间 | 载箱量(TEU) | 载重(吨) | 长宽(米×米) | 吃水(米) |
|---|---|---|---|---|---|
| 第一代集装箱船 | 1968年 | 700~1000 | 10000 | 150×22 | 8~9 |
| 第二代集装箱船 | 1970年 | 1800~2000 | 15000~20000 | (175~225)×(25~30) | 9.5~10.5 |
| 第三代集装箱船 | 1972年 | 3000 | 30000 | (240~275)×32 | 10.5~12 |
| 第四代集装箱船 | 1981年 | 4400 | 40000~50000 | (275~295)×32 | 11.5~12.5 |
| 第五代集装箱船 | 1988年 | 4800 | 50000~75000 | (280~300)×(32.2~39.4) | 11.5~13.2 |
| 第六代集装箱船 | 1996年 | 6000~8000 | 75000~99000 | (300~320)×(40~42.8) | 14~14.5 |
| 第七代集装箱船 | 2006年 | 10000~12000 | 157092 | 365.5×51.2 | 15 |

现代集装箱船的尺度还根据船宽能否通过巴拿马运河分成三类。

第一类巴拿马型船(Panama):这类船舶的船宽在巴拿马运河尺度32.2米限制范围内,在分代中的第一代、第二代和第三代集装箱船,都属于这一类船。

第二类巴拿马极限型船(Panamax):这类船舶载箱量在3000~4000 TEU之间,船宽32.2米。

第三类超巴拿马型船(Post-Panamax):这类船舶载箱量大于4000 TEU,船宽大于32.2米。

2. 液货船

液货船是指载运散装液态货物的船舶,主要有油船、液化气船和液体化学品船三种。

1)油船

油船(Tanker)是专门载运石油及成品油的船舶。油船有严格的防火要求,在货舱、机舱、泵舱之间设有隔离舱。油舱设有纵舱壁和横舱壁,以减少自由液面对船舶平稳性的不利影响。油船有专门的油泵和油管用于装卸,还有扫舱管系和加热管系。甲板上一般不设起货设备和大的舱口,但设有桥楼。就载重吨而言,油轮列世界第一位。世界上最大的油轮达60多万载重吨,一般油轮的载重吨在2万吨到20万吨之间。

2)液化气船

液化气船(Liquefied Gas Carrier)是专门装运液化气的船舶,可分为液化天然气船和液化石油气船。

(1)液化天然气船(Liquefied Natural Gas Carrier,LNG Carrier)按液货舱的结构有独立储罐式和膜式两种。独立储罐式是将柱形、筒形、球形等形状的储罐置于船内,液化气装载于储罐中进行运输。膜式液化天然气船采用双层壳结构,内壳就是液货舱的承载体,并衬有一层由镍合金钢制成的膜,可起到阻止液货泄漏的屏蔽作用。

(2)液化石油气船(Liquefied Petroleum Gas Carrier, LPG Carrier)按液化的方法分为压力式、半低温半压力式和低温式三种。压力式液化石油气船是将几个压力储罐装在船上,在高压下维持液化石油气的液态。半低温半压力式和低温式的液化石油气船采用双层壳结构,液货舱用耐低温的合金钢制造并衬以绝热材料,船上设有气体再液化装置。液化气船的吨位通常用货舱容积来表示,一般在60000到130000立方米之间。

3)液体化学品船

液体化学品船(Chemical Tanker)是载运各种液体化学品,如醚、苯、醇、酸等的专用液货船。液体化学品大多具有剧毒、易燃、易挥发、易腐蚀等特点,因此对防火、防爆、防毒、防腐蚀有很高的要求,所以液体化学品船上分隔舱多、货泵多。船舶有双层底和双层舷侧,翼舱宽度不小于船宽的1/5。载运腐蚀性强的酸类液货时,货舱内壁和管系多采用不锈钢或敷以橡胶等耐腐蚀材料。液体化学品船的吨位多在3000吨到10000吨之间。

## 1.2 港口与航线

### 1.2.1 海运航线

船舶在两个或多个港口之间从事货物运输的线路称为航线。海运航线根据航行的范围分为国际大洋航线、地区性的国际航线和沿海航线;根据船舶营运的形式可分为定期船航线和不定期船航线。

1. 太平洋航线组

太平洋沿岸有30多个国家和地区,经济比较发达。太平洋航线有以下几组。

**远东—北美西海岸各港航线:**包括从中国、韩国、日本和俄罗斯远东海港出发到加拿大、美国、墨西哥等北美西海岸各港。目前我国已与北美西海岸港口之间辟有定期集装箱航线。该航线以日本与美国、加拿大贸易量为最大,其次是韩国。

**远东—加勒比海、北美东海岸各港航线:**该航线大多是经夏威夷群岛南北至巴拿马运河后到达。

**远东—南美西海岸航线:**从我国北方沿海各港出发的船舶多经琉球奄美大岛、硫磺列岛(火山列岛)、威克岛、夏威夷群岛之南的莱思群岛附近穿越赤道进入南太平洋至南美西海岸各港。

**远东—东南亚航线:**这组航线是我国、朝鲜、韩国、日本去东南亚各港以及过马六甲海峡去波斯湾、地中海、西北欧、东西非、南美东海岸各港常走的航线。东海、台湾海峡、巴士海峡、南海是该航线船舶经常进出的海域。

**远东—澳、新航线:**由于澳大利亚面积辽阔,远东至新西兰、澳大利亚东西海岸航线有所不同。我国北方沿海各港去澳东海岸和新西兰港口，走琉球、加罗林群岛，进入所罗门海、珊瑚海；日本等国到该地区的航线也基本与我国相同。但中澳之间的集装箱航线则由我国北方港口南下经香港加载后再经南海、苏拉威西海、班达海、阿拉弗拉海，然后进入珊瑚海、塔斯曼海。中国去澳西海岸航线，多半经菲律宾的民都洛海峡，然后经望加锡海峡、龙目海峡南下。

**澳、新—北美东西海岸航线：**澳、新至北美西海岸航线大多途经苏瓦、火奴鲁鲁等太平洋上重要航站。澳、新至北美东海岸航线则大多取道社会群岛中的帕皮提，后经巴拿马运河到达。

**北美—东南亚航线：**这组航线一般要经过夏威夷、关岛、菲律宾等地，到北美东海岸和加勒比海各港要经巴拿马运河。

**2. 大西洋航线组**

大西洋水域辽阔，海岸线曲折，有许多优良港湾和深入大陆的内海。北大西洋两侧是西欧、北美两个世界经济发达的地区，又有苏伊士运河和巴拿马运河通印度洋和太平洋。

**西北欧—北美东海岸各港航线：**这组由北美东海岸经过纽芬兰横渡大西洋进入西北欧的航线历史最悠久，是美国、加拿大与西、北欧各国之间国际贸易的海上大动脉。

**西北欧、北美东岸—加勒比海各港航线：**该航线大多出英吉利海峡后横渡大西洋。除去加勒比海沿岸各港外，还经巴拿马运河到达美洲太平洋西岸港口。

**西北欧、北美东岸—地中海、苏伊士运河去东方航线：**这是世界上最繁忙的一条航线，它除与地中海各港口往来外，还与海湾国家往来密切。

**西北欧、地中海—南美东海岸航线：**该航线一般经过西非大西洋岛屿、加纳利、佛得角群岛上的航站。

**西北欧、北美大西洋岸—好望角、东方航线：**该航线一般是巨型油船的运输线。西北欧、北美去海湾运油的 15 万吨级以上巨轮必须经过好望角。西非大西洋上的佛得角群岛、加纳利群岛是它们经常停靠的地方。

**南美东海岸—好望角航线：**它是南美东海岸去海湾运油，或远东国家购买巴西的矿石常走的路线。中国至南美东海岸运油和矿石也走该航线。

**3. 印度洋航线组**

由于印度洋的特殊地理位置，其航线可以将大西洋与太平洋连接起来，因此经过的航线众多。

**横贯印度洋东西的航线：**这组航线是从亚洲太平洋地区和大洋洲横穿印度洋西行的航线，在这组航线上的港口如塞得港、苏伊士港、亚丁、科伦坡等因地理位置的特殊性而有着极其重要的地位。

**进出印度洋北部国家各港的航线：**印度洋北部包括孟加拉湾、阿拉伯海沿岸各国，即进出缅甸、孟加拉国、印度、斯里兰卡、巴基斯坦等国港口的航线。船舶来自东部太平洋地区或欧洲。

**进出波斯湾沿岸国家的航线：**波斯湾沿岸大多为石油输出国，石油为这组航线的基本货物。大致分三条航线，一条是去曼德海峡和红海，经苏伊士运河、地中海进入大西洋，到达欧洲或继续驶往北美。另一条是南下印度洋，经东非的索马里、肯尼亚、坦桑尼亚附近，绕道好望角通往大西洋，到达西欧和北美。还有一条是由波斯湾东行，经印度洋、马六甲海峡、太平洋到东南亚和日本。

**进出非洲东岸国家的航线：**在这条航线上货物的运量较其他航线要少，但它仍是印度洋上一组重要的航线。

**4. 集装箱运输的主要航线**

当前,世界上规模最大的三条主要集装箱航线是:远东—北美航线,远东—欧洲、地中海航线和北美—欧洲、地中海航线。

**远东—北美航线**:习惯上也称为(泛)太平洋航线,该航线实际上可以分为两条航线,一条是远东—北美西岸航线,另一条为远东—北美东岸航线。远东—北美西岸航线主要由远东—加利福尼亚航线和远东—西雅图、温哥华航线组成。其涉及港口主要有亚洲的高雄、釜山、上海、香港、东京、神户、横滨等港口和北美西岸的长滩、洛杉矶、西雅图、塔科马、奥克兰港、温哥华港,涉及亚洲的中国、韩国、日本和中国香港、中国台湾地区以及北美的美国和加拿大东部地区。远东—北美东岸的纽约航线涉及的北美东岸港口主要有美国东部地区的纽约、新泽西港、查尔斯顿港和新奥尔良港。

**远东—欧洲、地中海航线**:也被称为欧地线。该航线由远东—欧洲航线和远东—地中海航线组成。远东—欧洲航线是1879年由英国4家船公司开辟的世界最古老的定期航线。欧洲地区涉及的主要港口有荷兰的鹿特丹港,德国的汉堡港、不来梅港,比利时的安特卫普港和英国的费利克斯托港。远东—地中海航线是1972年10月开始集装箱运输的,其地中海地区主要涉及的港口有位于西班牙南部的阿尔赫西拉斯、意大利的焦亚陶罗和位于地中海的中央马耳他岛南端的马尔萨什洛克港。

**北美—欧洲、地中海航线**:也被称为跨大西洋航线。该航线实际包括三条航线:北美东岸、海湾—欧洲航线,北美东岸、海湾—地中海航线和北美西岸—欧洲、地中海航线。

世界主要海港和航线示意图如图1.10.1所示。

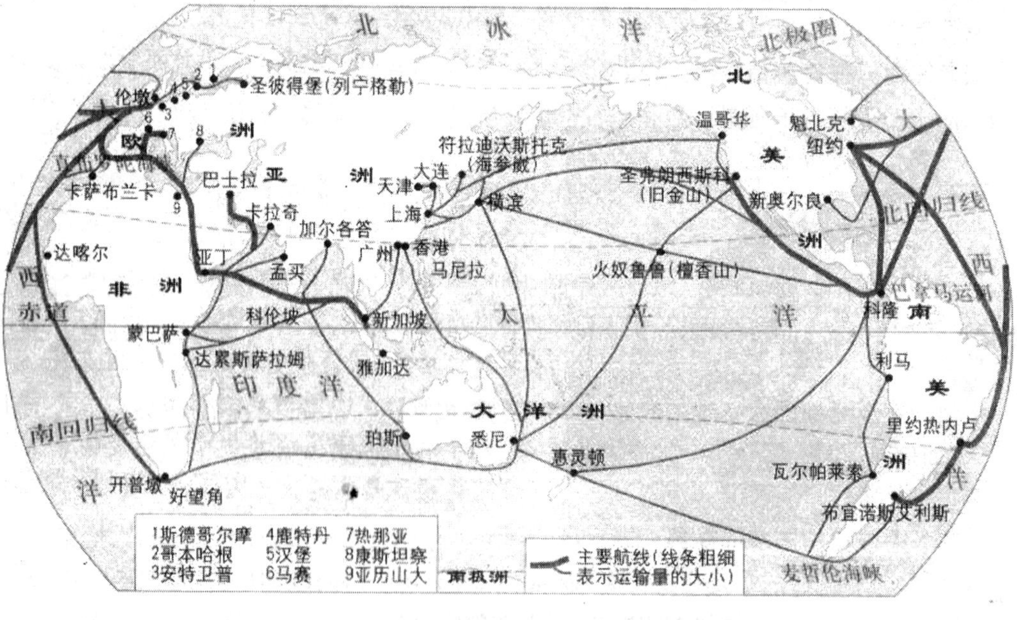


图1.10.1 世界主要海港和航线示意图

### 1.2.2 海运港口

港口是指具有船舶进出、停泊、靠泊，旅客上下，货物装卸、驳运、储存等功能，具有相应的码头设施，由一定范围的水域和陆域组成的区域。港口有空港、海港、河港、湖港之分。

**1. 基本港(Base Port)**

基本港指班轮公司的船一般要定期挂靠的港口。大多数位于中心的较大口岸，港口设备条件比较好，货载多而稳定。如，我国的香港、上海、深圳、高雄港，新加坡、神户、鹿特丹、奥克兰等。运往基本港口的货物一般均为直达运输，无须中途转船。基本港因进出口货物运输需求量大，班轮直接挂靠，相对成本较低。

**2. 非基本港口(Non-base Port)**

凡基本港口以外的港口都称为非基本港口。非基本港口一般除按基本港口收费外，还需另外加收转船附加费。达到一定货量时则改为加收直航附加费。例如新几内亚航线的侯尼阿腊港(HONIARA)，便是所罗门群岛的基本港口；而基埃塔港(KIETA)，则是非基本港口。运往基埃塔港口的货物运费率要在侯尼阿腊运费率的基础上增加转船附加费 43.00 美元(USD)/FT。

**3. 各组主要航线港口图**

鉴于篇幅有限，各组主要航线港口图见光盘附件三。

## 1.3 国际海运船舶营运方式

国际海上货物运输是随着航海贸易的发展而发展起来的。国际海运船舶的营运方式必须与国际贸易对国际海上运输的要求相适应。因此，为了适应不同贸易合同下的货物运输需要，也为了合理地利用船舶的运输能力，并获得良好的营运经济效益，目前国际海运船舶的营运方式可分为两大类，即定期船运输(班轮运输)和不定期船运输(租船运输)。

### 1.3.1 班轮运输方式

班轮运输(Liner Shipping)，也称定期船运输，是指班轮公司将船舶按事先制定的船期表(Liner Schedule)，在特定航线的各挂靠港口之间，经常地为非特定的众多货主提供规则的、反复的货物运输服务，并按运价本(Tariff)或协议运价的规定计收运费的一种营运方式。

**1. 杂货班轮运输**

最早的班轮运输是杂货班轮运输。杂货班轮运输的货物以件杂货为主，还可以运输一些散货、重大件等特殊货物。

对货主而言，杂货班轮运输营运具有以下优点。

(1)能及时、迅速地将货物发送和运达目的港。由于货主和货代能根据船期表预知货物的发运和到达时间，因此能保证货物的供需要求。

(2)特别适应小批量零星件杂货对海上运输的需要。货主或货代能够随时向班轮公司托运，而不论货物的批量大小，因此可以节省货物等待集中的时间和仓储的费用。

(3)能满足各种货物对海上运输的要求，并能较好地保证货运质量。

(4)通常班轮公司都负责转运工作。货主或货代可以要求班轮公司安排货物的转运工作，从而满足货物运输的特殊需要。

**2. 集装箱班轮运输**

20世纪60年代后期,随着集装箱运输的发展,班轮运输中出现了以集装箱为运输单元的集装箱班轮运输方式。由于集装箱运输具有运送速度快、装卸方便、机械化程度高、作业效率高、便于开展联运等优点,到20世纪90年代后期,集装箱班轮运输已逐渐取代了传统的杂货班轮运输。

对货主而言,集装箱班轮运输除了具有与杂货班轮相似的优点外,在运输速度、货运质量等方面更具有优势。但是,目前大多数班轮公司不接小批量的拼箱货,因此需要集拼经营人来安排小批量的拼箱货运输。

### 1.3.2 不定期船运输方式(租船运输)

不定期船运输(Tramp Shipping)又称租船运输,这是相对于定期船运输,即班轮运输而言的另一种船舶营运方式。由于这种营运方式需在市场上寻求机会,没有固定的航线和挂靠港口,也没有预先制定的船期表和费率本,船舶经营人与需要船舶运力的租船人是通过洽谈运输条件、签订租船合同(Charter Party)来安排运输的,故称之为"租船运输"。

租船运输主要是根据租船人的要求来安排营运的。通常由租船人租用整船进行运输,而且根据租船人的不同要求,又分为不同的租船方式。

租船运输的特点主要有以下几点。

(1)租船运输是根据租船合同组织运输的。租船合同订明船舶出租人与船舶承租人双方的责任、义务和权利,租船合同条款是解决争议的依据。

(2)国际租船市场行情影响租金或运费水平的高低。世界经济状况、船舶运力供求关系、季节性气候条件及国际政治形势等都是影响因素。

(3)船舶营运中有关费用的分担取决于不同的租船方式,并在租船合同中订明。

(4)租船运输主要适于大宗货物的运输。如谷物、矿石、煤炭等。

## 练习题

**一、单项选择题**

1. 迈阿密港(MIAMI, FL., USA)是国际海上集装箱货物运输中(    )上的港口。

A. 远东—北美西海岸航线　　B. 远东—澳新航线

C. 远东—北美东海岸航线　　D. 远东—欧洲、地中海航线

2. 阿尔赫西拉斯港(ALGECIRAS,SPAIN)是海上集装箱货物运输中(    )上的港口。

A. 远东—北美西海岸航线　　B. 远东—澳新航线

C. 远东—北美东海岸航线　　D. 远东—欧洲、地中海航线

3. 鹿特丹(ROTTERDAM)是下列哪一条集装箱货物运输航线上的港口(    )。

A. 远东—北美西海岸航线　　B. 澳新航线

C. 远东—北美东海岸航线　　D. 欧地线

4. 根据《国际海运危险货物规则》的规定,在海运危险货物运输中,当使用铁桶装载危险货物时,下列表述正确的是(    )。

A. 单件最大容积为450升　　B. 单件最大容积为220升

C. 单件最大净重为200千克　　D. 单件最大净重为450千克

5.《国际海运危险货物规则》中的第一大类危险货物是(    )。

A. 放射性物质　　B. 易燃液体

C. 爆炸品　　D. 腐蚀性物质

**二、判断题(正确A,错误B)**

1. 租船运输主要适用于货运量较小的货物运输。(　　)

2. 目前国际海上货物运输业务中,集装箱货物通常选择由半集装箱船进行运输。(　　)

3. 现代海上运输的特征是船舶的多样化。(　　)

4. 按货物的性质不同,一般将货物分为普通货物(General Cargo)和特殊货物(Special Cargo)两大类。(　　)

5. 干货船可以分为件杂货船、集装箱船、滚装船、冷藏船、多用途船和干散货船等许多不同类型。(　　)

**三、问答题**

1. 请简述国际海上货物运输的基本特点。

2. 请简述海运船舶的种类及其特点。

3. 请简述海运货物的种类及其特点。

# 2 班轮运价与运费计算

## 2.1 班轮运输及运价特点

### 2.1.1 班轮运输特点

班轮运输是指船舶按固定的航线和预先公布的船期表在固定港口间运送货物的运输。班轮运输适合货流稳定、货种多、批量小的杂货运输。20 世纪 90 年代后期，集装箱班轮运输逐渐取代了传统的件杂货班轮运输。

(1)具有“四固定”的特点，即固定航线、固定港口、固定船期和相对固定的费率。这是班轮运输的最基本特征。

(2)班轮运价内包括装卸费用，即货物由承运人负责配载装卸，承托双方不计滞期费和速遣费。

(3)承运双方的权利义务和责任豁免以签发的提单为依据，并受统一的国际公约的制约。

(4)由于“四固定”的特点，时间有保证，运价固定，为贸易双方洽谈价格和装运条件提供了方便，有利于开展国际贸易。

### 2.1.2 班轮运价特点

#### 1. 班轮运输的运价水平较高

班轮运输的特点决定了从事班轮经营的船舶的技术性能较好，船龄较低，船速较高。为满足各种货物的装运要求，船舱及货物运输设备齐全，所以，船舶的造价也高。

班轮运输是按公布的船期表中的时间和挂靠港口次序派遣船舶的，有时难以保证在每一挂靠港开航时都能使船舶达到满舱满载。为开展揽货业务，保证船舶装载率和整个班轮经营业务的顺利进行，通常需要在航线的各挂靠港口委托代理或设置揽货机构。这就增加了营运管理费用。

无论船舶是否满载，船舶的港口使费，如：吨税、引航费、拖轮费、停泊费、系解缆费等营运可变费用仍然存在。

所有以上这些因素，使得班轮运输的单位成本较高。按照成本定价原则，承运人要从收取的运费中补偿较高的运输成本，并取得合理利润，所以班轮运价就被确定在一个较高的水平上。

#### 2. 货物对运费的负担能力较强

班轮运输的货物一般以制成品或半成品为主，基本上无初级原材料。通常为高附加值货物。所以，其运费负担能力较强，班轮运费占商品价值的比重仍较小。所以，较高的班轮运价符合负担能力定价原则，是托运人所能接受的。

#### 3. 班轮运价在时间上相对稳定

班轮运输服务一般不以特定的客户为对象。因此，无论班期、航线、挂靠港口、运价等均是以货物的普遍运输需求为依据制定的。所以，班轮运价一般是根据平均运输成本、运力与需求的供给关系、市场竞争形势以及定价的基本原则等多种因素，对可能承运的各类货物分别制定运价，并用运价本的形式公布。尽管根据这些因素的变化，经常会做出一定的调整，但基本运价在一定时期内通常还是会保持相对稳定。

**4. 班轮运价是一种垄断价格**

很长一段时期内，国际海上班轮运输中的班轮运输航线都是由班轮公会所控制。班轮公会在运价和其他营运活动方面所做出的各种规定比较严格，对会员公司具有强有力的约束。通常，公会都拥有统一的班轮运价，各会员公司按统一的运价计收运费；或制定最低运价标准，各会员船公司只能按高于该最低运价标准计收，而不能低于这个标准。目前班轮公会的势力已被大大削弱。

**5. 班轮运价的制定结合采用运输成本定价和负担能力定价原则**

货物负担运费能力定价原则虽然对班轮运输的货物普遍使用，但无区别地按同一标准适用这一原则来确定运价，也有失合理性。所以，在使运费的总收入能足以补偿运输成本的基础上，再按货物的不同价值来确定不同的运价，即采用等级运价是比较合理的。各个班轮公司制定并公布的运价都反映这种原则。

班轮运价两种主要的分类方法是按运价的制定者划分和按运价制定形式划分。

**按运价的制定者划分，可以有班轮公会运价、班轮公司运价、双边运价和货方运价等。**

**班轮公会运价**由班轮公会制定，供公会的会员航运公司统一使用。这种运价的调整或修改都由班轮公会决定，任何一家会员船公司都无权单独进行调整或修改。这种运价在公会内部是一种具有垄断性的运价。如前所述，这种价格在内部起着避免竞争的作用，而对于外部则是进行竞争的主要手段。

**班轮公司运价**是由经营班轮运输的船公司自行制定并负责调整或修改的运价。无论是参加班轮公会的航运公司，还是非班轮公会公司，任何一家都公布自己的运价表。当然，同一班轮公会的航运公司的运价表一般是一致的。对于班轮公司自行制定的运价，货方可以在托运货物时提出意见，但解释权和决定权仍然在航运公司。

**双边运价**是由承运人和托运人双方共同商议确定的，并对双方产生约束力的运价。对于运价的调整或修改，须经双方协商，任何一方都无权单独加以变更。

**货方运价**是由货方（托运人）制定，承运人接受采用的运价。货方有权对运价进行调整和修改，但在运输合同洽谈时，需要与船方协商，确定实际执行的运价。通常能够制定和调整运价的货方都是拥有大量稳定货源的大宗货主或货主集团，能常年向船公司提供货载。货方有较大的运价谈判权。

**按运价制定形式划分，可分为单项费率运价和等级运价，还有航线运价。**

**航线运价**是指不分运输距离的长短，只按航线、货物名称或等级确定的运价。远洋运输通常都分航线、按商品种类或等级制定运价。它是按照航线上各挂靠港口的平均距离为基础制定的运价。对于某一商品，只要其起运港和目的港是同一航线上规定挂靠的基本港口，就不再考虑运输距离的远近，而按同一运价计收运费。

**单项费率运价和等级运价参见本章 2.2.2 小节“运价本”部分。**

## 2.2 影响运价主要因素及运价本

### 2.2.1 影响运价主要因素

**1. 运输成本**

运输作为一种劳动服务，在完成运输生产过程中，所发生的生产耗费总和称为运输成本。按价值与价格的关系，运输成本是影响运价的主要因素。它包括：资本成本、营运成本、航次变动成本。

资本成本是购买船舶的实际成本，是船舶最基本的成本，包括贷款、利息和税金等。

营运成本是为保持船舶适航状态所需要的经常性的维持费用。无论船舶航行与否，为其营运必须支出费用，因此也称为营运费用。包括的因素有：船员工资及其他有关费用，如培训费、劳动保险、福利费等；船舶保险费、保赔费等；船舶维持费用，如油漆费、备件费用、检修费等；润滑油费；物料费；营业管理费，管理费是指公司设立的各种管理部门和代理机构从事营运需要的调度业务、商务、财务、机务、安全监督等管理工作所发生的一切费用。

航次变动成本是船舶为从事特定航次的运输所发生的费用。包括：燃料费；港口使费，如代理费、航道费、船舶吨税、靠泊费等；引水费和拖轮费；货物装卸费；运河通行费；速遣费和赔偿费；船员航行津贴等。

**2. 航运市场的结构与竞争**

航运市场结构是影响运价的主要因素之一。不同的市场结构对运价产生不同的影响。班轮运输市场曾是寡头垄断的市场，市场运价长期由班轮公会所垄断。现在班轮公会内部控制力已明显削弱，再加上集装箱运输的普遍开展，这种市场已走向消亡。

集装箱班轮运输市场在总体规模上是由少数规模较大的船公司所垄断。参与经营活动的运输集团或大型航运公司可以根据其经营规模与在市场上的占有额，自行决定公司在各航线的运价。而且，运价已成为集装箱运输市场中各大航运公司竞争的焦点。

在寡头垄断的情况下，为避免各船公司之间的激烈竞争而引起的运价战，市场内的很多公司往往会组成各种不同形式的航运卡特尔，形成班轮运输市场的结构模式。

集装箱运输市场内的航运卡特尔，主要采取班轮公会、班轮公会与班轮公会之间的协议、公摊协议、联营协议和君子协议等几种形式。这些卡特尔的存在，尽管减少了某个区域航线，或某一航线，或某航线的一个方向上的竞争，但是，根本的市场性质未变，运价的决策机制未变。

**3. 货物**

货物种类、数量也是影响运价水平的重要因素。不同货类具有不同的性质与特点，影响船舶载重量和舱容的利用，运价标准也就不同，可能发生的额外费用必须反映到运价中。较稳定的货流和大批量货源能使定期船具有较高的舱位利用率和较好的运费收入。货物装卸的特殊要求，货物受损的难易程度，货物遭受偷盗的可能性等都会在运价中得到反映。

**4. 航线及港口条件**

不同的航线有着不同的航行条件，对船舶运输成本影响也就不同。航线距离、气象条件、安全性等也会在运价中得到反映。对运价构成影响的港口条件包括港口的装卸费率、港口使费、港口装卸设备、泊位条件、装卸效率、管理水平、拥挤程度以及安全性等。

**5. 运输合同条款**

运输合同中所定的运输条件，如运费支付方式、费用承担责任、承运的责任区间等，都会影响到运价的高低。还有一些其他因素对海运运价产生影响，如航运服务质量、企业自身的经营目标、市场竞争形式的变化等。

### 2.2.2 运价本

运价本，也称费率本或运价表，是船公司承运货物向托运人据以收取运费的费率表的汇总，运价本主要由条款及规定、商品分类和费率三部分组成。

按运价制定形式不同，运价本可以分为等级费率本和列名费率本。

**1. 等级费率本**

等级费率本中的运价是按商品等级来确定的。这种运价是按照货物负担运费能力的定价原则来定价，首先根据货物价格，将货物划分为若干等级后，确定不同等级的货物在不同航线或港口间的不同等级的运价。运价表附有商品分级表（Scale of Commodity Classification）。

在计算运费时，首先根据商品的名称在商品分级表中查找出该商品所属等级，再从该商品的运输航线或运抵港口的等级费率表（Scale of Rates）中查找该级商品的费率。

随着集装箱运输的发展，货物等级差别越来越小，现在几个等级货物的运价基本或完全相同，商品的分类也趋于简单。**（参见本章 2.3.4 小节中“海运费计算方法”）**

**2. 列名费率本**

列名费率本，也称单项费率运价本，其中的运价是根据商品名称来确定的。对各种不同货物在不同航线上逐一确定的运价称为单项费率运价。根据货物名称和所运输的航线，即可直接查出该货物在该航线上运输的运价。

在列明费率本中，对每一个商品都给定一个运价。列名费率本在商品分类部分的商品后面注明了商品编号；费率部分则按编号列出每一编号的商品的不同目的地费率。在这种运价本中，每一种货物的运价都很明确，但运价本使用不方便，查阅量大，且新产品必须随时登记新运价。

## 2.3 班轮运费计算

### 2.3.1 运价与运费

运价作为货物成本构成因素之一，不仅是航运企业、货代企业最为关心的问题，也是外贸公司关心的问题。运价由市场当时的供求关系所决定。了解运价理论的基本内容，掌握航运市场价格变化规律及其运作模式，是外贸业务员必备的一项基本知识。

**运价**（Freight Rate）是承运单位货物而付出的运输劳动的价格。海上运输价格，简称为海运运价。比如，运输一吨货物或一立方米货物价格是多少。

**运费**（Freight）是承运人根据运输合同完成货物运输后从托运人处收取的报酬。比如，承运人完成一票委托人托运的运输货物应该收取的费用。

### 2.3.2 运费结构

**班轮运费包括基本运费和附加运费两部分**。基本运费是对任何一种托运货物计收的运费;附加运费则是根据货物种类或不同的服务内容,视不同情况而加收的运费,可以说是由于在特殊情况下或者临时发生某些事件的情况下而加收的运费。附加运费可以按每一计费吨(或计费单位)加收,也可按基本运费的一定比例计收。

1. 基本运费(Basic Freight)

基本运费指对运输每批货物所应收取的最基本的运费,是整个运费的主要构成部分。它根据基本运价(Basic Freight Rate)和计费吨计算得出。基本运价按航线上基本港之间的运价给出,是计算班轮基本运费的基础。基本运价的确定主要反映了成本定价原则,确定费率的主要因素是各种成本支出,主要包括船舶的折旧或租金、燃油、修理费、港口使费(如装卸费、吨税和靠泊等费用)、管理费、职工工资等。集装箱运输的大量各种后期费用,如空箱的调拨、堆存等费用,也应该包括在基本运价中,但如何量化比较困难,所以基本成本较难准确控制。同时,市场供求关系也是影响费率的一大因素。

基本运价有多种形式,如普通货物运价、个别商品运价、等级运价、协议运价、集装箱运价等。而根据货物特性等所确定的特别运价有军工物资运价、高价货运价、冷藏运价、危险品运价、甲板货运价、小包裹运价等。

2. 附加运费(Surcharge)

基本运费是构成全程运费中应收运费的主要部分,是根据航线上的各基本港之间进行运输的平均费用水平向普通货物收取的费用。而实际上,经常有一些需要特殊处理的货物、需要加靠非基本港或转船接运的货物需要运输。即使是基本港之间的运输,也因为基本港的自然条件、管理规定、经营方式等情况的不同而导致货物运输成本的差异。这些都会使班轮公司在运营中支付相应的费用。为了使这些增加开支得到一定的补偿,需要在基本运费的基础上,在计算全程运费时计收一定的追加额。这一追加额就是构成班轮运费的另一组成部分**“附加运费”**。

**附加运费的种类主要有以下几种。**

1)燃油附加费(Bunker Adjustment Factor, BAF;Bunker Surcharge, BS)

这是由于燃油价格上涨,使船舶的燃油费用支出超过原核定的运输成本中的燃油费用,承运人在不调整原定运价的前提下,为补偿燃油费用的增加而增收的附加费。实践中,英文还称其为 Fuel Adjustment Factor,即 FAF。

当燃油价格回落后,该项附加费亦会调整直至取消。燃料油费用在船公司的经营成本中占有较大比重,燃油价格上涨直接增加了承运人的经营成本。燃油价格的长期上涨所带来的运输成本增加会在一定时期内的基本运价调整中得到反映。所以,燃油附加费一般是用来应对短期的燃油价格变动的。

实践中,有的承运人在燃油附加费以外还可能增收应急燃油附加费(Emergency Bunker Surcharge, EBS)。这是在已经增收燃油附加费时,燃油价格又突然上涨,承运人不调整原燃油附加费而增收的附加费。

2)货币贬值附加费(Currency Adjustment Factor, CAF)

这是由于国际金融市场汇率发生变动,计收运费的货币贬值,使承运人的实际收入减少,为了弥补货币兑换过程中的汇兑损失而加收的附加费。由于国际运输往往涉及多个国家和多种货币，而货币之间的兑换会带来一定的时间上的、手续上的损失，所以，承运人会通过增收货币贬值附加费来弥补这一收入损失。一般以基本运费的百分比计收。

3）港口附加费（Port Additional）

由于港口装卸效率低，或港口使费过高，或存在特殊的使费（如，进出港要通过闸门等）都会增加承运人的运输经营成本，承运人为了弥补这方面的损失而加收的附加费称为港口附加费。

4）港口拥挤附加费（Port Congestion Surcharge）

由于港口拥挤，船舶抵港后需要长时间等泊而产生额外的费用，为补偿船期延误损失而增收的附加费称为港口拥挤附加费。港口拥挤附加费是一种临时性的附加费，其变动性较大，一旦港口拥挤情况得到改善，该项附加费即进行调整或取消。

5）转船附加费（Transshipment Additional）

运输过程中货物需要在某个港口换装另一船舶运输时，承运人增收的附加费称为转船附加费。运往一些偏僻或较小的非基本港的货物，必须通过转船才能运达，而有时由于转运干线船，也需要换装船舶。转运一次就会产生相应的费用，如换装费、仓储费以及二程船（接运船舶）的运费等，一般这些费用均由负责第一程船运输的承运人承担，并包括在所增收的转船附加费内。不过，转船附加费不一定能全部抵偿上述各项费用的支出，其盈亏由收取转船附加费的第一程船运输的承运人自理。现在的运输服务范围已从海洋跨上陆地，由此产生的额外转运费用有时也称转船附加费。

6）超长附加费（Long Length Additional）

由于单件货物的外部尺寸超过规定的标准，运输时需要特别操作，从而产生额外费用，承运人为补偿这一费用所计收的附加费称为超长附加费。货物的长度超过规定后，会增加装卸和运输的难度，如需特别的捆绑、铺垫，增加亏舱等，影响船期，增加支出。货主需支付超长附加费。在运价本中，一般长度超过 9 米的件杂货就要加收超长附加费。超长附加费是按长度计收的，而且长度越长其附加费率越高。如果超长货物需要转船时，则每转船一次，加收一次。

7）超重附加费（Heavy Lift Additional）

超重附加费是指每件商品的毛重超过规定重量时所增收的附加运费。这种商品称为超重货。由于单件货物的重量超过规定标准时，在运输中同样需要特别的捆绑、铺垫以及影响装卸工作等，所以承运人对单件货物重量超过一定标准的货物要加收该附加费。通常承运人规定货物重量超过 5 吨时就要增收超重附加费。

超重附加费是按重量计收的，而且超重重量越大其附加费率越高。如果超重商品需要转船时，则每转船一次，加收一次。

如果单件货物既超长又超重，则两者应分别计算附加费，然后按其中收费高的一项收取附加费。

8）直航附加费（Direct Additional）

这是托运人要求承运人将其托运的货物从装货港，不经过转船而直接运抵航线上某一非基本港时所增收的附加费。

通常，承运人在运价本中会做出规定，当托运人交运的一批货物达到某一数量以上时，就可以同意托运人提出的直航要求,并按规定增收直航附加费。船舶直接加挂某一非基本港口后,会增加港口费用支出,并延长船期。选择直航一般以直航后产生的额外费用小于原来的转运费用为原则。

**9)选港附加费(Optional Surcharge)**

选港附加费又称选卸附加费,即选择卸货港所增加的附加费。由于买卖双方贸易需要,有些货物直到装船时仍不能确定最后卸货港,要求在预先指定的两个或两个以上的卸货港中,待船舶开航后再做选定。这样,就会使整船货物的积载变得困难,甚至会造成舱容的浪费。另外,选择的卸货港必须是该航次挂靠的港口。在集装箱班轮运输中,选择卸货港已很少被船公司接受。

**10)洗舱附加费(Clearing Surcharge)**

船舶装载了污染货物后,或因为有些货物外包装破裂、内容物外泄时,为不再污染以后装载的货物,必须在卸完污染物后对货舱进行清洗,承运人对由此而支出的费用所增收的附加费称为洗舱附加费。清洗费用一般根据污染程度、清洗难度而定。

**11)变更卸货港附加费(Alteration of Discharging Port Additional)**

由于收货人变更、交货地变更或清关问题等需要,有些货物在装船后需变更卸货港,而货物不在提单上原定的卸货港卸货而增收的附加费称为变更卸货港附加费。

变更卸货港的运费超过原卸货港的运费时,提出变更要求方应补交运费差额,反之,不予退还。同时因翻舱需要所引起的额外费用和损失,亦由提出变更要求的一方负担。

**12)绕航附加费(Deviation Surcharge)**

绕航附加费是指因某一段正常航线受战争影响、运河关闭或航道阻塞等意外情况的发生迫使船舶绕道航行,延长运输距离而增收的附加运费。

绕航附加费是一种临时性的附加费,一旦意外情况消除,船舶恢复正常航线航行,该项附加费即行取消。

**13)旺季附加费(Peak Season Surcharge, PSS)**

旺季附加费也称高峰附加费,这是目前在集装箱班轮运输中出现的一种附加费,是在每年运输旺季时,承运人根据运输供求关系状况而加收的附加费。

**14)超额责任附加费(Additional for Excess of Liability)**

这是托运人要求承运人承担超过提单上规定的赔偿责任限额时承运人增收的附加费。超额责任附加费按商品的 FOB 价格的一定百分比计收,因此托运人托运时应同时提供货物的 FOB 价格。

其他还有很多名称不同的附加费,如在需要船舶投保战争险的情况下加收战争险附加费(War Risk Surcharge, WRS)、在集装箱超重的情况下加收集装箱超重附加费(Container Overweight Surcharge, COS),还有冰冻附加费(Ice Surcharge)、苏伊士运河附加费(Suez Canal Surcharge, SCF)和熏蒸费(Fumigation Charge)等。

在集装箱班轮运输中,还有一些关于运输费用的概念,如:**"整体费率上调"**(General Rate Increase, GRI)是指通常在每年的五月开始,承运人将所有的费率上调一定幅度;**"目的地交货费"**(Destination Delivery Charge, DDC),这是在北美地区的港口对到港的货物收取的费用;

**"空箱调运费"**(Equipment Reposition Charge,ERC),也称设备调运费,是收货人没有按约定还空箱时,承运人为调运空箱而收取的费用。还有一些费用,如**码头作业(操作)费**(Terminal Handling Charge, THC)、原产地接货费(Original Receiving Charge,ORC)等。

### 2.3.3 计费标准

班轮运费的计费标准(Freight Basis)也称计算标准,是指计算运费时使用的计算单位。

在班轮运费的计收中,涉及的基本概念有运费吨、起码运费等。

**运费吨**是计算运费的一种**特定**的计费单位。就一批货物而言,通常取重量和体积中相对值较大的为计费标准,以便对船舶载重量和舱容的利用给予合理的费用支付。**如100个纸箱包装的纸制品,重1.2吨,体积为15立方米,它的运费吨则按15立方米计算。而100箱的铁钉,重9000千克,体积2.6立方米,它的运费吨则计为9吨。**

在运价表中,运费吨一般表示为FT(Freight Ton)或W/M(Weight/Measurement)。

**起码运费**(Minimum Rate/Minimum Freight),也称起码提单,指以一份提单为单位最少收取的运费。承运人对小批量货物收取起码运费,用以补偿其最基本的装卸、整理、运输等操作过程中的成本支出。件杂货和拼箱货一般以1运费吨为起码运费标准,最高不超过5运费吨,有的以提单为单位收取起码运费,按提单为标准收取起码运费后不再加收其他附加费。

班轮运输中,主要使用的计费标准是按容积和重量计算运费,但对于贵重商品,则按货物价格的百分比计算运费,某些商品则按实体个数或件数计算运费。如活牲畜按"每头(per head)"计收,车辆按"每辆(per unit)"计收以及按承运人与托运人双方临时议定的费率(Open Rate)计收运费等。按临时议定的费率计收运费多用于低价商品的运输。

在集装箱运输中有按每一个集装箱计算收取运费的规定。此时,根据集装箱的箱型、尺寸规定不同的费率(Box Rate),海运费的计费标准及符号如下。

(1)**W (Weight)**表示该种货物应按其毛重计算运费。

(2)**M (Measurement)**表示该种货物应按其体积计算运费。

(3)**W/M**表示该货物应分别按其毛重和体积计算运费,并选择其中运费较高者。

(4)**Ad Val. ( Ad Valorem)**表示该种货物应按其FOB价格的百分比计算运费。由于运价是根据货物的价格确定的,所以又称为从价运费。

(5)**Ad Val. or W/M**表示该种货物应分别按其FOB价格的百分比和毛重、体积计算运费,并选择其中运费高者。

(6)**W/M plus Ad Val.**表示这种货物除应分别按其毛重和体积计算运费,并选择其中运费较高者外,还要加收按货物FOB价格的百分比计算的运费。

### 2.3.4 海运费计算方法

#### 1.杂货班轮运费的计算

1)计算公式

杂货班轮运费是由基本运费和各项附加运费组成的,其计算公式为

$$总运费 = (基本运价 + 附加费) \times 总运费吨$$

即: $$F = (R + S) \times Q$$

式中:$F$——运费总额;

$S$——附加费；

$R$——运价；

$Q$——总运费吨(运量)。

式中的附加费,可能以基本运价的百分比表示,也可能以绝对数表示。

**2)计算步骤**

(1)从货物分级表(见表2.2.1)中查出货物所属等级,确定应采用的计算标准。

(2)查找所属航线等级费率表(见表2.2.2),找出该等级货物的基本费率。

(3)查出各项应收附加费的计费办法及费率。

(4)列式进行具体计算。

[**实例一**]上海某公司出口一批全棉坯布(Cotton Piece Goods),货物的总毛重为43050千克,尺码为93.035立方米,进口商要求用散货运往日本的大阪港(Osaka),试计算出口运费总额为多少美元?

**计算方法:**

查下面货物分级表,棉布10级,以体积计算运费。10级货物的基本运费率为5200美元。

$$F=(R+S)\times Q=(52.00+0)\times 93.035=4837.82(\text{美元})$$

**表2.2.1　班轮货物商品分级表**

(Classification of Commodities General Cargo)

| Commodities<br>货名 | Class<br>等级 | Basis<br>计费标准 |
|---|---|---|
| ⋮ | ⋮ | ⋮ |
| Computer & Duplicator(计算机和复印机) | 11 | W/M |
| Cotton Goods & Piece Goods(棉制品和棉布) | 10 | M |
| Cotton Thread & Yarn(棉线及棉纱) | 9 | M |
| ⋮ | ⋮ | ⋮ |

**表2.2.2　班轮航线费率表**

(Scales of Rate for China to Asia)

| 货物等级<br>Class | 运费率<br>Hong Kong<br>US $/FT | 运费率<br>Japan<br>US $/FT | 运费率<br>Singapore<br>US $/FT | 运费率<br>Malaysia<br>US $/FT | 运费率<br>Thailand<br>US $/FT | 运费率<br>Indonesia<br>US $/FT |
|---|---|---|---|---|---|---|
| ⋮ | ⋮ | ⋮ | ⋮ | ⋮ | ⋮ | ⋮ |
| 9 | 23.00 | 51.50 | 35.00 | 38.00 | 35.00 | 34.00 |
| 10 | 24.00 | 52.00 | 36.00 | 39.00 | 36.00 | 36.00 |
| 11 | 25.00 | 53.00 | 37.00 | 40.00 | 37.00 | 37.00 |
| ⋮ | ⋮ | ⋮ | ⋮ | ⋮ | ⋮ | ⋮ |
| Ad Val. | 4% | 4% | 4% | 4% | 4% | 4% |

[**实例二**]某货轮从上海港装运4.5公吨,共计15立方米的复印机运往新加坡,从上海到新加坡的燃油附加费为基本运费的35%,直航运费为10美元/运费吨,求该批货物的运费。

**计算方法：**

查上表复印机货物等级为11级，计费标准为W/M，$4.5<15$。

上海到新加坡的11级货物的基本运费率为37.00美元/运费吨。

基本运费 = 37.00 × 15 = 555.00（美元）

燃油附加费 = 555.00 × 35% = 194.25（美元）

直航附加费 = 10 × 15 = 150（美元）

总运费 $F=(R+S)=555.00+194.25+150=899.25$（美元）

**[实例三]** 我方出口商品共100箱，每箱体积为30 cm × 60 cm × 50 cm，毛重为40千克，查货物分级表得知该货为9级，计费标准为W/M，基本运费为HKD109/运费吨，另收燃油附加费20%，港口拥挤费20%，货币贬值附加费10%，试计算该批货物的运费。

**计算方法：**

每箱体积 = 30 cm × 60 cm × 50 cm = 0.09（$m^3$）

因每箱毛重为0.04M/T，$0.09>0.04$，故应选0.09 $m^3$计算运费。

总体积 = 0.09 × 100 = 9（$m^3$）

总运费 $F=(R+S)\times Q=109\times 9\times(1+20\%+20\%+10\%)=1471.50$（港元）

**2. 集装箱班轮运费的计算**

一般班轮运费的计收方法同时也被广泛应用于计算集装箱货物的运费和其他费用，即在费率表中规定了基本运费和附加运费。集装箱班轮运输中的附加费也与杂货班轮运输中的情况相似。

但是，实践中有时会将基本运费和附加费合并在一起，以包干费（All in Freight）的形式计收运费。此时的运价称为包干费率，又称“全包价”（All in Rate, A. I. R）。

**1）集装箱班轮运费的计算**

集装箱班轮运输中整箱货物基本运费的计算方法有两种。

（1）采用与计算普通杂货班轮运输基本运费相同的方法，对具体的航线按货物的等级和不同的计费标准来计算基本运费。

（2）仅按箱型、尺寸的包箱费率（Box Rate）而不考虑货物种类和级别计算基本运费。包箱费率指对单位集装箱计收的运费率。包箱费率也称为“均一费率”（Freight All Kinds, FAK）。采用包箱费率计算集装箱基本运费时，只需要根据具体航线以及箱型、尺寸所规定的费率乘以箱数即可。

以上两种基本运费的计算方法中，以后一种更为常用，见图2.2.1。

**TARIFF**
**Red Sea Ports**

**Validity: fm 1st,May to 14th,May 2012**

| POD | 20GP | 40DV | 40HQ | Surcharges (Subject to) |
|---|---|---|---|---|
| SALALAH | 2000 | 3500 | 3500 | BUC, PRS |
| Aden | 2000 | 3475 | 3475 | BUC, PRS |
| Hodeidah | 2000 | 3475 | 3475 | BUC, PRS |
| Dijibouti | 1950 | 3375 | 3375 | BUC, PRS |
| Jeddah | 1750 | 2875 | 2875 | BUC, PRS |
| Aqaba | 1775 | 2975 | 2975 | BUC, PRS |
| Sokhna | 1775 | 2975 | 2975 | BUC, PRS |
| Port Sudan | 2000 | 3575 | 3575 | BUC, PRS |

**Remark:**

**1) All above rates are subjected to BUC USD515/teu wef 1st,May 2012**
**2) All above rates are subjected to PRS USD55/teu**
**3) Subject to Dangerous cargo surcharge USD150/teu**

图 2.2.1　MSC 集装箱班轮运输运价表实样

注:1. 所有上述运价自 2012 年 5 月 1 日加征燃油附加费(Bunker Surcharge),每箱 515 美元;

2. 所有上述运价加征代理费 (Profit Surcharge),每箱 55 美元;

3. 危险品加征附加费,每箱 150 美元。

### 2)拼箱货海运费的计算

目前,各船公司对集装箱运输的拼箱货运费的计算,基本上是依据件杂货运费的计算标准,按所托运货物的实际运费吨计费,即尺码大的按尺码吨计费,重量大的按重量吨计费;另外,在拼箱货海运运费中还要加收与集装箱有关的费用,如拼箱服务费等。由于拼箱货涉及不同的收货人,因而拼箱货不能接受货主提出的有关选港或变更目的港的要求,所以,在拼箱货海运运费中没有选港附加费和变更目的港附加费。拼箱报价见表 2.2.3。

表 2.2.3　拼箱报价

| 欧 洲 航 线 | | 运价 | 船期 | 船公司 | 中转港 | 预计航程 |
|---|---|---|---|---|---|---|
| Vienna | 维也纳 | 25 | 五 | CMA | HAM | 15 |
| Linz | 林茨 | 10 | 三、四 | OC/CMA | HAM | 40 |
| Antwerp | 安特卫普 | 155 | 四 | CMA | DIR | 30 |
| Brussels | 布鲁塞尔 | 35 | 四 | CMA | ANT | 40 |
| Tallin | 塔林 | 25 | 三、六 | MOL/RCL | HAM | 45 |
| Oslo | 奥斯陆 | 65 | 四 | CMA | AAR | 45 |
| Arhus | 阿尔胡斯 | 90 | 四 | CMA | DIR | 35 |

续表

| 欧洲航线 | | 运价 | 船期 | 船公司 | 中转港 | 预计航程 |
|---|---|---|---|---|---|---|
| Copenhagen | 哥本哈根 | 90 | 四 | CMA | AAR | 40 |
| Aberdeen | 阿伯丁 | 60 | 三、四 | YMLCMA | SOU | 33 |
| Birmingham | 伯明翰 | 85 | 三、四 | YML/CMA | SOU | 33 |

**3)滞期费**

集装箱班轮运输中的滞期费是指在集装箱货物运输中,货主未在规定的免费堆存时间内(通常为14天),前往指定的集装箱堆场或集装箱货运站提取货物及交还集装箱,而由承运人向货主收取的费用,实践中也称其为滞箱费。滞期费按天计算。一般情况下,20′集装箱滞期11~20天滞箱费每日40元人民币,各船公司对滞期天数和每日滞期费规定略有差异。

## 练习题

**一、单项选择题**

1. 如果国际货物买卖是以FOB贸易术语条件成交,此时订舱工作就可能在货物的卸货地或输入地由进口商办理,该类货物在国际海上集装箱货运代理实践中通常被称为(　　)。

A. 特约货　　B. 指定货　　C. 和约货　　D. 买方货

2. 在国际海上货物运输中,若按照货物重量或体积或价值三者中较高的一种计收海运费,则船公司运价表内以(　　)表示。

A. "W/M"　　B. "W/M plus Ad Val."

C. "W/M or Ad Val."　　D. "Ad Val."

3. 运价本是船公司承运货物向托运人据以收取运费的费率表的汇总,不包括下列各项中(　　)。

A. 条款和规定　　B. 费率　　C. 船舶规范　　D. 商品分类

4. 某国际货代公司接受货主委托后,以自己的名义到船公司办理了订舱业务,并向保险人投保了货代责任险。由于信用证规定的装运期为8月10至20日,而货物于8月22日装船。为了不影响货主办理结汇业务,该货代公司向货主签发了日期为8月20日的倒签提单,由此给收货人造成了损失。本案中应对损失承担赔偿责任的是(　　)。

A. 保险人　　B. 国际货代公司　　C. 货主　　D. 船公司

5. 某出口商品每件净重30千克,毛重34千克,体积每件为45 cm×35 cm×22 cm,如班轮运价运费计算标准为W/M 10级,船公司计算运费时(　　)。

A. 按净重计收运费　　B. 将由托运人自由选定

C. 按体积计收运费　　D. 将由承运人自由选定

**二、判断题(正确A,错误B)**

1. PSS是目前国际海上集装箱班轮运输中出现的一种附加费,是在托运人要求承运人承担超过提单上规定的赔偿责任限额时承运人增收的附加费。(　　)

2. 如果在货物买卖合同中载明"CIF Landed",则表示买卖双方对货物在卸货港的卸货费

做了特别规定。(　　)

3. 在运价本中,一般长度超过9米的件杂货就可能要加收超长附加费。(　　)

4. 在运价本中,一般重量超过5公吨的件杂货就可能要加收超重附加费。(　　)

5. 在集装箱班轮运输中,FAK是指均一费率。(　　)

**三、计算题**

1. 从我国A港通过海运向国外C港运输一件货物,因甲班轮公司无直达航线,途中须在B港转船,该票货物毛重为8500 kgs,外形尺寸为9.5米×1.8米×2.2米。该票货物按W/M计收运费,基本运费为USD80/FT,转船附加费为USD20/FT。由于该票货物属于超重超大货物,还应收取超长与超重附加费,超重附加费为超出基准部分USD100/MT,超长附加费为超出基准部分USD150/MT。请计算该票货物的海运运费。

2. 某进出口公司委托一国际货运代理企业代办一小桶货物以海运方式出口国外。货物的重量为0.5吨,小桶(圆的)的直径为0.7米,桶高为1米。货代最后为货主找到一杂货班轮公司实际承运该货物。货代查了船公司的运价本,运价本中对该货物运输航线、港口、运价等的规定为:基本运价是每运费吨支付100美元(USD100/Freight Ton);燃油附加费按基本运费增收10%(BAF10%);货币贬值附加费按基本运费增收10%(CAF10%);计费标准是"W/M";起码提单按1运费吨计算(Minimum freight:one freight ton)。请计算该批货物的运费并回答以下问题。

(1)货物的计费吨(运费吨)是多少?

(2)该批货物的基本运费是多少?

(3)该批货物的附加运费是多少?总的运费是多少?

3. 某出口商以CFR成交一批出口货物,货物成交价USD350000。该出口商委托甲货运代理人查问这批货物从装货港到卸货港的海运运费。甲货运代理人从乙船公司那里得知运输这批货物按从价运费的方式计收运费,并且"Ad Val."是0.6%。需要支付的海运运费是多少?

4. 我国某出口商委托国际货运代理人出运一票货物,共装5个20英尺集装箱(TEU)。假设从国内某港口到国外某港口的基本费率是USD2000/20′(TEU),附加费BAF是USD700/TEU,EBS是USD200/TEU,PSS是USD300/TEU,CAF是USD200/TEU。请回答以下问题。

(1) 托运人应支付多少运费?

(2) 如果该出口商要求货运代理人报"ALL IN RATE",那么"ALL IN RATE"是多少?

(3) 如果该出口商要求货运代理人报"ALL IN FREIGHT",那么托运人应支付多少运费?

# 3 海运提单与国际货物运输公约

## 3.1 海运提单基本知识

### 3.1.1 提单的定义

《中华人民共和国海商法》以下简称《海商法》第 71 条给提单下的定义:“提单,是指用以证明海上货物运输合同和货物已经由承运人接收或者装船以及承运人保证据以交付货物的单证。提单中载明的向记名人交付货物,或者按照指示人的指示交付货物,或者向提单持有人交付货物的条款,构成承运人据以交付货物的保证。”这一定义源自《汉堡规则》第一条第 7 项,它明确地说明了提单的性质与作用。

提单在国际班轮运输中既是一份非常重要的业务单据,又是一份非常重要的法律文件。提单是国际海上货物运输中最具有特色的运输单据。在国际贸易中,提单也起到了贸易单证的作用,是一种有价证券。

### 3.1.2 提单的作用

根据法律的规定,提单具有三项主要的作用。

**1. 海上货物运输合同的证明(Evidence of the Contract of Carriage)**

提单的印刷条款规定有承运人与货物关系人之间的权利、义务,提单也是法律承认的处理有关货物运输争议的依据,因此,有人会认为提单本身就是运输合同。但是,提单并不具有作为经济合同应具备的基本条件,构成运输合同的主要项目诸如船名、开航日期、航线、靠港及其他有关货运条件都是事先公布,而且是众所周知的。至于运价和运输条件也是承运人预先规定的,提单条款仅是承运人单方面制定的,而且在提单上只有承运人单方的签字,且合同履行在前,签发提单在后,它只是在履行运输合同的过程中出现的一种证据。而合同实际上是在托运人向承运人或其代理人订舱、办理托运手续时就已成立,确切地说承运人或其代理人在托运人填制的托运单上盖章时,承、托之间的合同就已成立。所以,将提单称为“海上货物运输合同已存在的证明”更为合理。

提单是运输合同成立的证明。如果在签发提单之前,承、托双方另有约定,且该约定又不同于提单条款规定的内容,则以该约定为准。如果在签发提单之前,承、托双方并无约定,且托运人在接受提单时又未提出任何异议,这时才可将提单条款推定为合同条款的内容,从而约束承、托双方,提单才能从运输合同成立的证明转化为运输合同本身。当提单转让给善意的第三人(提单的受让人、收货人等)以后,承运人与第三人之间的权利、义务等就按提单条款的规定处理,即此时提单就是第三人与承运人之间的运输合同。中国《海商法》第 78 条第 1 款规定:“承运人与收货人、提单持有人之间的权利、义务关系,依据提单规定确定。”

**2. 货物已由承运人接管的收据(Receipt for the Goods Shipped)**

首先,货物的原始收据不是提单,而是大副收据或者是场站收据。

收货待运提单是证明承运人已接管货物、具有明显的货物收据功能的单证。

已装船提单是在货物装船后，根据货物的原始收据——大副收据等签发的，提单上记载有证明收到货物的种类、数量、标志、外表状况的内容。此外，由于国际贸易中经常使用FOB，CFR和CIF三个传统的价格术语，在这三个传统的"装运合同"（Shipment Contract）价格术语下，是以将货物装船象征卖方将货物交付给买方，货物装船时间也就意味着卖方的交货时间，因此，提单上还记载有货物装船的时间。用提单来证明货物的装船时间是非常必要的，因为作为履行贸易合同的必要条件，如果卖方未将货物按时装船，银行就不会接受该提单。

承运人签发提单，就表明他已按提单上所列内容收到货物。但是，提单作为货物收据的法律效力在不同的当事人之间也是不同的。

**3. 承运人保证凭以交付货物的物权凭证（Document of Title）**

承运人或其代理人在目的港交付货物时，必须向提单持有人交货。在这种情况下，即使是真正的收货人，如果不能递交正本提单，承运人也可以拒绝对其放行货物。也就是说，收货人是根据提单物权凭证的功能，在目的港以提单相交换来提取货物。

提单作为物权凭证的功能是用法律的形式予以确定的，提单的转移就意味着提单上所记载货物的转移，提单的合法受让人或提单持有人就有权要求承运人交付提单上所记载的货物。除提单中另有规定外，提单的转让是不需要经承运人同意的。

提单具有物权凭证的功能使提单所代表的"物权"可以随提单的转移而转移，提单中所规定的权利和义务也随着提单的转移而转移。即使货物在运输过程中遭受损坏或灭失，货物的风险也已随提单的转移而转移给了提单的受让人。提单的受让人能否得到赔偿将取决于有关海上货物运输的法律、国际公约和提单条款的规定。

提单的转让是受时间上的制约的。在办理提货手续前，提单可以转让。一旦办理了手续后，该提单就不能再转让了。

### 3.1.3 提单的份数和签发日期

提单有正本提单和副本提单之分，通常所说的提单都是指正本提单。副本提单只用于日常业务，不具有法律效力。

为了防止提单遗失、被窃或在转递过程中发生意外事故造成灭失，各国海商法和航运习惯都允许为一票货物签发一套多份正本提单。签发正本提单的份数应分别记载于所签发的各份正本提单上。在提单上注明为一票货物所签发的正本提单份数，可以使提单的合法受让人了解全套正本提单的份数，防止提单流失在外而引起的纠纷，保护提单受让人的利益；也可以使接受提单结汇的银行，或者使在变更卸货港交付货物的承运人的代理人了解用以办理结汇或者提取货物的提单是否齐全。

另外，正本提单应标注"Original"字样。通常全套正本提单一式三份。

提单上记载的提单签发日期应是提单上所列货物实际装船完毕的日期。集装箱班轮运输中，为了给承运人签发提单提供方便，实践中大多以船舶开航之日（Sailing Date）作为提单签发日期。

### 3.1.4 提单的签发人与签署

提单必须经签署才产生效力。有权签发提单的人包括承运人本人、载货船船长或经承运人授权的代理人。

承运人与托运人订立海上货物运输合同，他是合同的当事人，当然有权签发提单。各国法律都承认载货船船长是承运人的代理人，因此，签发提单属于船长的一般职权范围之内的事，而不必经过承运人的特别授权。代理人签发提单必须经承运人特别授权，否则代理人是无权代签提单的。

承运人(ABC)本人签发提单显示：ABC AS CARRIER。

代理人(XYZ)代签提单显示：XYZ AS AGENT FOR ABC AS CARRIER。

载货船船长(OPQ)签发提单显示：CAPTAIN OPQ AS MASTER。

提单签署的方法除了传统的手签方法外，只要没有特殊的规定，就可以采用印摹、盖章，或任何其他机械的或电子的方法，但须符合或不违反提单签发地所在国国家的法律。

### 3.1.5 提单的背书

提单是“物权凭证”，不论是记名提单、不记名提单，还是指示提单，在凭提单提货或者换取提货单时，收货人都应在提单上记载提货的意思表示。通常是由收货人在提单的背面盖章、签字。

关于提单转让的规定为：记名提单，不得转让；不记名提单，无须背书即可转让；指示提单，经过记名背书或者空白背书即可转让。

通常所说的“背书”是指“指示提单”在转让时所需要进行的背书。背书是指转让人(背书人)在提单的背面写明或者不写明受让人，并签名的手续。实践中，背书有记名背书、指示背书和不记名背书等几种方式。

**1. 记名背书**

记名背书，也称完全背书，是指背书人在提单背面写明被背书人(受让人)的名称，并由背书人签名的背书形式。经过记名背书的指示提单将成为记名提单性质的指示提单。

**2. 指示背书**

指示背书是指背书人在提单背面写明“凭× × ×指示”的字样，同时由背书人签名的背书形式。经过指示背书的指示提单还可以继续进行背书，但背书必须连续。

**3. 不记名背书**

不记名背书，也称空白背书，是指背书人在提单背面由自己签名，但不记载任何受让人的背书形式。经过不记名背书的指示提单将成为不记名提单性质的指示提单。

以下是实践中常遇到的一些情况。

指示提单的“收货人”一栏通常会记载 TO THE ORDER OF ABC CO. ,LTD. 翻译为“凭 ABC 公司指示”，必须由 ABC CO. ,LTD. 首先背书；TO ORDER 即 TO ORDER OF SHIPPER，翻译为“凭发货人指示”，则是由 SHIPPER 首先背书。背书人除履行签名的手续外，还可写明受让人，如 TO DELIVER TO XYZ CO. ,LTD. ，此时 XYZ CO. , LTD. 不能继续背书转让该提单；如果写成 TO DELIVER TO THE ORDER OF XYZ CO. ,LTD. 则 XYZ CO. , LTD. 还可继续背书转让，且应连续背书。

## 3.2 提单的种类

随着世界经济的发展，国际海上货物运输中所遇到的海运提单种类也越来越多。通常使用的提单为全式提单(Long Form B/L)或称为繁式提单,即提单上详细列有承运人和提单关系人之间权利、义务等条款的提单。此外,还有简式提单(Short Form B/L),即提单上印有“Short Form”字样,而背面没有印刷有关承运人与提单关系人权利、义务条款,或者背面简单列有注明以承运人全式提单所列条款为准的提单。有时信用证会明确规定不接受简式提单。在此介绍实践中经常会遇到的一些提单基本种类和特殊情况。

### 3.2.1 基本种类

这类提单是指在正常情况下,符合法律要求所使用的提单。由于提单分类的标准不同,因此就有以下多种情况。

**1. 以货物是否已装船为标准分类**

**1) 已装船提单(Shipped on Board B/L)**

已装船提单指整票货物全部装船后,由承运人或其代理人向托运人签发的货物已经装船的提单。该提单上除了载明其他通常事项外,还须注明装运船舶名称和货物实际装船完毕的日期。

**2) 收货待运提单(Received for Shipment B/L)**

收货待运提单简称待装提单或待运提单,是指承运人虽已收到货物但尚未装船,应托运人要求而向其签发的提单。由于待运提单上没有明确的装船日期,而且又不注明装运船的船名,因此,在跟单信用证的支付方式下,银行一般都不接受这种提单。

当货物装船后,承运人在待运提单上加注装运船舶的船名和装船日期,就可以使待运提单成为已装船提单。

**2. 以提单收货人一栏的记载为标准分类**

**1) 记名提单(Straight B/L)**

记名提单指在提单“收货人”一栏内具体填上特定的收货人名称的提单。记名提单只能由提单上所指定的收货人提取货物。记名提单不得转让。

记名提单可以避免因转让而带来的风险,但也失去了其代表货物可转让流通的便利。银行一般不愿意接受记名提单作为议付的单证。

**2) 不记名提单(Open B/L or Blank B/L)**

不记名提单指在提单“收货人”一栏内注明应向提单持有人交付货物(to the bearer 或 to the holder)或在提单“收货人”一栏内不填写任何内容(空白)的提单。不记名提单无须背书即可转让。也就是说,不记名提单由出让人将提单交付给受让人即可转让,谁持有提单,谁就有权提货。

**3) 指示提单(Order B/L)**

指示提单指在提单“收货人”一栏内只填写“凭指示”(to order)或“凭某人指示”(to order of ×××)字样的提单。指示提单经过记名背书或空白背书转让。指示提单除由出让人将提单交付给受让人外,还应背书,这样提单才得到了转让。

如果提单的收货人一栏只填写“to order”,则称为托运人指示提单。记载“to order of shipper”与记载“to order”是一样的托运人指示提单。在托运人未指定收货人或受让人以前,货物仍属于托运人。

如果提单的收货人一栏填写了“to order of ×××”，则称为记名指示提单。这种情况下，由记名的指示人指定收货人或受让人。在开立的信用证中，记名的指示人（“×××”）通常为银行。

**3. 以对货物外表状况有无批注为标准分类**

**1）清洁提单（Clean B/L）**

清洁提单指没有任何有关货物残损、包装不良或其他有碍于结汇的批注的提单。

事实上提单正面已印有“外表状况明显良好”（in apparent good order and condition）的词句，若承运人或其代理人在签发提单时未加任何相反的批注，则表明承运人确认货物装船时外表状况良好的这一事实，承运人必须在目的港将接受装船时外表状况良好的同样货物交付给收货人。在正常情况下，向银行办理结汇时，都应提交清洁提单。

**2）不清洁提单（Unclean B/L or Foul B/L）**

不清洁提单指承运人在提单上加注有货物及包装状况不良或存在缺陷，如水湿、油渍、污损、锈蚀等批注的提单。承运人通过批注，声明货物是在外表状况不良的情况下装船的，在目的港交付货物时，若发现货物损坏可归因于这些批注的范围，从而减轻或免除自己的赔偿责任。在正常情况下，银行将拒绝以不清洁提单办理结汇。

**4. 以运输过程为标准分类**

**1）直达提单（Direct B/L）**

直达提单指由承运人签发的，货物从装货港装船后，中途不经过转船而直接运抵卸货港的提单。

**2）转船提单（Transshipment B/L or Through B/L）**

转船提单指在装货港装货的船舶不直接驶达货物的目的港，而要在中途港换装其他船舶运抵目的港，由承运人为这种货物运输所签发的提单。

**3）多式联运提单（Combined Transport B/L or Intermodal Transport B/L or Multimodal Transport B/L）**

多式联运提单指货物由海路、内河、铁路、公路和航空等两种以上不同运输工具共同完成全程运输时所签发的提单，这种提单主要用于集装箱运输。多式联运提单一般由承担海运区段运输的船公司签发。

**5. 以提单签发人为标准分类**

**1）班轮公司所签提单（Liner B/L）**

班轮公司所签提单指在班轮运输中，由班轮公司或其代理人所签发的提单。在集装箱班轮运输中，班轮公司通常为整箱货签发提单。

**2）无船承运人所签提单（NVOCC B/L）**

无船承运人所签提单指由无船承运人或其代理人所签发的提单。在集装箱班轮运输中，无船承运人通常为拼箱货签发提单，因为拼箱货是在集装箱货运站内装箱和拆箱，而货运站又大多有仓库，所以有人称其为仓/仓提单（House B/L）。当然，无船承运人也可以为整箱货签发提单。

### 3.2.2 特殊情况

这类提单是指在特殊情况下，可能是不符合法律规定或者对货运业务有一定影响时所使用的提单。这类提单也有多种情况。

**1. 以签发提单时间为标准分类**

**1) 预借提单(Advanced B/L)**

预借提单指由于信用证规定的装运期或交单结汇期已到,而货物尚未装船或货物尚未装船完毕时,应托运人要求而由承运人或其代理人提前签发的已装船提单。即托运人为能及时结汇而从承运人处借用的已装船提单。

当托运人未能及时备妥货物,或者船期延误使船舶不能如期到港,托运人估计货物装船完毕的时间可能要超过信用证规定的装运期甚至结汇期时,就可能采取从承运人那里借出提单用以结汇的办法。但是,承运人签发预借提单要冒极大风险,因为这种做法掩盖了提单签发时的真实情况。许多国家法律的规定和判例表明,一旦货物引起损坏,承运人不但要负责赔偿,而且还丧失享受责任限制和援用免责条款的权利。

**2) 倒签提单(Anti-date B/L)**

倒签提单指在货物装船完毕后,应托运人的要求,由承运人或其代理人签发的提单,但是该提单上记载的签发日期早于货物实际装船完毕的日期。即托运人从承运人处得到的是以早于货物实际装船完毕的日期作为提单签发日期的提单。由于倒填日期签发提单,所以称为"倒签提单"。

由于货物实际装船完毕日期的迟于信用证规定的装运日期,若仍按实际装船日期签发提单,肯定影响结汇,为了使签发提单日期与信用证规定的装运日期相吻合,以便结汇,托运人就可能要求承运人仍按信用证规定的装运日期"倒填日期"签发提单。承运人倒签提单的做法同样掩盖了真实的情况,因此要承担由此而产生的风险责任。

**3) 顺签提单(Post-date B/L)**

顺签提单指在货物装船完毕后,承运人或其代理人应托运人的要求而签发的提单,但是该提单上记载的签发日期晚于货物实际装船完毕的日期。即托运人从承运人处得到的是以晚于该票货物实际装船完毕的日期作为提单签发日期的提单。由于顺填日期签发提单,所以称为"顺签提单"。

由于货物实际装船完毕的日期早于有关合同中装运期限的规定,如果按货物实际装船日期签发提单将影响合同的履行,所以托运人就可能要求承运人按有关合同装运期限的规定"顺填日期"签发提单。承运人顺签提单的做法也掩盖了真实的情况,因此要承担由此而产生的风险责任。

**2. 其他特殊提单**

**1) 舱面货提单(On Deck B/L)**

舱面货提单指将货物积载于船舶露天甲板,并在提单上记载"on deck"字样的提单,也称甲板货提单。

积载在船舱内的货物(舱内货 Under Deck Cargo)比积载于舱面的货物所可能遇到的风险要小,所以承运人不得随意将货物积载于舱面运输。但是,按商业习惯允许装于舱面的货物、法律规定应装于舱面的货物、承运人与托运人协商同意装于舱面的货物可以装于舱面运输。另外,由于集装箱运输的特殊性,通常有1/3以上的货物要装于甲板,所以不论集装箱是否装于舱面，提单上一般都不记载“on deck”或“under deck”，商业上的这种做法已为有关各方当事人所接受。

2）并提单（Omnibus B/L）

并提单指应托运人要求，承运人将同一船舶装运的相同港口、相同货主的两票或两票以上货物合并而签发的一套提单。

托运人为节省运费，会要求承运人将属于最低运费提单的货物与其他提单的货物合在一起只签发一套提单，即将不同装货单号下的货物合起来签发相同提单号的一套提单。

3）分提单（Separate B/L）

分提单指应托运人要求，承运人将属于同一装货单号下的货物分开，并分别签发的多套提单。

托运人为满足商业上的需要，会要求承运人为同一票多件货物分别签发提单，如有三件货物时，分别为每一件货物签发提单，这样就会签发三套提单，即将相同装货单号下的货物分开签发不同提单号的提单。

4）交换提单（Switch B/L）

交换提单指在直达运输的条件下，应托运人要求，承运人同意在约定的中途港凭起运港签发的提单换发以该中途港为起运港的提单，并记载有“在中途港收回本提单，另换发以中途港为起运港的提单”或“switch B/L”字样的提单。

由于商业上的原因，为满足有关装货港的要求，托运人会要求承运人签发这种提单。签发交换提单的货物在中途港不换装其他船舶，而是由承运人收回原来签发的提单，再另签一套以该中途港为起运港的提单，承运人凭后者交付货物。

5）交接提单（Memo B/L）

交接提单指由于货物转船或联运或其他原因，在不同承运人之间签发的不可转让、不是“物权凭证”的单证。交接提单只是具有货物收据和备忘录的作用。

有时由于一票货物运输会由不同的承运人来运输或承运，为了便于管理，更是为了明确不同承运人之间的责任，就需要制作交接提单。

6）过期提单（Stale B/L）

过期提单指由于出口商在取得提单后未能及时到银行议付的提单。因不及时而过期，形成过期提单，也称滞期提单。

在信用证支付方式下，根据《跟单信用证统一惯例》的规定，如信用证没有规定交单的特定期限，则要求出口商在货物装船日起21天内到银行交单议付，也不得晚于信用证的有效期限。超过这一期限，银行将不予接受。过期提单是商业习惯的一种提单，但它在运输合同下并不是无效提单，提单持有人仍可凭其要求承运人交付货物。

## 3.3 提单内容与提单填制

（这部分内容填写请参阅图2.3.1“韩进海运公司海运提单实样”）

### 3.3.1 提单正面记载的内容

国际公约和各国国内立法均对提单需要记载的内容做了规定，以保证提单的效力。提单缺少上述一项或几项并不影响提单的性质。在实践中，提单内容主要包括下列事项。

**1. 承运人名称（Name of the Carrier）**

承运人是运输合同的一方当事人，在提单上记载其名称，以便收货人明白谁是合同中的承运人。当然，一般提单上已印有船东的名称和公司地址，提单记明承运人名称实属必要。

**2. 托运人名称（Name of the Shipper）**

托运人是运输合同的另一方当事人，这项记载的必要性更是不言而喻。正如以上所述，提单作为一种物权证书，如果是托运人指示提单，则提单必须由托运人背书后方可转让。

**3. 收货人名称（Name of the Consignee）**

收货人自取得提单之时起，便成了提单的关系人。有关收货人名称的记载方法因不同需要而有所不同，如记名提单直接载明收货人名称；指示提单只载明指示人名称，也可只记"指示"字样，即由托运人指示。

**4. 通知人名称（Name of the Notified Party）**

几乎所有的提单上都有通知人名称这一项，但在记名提单上就没有必要再填上通知人名称了，因为记名提单上已经写明了具体收货人的名称。但在指示指单上，因没有写明具体收货人名称，船公司在卸货港的代理人无法与收货人联系及时办理报关、提货手续，托运人往往在通知人栏目中写明通知人的名称、地址或公司名称。通知人一般为预定的收货人或收货人委托的代理人。

**5. 装货港、卸货港（Port of Loading/Port of Discharge）**

从法律的角度来看，这些记载有利于确定法院的管辖权和确定运输合同的准据法。同时还明确了港口，如在哪个港口卸货等。

**6. 货物名称、标志、包装件数、重量和体积等（Description of Goods/Marks&Nos./Number of Packages/Gross Weight/Measurement）**

以上记载事项一般都由托运人提供，应该说这些有关货物的说明是提单内容中重要的部分。因为在大多数情况下，提单受让人不可能通过亲自检验的方法来判断货物的数量和质量，而只能根据提单中对货物的说明支付货款。所以为了维护提单的信用和效力，一方面托运人必须保证其所提供的货物与提单上的记载相吻合，不得有误述和虚报；另一方面承运人应将货物的实际状况与提单上的记载进行仔细核对，若发现有不符之处，应在提单上批注。

**7. 运费的支付**

运费是由货主对安全运送和交付货物向承运人支付的酬劳，也是运输合同成立的对价条件。因此，有关运费由谁支付、何时支付，都应在提单上注明。若货主拒绝支付运费和其他有关的费用，根据提单条款规定，承运人对货物享有留置权。

**8. 提单的签发日期、地点和份数**

提单的签发日期应该是提单上所列货物实际装船完毕的日期，也应该与收货单上大副所签的日期是一致的。若违反这一原则，无论是提前或推迟，都将产生外贸合同中买卖双方、运输合同中承运人与货方的法律责任问题，不仅会导致贸易合同撤销的责任方的赔偿，而且可能会追究承运人签发倒签提单或预借提单的法律责任。

提单签发的地点原则上应是装货地点，一般是在装货港或货物集中地签发。

提单签发的份数，按航运惯例通常是正本提单一式三份。每份具有同等效力，收货人凭其中一份提取货物后，其他各份自动失去其效力。但副本提单的份数可视托运人的需要而定。不过，副本提单不能作为物权凭证或背书转让，只能供有关作业的参考。

**9. 承运人或载货船船长，或由其授权的人签字或盖章**

提单必须经过签署手续后才能生效。有权签署提单的有承运人或载货船船长，或由他们授权的代理人签署。

当今国际航运中，尤其是班轮货物运输中，大多由船公司的代理人签发提单，但代理人必须经由船公司授权方能行使提单签发权，经授权的代理人签署提单与承运人签署提单一样有效。根据一般法律规定，承运人对代理人的行为要负责。

**10. 如果签发多式联运提单，则还应有接收货物的地点（Place of Receipt）和交付货物的地点（Place of Delivery），还有前程运输（Pre-carriage by）**

另外，无船承运人提单中还会有"for delivery of goods, please apply to "一栏，供填写无船承运人在目的地的分支机构或者其代理人的地址、电话等内容，以便该提单的持有人联系提货。

当然，提单还会有提单的编号（提单号，B/L No.）等内容。

### 3.3.2 提单正面和背面的印刷条款

**1. 提单正面的印刷条款**

在提单的正面通常会有以下印刷条款。

**1）确认条款**

该条款是承运人表示在货物或集装箱外表状况良好的条件下接受货物或集装箱，并同意承担按照提单所列条款，将货物或集装箱从装货港或起运地运往卸货港或交货地，把货物交付给收货人的责任的条款。该条款的英文措辞通常为：

"Received in apparent good order and condition except as otherwise noted the total number of containers or other packages or units enumerated below for transportation from the place of receipt to the place of delivery subject to the terms and conditions hereof."

**2）不知条款**

该条款是承运人表示没有适当的方法对所接受的货物或集装箱进行检查，所有货物的重量、尺码、标志、品质等都由托运人提供，并不承担责任的条款。但是，"不知条款"并不一定有效。该条款的英文措辞通常为：

"Weight, measurement, marks&numbers, quality, contents and value if mentioned in this Bill of Lading are to be considered unknown unless the contrary has been expressly acknowledged and agreed to. The signing of this Bill of Lading is not to be considered as such an agreement."

**3）承诺条款**

该条款是承运人表示承认提单是运输合同成立的证明，承诺按照提单条款的规定承担义务和享受权利,而且也要求货主承诺接受提单条款制约的条款。由于提单条款是承运人单方拟定的,该条款表明货主接受提单也就接受了提单条款的制约,所以也称代拟条款。该条款的英文措辞通常为:

"On presentation of this Bill of Lading duly endorsed to the Carrier by or on behalf of the holder of the Bill of Lading, the rights and liabilities arising in accordance with the terms and conditions hereof shall, without prejudice to any rule of common law or statute rendering them binding on the Merchant, become binding in all respects between the Carrier and the holder of the Bill of Lading as though the contract evidenced hereby had been made between them."

**4)签署条款**

该条款是承运人表明签发提单(正本)的份数,各份提单具有相同效力、其中一份完成提货后其余各份自行失效和提取货物必须交出经背书的一份提单以换取货物或提货单的条款。该条款的英文措辞通常为:

"One original Bill of Lading must be surrendered duly endorsed in exchange for the goods or delivery order. In witness whereof the number of original Bill of Lading stated under have been signed, all of this tenor and date, one of which being accomplished, the other(s) to stand void."

**2. 提单背面的印刷条款**

全式提单的背面印有各种条款。提单背面条款可以分为两类,一类是强制性条款,另一类是任意性条款。

强制性条款的内容不能违反有关国际公约、国内法律或港口的规定,违反或不符合这些规定的条款无效。中国《海商法》第四章"海上货物运输合同"中第44条规定:"海上货物运输合同和作为合同凭证的提单或者其他运输单证中的条款,违反本章规定的,无效。"《海牙规则》第3条第8款规定:"运输契约中的任何条款、约定或协议,凡是解除承运人或船舶由于疏忽、过失或未履行本条规定的责任与义务,因而引起货物的或与货物有关的灭失或损害,或以本规定以外的方式减轻这种责任的,都应作废并无效。"但是《海牙规则》、《海牙—维斯比规则》、中国《海商法》等国际公约和各国有关提单的法规都没有对承运人扩大责任或放弃某些免责的条款加以限制。

任意性条款是国际公约、国内法律或港口规定中没有明确规定,允许承运人自行拟定的条款。这些条款也是表明承运人与托运人、收货人或提单持有人之间承运货物的权利、义务、责任与免责的条款,是解决争议的依据。

但是,这些条款并不一定都有效。此外,提单上还会有承运人以另条印刷、刻字印章或打字、手写的形式加列的适用于某些特定港口或特种货物运输的条款,或托运人要求加列的条款。

**HANJIN SHIPPING BILL OF LADING**

Hanjin Internet Service
www.hanjin.com

SHIPPER/EXPORTER(COMPLETE NAME AND ADDRESS)
SINO EUROPE SHIBO IMP AND EXP
CO.,LTD.
ADD: A-15E,HUASHENG PLAZA, NO.146
WEIDI ROAD, HEXI DISTRICT,
TIANJIN,CHINA.TEL:0086-316-5793116

BOOKING NO. TSNXXH04622 (DOCUMENT NO.) EXPORT DEC Y
EXPORT REFERENCES

CONSIGNEE(COMPLETE NAME AND ADDRESS)NON-NEGOTIABLE UNLESS CONSIGNED TO ORDER)
TO THE ORDER OF ISLAMI BANK
BANGLADESH LTD.
STATION ROAD BRANCH,CHITTAGONG,
BANGLADESH

FORWARDING AGENT REFERENCES(COMPLETE NAME AND ADDRESS)

NOTIFY PARTY(COMPLETE MAILING ADDRESS)
NISHARA MARKETING DISTRIBUTION
NOOR MARKET,RAHAMATUNNESSA ROAD,
REAZUDDIN BAZAR,CHITTAGONG,
BANGLADESH.
TEL:88-031-2854796**

POINT AND COUNTRY OF ORIGIN

ALSO NOTIFY(NAME AND FULL ADDRESS)/DOMESTIC ROUTING
**TIN NO.346-107-0371

PIER OR PLACE OF RECEIPT: XINGANG PORT,CHINA
PRE-CARRIAGE BY:
VESSEL VOY (FLAG): HANJIN NHAVA SHEVA 0022W
PORT OF LOADING: XINGANG PORT,CHINA
TYPE OF MOVE:
CONTAINERIZED(Vessel only): ☑ Yes ☐ No
PORT OF DISCHARGE: CHITTAGONG PORT
PLACE OF DELIVERY (BY ON CARRIER): CHITTAGONG PORT
FINAL DESTINATION(FOR THE MERCHANT'S REFERENCE ONLY)

PARTICULARS FURNISHED BY SHIPPER

| CONTAINER NO. SEAL NO. MARKS & NOS. | NO. OF PKGS. OR CONTAINERS | H M | KIND OF PACKAGES:DESCRIPTION OF GOODS | TOTAL GROSS WEIGHT KGS (POUNDS) | TOTAL MEASUREMENT CBM(CFT) |
|---|---|---|---|---|---|
| | | | -SHIPPER'S LOAD & COUNT- | 6,600.000 | 65.000 |
| TRLU6817335 CY/CY<br>S/CH6782255 500RO<br>6600.000KGS 65.000CBM<br>GLOBAL | 500<br>1X40HC | | ROLLS IN TOTAL<br>CONTAINER SAID TO CONTAIN:<br>GLASS WOOL<br>L/C NO.:0877-10-01-0014<br>DATE OF ISSUE:100110<br>COUNTRY ORIGIN:CHINA<br>SHIPPED ON BOARD | | |

ORIGINAL

-FREIGHT PREPAID-
CY/CY

Optional Declared Value for increased freight charges to avoid Package Limitation US$

TOTAL NO. OF PACKAGES OR CONTAINERS(IN WORDS): 1X40HC CONTAINER(S) ONLY

| FREIGHT AND CHARGES | RATED AS | RATE | PER | PREPAID | COLLECT |
|---|---|---|---|---|---|
| | | FREIGHT ALL AS ARRANGED | | | |

LADEN ON BOARD THE VESSEL
Date 12Apr2010
BY

PLACE OF B(s)/L ISSUE: TIANJIN,CN
NUMBER OF ORIGINAL B(s)/L: THREE (3)
DATE OF B(s)/L ISSUE: 12Apr2010
B/L NO.: HJSCXNG117660107

HANJIN SHIPPING (CHINA) CO.,LTD.
TIANJIN
AS AGENT(S)
FOR THE CARRIER NAMED ABOVE

RECEIVED by the Carrier from the Shipper in apparent good order and condition unless otherwise indicated herein, the Goods, or the container(s) or package(s) said to contain the cargo herein mentioned, to be carried subject to all the terms and conditions provided for on the face and back of this Bill of Lading ... [illegible]

If REQUIRED by the Carrier, this Bill of Lading duly endorsed must be surrendered in exchange for the Goods or delivery order ... [illegible]

IN ACCEPTING THIS BILL OF LADING the Merchant agrees to be bound by all the stipulations, exceptions ... [illegible]

TOTAL
AT

HANJIN SHIPPING CO., LTD.

图 2.3.1 韩进海运公司海运提单实样

## 3.4 海运单与电放

电放与海运单都是为了便利海上运输而创设的，而且在目前的国际集装箱班轮运输实践中经常使用。根据对中日航线一些集装箱班轮所使用单证的统计，按票数计，使用提单的情况仍高达90%左右，使用电放的已占8%左右，而使用海运单的只占2%左右。然而，人们在选择使用电放还是使用海运单时，往往是人云亦云，盲目地选择。在研究选择使用电放还是使用海运单的问题时，必须首先明确电放和海运单的基本概念。

### 3.4.1 电放（Telex Release）

在我国的国际集装箱班轮的近洋航线上，于1993年年初，出现了"电放"的概念。

**1. 电放的概念**

"电放"是狭义上的概念，即托运人将货物装船后将承运人（或其代理人）所签发的全套正本提单交回承运人（或其代理人），同时指定收货人（非记名提单的情况下）；承运人授权通常是以电传、电报等通信方式通知其在卸货港的代理人，在收货人不出具正本提单（已收回）的情况下交付货物。

所谓电放提单，是指船公司或其代理人签发的注有"Surrendered"或"Telex Release"字样的提单。电放提单是以传统提单为基础的一种变通做法。在船、货双方使用提单情况下，由托运人向船公司提出申请并提供保函后，由船公司申请并提供保函、电传通知目的港代理，某票货物无须凭正本提单放货，收货人可凭收货人公司盖章的电放提单传真件或凭身份证明提取货物。

**2. 电放的应用**

电放提单的产生主要是为了解决目的港"货到提单未到"的矛盾。提单的正常流转是以其能在货物到达目的港之前到达收货人手中为前提的，这在过去是不成问题的。随着国际集装箱运输的普及，货物装卸速度加快，船舶在海上的航行时间也缩短，货物从装运港装上船舶经运输直到卸货港卸到码头上的时间大大减少；另一方面，提单的流转速度并没有加快，仍将经历多次背书、结汇、审单、邮寄等环节，一般在数十天之后才到达最后收货人手中，这样不可避免地产生"货等单"的矛盾，这一矛盾在近洋运输显得更加突出。比如天津到韩国海运只需两三天时间，而提单则需一周时间才可寄达收货人，在"货等单"情况下，如果坚持凭正本提单提货，势必造成货物在目的港压船、压港，港口费用和仓储费用大幅增加，买方也失去了及时销售货物的有利商机。实践中经常采用的解决办法是承运人凭收货人提供的保函无单放货。

**3. 电放流程**

电传、传真时代：先是交回正本，声明放弃，改用 release 形式放货。由船公司统一对目的港发电放指令，同时在发货人放弃的正本提单上加盖电放章，回复给发货人，以证明此票货物已经电放。发货人将此电放提单传真给收货人，以凭此收货。

后来，在传真与邮件过渡时期，船公司开始改变电放格式：不再在正本提单上加盖任何与电放有关的签章，或者出具带有电放字样的提单，而是直接收回正本，改用电放回执以证明此票货物电放。届时，整船货物电放后，由船公司缮制电放回执，此回执一般由船公司标志、起运港证明、货物信息、收货人证明等信息组成，其中尤为重要的是船公司出示的电放编号，发货人将此回执通知于收货人，收货人凭电放编号即可提取货物。由此，电放的风险就变得低了很多，而且效率高了很多。

**4. 请求电放保函格式与内容**

致××海运：

我司委托贵司于 FEB. 18, 2009 出运至 MANILA, PHILIPPINES 的货物，提单号为×××××××，现请求将提单电放。电放给 ROYAL EXPORTERS CORPORATION。请予以同意，由此引起的责任和后果由我司承担。

特此保函！

×年×月×日

建议收发货人尽量不要使用电放方式，因为电放既不经济（船公司会收取电放费），风险又高（电放对收货人是不具备完全追索权的）。电放在我国国际班轮运输中已经有了近十年的历史，并在实践中起到了一定的作用。但是，其存在的问题也是显而易见的。由于许多船公司不拥有自己的海运单，而货方在绝大多数情况下也不存在故意欺诈的行为，所以，电放在实践中广为流传。当承运人、无船承运人以及托运人（发货人）和收货人都了解了电放的原理和海运单规则，承运人也拥有了自己的海运单后，大家就会逐渐弃用电放而采用海运单了。

### 3.4.2 海运单（Sea Waybill/Waybill）

**1. 海运单的概念**

海运单就是承运人直接签发给托运人或其代理的表明已收到货物的单证。

海运单不能背书转让，收货人无须凭海运单，只需出示适当的身份证明，就可以提取货物。因此海运单迟延到达、灭失、失窃等均不影响收货人提货，这样可以有效地防止海运欺诈、错误交货的发生。

**2. 海运单使用范围**

（1）跨国公司的总分公司或相关的子公司间的业务往来。

（2）在赊销或买方付款作为转移货物所有权的前提条件，提单已失去其使用意义。

（3）往来已久，充分信任，关系密切的贸易伙伴间的业务。

（4）无资金风险的家用的私人物品、商业价值的样品。

（5）在短途海运的情况下，往往货物先到而提单未到，宜采用海运单。

**3. 海运单流转程序**

（1）承运人签发海运单给托运人。

（2）承运人在船舶抵达卸货港前向海运单上记名的收货人发出到货通知书。到货通知书表明这批货物的运输是根据海运单进行的。

（3）收货人在目的地出示有效身份证件证明他确系海运单上记载的收货人，并将其签署完的到货通知书交给承运人的办事机构或当地代理人,同时出示海运单副本。

(4)承运人或其代理人签发提货单给收货人。

(5)一旦这批货物的运费和其他费用结清,并办好海关等所有按规定应办理的手续,收货人就可以提货。

**4.海运单与提单的区别和联系**

(1)提单是货物收据、运输合同的证明,也是物权凭证;海运单只具有货物收据和运输合同这两种性质,它不是物权凭证。

(2)提单可以是指示抬头形式,通过背书流通转让;海运单是一种非流通性单据,海运单上标明了确定的收货人,不能转让流通。

(3)海运单和提单都可以做成"已装船"(Shipped on Board)形式,也可以是"收妥备运"(Received for Shipment)形式。海运单的正面各栏目格式和缮制方法与提单基本相同,只是海运单收货人栏不能做成指示性抬头,应缮制确定的具体收货人。

(4)提单的合法持有人和承运人凭提单提货和交货,海运单上的收货人并不出示海运单,仅凭提货通知或其身份证明提货,承运人凭收货人出示适当身份证明交付货物。

(5)提单有全式和简式提单之分,而海运单是简式单证,背面不列详细货运条款,但载有一条可援用提单背面内容的条款。

(6)海运单和记名提单(Straight B/L),虽然都具名收货人,不做背书转让,但它们有着本质的不同。记名提单属于提单的一种,是物权凭证,持记名提单,收货人可以提货,凭海运单却不能。

当然,海运单还存在着一些问题,而且它也无法替代提单。所以,许多船公司尚不具有自己的海运单。但是在一些适用电放的情况下,通常都是可以使用海运单的。

电放提单与海运单的实样见图2.3.2至图2.3.4。

| | |
|---|---|
| Shipper<br>VINFLAIR TRANSPORT LTD SHENZHEN BRANCH | B/L NO. MSZLSA109L109344<br>License No. MOC-NV01893 |
| Consignee(if 'to Order' so indicate)<br>COLUMBIA CONTAINER LINES<br>11 NORTH MONTAGUE STREET VALLEY STREAM NY 11580<br>TEL:718-995-5071 FAX:718-995-5078 | **Amass freight Int'l Co.,Ltd.Shanghai**<br>Combined Transport Bill of Lading |
| Notify Party(No claim shall attach for failure to notify)<br>SAME AS CONSIGNEE | NOT NEGOTIABLE UNLESS CONSIGNED "TO ORDER"<br>RECEIVED by the MTO the Goods as specified below in apparent good order and condition unless otherwise stated, to be transported to such place as agreed, authorised or permitted herein and subject to all the terms and conditions appearing on the front and reverse of this Bill of Lading to which the Merchant agrees by accepting this Bill of Lading, any local privileges and customs notwithstanding. The particulars given below as stated by the shipper and the weight, measure, quantity, condition, contents and value of the Goods are unkown to the MTO.<br>In WITNESS thereof one(1)original Bill of Lading has been signed if not otherwise stated below, the same being accoumplished the other(s), if any, to be void, if required by the MTO one(1) orginal Bill of Lading must be surrendered duly endorsed in exchange for the Goods or delivery order. |

| Place of Receipt | Port of Loading | Port of Transshipment | |
|---|---|---|---|
| | SHENZHEN | | |
| Vessel | | Port of Discharge | Place of Delivery |
| MSC CANDICE / TX795EANL | | LOS ANGELES | LOS ANGELES |

Particulars Furnished by Merchants

| Mark & Numbers | No. of pkgs. or Shipping Units | Description of Goods & Pkgs. | Gross Weight | Measurement |
|---|---|---|---|---|
| | | SAID TO CONTAIN | | |
| GO/<br>STYLE#<br>P.O.#<br>CARTON OF<br>MADE IN CHINA<br>G.W.: KGS<br>N.W.: KGS<br>COLOR CODE:<br>QTY/PCS: | 16 CARTONS | LADIES AND/ OR GIRLS 60 PCT COTTON 40 PCT RAYON TOPS<br>L/C NO.:64600602<br>P.O. NO. STYLE#<br>M021471-0 9W152GO<br>M021472-0 9W182GO<br><br>DDC PREPAID<br>THIS SHIPMENT CONTAINS NO SOLID WOOD PACKING MATERIALS<br><br>GESU6463286//A5560355//40HQ<br>ON BOARD:2011-9-15<br><br>TELEX RELEASED<br>CFS-CFS | 96.000 KGS | 0.559 CBM |

| | | |
|---|---|---|
| Total Number of Containers or Packages(in Words) | SAY SIXTEEN CARTONS ONLY. | Temperature Control instructions |

| | | | |
|---|---|---|---|
| Excess Value Declaration | | freight Details, Charges etc | |
| Shipped on Board the Vessel | | Prepaid | Collect |
| Date | Signature | | FREIGHT PREPAID |
| | | total amount | |
| Place and date of issue<br>SHENZHEN | Number of Original B/L<br>THREE | F/Agent Name for Delivery<br>AMASS INTERNATIONAL GROUP INC.<br>13191 CROSSROADS PARKWAY NORTH, SUITE 385, CITY OF INDUSTRY, CA. 91746<br>TEL:562-222-7755<br>FAX:562-222-7700 | |
| Signed by the MTO / on behalf of the MTO | | | |

图 2.3.2 电放提单实样

海运单实样

CMA CGM

## BILL OF LADING FOR COMBINED TRANSPORT AND PORT TO PORT SHIPMENT WAYBILL

Sheet 1 of 2

| | |
|---|---|
| SHIPPER/EXPORTER (2)<br>RECYCLING SERVICES OF SILICON VALLY, LLC C/O SINO RESOURCES GROUP<br>801 S GARFIELD AVE.; SUITE 200<br>ALHAMBRA, CA 91801, USA | DOCUMENT NO (5)<br>NAM1102472 NA1781785<br>EXPORT REFERENCES (6)<br>PLOE02493<br>45015542 |
| CONSIGNEE (3) (NOT NEGOTIABLE UNLESS CONSIGNED TO ORDER)<br>TIANJIN GAOMAI METAL PRODUCT CO., LTD.<br>ROOM502, DOOR11, RUI GARDEN, THE THIRD STREET, TEDA, TIANJIN, CHINA<br>300457 *** | FORWARDING AGENT - REFERENCES (7)<br>POSEIDON LOGISTICS, INC.<br>FMC-OTI NO. 022131N<br>801 S. GARFIELD AVE. #200<br>ALHAMBRA CALIFORNIA<br>91801 UNITED STATES<br>CHB:<br>FMC: 022131N |
| NOTIFY (4)<br>TIANJIN GAOMAI METAL PRODUCT CO., LTD.<br>***CONTACT: DONGKUN<br>E-MAIL: DONGKUN1113@163.COM<br>TEL :022-66224950<br>FAX :022-66224951 | POINT AND COUNTRY OF ORIGIN (8)<br>DALLAS, TX, UNITED STATES<br>DOMESTIC ROUTING/EXPORT INSTRUCTIONS (9)<br>NO SED REQUIRED - X20110307023390 |

| | | |
|---|---|---|
| PIER/TERMINAL (10)<br>BNSF- ALLIANCE | COMBINED TRANSPORT*<br>PRECARRIAGE FROM (10A)<br>DALLAS, TX, UNITED STATES | |
| VESSEL (11)<br>MAERSK SOFIA<br>BH302W | PORT OF LOADING (12)<br>LOS ANGELES, CA, UNITED STATES | |
| PORT OF DISCHARGE FROM VESSEL (13)<br>XINGANG, CHINA | FOR TRANSHIPMENT TO (14) | COMBINED TRANSPORT - ONWARD CARRIAGE (15)*<br>- |

CARRIER'S RECEIPT / PARTICULARS FURNISHED BY SHIPPER - CARRIER NOT RESPONSIBLE

| MARKS AND NUMBERS (16) | NO. of PKGS. (17) | DESCRIPTION OF GOODS (18) SHIPPERS STOW LOAD AND COUNT | GROSS WEIGHT (19) | MEASUREMENT (20) |
|---|---|---|---|---|
| NO MARKS | | 3 X 40'HQ CONTAINER<br>TOTAL 3 UNIT OF MIXED METAL SCRAP<br>HOUSE BILL OF LADING: PLHOE002493 | | |
| ECMU9263617<br>SN# KELLER 177109 | 1 | UNIT<br>SEAL# 177109 | 19587.000KGM | 40.000MTQ |
| TRLU5472671<br>SN# KELLER 187239 | 1 | UNIT<br>SEAL# 187239 | 19505.000KGM | 40.000MTQ |
| TCNU9227670<br>SN# KELLER 187235 | 1 | UNIT<br>SEAL# 187235 | 20529.000KGM | 40.000MTQ |
| | | TOTAL | 59621.000KGM | 120.000MTQ |
| | 3 | Shipped on Board MAERSK SOFIA 17-MAR-2011 CMA CGM America LLC As agents for the Carrier<br>M. Ruby<br>FREIGHT TO BE PREPAID | | |

SHIPPERS STOW, LOAD AND COUNT / F C L
CARGO AT PORT IS AT RECEIVER RISK, EXPENSES AND RESPONSIBILITY
UNLESS THE VALUE OF CARGO IS DECLARED ON THE FACE OF THIS BILL OF LADING OR WAYBILL IN THE CONDITIONS SET FOR SHIPPERS DECLARED VALUE
SUBJECT TO EXTRA FREIGHT AS PER TARIFF AND CLAUSE 10 OF THIS B/L

These commodities, technology or software were exported from the United States in accordance with the Export Administation Regulations. Diversions contary to U.S. law prohibited

*If the Pre-Carriage or Onward Carriage boxes are filled out, shipment will be treated as Through Combined Transport. Carrier undertakes entire transport from the place where the goods are taken in charge to the place designated for their delivery and assumes full liability for such transport as per clause 15.

RECEIVED in external good order and condition, except as otherwise indicated herein, the number of packages listed in the Carriers Receipt, said to contain the goods described in the Particulars Furnished by Shipper (contents, weight and measurement unknown to Carrier) to be transported to the port of discharge, or to such other place authorized or permitted herein, or so near thereto as the vessel can get, lie and leave, always in safety and without delay, and there to be delivered to consignee, or authorized receiver, or on carrier on payment of all charges due thereon.

**All actions against Carrier under the contract of Carriage evidenced by this Waybill shall be brought before the "Tribunal de Commerce de MARSEILLE" and no other Court shall have jurisdiction with regards to any such action. Actions against the Merchant under the contract of Carriage evidenced by this Waybill may be brought before the "Tribunal de Commerce de MARSEILLE" or, in Carrier's sole discretion, in another court of competent jurisdiction.**

IN WITNESS WHEREOF ZERO

Bills of Lading all of like tenor, have been executed, ONE of which being accomplished, the other shall stand void.

DAY MONTH YEAR
17-MAR-11

BL/No.
CMDU
NA1781785

Signed for the Carrier CMA CGM SA by
CMA CGM (AMERICA) LLC as agent for the Carrier

By M. Ruby

(Continued on reverse side)

图2.3.3 海运单实样

CMA CGM

## BILL OF LADING FOR COMBINED TRANSPORT AND PORT TO PORT SHIPMENT WAYBILL

Sheet 2 of 2

SHIPPER/EXPORTER (2)
RECYCLING SERVICES OF SILICON VALLY, LLC C/O SINO RESOURCES GROUP
801 S GARFIELD AVE., SUITE 200
ALHAMBRA, CA 91801, USA

DOCUMENT NO (5)
NAM1102472 NA1781785

EXPORT REFERENCES (6)
PLOE02493
45015542

CONSIGNEE (3) (NOT NEGOTIABLE UNLESS CONSIGNED TO ORDER)
TIANJIN GAOMAI METAL PRODUCT CO., LTD
ROOM502, DOOR11, RUI GARDEN, THE THIRD STREET, TEDA, TIANJIN, CHINA
300457 ***

FORWARDING AGENT - REFERENCES (7)
POSEIDON LOGISTICS, INC.
FMC-OTI NO. 022131N
801 S. GARFIELD AVE. #200
ALHAMBRA CALIFORNIA
91801 UNITED STATES
CHB:
FMC: 022131N

NOTIFY (4)
TIANJIN GAOMAI METAL PRODUCT CO., LTD
***CONTACT: DONGKUN
E-MAIL: DONGKUN1113@163.COM
TEL :022-66224950
FAX :022-66224951

POINT AND COUNTRY OF ORIGIN (8)
DALLAS, TX, UNITED STATES

DOMESTIC ROUTING/EXPORT INSTRUCTIONS (9)
NO SED REQUIRED - X20110307023390

| PIER/TERMINAL (10) | COMBINED TRANSPORT* PRECARRIAGE FROM (10A) | |
|---|---|---|
| BNSF- ALLIANCE | DALLAS, TX, UNITED STATES | |
| VESSEL (11) MAERSK SOFIA BH302W | PORT OF LOADING (12) LOS ANGELES, CA, UNITED STA1 | |
| PORT OF DISCHARGE FROM VESSEL (13) XINGANG, CHINA | FOR TRANSHIPMENT TO (14) | COMBINED TRANSPORT - ONWARD CARRIAGE (15)* - |

CARRIER'S RECEIPT / PARTICULARS FURNISHED BY SHIPPER - CARRIER NOT RESPONSIBLE

| MARKS AND NUMBERS (16) | NO. of PKGS. (17) | DESCRIPTION OF GOODS (18) SHIPPERS STOW LOAD AND COUNT | GROSS WEIGHT (19) | MEASUREMENT (20) |
|---|---|---|---|---|

ON THE REVERSE, LIMITATION OF LIABILITY IN RESPECT OF LOSS OR DAMAGE TO GOODS SHALL NOT EXCEED USD 500.00 PER PACKAGE, OR CUSTOMARY FREIGHT UNIT IF GOODS ARE NOT SHIPPED IN PACKAGE.

FOR THE PURPOSE OF THE PRESENT CARRIAGE, CLAUSE 14(2) SHALL EXCLUDE THE APPLICATION OF THE YORK/ANTWERP RULES, 2004.

DEMURRAGE AND DETENTION PAYABLE BY THE MERCHANT AS PER CMA CGM TARIFF AVAILABLE ON THE WEB SITE WWW.CMA-CGM.COM, OR IN ANY OF CMA CGM AGENCY

MIS-DECLARATION OF CARGO WEIGHT ENDANGERS CREW, PORT WORKERS AND VESSELS' SAFETY. YOUR CARGO MAY BE WEIGHED AT ANY PLACE AND TIME OF CARRIAGE AND ANY MIS-DECLARATION WILL EXPOSE YOU TO CLAIMS FOR ALL LOSSES, EXPENSES OR DAMAGES WHATSOEVER RESULTING THEREOF AND BE SUBJECT TO FREIGHT SURCHARGE.

The Shipper acknowledges that the Carrier may carry the Goods identified in this Bill of Lading on the deck of any vessel and in taking remittance of this Bill of Lading the Merchant (including the Shipper, the Consignee and the Holder of the Bill of Lading, as the case may be) confirms his express acceptance of all the terms and conditions of this Bill of Lading and expressly confirms his unconditional and irrevocable consent to the possible carriage of the Goods on the deck of any vessel.

SHIPPERS DECLARED VALUE
SUBJECT TO EXTRA FREIGHT AS PER TARIFF AND CLAUSE 10 OF THIS B/L

These commodities, technology or software were exported from the United States in accordance with the Export Administation Regulations. Diversions contary to U.S. law prohibited

*If the Pre-Carriage or Onward Carriage boxes are filled out, shipment will be treated as Through Combined Transport. Carrier undertakes entire transport from the place where the goods are taken in charge to the place designated for their delivery and assumes full liability for such transport as per clause 15.

RECEIVED in external good order and condition, except as otherwise indicated herein, the number of packages listed in the Carriers Receipt, said to contain the goods described in the Particulars Furnished by Shipper (contents, weight and measurement unknown to Carrier) to be transported to the port of discharge, or to such other place authorized or permitted herein, or so near thereto as the vessel can get, lie and leave, always in safety and without delay, and there to be delivered to consignee, or authorized receiver, or on carrier on payment of all charges due thereon.

All actions against Carrier under the contract of Carriage evidenced by this Waybill shall be brought before the "Tribunal de Commerce de MARSEILLE" and no other Court shall have jurisdiction with regards to any such action. Actions against the Merchant under the contract of Carriage evidenced by this Waybill may be brought before the "Tribunal de Commerce de MARSEILLE" or, in Carrier's sole discretion, in another court of competent jurisdiction.

IN WITNESS WHEREOF ZERO

Bills of Lading all of like tenor, have been executed, ONE of which being accomplished, the other shall stand void.

| DAY MONTH YEAR | BL/No. CMDU |
|---|---|
| 17-MAR-11 | NA1781785 |

Signed for the Carrier CMA CGM SA by
CMA CGM (AMERICA) LLC as agent for the Carrier

By M. Ruby

(Continued on reverse side)

图 2.3.4 海运单实样 2

## 3.5 国际货物运输公约

### 3.5.1 海牙规则

提单的使用由来已久。早期的提单，无论是内容还是格式，都比较简单，而且其作用也较为单一，仅作为货物的交接凭证，只是表明货物已经装船的收据。随着国际贸易和海上货物运输的逐步发展，提单的性质、作用和内容特别是其中的背面条款都发生了巨大变化。

1924 年，关于统一提单若干法律规定的国际公约(International Convention for the Unification of Certain Rules of Law Relating to Bills of Lading, 1924)，简称《海牙规则》(Hague Rules, H. R.)，是为统一世界各国关于提单的不同法律规定，并确定承运人与托运人在海上货物运输中的权利和义务而制定的国际协议，是关于提单法律规定的第一部国际公约。

《海牙规则》于 1931 年 6 月 2 日正式生效。欧美许多国家都加入了这个公约。这一公约是海上货物运输中有关提单的最重要的和仍普遍被采用的国际公约。中国虽然没有加入该公约，但却把它作为制定中国《海商法》的重要参考依据，中国不少船公司的提单条款也采纳了这一公约的精神。所以，《海牙规则》堪称现今海上货物运输方面最重要的国际公约。

《海牙规则》规定的承运人的责任是最低限度的，仅包括两项强制性的义务，一是适航义务，二是管货的义务。责任制为不完全的过错责任制。责任期间是从货物装上船起至卸完船为止的期间。承运人的免责事项规定很多，约有 17 项。

从以上可以看出，《海牙规则》对于承运人的免责太多，这样对托运人是不公平的，所以，后来的《维斯比规则》对《海牙规则》进行了一些修改和补充。这些修改和补充包括加大了承运人的赔偿限额，从原来的每件或每单位不超过 100 英镑，变更为每件或每单位 1 万金法郎或每千克 30 金法郎，两者以高者计算，等等。但是这并没有从根本上改变托运人不利的处境，《汉堡规则》相较而言就比较公平合理。

### 3.5.2 维斯比规则

《维斯比规则》自 1977 年 6 月 23 日生效。《维斯比规则》(Visby Rules)是《修改统一提单若干法律规定的国际公约议定书》(Protocol to Amend the International Convention for the Unification of Certain Rules of Law Relating to Bills of Lading)的简称，于 1968 年 2 月 23 日在布鲁塞尔外交会议上通过，截至 1996 年 9 月，参加该规则的国家共有 29 个，其中包括英、法、德、荷、西、挪、瑞典、瑞士、意、日等主要航运国家。因该议定书的准备工作在瑞典的维斯比完成而得名。该规则是《海牙规则》的修改和补充，故常与《海牙规则》一起，称为《海牙—维斯比规则》(Hague-Visby Rules)。

《海牙规则》自 **1931 年**生效实施后，得到了国际航运界普遍接受，它的历史作用在于使国际海上货物运输有法可依，统一了海上货物运输中的提单条款，对提单的规范化起到了积极作用，基本上缓和了当时承运方和托运方之间的矛盾，促进了国际贸易和海上运输事业的发展。但随着国际政治、经济形势的变化以及航海、造船技术日新月异的进步，海上运输方式发生了重大变革，特别是集装箱运输方式的出现和迅猛发展，《海牙规则》的内容已不适应新形势发展的需要。尤其关于承运人的大量免责条款明显偏袒船方利益，通货膨胀的现实使 100 英镑的赔偿限额明显过低等原因，到了 20 世纪 50 年代末，要求修改《海牙规则》的呼声日渐强烈。

**《维斯比规则》除扩大了规则的适用范围，强调了承运人及其受雇人员的责任限制之外，**

**还提高了承运人对货物损害赔偿的限额,增加了"集装箱条款"和诉讼时效的延长。**

《海牙规则》规定承运人对每件或每单位的货物损失的赔偿限额为100英镑,而《维斯比规则》第二条则规定,每件或每单位的赔偿限额提高到10000金法郎,同时还增加一项以受损货物毛重为标准的计算方法,即每千克为30金法郎,以两者中较高者为准。采用的金法郎仍以金本位为基础,目的在于防止日后法郎纸币的贬值,一个金法郎是含金纯度为900/1000的黄金65.5毫克的单位。一旦法郎贬值,仍以上述的黄金含量为计算基础。在《维斯比规则》通过时,10000金法郎大约等于431英镑,与《海牙规则》规定的100英镑相比,这一赔偿限额显然是大大提高了。这一规定不但提高了赔偿限额,而且创造了一项新的双重限额制度,不但维护了货主的利益,而且这种制度也为以后的《汉堡规则》和我国《海商法》所接受。

《海牙规则》没有关于集装箱运输的规定。《维斯比规则》增加"集装箱条款",以适应国际集装箱运输发展的需要。该规则第二条第三款规定:"如果货物是用集装箱、托盘或类似的装运器具集装时,则提单中所载明的装在这种装运器具中的包数或件数,应视为本款中所述的包或件数;如果不在提单上注明件数,则以整个集装箱或托盘为一件计算。"该条款的意思是,如果提单上具体载明在集装箱内的货物包数或件数,计算责任限制的单位就以提单上所列的件数为准;否则,则将一个集装箱或一个托盘视为一件货物。

《海牙规则》规定,货物灭失或损害的诉讼时效为一年,从交付货物或应当交付货物之日起算。《维斯比规则》第一条第二款、第三款则补充规定,诉讼事由发生后,只要双方当事人同意,这一期限可以延长,明确了诉讼时效可经双方当事人协议延长的规定。对于追偿时效则规定,即使在规定的一年期满之后,只要是在受法院法律准许期间之内,便可向第三方提起索赔诉讼。但是准许的时间自提起诉讼的人已经解决索赔案件,或向其本人送达起诉状之日起算,不得少于三个月。

《维斯比规则》在承运人的运输责任方面仍保持《海牙规则》体系,对船长船员的航海和管理船舶过失免责的规定丝毫没有触动,因此发展中国家仍迫切要求对《海牙规则》进行根本性的修改。

### 3.5.3 汉堡规则

《汉堡规则》是《联合国海上货物运输公约》(United Nations Convention on the Carriage of Goods by Sea,1978)的简称,于1978年3月6日至31日在德国汉堡举行的由联合国主持的、78国代表参加的海上货物运输大会上讨论通过于1992年11月1日生效。截至1996年10月,共有成员国25个,其中绝大多数为发展中国家,占全球外贸船舶吨位数90%的国家都未承认该规则。

《汉堡规则》全文共分七章三十四条条文,在《汉堡规则》的制定中,除保留了《海牙—维斯比规则》对《海牙规则》修改的内容外,对《海牙规则》进行了根本性的修改,是一个较为完备的国际海上货物运输公约,明显地扩大了承运人的责任。其主要内容如下。

**1. 承运人的责任原则**

《海牙规则》规定承运人的责任基础是不完全过失责任制,它一方面规定承运人必须对自己的过失负责,另一方面又规定了承运人对航行过失及管船过失的免责条款。而《汉堡规则》确定了推定过失与举证责任相结合的完全过失责任制。规定凡是在承运人掌管货物期间发生货损,除非承运人能证明承运人已为避免事故的发生及其后果采取了一切可能的措施,否则便推定损失系由承运人的过失所造成,承运人应承担赔偿责任。很明显,《汉堡规则》较《海牙规则》扩大了承运人的责任。

**2. 承运人的责任期间**

《汉堡规则》第四条第一款规定："承运人对货物的责任期间包括在装货港、在运输途中以及在卸货港，货物在承运人掌管的全部期间。"即承运人的责任期间从承运人接管货物时起到交付货物时止。与《海牙规则》的"钩至钩"或"舷至舷"相比，其责任期间扩展到"港到港"。解决了货物从交货到装船和从卸船到收货人提货这两段没有人负责的空间，明显地延长了承运人的责任期间。

**3. 承运人赔偿责任限额**

《汉堡规则》第六条第一款规定："承运人对货物灭失或损坏的赔偿，以每件或其他装运单位的灭失或损坏相当于835特别提款权或毛重每千克2.5特别提款权的金额为限，两者之中以其较高者为准。"

**4. 对迟延交付货物的责任**

迟延交付货物的责任在《海牙规则》和《维斯比规则》中都没有规定，《汉堡规则》第五条第二款则规定："如果货物未能在明确议定的时间内，或虽无此项议定，但未能在考虑到实际情况对一个勤勉的承运人所能合理要求时间内，在海上运输合同所规定的卸货港交货，即为迟延交付。"对此，承运人应对因迟延交付货物所造成的损失承担赔偿责任。而且在第三款还进一步规定，如果货物在第二款规定的交货时间满后连续六十天内仍未能交付，有权对货物灭失提出索赔的人可以认为货物已经灭失。《汉堡规则》第六条第一款还规定："承运人对迟延交付的赔偿责任，以相当于迟延交付货物应支付运费的2.5倍的数额为限，但不得超过海上货物运输合同规定的应付运费总额。"

**5. 承运人和实际承运人的赔偿责任**

《汉堡规则》中增加了实际承运人的概念。当承运人将全部或部分货物委托给实际承运人办理时，承运人仍需按公约规定对全部运输负责。如果实际承运人及其雇用人或代理人的疏忽或过失造成的货物损害，承运人和实际承运人均需负责的话，则在其应负责的范围内，承担连带责任。这种连带责任表现在托运人既可向实际承运人索赔，也可向承运人索赔，并且不因此妨碍承运人和实际承运人之间的追偿权利。

**6. 托运人的责任**

《汉堡规则》第十二条规定："托运人对于承运人或实际承运人所遭受的损失或船舶遭受的损坏不负赔偿责任。除非这种损失或损坏是由于托运人、托运人的雇用人或代理人的过失或疏忽所造成的。"这意味着托运人的责任也是过失责任。但需指出的是，托运人的责任与承运人的责任不同之处在于承运人的责任中举证由承运人负责，而托运人的责任中，托运人不负举证责任，这是因为货物在承运人掌管之下，所以也同样需要承运人负举证责任。《汉堡规则》这一规定，被我国《海商法》所接受。

**7. 保函的法律地位**

《海牙规则》和《维斯比规则》没有关于保函的规定，而《汉堡规则》第十七条对保函的法律效力做出了明确的规定。托运人为了换取清洁提单，可以向承运人出具承担赔偿责任的保函，该保函在承、托运人之间有效，对包括受让人、收货人在内的第三方一概无效。但是，如果承运人有意欺诈，对托运人也属无效，而且承运人也不再享受责任限制的权利。

**8. 索赔通知及诉讼时效**

《海牙规则》要求索赔通知必须由收货人在收到货物之前或收到货物当时提交。如果货物损失不明显，则这种通知限于收货后三日内提交。《汉堡规则》延长了上述通知时间，规定收货人可在收到货物后的第一个工作日将货物索赔通知送交承运人或其代理人，当货物灭失或损害不明显时，收货人可在收到货物后的十五天内送交通知。同时还规定，对货物迟延交付造成损失，收货人应在收货后的六十天内提交书面通知。

**9. 管辖权和仲裁的规定**

《海牙规则》、《维斯比规则》均无管辖权的规定，只是在提单背面条款上订有由船公司所在地法院管辖的规定，这一规定显然对托运人、收货人极为不利。《汉堡规则》第二十一条规定，原告可在下列法院选择其一提起诉讼：

①被告的主要营业所所在地，无主要营业所时，则为其通常住所所在地；

②合同订立地，而合同是通过被告在该地的营业所、分支或代理机构订立；

③装货港或卸货港；

④海上运输合同规定的其他地点。

除此之外，海上货物运输合同当事人一方向另一方提出索赔之后，双方就诉讼地点达成的协议仍有效，协议中规定的法院对争议具有管辖权。

《汉堡规则》第二十二条规定，争议双方可达成书面仲裁协议，由索赔人决定在下列地点之一提起：

①被告的主要营业所所在地，如无主要营业所，则为通常住所所在地；

②合同订立地，而合同是通过被告在该地的营业所、分支或代理机构订立；

③装货港或卸货港。

此外，双方也可在仲裁协议中规定仲裁地点。仲裁员或仲裁庭应按该规则的规定来处理争议。

**10. 规则的适用范围**

该规则适用于两个不同国家之间的所有海上货物运输合同，并且海上货物运输合同中规定的装货港或卸货港位于其一缔约国之内，或备选的卸货港之一为实际卸港并位于某一缔约国内；或者提单或作为海上货物运输合同证明的其他单证在某缔约国签发；或者提单或作为海上货物运输合同证明的其他单证规定，合同受该规则各项规定或者使其生效的任何国家立法的管辖。

同《海牙规则》一样，《汉堡规则》不适用于租船合同，但如提单根据租船合同签发，并调整出租人与承租人以外的提单持有人之间的关系，则适用该规则的规定。

### 3.5.4 中国海商法

为了调整海上运输关系、船舶关系，维护当事人各方的合法权益，促进海上运输和经济贸易的发展，制定中国《海商法》。中国《海商法》是为解决海上商业交易、运输及相关系列问题的一部专门法律。

中国《海商法》采用法典的形式。它的制定，遵循了从中国海上运输、经济贸易等实际情况出发，以通行的海事国际条约为基础，吸收体现国际海事惯例的民间规则，借鉴有广泛影响的有关合同格式，并适当考虑了国际海事立法的发展趋势的原则。规范的主要内容包括：海上运输合同，其他与船舶营运有关的合同，与海上风险有关的法律制度，船舶物权等。

自1993年7月1日起施行的中国《海商法》共十五章二百七十八条。它对于调整海上运输关系和船舶关系，维护当事人各方的合法权益，促进海上运输和经济贸易的发展，发挥了里程碑的作用。

## 练习题

### 一、单项选择题

1. 在国际海上货物运输中使用指示提单，且提单中收货人(Consignee)记载为“TO ORDER”的情况下，当该提单背书转让时，应当由(　　)首先背书。

A. 承运人　　B. 托运人　　C. 收货人　　D. 通知人

2. 在国际海上集装箱货物运输中，承运人签发的海运提单上通常不会显示(　　)。

A. 船名　　B. 装船日期　　C. 到达目的港日期　　D. 运费已预付

3. 根据我国《海商法》的规定，在国际海上货物运输中，承运人在签发提单之前与托运人另有约定，且该约定又不同于提单条款规定的内容。若提单转让给收货人，则承运人与收货人之间的权利义务以(　　)。

A. 提单条款为难　　B. 该约定为准　　C. 托运单条款为准　　D. 运价本条款为准

4. 国际海上集装箱班轮运输实践中可能使用“货主箱”(SOC)，该类箱在海上运输过程中灭失或者损坏时，可以认为它是一种(　　)。

A. 货物的包装　　B. 运输设备　　C. 运输工具　　D. 货物

5.《海牙规则》规定承运人不可以免责的事项包括(　　)。

A. 海盗行为　　B. 战争行为

C. 管理货物疏忽或过失　　D. 航行或管理船舶中疏忽或过失

### 二、判断题(正确A，错误B)

1. 在国际海上货物运输中，提单上记载提单签发日期与提单上所列货物实际装船完毕的日期有时不一致，例如提单记载装船日期为5月10日，提单签发日期为5月11日，由于记载两个不同日期，不容易确认货物的装运期，所以银行不接受这种提单。(　　)

2. 海运单是记名的，收货人通常无须出具海运单，承运人只要将货物交给海运单上所列的收货人，就被视为已经做到了谨慎处理交货。但如果是指示海运单，则承运人只有在收回该正本海运单的前提下，才能交付货物。(　　)

3. 我国《海商法》规定，就海上货物运输向承运人要求赔偿的请求权，时效期为一年，自承运人交付或者应当交付货物之日起计算。(　　)

4. 当发生货损后，国际货运代理人可以在任何情况下作为货主的代理人以索赔人的身份向有关方提出索赔。(　　)

5. 在海上危险货物运输中，货主和货运代理公司以及承运人均无过失，但由于该批货物的特性而造成船舶损失时，货主和货运代理公司要承担赔偿责任。(　　)

### 三、问答题

1. 试述我国《海商法》对海运提单的定义。

2. 试述提单背书的种类及如何操作。

3. 承运人(AAA)、代理人(BBB)、船长(CCC)签发海运提单时，应分别如何签署？

**四、操作题**

1. A货主委托B国际货运代理企业办理一票集装箱货物的出口货运事宜，货物装船后，A货主要求船公司电放。请简述此时电放的操作程序。

2. 某货主委托国际货运代理企业办理一票集装箱海运出口货运事宜，要求承运人签发海运单。请写出海运单流转程序。

**五、案例分析题**

我国A公司以FOB贸易条款出口一批货物到德国，合同签订后接到德国买方来电，称租船较为困难，委托A公司代为租船，有关费用由买方承担。为了方便合同履行，A公司接受了对方的要求，但是时间已到了装运期，A公司在规定的装运期内无法租到合适的船泊，因此到装运期满时，货仍未装船。买方因销售旺季即将结束，便来函以A公司未按期租船履行交货义务为由撤销合同。请分析：买方是否有权解除合同，理由何在？

# 4　国际班轮运输操作程序与班轮运输单证

## 4.1　班轮运输主要关系人及船期表

### 4.1.1　班轮运输主要关系人

班轮运输中，通常会涉及班轮公司、船舶代理人、无船（公共）承运人、海上货运代理人、托运人和收货人等有关货物运输的当事人和关系人。

**1. 班轮公司**

班轮公司是指运用自己拥有或者自己经营的船舶，提供国际港口之间班轮运输服务，并依据法律规定设立的船舶运输企业。班轮公司应拥有自己的船期表、运价本、提单或其他运输单据。班轮公司有时也被称为远洋公共承运人（Ocean Common Carrier）。班轮公司通常与托运人订立运输合同，是运输合同中的承运人。

世界上集装箱班轮公司有很多，并且大的班轮公司都已进入了中国海运市场。表 2.4.1 为全球十大班轮公司的概况。

**表 2.4.1　全球 10 大班轮公司排名（截至 2010 年 9 月 1 日）**

| 公司名称 | 排名 | TEU 总计 | 自有船舶 TEU | 租赁船舶 TEU | 艘数总计 | 自有船舶艘数 | 租赁船舶艘数 |
|---|---|---|---|---|---|---|---|
| 马士基航运 Maersk Line | 1 | 2128427 | 1119287 | 1009140 | 567 | 207 | 360 |
| 地中海航运 MSC | 2 | 1755288 | 909809 | 845479 | 435 | 203 | 232 |
| 达飞轮船 CMA CGM | 3 | 1168395 | 417429 | 750966 | 395 | 92 | 303 |
| 长荣海运 Evergreen | 4 | 613966 | 331200 | 282766 | 162 | 89 | 73 |
| 美国总统轮船 APL | 5 | 612528 | 172866 | 439662 | 153 | 48 | 105 |
| 赫伯罗特 HAPPAG-LLOYD | 6 | 594068 | 301363 | 292705 | 135 | 61 | 74 |
| 智利南美轮船 CSAV | 7 | 539313 | 47999 | 491314 | 143 | 9 | 134 |
| 中远集运 COSCO | 8 | 527675 | 309057 | 218618 | 135 | 93 | 42 |
| 中海集运 CSCL | 9 | 466992 | 263162 | 203830 | 137 | 75 | 62 |
| 韩进/胜利 Hanjin | 10 | 465521 | 175286 | 290235 | 101 | 33 | 68 |

**2. 船舶代理人**

船舶代理人是指接受船舶所有人、船舶经营人或者船舶承租人的委托，为船舶所有人、船舶经营人或者船舶承租人的船舶及其所载货物或集装箱提供办理船舶进出港口手续、安排港口作业、接受订舱、代签提单、代收运费等服务，并依据法律规定设立的船舶运输辅助性企业。

中国最大的国际船舶代理公司是成立于 1953 年的中国外轮代理公司。20 世纪 80 年代末中外运船务代理公司成立，成为第二家从事国际船舶代理业务的国际船舶代理公司。现在，在我国对外开放的港口都有多家国际船舶代理公司。实践中，国际货运代理人经常会与船舶代理人有业务联系。

**3. 海上货运代理人**

国际海上货运代理人，也称远洋货运代理人（Freight Forwarder），是指接受货主的委托，代表货主的利益，为货主办理有关国际海上货物运输相关事宜，并依据法律规定设立的提供国际海上货物运输代理服务的企业。

海上货运代理人除可以从货主那里获得代理服务报酬外，因其为班轮公司提供货载，所以还应从班轮公司那里获得奖励，即通常所说的"佣金"。但是，根据各国的管理规定（如果有的话），国际海上货运代理人通常无法与班轮公司签订协议运价或服务合同（Service Contract）。

**4. 无船承运人**

无船承运人（Non-vessel Operating Common Carrier），也称无船公共承运人，是指以承运人身份接受托运人的货载，签发自己的提单或者其他运输单证，向托运人收取运费，通过班轮运输公司完成国际海上货物运输，承担承运人责任，并依据法律规定设立的提供国际海上货物运输服务的企业。

根据《中华人民共和国国际海运条例》的规定，在中国境内经营无船承运业务，应当在中国境内依法设立企业法人；经营无船承运业务，应当办理提单登记，并交纳保证金；无船承运人应有自己的运价本。

无船承运人可以与班轮公司订立协议运价，国外称为服务合同（Service Contract），以此从中获得利益。但是，无船承运人不能从班轮公司那里获得佣金。国际货运代理企业在满足了市场准入条件后，可以成为无船承运人。

**5. 托运人**

托运人（Shipper），是指本人或者委托他人以本人名义与承运人订立海上货物运输合同的人，本人或者委托他人以本人名义将货物交给与海上货物运输合同有关的承运人的人。

实践中托运人也称货主，通常为进出口公司。

托运人可以与承运人订立协议运价，从而获得比较优惠的运价。但是，托运人无法从承运人那里获得"佣金"。如果承运人给托运人"佣金"，则被视为给托运人"回扣"。

班轮运输中还会有收货人等关系人。

### 4.1.2 船期表

班轮船期表（Liner Schedule）是班轮运输营运组织工作中的一项重要内容。班轮公司制订并公布班轮船期表有多方面的作用。首先是为了招揽航线途经港口的货载，既为满足货主的需要，又体现海运服务的质量；其次是有利于船舶、港口和货物及时衔接，以便船舶有可能在挂靠港口的短暂时间内取得尽可能高的工作效率；再次是有利于提高船公司航线经营的计划质量。

班轮船期表的主要内容包括：航线、船名、航次编号，始发港、中途港、终点港的港名，到达和驶离各港的时间,其他有关的注意事项等。

各班轮公司根据具体情况,编制公布的船期表是有所差异的。

通常,近洋班轮航线因航程短且挂港少,船公司能较好地掌握航区和挂靠港的条件以及港口装卸效率等实际状况,可以编制出时间准确的船期表,船舶可以严格按船期表规定的时间运行。

远洋班轮航线由于航程长、挂港多、航区气象海况复杂,船公司难以掌握航区、挂靠港、船舶在航线上运行可能发生的各种情况,在编制船期表时对船舶运行的时间必然会留有余地。集装箱运输具有速度快、装卸效率高、码头作业基本上不受天气影响等优点,所以集装箱班轮航线可以编制出较为精确的船期表。班轮船期如表 2.4.2 所示。

表 2.4.2 马士基/达飞/地中海美西航线 TP8/BOHAI RIM/NEW ORIENT

| 船名 VESSEL | 航次 VOY | 经营人 OPERATOR | 截单期 CLD | 装期 LDD | 开航日 SLD | 作业区 STVD | 箱位 TEU | 挂港 MAIN PORT | |
|---|---|---|---|---|---|---|---|---|---|
| | | | | | | | | 长滩 Long Beach | 奥克兰 Oakland |
| 达飞林克/PACIFIC LINK | BH388W/BH401E | 达飞 | 2月4日 | 2月5日 | 2月6日 | 太平洋国际 | 8089 | 2月21日 | 2月25日 |
| 地中海丽塔/MSC RITA | 01202R/1207A | 地中海 | 2月11日 | 2月12日 | 2月13日 | 太平洋国际 | 8089 | 2月28日 | 3月3日 |
| 达飞雨果/CMA CGM HUGO | BH394W/BH405E | 达飞 | 2月18日 | 2月19日 | 2月20日 | 太平洋国际 | 8089 | 3月6日 | 3月10日 |
| 地中海西尔瓦娜/MSC SIL VANA | F01205R/1209A | 地中海 | 2月25日 | 2月26日 | 2月27日 | 太平洋国际 | 8089 | 3月13日 | 3月17日 |

## 4.2 班轮货运操作程序

从事班轮运输的船舶是按照预先公布的船期来营运的,并且船速较高,因此能够及时将货物从起运港发送,而且迅速地将货物运抵目的港。货主则可以在预知船舶抵离港时间的基础上,组织、安排货源,保障市场对货物的需求。

从事班轮运输的船舶是在固定的航线上(既定的挂靠港口及挂靠顺序)经营并有规则地从事货物运输服务,因此对于零星的小批量货物的货主,他们同样可以与大批量货物的货主一样,根据需要向班轮公司托运,节省货物等待集中的时间和仓储费用。另外,用于班轮运输的船舶的技术性能较好,设备较齐全,船员的技术业务水平也较高,所以既能满足普通件杂货物的运输要求,又能满足危险货物、重大件等特殊货物的运输要求,并且能较好地保证货运质量。

从事班轮运输的船舶具有与其他营运方式不同的特点。由于船舶具有固定航线、固定港口、固定船期和相对固定的运价,因此"四固定"是其最基本的特点。

此外,承运人和货主之间权利、义务和责任豁免通常以承运人签发的提单背面条款为依据并受国际公约的制约,即承运人和货主之间在货物装船之前通常并不签订书面运输合同,而是在货物装船后,由承运人签发记有详细的有关承运人、托运人或收货人的责任、权利和义务条款的提单。在杂货班轮运输中,承运人对货物的责任期间是从货物装上船起,至货物卸下船止。

在集装箱班轮运输中,承运人对货物的责任期间是从装货港接受货物时起至卸货港交付货物时止,通常班轮公司对集装箱的交接方式是 CY/CY。

### 4.2.1 货物出运

**1. 揽货(Canvassion)——揽集货载**

通常的做法是在所经营的班轮航线的各挂靠港口及货源腹地通过自己的营业机构或船舶代理人与货主建立业务关系,定期刊登班轮船期表,以邀请货主前来托运货物;通过与货主、无船承运人等签订货物运输服务合同或与货运代理人签订揽货协议来争取货源。

**2. 订舱(Booking)**

托运人(包括货运代理人)向承运人(即班轮公司或者无船承运人,包括他们的代理人)申请货物运输,承运人对这种申请给予承诺的行为称为订舱。托运人(Shipper)申请货物运输可视为"要约",即托运人希望和承运人订立运输合同意思的表示,根据法律规定,合同订立采取要约承诺方式,因此,承运人一旦对托运人货物运输申请给予承诺,则货物运输合同订立。

国际贸易实践中,出口商通常会要求以 CIF 价格条件成交,此时,由出口商安排货物运输工作,即出口商承担出口货物的托运工作,将货物交船公司运往国外交进口商,所以订舱工作多数在装货港或货物输出地由出口商办理。但是,如果出口货物是以 FOB 价格条件成交,则货物运输由进口商安排,此时订舱工作可能在货物的卸货地或输入地由进口商办理。这就是所称的卸货地订舱(Home Booking)。卸货地订舱的货物在实践中也称"指定货"(Buyer's Nominated Cargo)。

### 4.2.2 装船与卸船

**1. 货物装船**

集装箱班轮运输中,由于班轮公司是以 CY/CY 作为货物的交接方式的,所以集装箱货物的装船工作都会由班轮公司负责。而集装箱货物的装箱作业则由发货人负责。

杂货班轮运输中,除另有约定外,都规定托运人应将其托运的货物送至船边,然后进行货物的交接和装船作业。对于特殊货物,如危险货物、鲜活货、贵重货、重大件货物等,通常采取由托运人将货物直接送至船边,交接装船的形式,即采取现装或直接装船的方式。

然而,由于在杂货班轮运输中,船舶承运的货物种类多、票数多、包装式样多、挂靠港口多等原因,如果要求每个托运人都将自己托运的货物直接送至码头船边,就可能会发生待装的货物不能按规定的装船先后次序送至船边的情况,从而使装货现场发生混乱,影响装货效率。为了提高装船效率,加速船舶周转,减少货损、货差现象,在杂货班轮运输中,对于普通货物的交接装船,通常采用由班轮公司在各装货港指定装船代理人,由装船代理人在各装货港的指定地点(通常为港口码头仓库)接受托运人送来的货物,办理交接手续后,将货物集中整理,并按次序进行装船的形式,即所谓的"仓库收货,集中装船"的形式。

对于件杂货运输,即使是在"仓库收货,集中装船"的情况下,船公司与托运人之间的这种责任界限并没有改变。也就是说,船公司的责任期间并没有延伸至仓库收货时。虽然装船代理人在接收货物后便产生了如同船公司所负担的那种责任,实际上船公司和装船代理人各自对托运人所应负担的责任仍然存在着一定的界限,即根据船公司和装船代理人之间的特约,在船边装船以前属于装船代理人的责任。

**2. 货物卸船**

在集装箱班轮运输中,同样由于班轮公司基本上是以 CY/CY 作为货物的交接方式,所以集装箱货物的卸船工作都会由班轮公司负责。而集装箱货物的拆箱作业则由收货人负责。

在杂货班轮运输中,对于普通货物,通常采取先将货物卸至码头仓库,进行分类整理后,再向收货人交付的所谓"集中卸船,仓库交付"的形式。

对于危险货物、重大件等特殊货物，通常采取由收货人办妥进口手续后来船边接受货物，并办理交接手续的现提形式。但是，如果各个收货人在船抵达后都同时来到码头船边接受货物，同样会使卸货现场十分混乱，影响卸货效率，延长船舶在港停泊时间。所以，为使船舶在有限的停泊时间内迅速将货卸完，实践中通常由船公司指定装卸公司作为卸货代理人，由卸货代理人总揽卸货和接收货物并向收货人实际交付货物。

与装船的情况相同，在杂货班轮运输中，不论采取怎样的卸船交货形式，船公司的责任都是以船边为责任界限，而且卸货费用也是按这样的分界线来划分的。船公司、卸货代理人、收货人三者之间的相互关系与前述的船公司、装船代理人、托运人三者之间的关系相同。

### 4.2.3 提取货物

在集装箱班轮运输中，由于大多采用CY/CY交接方式；在杂货班轮运输中，由于实务中多采用“集中卸船，仓库交付”的形式并且收货人必须在办妥进口手续后，方能提取货物，所以在班轮运输中，通常是收货人先取得提货单（以提单换取提货单），办理进口手续后，再凭提货单到堆场、仓库等存放货物的现场提取货物。

在使用提单的情况下收货人必须把提单交回承运人，否则船公司没有交付货物的义务，但通常只需要交回一份正本提单即可。

另外，收货人还须付清所有应该支付的费用，如到付的运费、共同海损分担费等，否则船公司有权根据提单上的留置权条款的规定，暂时不交付货物，直至收货人付清各项应付的费用。如果收货人拒绝支付应付的各项费用而使货物无法交付时，船公司还可以经卸货港所在地法院批准，对卸下的货物进行拍卖，以拍卖所得价款充抵应收取的费用。

## 4.3 杂货班轮货运单证

在班轮运输中，从办理货物托运手续开始，到货物装船、卸船直至货物交付的整个过程，都需要编制各种单证。这些单证是在货方（包括托运人和收货人）与船方之间办理货物交接的证明，也是货方、港方、船方等有关单位之间从事业务工作的凭证，又是划分货方、港方、船方各自责任的必要依据。

在货运单证中，有的是受国际公约和各国国内法规的约束的，有的则是按照港口当局的规定和航运习惯而编制使用的。尽管这些单证种类繁多，而且因各国港口的规定会有所不同，但主要单证是基本一致的，并能在国际航运中通用。

### 4.3.1 杂货班轮货运单证的分类

在集装箱班轮运输中，除了一些集装箱运输使用的专门的单证外，也使用这些单证，只不过是在单证中另外加上有关集装箱运输的内容而已。

目前国际上通用的及我国航行于国际航线船舶所使用的主要单证有以下几种。

**1. 托运单（Booking Note, B/N）**

托运单也称订载委托书，指由托运人（进出口公司）根据买卖合同和信用证（如果结汇方式是信用证）的有关内容向承运人或他的代理人办理货物运输的书面凭证。经承运人或其代理人对该单的签认，即表示已接受这一托运，承运人与托运人之间对货物运输的相互关系即告建立。

实务中，对于散杂货物运输，通常都是由货运代理人向承运人申请托运。相对于承运人，货运代理人就是货物托运人。货运代理人接受进出口公司的委托之后，填写**装货联单**后提交给承运人。而货运代理人填写**装货联单**的依据是托运人提供的货运委托书(见表 2.4.3)。

目前我国各个港口使用的装货联单的组成不尽相同,但是,主要都是由以下各联所组成的:

①托运单(Booking Note, B/N)及其留底;

②装货单(Shipping Order, S/O);

③收货单(Mate's Receipt, M/R)。

**表 2.4.3 海运出口委托书**

<table>
<tr><td colspan="5">SHIPPER(发货人)</td><td colspan="4" rowspan="2">兹委托你公司出运下列货物,请于出货后据此向我方(或找指定方)收取运费<br>天津杰华科技有限公司<br>Date:<br>日期:</td></tr>
<tr><td colspan="5">CONSIGNEE(收货人)</td></tr>
<tr><td colspan="5">NOTIFY PARTY(通知人)</td><td colspan="4">备注:</td></tr>
<tr><td colspan="2">预配船期:<br>Shipment Date</td><td colspan="2">装货港:<br>Loading Port</td><td colspan="3">目的港:<br>Discharging Port</td><td colspan="2">运输条款:<br>Transportation Condition</td></tr>
<tr><td colspan="2">最后装期:<br>Last Shipment Date</td><td>是否转船<br>Transhipment</td><td>YES□ NO□</td><td colspan="2">是否分批<br>Partial Shipment</td><td>YES□ NO□</td><td>是否危险品<br>Dangerous Goods</td><td>YES□ NO□</td></tr>
<tr><td>唛头<br>(Marks)</td><td colspan="5">品名包装件数<br>Description of Goods<br>Package &Nos.</td><td>净重<br>(N. W. kg)</td><td>毛重<br>(G. W. kg)</td><td>体积<br>(CBM)</td></tr>
<tr><td></td><td colspan="5"></td><td></td><td></td><td></td></tr>
<tr><td>送货方式</td><td colspan="5"></td><td>送货地点</td><td colspan="2"></td></tr>
<tr><td>信用证号<br>信用证运输要求</td><td colspan="8"></td></tr>
<tr><td></td><td colspan="8">(请在收到我公司委托书后尽快回复,以利于我公司工作,谢谢您的合作)</td></tr>
</table>

**2. 装货单(Shipping Order, S/O)**

装货单,亦称下货纸,是托运人(实践中通常是货运代理人)根据进出口公司填写的订载委托书,填制交船公司审核并签章的凭证,据以要求船长将货物装船承运的凭证。

船公司或其代理人确认接受承运后,便予以编号并签发装货单。

签发装货单时,船公司或其代理人会按不同港口分别编装货单号(因为最终的提单号基本上都是与装货单号相同的)。装货单是货物装船的凭证,也是向海关办理货物报关单据之一，海关放行之后，才可将货物装运上船。

中国《海关法》第18条的规定："出口货物的发货人除海关特准以外，应当在装货的24小时以前，向海关申报。"

由于托运人必须在办理了货物装船出口的海关手续后，才能要求船长将货物装船，所以装货单又常称为"关单"，实样见图2.4.2。

中国外 轮代理公司
CHINA OCEAN SHIPPING AGENCY
装货单 SHIPPING ORDER

装单号码 S/O#________ 日期 Date________ 海关编号 Custonis Ves.#________

船名 S. S.________ 航次 Voy.________ 装往地点 Destination________

托运人 Shipper________

收货人 Consignee________

通 知 Notify________

| 标记及号码 Marke and Nunbers | 件数 Quantity | 货名 Description of Goods | 重量 Weight | | 尺码 Measurement |
|---|---|---|---|---|---|
| | | | 净重 Net | 毛重 Gross | |
| | | | | | |

合计 Tetal　　　　共重 Total

合计 SAY

请将上述完好之状况货物，予以装船，并希签署收货单为荷。

Please receive on beand the sbeve mentioned goods in good order and condition and sigh the accompunying receipl for seme

装入何舱 Stowed________

实　收 Received________

理货员签名 Tallied By________

代理人 As agents________

图2.4.2　装货单实样

**3. 收货单(Mate's Receipt)**

收货单(实样见图2.4.3)是指货物装上船后，由船上大副(Chief Mate)签署给托运人的，作为证明船方已收到该票货物并已装上船的凭证。所以,收货单又称为“大副收据”。托运人取得了经大副签署的收货单后,即可凭以向船公司或其代理人换取已装船提单。

大副在签署收货单时,会认真检查装船货物的外表状况、货物标志、货物数量等情况。如果货物外表状况不良,标志不清,货物有水渍、油渍或污渍等情况,数量短缺,货物损坏时,大副就会将这些情况记载在收货单上。这种在收货单上记载有关货物外表状况不良或有缺陷的情况称为“批注”(Remark),习惯上称为“大副批注”。有大副批注的收货单称为“不清洁收货单”(Foul Receipt),无大副批注的收货单则为“清洁收货单”(Clean Receipt)。

如果以信用证支付,带有大副批注的“不清洁提单”,银行拒绝接受,因此不清洁提单不能作为议付单据,货主无法收取货款。

**中 国 外 轮 代 理 公 司**

**CHINA OCEAN SHIPPING AGENCY**

**收 货 单**

**MATE'S RECEIPT** S/O No.

船 名 Vessel Name ........ 航次 Voy. ........ 目的港 For ........

托运人 Shipper ........

受货人 Consignee ........

通 知 Notify ........

下 列 完 好 状 况 之 货 物 业 已 收 妥 无 损

Received on board the following goods apparent in good order and condition:

| 标记及号码 Marks & Nos. | 件 数 Quantity | 货 名 Description of Goods | 毛重(公斤) Gross Weight | 尺码(立方米) Measurement |
|---|---|---|---|---|
| | | | | |
| 共 计 件 数(大写) Total Number of Packages in Writing | | | | |

日 期 Date ........ 时间 Time ........

装入何仓 Stowed ........

实 收 Received ........

理货员签名 Tallied By ........ 大 副 Chief Officer ........

图 2.4.3 收货单实样

**4. 装货清单(Loading List)**

**装货清单是根据装货联单中的托运单留底联,将全船待运货物按目的港和货物性质归类,依航次靠港顺序排列编制的装货单的汇总单。**

**装货清单的内容包括船名、装货单编号、件数、包装、货名、毛重、估计立方米及特种货物对运输的要求或注意事项的说明等。**

**装货清单是大副编制积载计划的主要依据,又是供现场理货人员进行理货、港口安排驳运、进出库场以及掌握托运人备货及货物集中情况等的业务单据。当有增加或取消货载的情况发生时,船方(通常是船舶代理人)会及时编制"加载清单"(Additional Cargo List)或"取消货载清单"( Cancelled-cargo List ),并及时分送各有关方。**

**5. 载货清单(Manifest, M/F)**

载货清单,亦称"舱单",是在货物装船完毕后,根据大副收据或提单编制的一份按卸货港顺序逐票列明全船实际载运货物的汇总清单。其内容包括船名及国籍、开航日期、装货港及卸货港,同时逐票列明所载货物的详细情况。

载货清单是国际航运实践中一份非常重要的通用单证。船舶办理报关手续时,必须提交载货清单。载货清单是海关对进出口船舶所载货物进出国境进行监督管理的单证,如果船载货物在载货清单上没有列明,海关有权依据海关法的规定进行处理。载货清单又是港方及理货机构安排卸货的单证之一。载货清单实样见图2.4.4。

因此,在船舶装货完毕离港前,船方应由船长签认若干份载货清单,并留下数份随船同行,以备中途挂港或到达卸货港时办理进口报关手续时使用。

**6. 货物积载图(Stowage Plan)**

出口货物在货物装船前,必须就货物装船顺序、货物在船上的装载位置等情况做出一个详细的计划,以指导有关方面安排泊位、货物出舱、下驳、搬运等工作。这个计划以一个图表的形式来表示,即用图表的形式表示货物在船舱内的装载情况,使每一票货物都能形象具体地显示其船舱内的位置(实样见图2.4.4)。

中国天津外轮代理有限公司
China Ocean Shipping Agency Tianjin

MANIFEST

Sailed:2012 -04-21

| Ves./Voy.:KING SPIRIT/001 | Loading Port:XINGANG | | Discharge Port:UMM QASR | Delivery Port::UMM QASR | | |
|---|---|---|---|---|---|---|
| Shipper;Consignee;Notify address | B/L Nr. | Marks & Nrs. Seal Nrs<br>Container Nrs. | Number and kind of packages;<br>Description of goods | Weight<br>(kgs) | Measurement<br>m³ | Remark |
| SH: xxx Corp.<br>CN: xxx Corp.<br>N2: xxx<br>Phones:<br>Attn. to:xxx | 125386F51 | SEE B/L | 8 PKGS<br>CLOSED DRAIN DRUM, VENT PIPE | 56700.0 | 295.000 | FREIGHT<br>COLLECT |
| SH: xxx Corp.<br>CN: xxx Corp.<br>N2: xxx<br>Phones:<br>Attn. to:xxx | 125386F52 | SEE B/L | 650 BAGS<br>SULFONATED METHYL-PHENOLIC | 660400.0 | 1118.000 | FILO<br>FREIGHT<br>COLLECT |
| SH: xxx Corp.<br>CN: xxx Corp.<br>N2: xxx<br>Phones:<br>Attn. to:xxx | 125386F53 | SEE B/L | 5 PKGS<br>CABINET TRANSFORM AND SPARE PARTS | 8003.0 | 154.200 | FILO<br>FREIGHT<br>COLLECT |

**图2.4.4　货物积载图实样**

**积载因数**:货物积载因数(Stowage Factor,S. F)是指某种货物每一吨重量所具有的体积或在船舶货舱中正常装载时所占有的容积。前者为不包括亏舱的货物积载因数,俗称理论积载因数（=货物量尺体积/货物重量）；后者为包括亏舱的货物积载因数（=货物占用货舱的容积/货物的重量）。

**货物的计量**：货物的体积和重量不仅直接影响船舶的载重量和载货容积的利用程度，还关系到有关库场堆放货物时如何充分利用场地面积和仓库空间等问题，而且还可能是确定运价和计算运费的基础，同时与货物的装卸、交接也有直接的关系。货物的计量包括货物丈量和衡重。

货物的丈量又称量尺，是指测量货物的外形尺度和计算体积。货件丈量的原则是：按货件的最大方形进行丈量和计算，在特殊情况下可酌情予以适当扣除，某些奇形货件可按实际体积酌情考虑其计费体积。货物的量尺体积是指货物外形最大处的长、宽、高之乘积，即：

$$V = L \times W \times H$$

式中：$V$——货物的量尺体积（立方米）；

$L$——货物的最大长度（米）；

$W$——货物的最大宽度（米）；

$H$——货物的最大高度（米）。

货物的衡重是指衡定货物的重量。货物的重量可分为净重、皮重和毛重。

**7. 危险货物清单**

危险货物清单是专门列出船舶所载运全部危险货物的明细表。其记载的内容除装货清单、载货清单所应记载的内容外，还特别增加了危险货物的性能和装船位置两项。

为了确保船舶、货物、港口及装卸、运输的安全，包括我国港口在内的世界上很多国家的港口都专门做出规定，凡船舶载运危险货物都必须另行单独编制危险货物的清单。

按照一般港口的规定，凡船舶装运危险货物时，船方应向有关部门（我国海事局）申请派员监督装卸。在装货港装船完毕后由监装部门签发给船方一份“危险货物安全装载书”（Dangerous Cargo Safe Stowage Certificate）。这也是船舶载运危险货物时必备的单证之一。

另外，有些港口对装卸危险货物的地点、泊位，甚至每一航次载运的数量以及对危险货物的包装、标志等都有所规定。因此，船公司和货主对各国有关装卸危险货物的规定都应事先有所了解，以免发生不必要的麻烦。

**8. 提货单（Delivery Order, D/O）**

提货单（实样见图2.4.5）是收货人凭以向现场（码头仓库或船边）提取货物的凭证。其内容包括船名、货物名称、件数、数量、包装式样、标志、提单号、收货人名称等。

提货单的性质与提单完全不同，它只不过是船公司指令码头仓库或装卸公司向收货人交付货物的凭证，不具备流通及其他作用。

## 中国外运天津集团船务代理公司

## SINOTRANS TIANJIN MARINE SHIPPING AGENCY

## 提 货 单

## (DELIVERY ORDER)

No.

| | | | |
|---|---|---|---|
| 收货人<br>通知人 | | | 下列货物已办妥手续，运费结清请准许交付收货人。 |
| 船名： | 航次： | 起运港： | 唛头： |
| 提单号： | 交付条款： | 目的港： | |
| 卸货地点： | 进场日期： | 箱进口状态： | |
| 抵港日期： | 到付海运费： | | |
| 一程船： | 提单号： | | |

| 集装箱/铅封号 | 货 物 名 称 | 件数与包装 | 重量(kgs) | 体 积($m^3$) |
|---|---|---|---|---|
| | | | | |

| | |
|---|---|
| 请核对放货：<br><br>凡属法定检验、检疫的进口商品，必须向有关监督机关申报。 | 中国外运天津集团船务代理公司<br><br>提货专用章 |

| | | | |
|---|---|---|---|
| 海 关 章 | | | |

第一联 海关申报胶港方

图 2.4.5 提货单实样

# 4.4 集装箱班轮货运单证

**1. 集装箱货物托运单(Dock Receipt,D/R)**

现代海上班轮运输以集装箱运输为主(件杂货运输占极小比重),为简化手续即以场站收据作为集装箱货物的托运单。"场站收据"联单现在通常是由国际货运代理企业缮制送交船公司或其代理人订舱,因此托运单也就相当于订舱单。

集装箱场站收据各联作用如表2.4.4所示。

**表2.4.4 集装箱场站收据各联作用**

| 顺序联 | 名 称 | 用 途 |
|---|---|---|
| 第一联 | 集装箱货物托运单 | 货主留底 |
| 第二联 | 集装箱货物托运单 | 船代留底 |
| 第三联 | 运费通知(1) | 计算运费 |
| 第四联 | 运费通知(2) | 运费收取通知 |
| 第五联 | 场站收据副本 | 装货单 |
| | 装货单附页 | (附页)缴纳出口货物港务申请书,核算港务费用 |
| 第六联 | 场站收据副本大副联 | 报关,船上留存备查 |
| 第七联 | 场站收据正本 | 报关,船代凭此签发提单 |
| 第八联 | 货代留底 | 缮制货物流向单 |
| 第九联 | 配舱回单(1) | 货代缮制提单 |
| 第十联 | 配舱回单(2) | 根据回单修改提单 |

以上一套十张,船公司或其代理接受订舱后在托运单上加填船名、航次及编号(此编号俗称关单号,与该批货物的提单号基本上保持一致),并在第五联装货单上盖章,表示确认订舱,然后将二至四联留存,第五联及以下全部退还货代公司。

货代将第五联、五联附页、六联、七联共四联拆下,作为报关单证之用,九或十联交托运人(货主)作配舱回执,其余供内部各环节使用。

集装箱货物托运联单虽有十联之多,其核心单据则为第五、六、七联。第五联是装货单,盖有船公司或其代理人的图章,是船公司发给船上负责人员和集装箱装卸作业区接受装货的指令,报关时海关查核后在此联盖放行章,船方(集装箱装卸作业区)凭以收货装船。第六联供港区在货物装船前交外轮理货公司,当货物装船时与船上大副交接。第七联场站收据俗称黄联(黄色纸张,便于辨认)在货物装上船后由船上大副签字(通常由集装箱码头堆场签章),退回船公司或其代理人,据以签发提单。

具体单证见图2.4.6至图2.4.9所示影印实样。

▽

Shipper （发货人）

D/R No.（编号）

集装箱托运单

货主留底

第一联

Consignee （收货人）

Notify Party （通知人）

| | | | |
|---|---|---|---|
| Pre-carriage by （前程运输） | | Place of Receipt （收货地点） | |
| Ocean vessel （船名） | Voy. No.（航次） | Port of Loading （装货港） | |
| Port of Discharge （卸货港） | | Place of Delivery （交货地点） | Final Destination for Merchant's Reference （目的地） |

Particulars Furnished by Merchants

| Container No. （集装箱号） | Seal No. （封志号） Marks & Nos. （标记与号码） | No. of containers or P'kgs. （箱数或件数） | Kind of Packages; Description of Goods （包装种类与货名） | Gross Weight 毛重(千克) | Measurement 尺码(立方米) |
|---|---|---|---|---|---|
| | | | | | |

TOTAL NUMBER OF CONTAINERS OR PACKAGES(IN WORDS) 集装箱数或件数合计(大写)

| FREIGHT & CHARGES （运费与附加费） | Revenue Tons （运费吨） | Rate （运费率） Per （每） | Prepaid （运费预付） | Collect （到付） |
|---|---|---|---|---|
| | | | | |

| | | | |
|---|---|---|---|
| Ex Rate：（兑换率） | Prepaid at （预付地点） | Payable at （到付地点） | Place of Issue（签发地点） |
| | Total Prepaid （预付总额） | No.of Original B(s)/L （正本提单份数） | |

| | | | |
|---|---|---|---|
| Service Type on Receiving □-CY，□-CFS，□-DOOR | Service Type on Delivery □-CY，□-CFS，□-DOOR | Reefer Temperature Required.（冷藏温度） | °F °C |

| | | | | | |
|---|---|---|---|---|---|
| TYPE OF GOODS （种类） | □Ordinary，（普通） □Reefer，（冷藏） □Dangerous，（危险品） □Auto.（裸装车辆） | | | 危险品 | Glass： Property： IMDG Code Page： UN NO. |
| | □Liquid，（液体） □Live Animal，（活动物） □Bulk （散货） □______ | | | | |

| | |
|---|---|
| 可否转船： | 可否分批： |
| 装　期： | 效　期： |
| 金额： | |
| 制单日期： | |

图2.4.6　集装箱托运单实样

嘉联国际物流
JiaLian International Logistics

Shipper（发货人）

D/R NO.（编号）

货主编号：

Consignee（收货人）

# 装 货 单

## 场站收据副本

第五联

Notify Party（通知人）

Received by the Carrier the Total number of containers or other packages or units stated below to be transported subject to the terms and conditions of the Carrier's regular form of Bill of Lading (for Combined Transport or Port to Port Shipment) which shall be deemed to be incorporated herein

Date（日期）：

场站章

| | |
|---|---|
| Pre-carriage by（前程运输） | Place of Receipt（收货地点） |
| Ocean vessel（船名）　Voy. No.（航次） | Port of Loading（装货港） |
| Port of Discharge（卸货港） | Place of Delivery（交货地点） |

Final Destination for the Merchant's Reference（目的地）

Particulars Furnished by Merchants（托运人提供详细情况）

| Container No.（集装箱号） | Seal No.（封志号） Marks & Nos.（标记与号码） | No. of containers or P'kgs（箱数或件数） | Kind of Packages; Description of Goods（包装种类与货名） | Gross Weight 毛重（千克） | Measurement 尺码（立方米） |
|---|---|---|---|---|---|
| | | | | | |
| TOTAL NUMBER OF CONTAINERS OR PACKAGES (IN WORDS) 集装箱数或件数合计（大写） | | | | | |

| Container No.（箱号） | Seal No.（封志号） | Pkgs.（件数） | Container No.（箱号） | Seal No.（封志号） | Pkgs.（件数） |
|---|---|---|---|---|---|
| | | | | | |

Received（实收）　　By Terminal clerk（场站员签字）

| FREIGHT & CHARGES | Prepaid at（预付地点） | Payable at（到付地点） | Place of Issue（签发地点） |
|---|---|---|---|
| | Total Prepaid（预付总额） | No. of Original B(s)/L（正本提单份数） | |

图 2.4.7　装货单第五联实样

嘉联国际物流

Shipper（发货人）

D/R NO.（编号）

Consignee（收货人）

货主编号：

场站收据副本

大副联

第六联

COPY OF DOCK RECEIPT

(FOR CHIEF OFFICER)

Notify Party（通知人）

Received by the Carrier the Total number of containers or other packages or units stated below to be transported subject to the terms and conditions of the Carrier's regular form of Bill of Lading (for Combined Transport or Port to Port Shipment) which shall be deemed to be incorporated herein

Date（日期）：

场站章

Pre-carriage by（前程运输）

Place of Receipt（收货地点）

Ocean vessel（船名）

Voy. No.（航次）

Port of Loading（装货港）

Port of Discharge（卸货港）

Place of Delivery（交货地点）

Final Destination for the Merchant's Reference（目的地）

Particulars Furnished by Merchants（托运人提供详细情况）

| Container No.（集装箱号） | Seal No.（封志号）Marks & Nos.（标记与号码） | No. of containers or P'kgs（箱数或件数） | Kind of Packages; Description of Goods（包装种类与货名） | Gross Weight 毛重（千克） | Measurement 尺码（立方米） |
|---|---|---|---|---|---|
| | | | | | |

TOTAL NUMBER OF CONTAINERS OR PACKAGES (IN WORDS) 集装箱数或件数合计（大写）

| Container No.（箱号） | Seal No.（封志号） | Pkgs.（件数） | Container No.（箱号） | Seal No.（封志号） | Pkgs.（件数） |
|---|---|---|---|---|---|
| | | | | | |

Received（实收）　　By Terminal clerk（场站员签字）

| FREIGHT & CHARGES | Prepaid at（预付地点） | Payable at（到付地点） | Place of Issue（签发地点） |
|---|---|---|---|
| | Total Prepaid（预付总额） | No. of Original B(s)/L（正本提单份数） | |

图2.4.8　装货单第六联实样

Shipper（发货人）

D/RNO.（编号）

嘉联国际物流
JiaLian International Logistics

货主编号：

Consignee（收货人）

场站收据
DOCK RECEIPT

第七联

Notify Party（通知人）

Received by the Carrier the Total number of containers or other packages or units stated below to be transported subject to the terms and conditions of the Carrier's regular form of Bill of Lading (for Combined Transport or Port to Port Shipment) which shall be deemed to be incorporated herein

Date（日期）：

场站章

| | | | |
|---|---|---|---|
| Pre-carriage by（前程运输） | | Place of Receipt（收货地点） | |
| Ocean vessel（船名） | Voy. No.（航次） | Port of Loading（装货港） | |
| Port of Discharge（卸货港） | | Place of Delivery（交货地点） | Final Destination for the Merchant's Reference（目的地） |

Particulars Furnished by Merchants（托运人提供详细情况）

| Container No.（集装箱号） | Seal No.（封志号） Marks & Nos.（标记与号码） | No. of containers or P'kgs（箱数或件数） | Kind of Packages; Description of Goods（包装种类与货名） | Gross Weight 毛重（千克） | Measurement 尺码（立方米） |
|---|---|---|---|---|---|
| | | | | | |
| TOTAL NUMBER OF CONTAINERS OR PACKAGES (IN WORDS) 集装箱数或件数合计（大写） | | | | | |

| Container No.（箱号） | Seal No.（封志号） | Pkgs.（件数） | Container No.（箱号） | Seal No.（封志号） | Pkgs.（件数） |
|---|---|---|---|---|---|
| | | | | | |

Received（实收） By Terminal clerk（场站员签字）

| FREIGHT & CHARGES | Prepaid at（预付地点） | Payable at（到付地点） | Place of Issue（签发地点） |
|---|---|---|---|
| | Total Prepaid（预付总额） | No. of Original B(s)/L（正本提单份数） | |

图 2.4.9 装货单第七联实样

## 2. 集装箱预配清单

集装箱预配清单是船公司为出口集装箱运输管理需要而设计的一种单据，该清单格式及内容，各船公司大致相同，一般有提单号、船名、航次、货名、件数、毛重、尺码、目的港、集装箱类型、尺寸和数量、装箱地点等。货运代理人在订舱时或一批一单,或数批分行列载于一单,按订舱单内容缮制后随同订舱单据送船公司或其代理人,船公司配载后将该清单发给空箱堆存点,据以核发设备交接单及空箱之用。

**3. 集装箱发放/设备交接单(Equipment Interchange Receipt,EIR)**

集装箱发放/设备交接单是集装箱进出港区、场站时,用箱人、运箱人与管箱人或其代理人之间交接集装箱及设备的凭证,兼有发放集装箱的凭证功能,所以它既是一种交接凭证,又是一种发放凭证,对集装箱运输特别是对箱务管理起着巨大作用。它在日常业务中被简称为“设备交接单”(EIR),是出口、进口集装箱运输中都需要使用的单证。

设备交接单制度应严格,要求做到一箱一单、箱单相符、箱单同行。用箱人、运箱人凭设备交接单进出港区、场站,到设备交接单指定的提箱地点提箱,并在规定的地点还箱。与此同时,用箱人必须在规定的日期、地点将箱子和机械设备如同交付时状态还给管箱人或其代理人,对集装箱的超期使用或租用,用箱人应支付超期使用费,对使用或租用期间发生的任何箱子及设备的灭失和损坏,用箱人应承担赔偿责任,相应费用标准也应做出明确规定。

在集装箱货物运输情况下,货运代理人在向船公司或其代理人订妥舱位取得装货单后可凭其向船方领取设备交接单。设备交接单一式六联,上面三联用于出场,印有“出场 OUT”字样,第一联盖有船公司或其集装箱代理人的图章,集装箱空箱堆场凭以发箱,一、二联由堆场发箱后留存,三联由提箱人(货运代理人)留存;设备交接单的下面三联是进场之用,印有“进场IN”字样,该三联是在货物装箱后送到港口作业区堆场时重箱交接之用,其一、二两联由送货人交付港区道口,其中第二联留港区,第一联转给船方据以掌握集装箱的去向,送货人(货运代理人)自留第三联作为存根。

设备交接单有如下内容。

(1)交接单号码:按船公司(船代)编制的号码填列。

(2)经办日期:指制单日期。

(3)经办人:指要箱单位的经办人员。

(4)用箱人:一般为订舱的货运代理单位名称。

(5)提箱地点:指空箱存放地点。

(6)船名、航次、提单号、货物发往地点:须与关单相关项目一致。

(7)经营人:指集装箱经营人,如属船公司营运箱,则填船公司名称。

(8)尺寸、类型:可简写,如 20/DC,意即 20 英尺干货箱。

(9)箱号:指提取空箱箱号。

(10)用箱地点:指货运代理人或货主的装箱地点。

(11)收箱地点:指出口装船的港口作业区。

(12)运箱工具:指集卡车号。

(13)出场目的/状态:如提取空箱,目的是“装箱”,状态是“空箱”。

(14)进场目的/状态:如重箱进区,目的是“装船”,状态是“重箱”。

(15)出场日期:指空箱提离堆场日期。

(16)进场日期:指重箱进入港口作业区日期。

设备交接单的下半部分是出场或进场检查记录,由用箱人(运箱人)及集装箱堆场/码头工作人员在双方交接空箱或重箱时验明箱体记录情况,用以分清双方责任。

**空箱交接标准:**箱体完好、水密、不漏光、清洁、干燥、无味,箱号及装载规范清晰,特种集装箱的机械、电器装置正常。

**重箱交接标准**：箱体完好、箱号清晰、封志完整无损，特种集装箱机械、电器装置运转正常，并符合出口文件记载要求。

具体单证见图2.4.10、图2.4.11影印实样。

宁 波 船 务 代 理 有 限 公 司
CHINA MARINE SHIPPING AGENCY NINGBO CO.,LTD.

OUT 出场

提箱有效期：2011-12-22至2011-12-28

常规放箱
确 认 章

吴瑞燕

2011-12-22

集 装 箱 发 放 / 设 备 交 接 单
EQUIPMENT INTERCHANGE RECEIPT

No 0524310

| 用箱人/运箱人 (CONTAINER USER/HAULIER) | 客户编码 (ACCOUNTCODE) | 提箱地点 (PLACE OF DELIVERY) |
|---|---|---|
| 宁波安普 | CNE002344 | 天翔第三堆场 |

| 发往地点 (DELIVERED TO) | 目的港 (DESTINATION) | 返回/收箱地点 (PLACE OF RETURN) |
|---|---|---|
| | BANGKOK(PAT) | 北仑港四期码头 |

| 船名/航次 (VESSEL/VOYAGE NO.) | 集装箱号 (CONTAINER NO.) | 尺寸/类型 (SIZE/TYPE) | 营运人 (CNTR. OPTR.) |
|---|---|---|---|
| EVERUNIQUE V.0231W | | 22GP | 长荣（EMC） |

| 提单号 (B/L NO.) | 铅封号 (SEAL NO.) | 免费期限 (FREE TIME PERIOD) | 运载工具牌号 (TRUCK,WAGON,BARGE NO.) |
|---|---|---|---|
| EGLV143186489412 | | 至2011-12-28 | |

| 出场目的/状态 (PPS OF GATE-OUT/STATUS) | 进场目的/状态 (PPS OF GATE-IN/STATUS) | 出场日期 (TIME-OUT) |
|---|---|---|
| 可用空箱 | | 月 日 时 |

出场检查记录 (INSPECTION AT THE TIME OF OUTERCHANGE)

| 普通集装箱 (GP CONTAINER) | 冷藏集装箱 (RF CONTAINER) | 特种集装箱 (SPECIAL CONTAINER) | 发电机 (GEN SET) |
|---|---|---|---|
| □ 正常 (SOUND)<br>□ 异常 (DEFECTIVE) | □ 正常 (SOUND)<br>□ 异常 (DEFECTIVE) | □ 正常 (SOUND)<br>□ 异常 (DEFECTIVE) | □ 正常 (SOUND)<br>□ 异常 (DEFECTIVE) |

损坏记录及代号 (DAMAGE & CODE)：BR 破损 (BROKEN)　D 凹损 (DENT)　M 丢失 (MISSING)　DR 污箱 (DIRTY)　DL 危标 (DG LABEL)

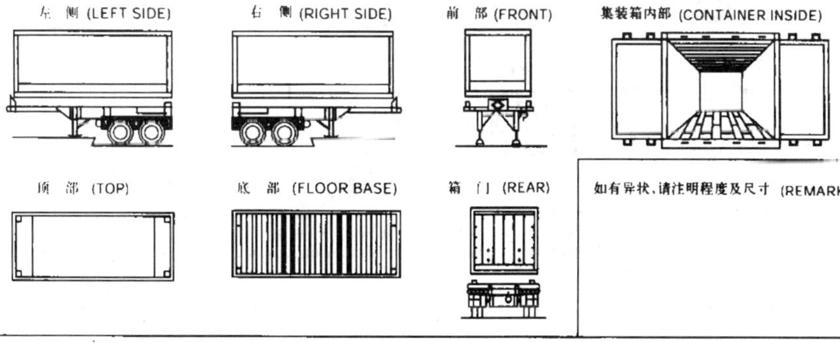


如有异状，请注明程度及尺寸 (REMARK)

除列明者外，集装箱及集装箱设备交接时完好无损，铅封完整无误。
THE CONTAINER / ASSOCIATED EQUIPMENT INTERCHANGED IN SOUND CONDITION AND SEAL INTACT UNLESS OTHERWISE STATED

用箱人/运箱人签署 (CONTAINER USER/HAULIER'S SIGNATURE)　　码头/堆场值班员签署 (TERMINAL/DEPOT CLERK'S SIGNATURE)

图2.4.10 设备交接单(出场)实样

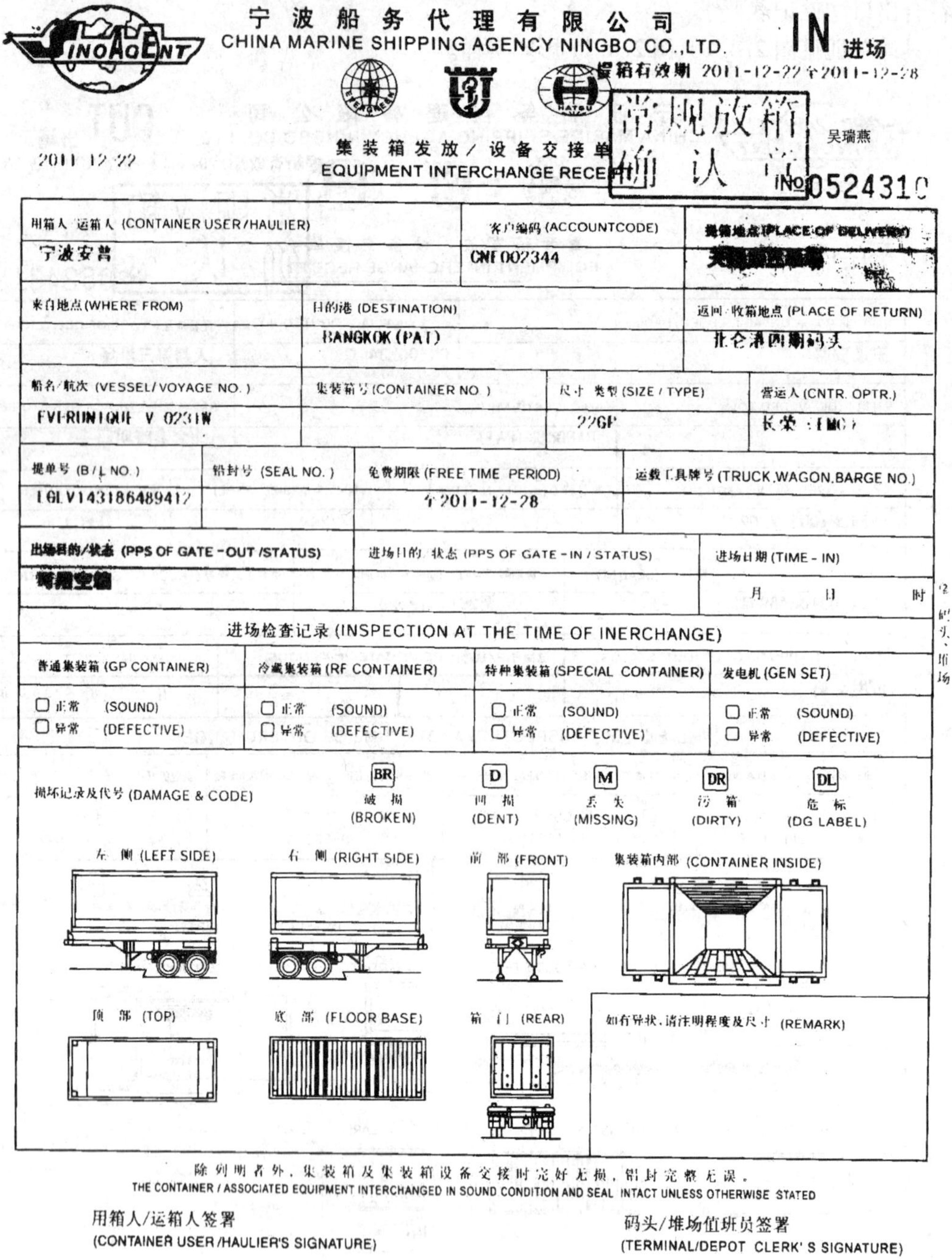

宁波船务代理有限公司

CHINA MARINE SHIPPING AGENCY NINGBO CO.,LTD.

IN 进场

提箱有效期 2011-12-22 至 2011-12-28

常规放箱确认章 吴瑞燕

2011-12-22

集装箱发放/设备交接单

EQUIPMENT INTERCHANGE RECEIPT

No 0524310

| 用箱人/运箱人 (CONTAINER USER/HAULIER) | 客户编码 (ACCOUNTCODE) | 提箱地点 (PLACE OF DELIVERY) |
| --- | --- | --- |
| 宁波安普 | CNF002344 | [illegible] |

| 来自地点 (WHERE FROM) | 目的港 (DESTINATION) | 返回/收箱地点 (PLACE OF RETURN) |
| --- | --- | --- |
| | BANGKOK (PAT) | 北仑港四期码头 |

| 船名/航次 (VESSEL/VOYAGE NO.) | 集装箱号 (CONTAINER NO.) | 尺寸/类型 (SIZE/TYPE) | 营运人 (CNTR. OPTR.) |
| --- | --- | --- | --- |
| EVERUNIQUE V 0231W | | 22GP | 长荣 (EMC) |

| 提单号 (B/L NO.) | 铅封号 (SEAL NO.) | 免费期限 (FREE TIME PERIOD) | 运载工具牌号 (TRUCK,WAGON,BARGE NO.) |
| --- | --- | --- | --- |
| EGLV143186489417 | | 至2011-12-28 | |

| 出场目的/状态 (PPS OF GATE-OUT/STATUS) | 进场目的/状态 (PPS OF GATE-IN/STATUS) | 进场日期 (TIME-IN) |
| --- | --- | --- |
| 筹用空箱 | | 月 日 时 |

进场检查记录 (INSPECTION AT THE TIME OF INERCHANGE)

| 普通集装箱 (GP CONTAINER) | 冷藏集装箱 (RF CONTAINER) | 特种集装箱 (SPECIAL CONTAINER) | 发电机 (GEN SET) |
| --- | --- | --- | --- |
| □ 正常 (SOUND) □ 异常 (DEFECTIVE) | □ 正常 (SOUND) □ 异常 (DEFECTIVE) | □ 正常 (SOUND) □ 异常 (DEFECTIVE) | □ 正常 (SOUND) □ 异常 (DEFECTIVE) |

损坏记录及代号 (DAMAGE & CODE)　BR 破损 (BROKEN)　D 凹损 (DENT)　M 丢失 (MISSING)　DR 污箱 (DIRTY)　DL 危标 (DG LABEL)

左侧 (LEFT SIDE)　右侧 (RIGHT SIDE)　前部 (FRONT)　集装箱内部 (CONTAINER INSIDE)

顶部 (TOP)　底部 (FLOOR BASE)　箱门 (REAR)　如有异状,请注明程度及尺寸 (REMARK)

除列明者外,集装箱及集装箱设备交接时完好无损,铅封完整无误。

THE CONTAINER / ASSOCIATED EQUIPMENT INTERCHANGED IN SOUND CONDITION AND SEAL INTACT UNLESS OTHERWISE STATED

用箱人/运箱人签署 (CONTAINER USER/HAULIER'S SIGNATURE)　　码头/堆场值班员签署 (TERMINAL/DEPOT CLERK'S SIGNATURE)

图 2.4.11　设备交接单(进场)实样

### 4. 集装箱装箱单(Container Load Plan,CLP)

集装箱装箱单是详细记载集装箱内货物的名称、数量等内容的单据,每个载货集装箱都要制作这样的单据。不论是由发货人自己装箱,还是由集装箱货运站负责装箱,负责装箱的人都要制作装箱单。集装箱装箱单是详细记载每一个集装箱内所装货物详细情况的唯一单据,所以在以集装箱为单位进行运输时，这是一张极其重要的单据。

集装箱装箱单的主要作用：作为发货人、集装箱货运站与集装箱码头堆场之间货物的交接单证；作为向船方通知集装箱内所装货物的明细表；单据上所记载的货物与集装箱的总重量是计算船舶吃水差、稳性的基本数据；在卸货地点是办理集装箱保税运输的单据之一；当发生货损时，是处理索赔事故的原始单据之一；是卸货港集装箱货运站安排拆箱、理货的单据之一。

目前各港口使用的装箱单大同小异，上海港使用的集装箱装箱单一式五联，由装箱人（仓库、供货工厂）或装箱站（CFS）于装箱时缮制，其中一联由装箱人留存，四联随箱送装运港区，供港区编制集装箱装船舱位配置计划和船公司或其代理缮制提单等参考。

装箱单（见图 2.4.12 影印实样）记载事项必须与场站收据和报关单据上的相应事项保持一致，否则会引发不良后果。例如，装货港错打，与场站收据不符，港区有可能不予配装，造成退关；也有可能配舱错位，以致到达卸货港时无法从错置的舱架上把集装箱卸下；又如装箱单重量或尺码与报关单或发票不符，船公司按装箱单重量或尺码缮制提单、舱单，出口单位结汇时发生单单不一致，不能结汇，此种情况屡见不鲜，主要原因在于发货人托运时未向仓库或工厂取得正确数据，以致数字歧异，对此，发货人应加强注意。所装货物如品种不同必须按箱子前部到箱门的先后顺序填写。

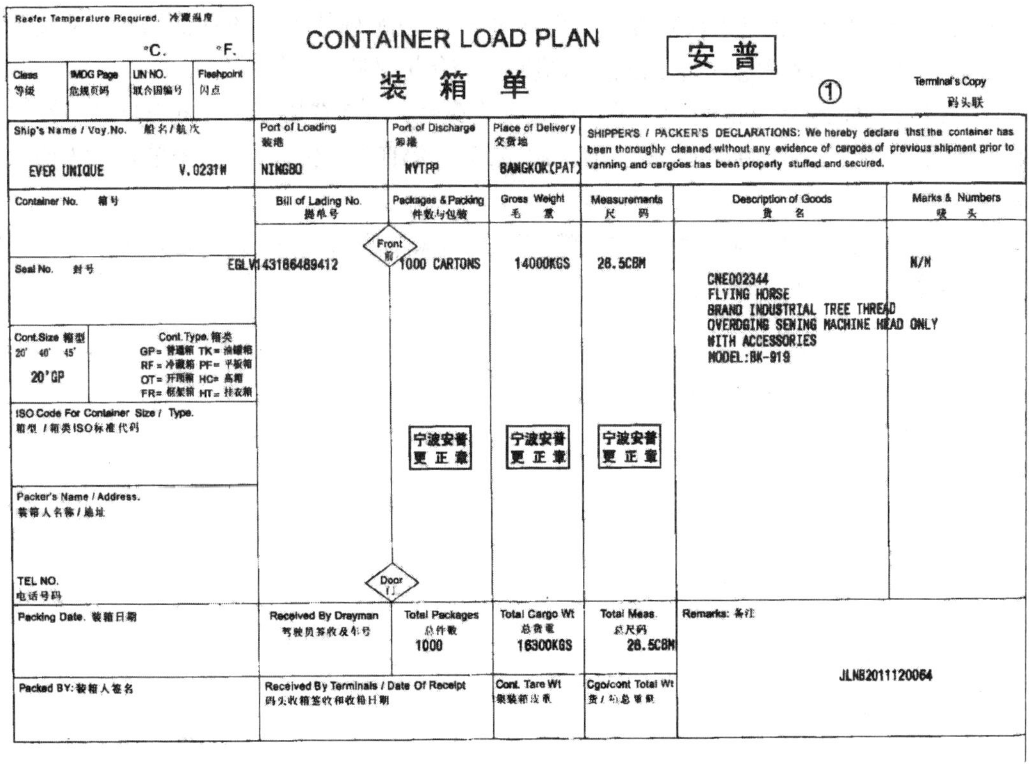
CONTAINER LOAD PLAN
装 箱 单
安 普
①
Terminal's Copy 码头联
Reefer Temperature Required. 冷藏温度 °C. °F.
Class 等级 | IMDG Page 危规页码 | UN NO. 联合国编号 | Flashpoint 闪点
Ship's Name / Voy.No. 船名/航次: EVER UNIQUE V.0231W
Port of Loading 装港: NINGBO
Port of Discharge 卸港: NYTPP
Place of Delivery 交货地: BANGKOK(PAT)
SHIPPER'S / PACKER'S DECLARATIONS: We hereby declare thst the container has been thoroughly cleaned without any evidence of cargoes of previous shipment prior to vanning and cargoes has been properly stuffed and secured.
Container No. 箱号
Seal No. 封号
Bill of Lading No. 提单号: EGLV143186489412
Packages & Packing 件数与包装: 1000 CARTONS
Gross Weight 毛重: 14000KGS
Measurements 尺码: 28.5CBM
Description of Goods 货名: CNE002344 FLYING HORSE BRAND INDUSTRIAL TREE THREAD OVERDGING SEWING MACHINE HEAD ONLY WITH ACCESSORIES MODEL:BK-919
Marks & Numbers 唛头: N/M
Front 前
Door 门
宁波安普 更正章
Cont.Size 箱型 20' 40' 45': 20'GP
Cont.Type. 箱类 GP= 普通箱 TK= 油罐箱 RF= 冷藏箱 PF= 平板箱 OT= 开顶箱 HC= 高箱 FR= 框架箱 HT= 挂衣箱
ISO Code For Container Size / Type. 箱型/箱类ISO标准代码
Packer's Name / Address. 装箱人名称/地址
TEL NO. 电话号码
Packing Date. 装箱日期
Received By Drayman 驾驶员签收及车号
Total Packages 总件数: 1000
Total Cargo Wt 总货重: 16300KGS
Total Meas. 总尺码: 28.5CBM
Remarks: 备注 JLNB2011120064
Packed BY: 装箱人签名
Received By Terminals / Date Of Receipt 码头收箱签收和收箱日期
Cont. Tare Wt 集装箱皮重
Cgo/cont Total Wt 货/箱总重量

图 2.4.12 装箱单实样

## 5. 集装箱货物提货单（“交货记录”联单）

根据“集装箱工试”在上海的试验成果，在集装箱班轮运输中普遍采用“交货记录”联单以代替件杂货运输中使用的“提货单”。交货记录的性质实际上与提货单一样,仅仅是在其组成和流转过程方面有所不同。

交货记录标准格式一套共五联:①到货通知书;②提货单;③费用账单(蓝色);④费用账单(红色);⑤交货记录。

**其流转程序如下。**

(1)船舶代理人在收到进口货物单证资料后,通常会向收货人或通知人发出到货通知书。

(2)收货人或其代理人在收到到货通知书后,凭海运正本提单向船舶代理人换取提货单及场站、港区的费用账单联、交货记录联等三联。提货单经船代盖章方始有效。

(3)收货人或其代理人持提货单在海关规定的期限内备妥报关资料,向海关申报。海关验放后在提货单的规定栏目内盖放行章。收货人或其代理人还要办理其他有关手续的,亦应办妥手续,取得有关单位盖章放行。

(4)收货人及其代理人凭已盖章放行的提货单及费用账单和交货记录联向场站或港区的营业所办理申请提货作业计划,港区或场站营业所核对船代提货单是否有效及有关放行章后,将提货单、费用账单联留下,作放货、结算费用及收费用依据。在第五联交货记录联上盖章,以示确认手续完备,受理作业申请,安排提货作业计划,并同意放货。

(5)收货人及其代理人凭港区或场站已盖章的交货记录联到港区仓库,或场站仓库、堆场提取货物,提货完毕后,提货人应在规定的栏目内签名,以示确认提取的货物无误。交货记录联上所列货物数量全部提完后,场站或港区应收回交货记录联。

(6)场站或港区凭收回的交货记录联核算有关费用。填制费用账单一式二联,结算费用。将第三联(蓝色)费用账单联留存场站、港区制单部门,第四联(红色)费用账单联作为向收货人收取费用的凭证。

(7)港区或场站将第二联提货单联及第四联费用账单联、第五联交货记录联留存归档备查。(见图 2.4.13 影印实样)

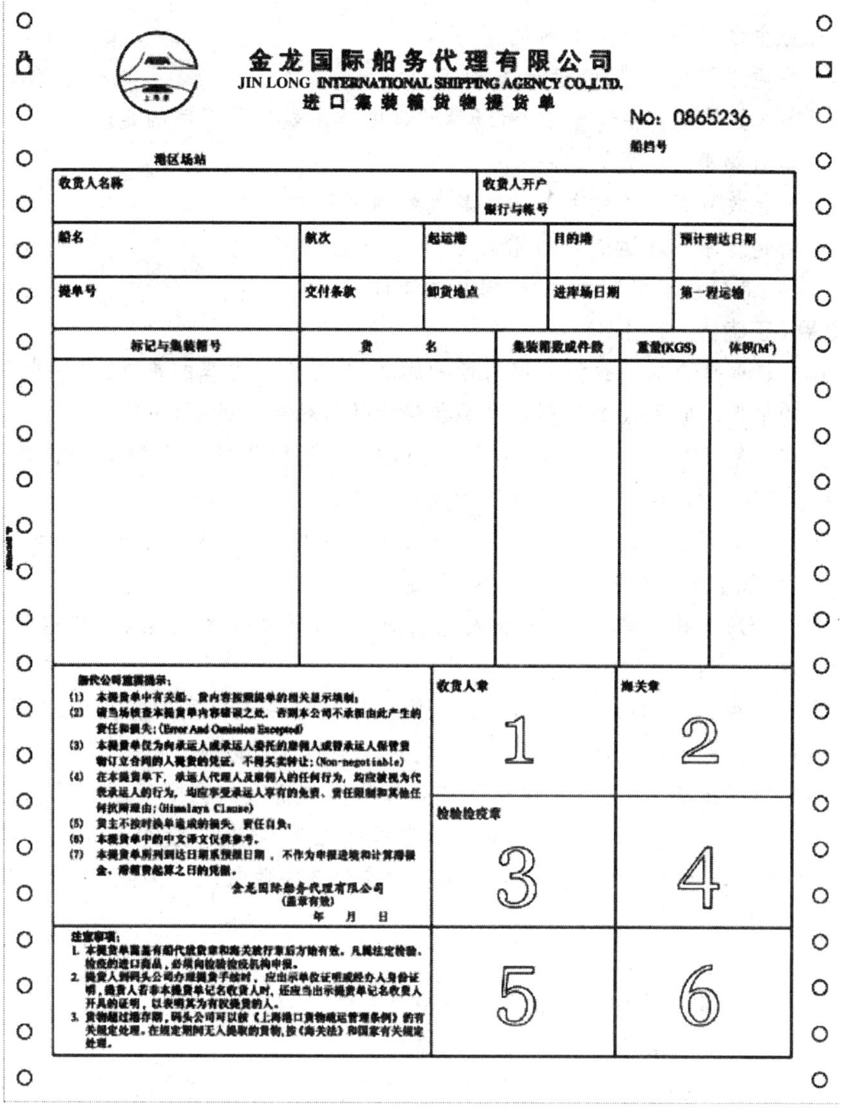
金龙国际船务代理有限公司
JIN LONG INTERNATIONAL SHIPPING AGENCY CO.,LTD.
进口集装箱货物提货单

No: 0865236

船档号

港区场站

| 收货人名称 | 收货人开户银行与帐号 |
|---|---|

| 船名 | 航次 | 起运港 | 目的港 | 预计到达日期 |
|---|---|---|---|---|
| 提单号 | 交付条款 | 卸货地点 | 进库场日期 | 第一程运输 |

| 标记与集装箱号 | 货名 | 集装箱数或件数 | 重量(KGS) | 体积($M^3$) |
|---|---|---|---|---|
| | | | | |

船代公司重要提示：
(1) 本提货单中有关船、货内容按照提单的相关显示填制；
(2) 请当场核查本提货单内容错误之处，否则本公司不承担由此产生的责任和损失；(Error And Omission Excepted)
(3) 本提货单仅为向承运人或承运人委托的雇佣人或替承运人保管货物订立合同的人提货的凭证，不得买卖转让；(Non-negotiable)
(4) 在本提货单下，承运人代理人及雇佣人的任何行为，均应被视为代表承运人的行为，均应享受承运人享有的免责、责任限制和其他任何抗辩理由；(Himalaya Clause)
(5) 货主不按时换单造成的损失，责任自负；
(6) 本提货单中的中文译文仅供参考。
(7) 本提货单所列到达日期系预报日期，不作为申报进境和计算滞报金、滞期费起算之目的凭据。

金龙国际船务代理有限公司
(盖章有效)
年 月 日

| 收货人章 | 海关章 |
|---|---|
| 1 | 2 |
| 检验检疫章 | |
| 3 | 4 |
| 5 | 6 |

注意事项：
1. 本提货单需盖有船代放货章和海关放行章后方始有效。凡属法定检验、检疫的进口商品，必须向检验检疫机构申报。
2. 提货人到码头公司办理提货手续时，应出示单位证明或经办人身份证明，提货人若非本提货单记名收货人时，还应当出示提货单记名收货人开具的证明，以表明其为有权提货的人。
3. 货物超过堆存期，码头公司可以按《上海港口货物疏运管理条例》的有关规定处理。在规定期间无人提取的货物，按《海关法》和国家有关规定处理。

图 2.4.13 提货单实样

## 练习题

### 一、单项选择题

1. 货物运输标志又称唛头，通常由一个简单的几何图形和一些字母、数字及简单的文字组成，其主要内容不包括(    )。

A. 收货人的代号　B. 目的港　C. 货物的件数、批号　D. 承运人的代号

2. 班轮运输也称定期船运输，是指班轮公司将船舶按事先制定的船期表在特定航线的各挂靠港口之间，经常地为特定的众多货主提供规则的、反复的货物运输服务，并按运价本或协议运价的规定计收运费的一种营运方式。与租船运输相比，班轮运输特点不包括(    )。

A. 定线、定港、定期和相对稳定的运费费率

B. 通常由船方负责对货物的装卸，运费中包括装卸费

C. 船方与货主之间不规定装卸时间

D. 船方与货主之间规定滞期、速遣条款

3. 在国际海上集装箱货物运输中，对场站收据的作用表述不正确的是(　　)。

A. 不是出口货物报关的凭证之一

B. 是承运人已收到托运货物并开始对其负责的证明

C. 是换取海运提单或联运提单的凭证

D. 是船公司、港口组织装卸、理货和配载的凭证

**二、判断题(正确 A，错误 B)**

1. 集装箱装箱单是详细记载集装箱内货物的名称、数量等内容的单据，每一个载货集装箱都要制作这样的单据。它是根据计划装进集装箱内的货物制作的。(　　)

2. 在国际海上集装箱货物运输中，整箱货(FCL)是指由货方负责装箱和计数，填写装箱单，并加封的集装箱货物，通常只有一个发货人和收货人。(　　)

3. 无船承运人除可以从货主那里获得代理服务报酬外，因其客观上也为班轮公司提供了货载，所以还可以从班轮公司那里获得奖励，即通常所说的佣金。(　　)

4. 提货单(D/O)亦称小提单，是收货人凭以向现场(码头仓库或船边)提取货物的凭证，它与提单的性质完全相同，具有流通的作用。(　　)

5. 如果出口货物是以 FOB 价格条件成交，则货物运输由进口商安排，此时班轮订舱工作就可能在货物的卸货地或输入地由进口商办理，这就是卸货地订舱。(　　)

6. 集拼运输有时也称为"组装化运输"，它是指作为集拼人的国际货运代理企业将起运港几个发货人运往同一卸货港几个收货人的小批量货物汇集起来，拼装成整箱货运输。货物运抵卸货港后，由当地集拼货物的分拨人将货物分别交付各个收货人。因此，集拼运输属于国际多式联运。(　　)

**三、问答题**

1. 在对海上货物承运人进行选择时，主要应考虑哪些问题？

2. 杂货班轮货运单据有哪些，它们的作用是什么？

3. 在海运集装箱运输实务中，不论由发货人自己装箱，还是由货运站装箱，负责装箱人都要制作装箱单。请问海运集装箱装箱单的主要作用有哪些？

**四. 操作题**

请列出海运出口货运代理委托书包括的事项。

# 5 集装箱及集装箱班轮运输业务流程

## 5.1 集装箱种类与规格

### 5.1.1 定义和标准化

**1. 集装箱的定义**

集装箱(Container)在我国台湾和香港等地称为“货柜”或“货箱”。根据ISO及大多数国家的标准术语的定义,它是一种运输设备。而在运输实践中又分为S. O. C(Shipper's Own Container,货主自有集装箱)和C. O. C(Carrier's Own Container,承运人集装箱)两种情况来处理。

国际标准化组织制定了集装箱规格,力求使集装箱标准化。国际标准化组织不仅对集装箱尺寸、术语、试验方法等做了规定,而且就集装箱的构造、性能等技术特征做了某些规定。集装箱的标准化促进了集装箱在世界各国之间的流通,对国际货物流转的合理化起了重大作用。

按照国际标准化组织ISO的规定,用于货物运输的集装箱应满足如下条件:

①具有耐久性,其坚固强度使其足以反复使用;

②为便于商品运送而专门设计的,在一种或多种运输方式中无须中途换装;

③设有便于装卸和搬运,特别是便于从一种运输方式转移到另一种运输方式的装置;

④设计时应注意到便于货物装满或卸空;

⑤内容积为1立方米或1立方米以上。

**2. 集装箱标准化**

集装箱标准化工作早在1933年就已开始了,当时欧洲铁路采用了“国际铁路联盟”的集装箱标准。1957年,美国霍尔博士首先发表了有关集装箱标准化的设想,并写了许多有关集装箱标准化的著作。1958年,美国标准协会、美国海运管理署、美国国际运输协会开始集装箱标准化工作。

1959年,美国国际运输协会建议采用以下两种型号集装箱为国家标准装箱:

$$8' \times 8' \times 20'$$

$$8' \times 8' \times 40'$$

1964年,美国标准协会采用了以下型号集装箱为国家标准集装箱:

$$8' \times 8' \times 10'$$

$$8' \times 8' \times 20'$$

$$8' \times 8' \times 30'$$

$$8' \times 8' \times 40'$$

ISO/TC 104是国际标准化组织下的一个专门制定集装箱标准的国际性技术委员会组织,下设3个分委会和8个工作组。分委会分别负责通用集装箱的国际标准化工作,专用集装箱的国际标准化工作,代码、标记和通信的国际标准化工作。1961年ISO/TC 104成立后,首先对集装箱规格和尺寸等基础标准进行研究，并于1964年7月颁布世界上第一个集装箱规格尺寸的国际标准，此后，又相继制定了集装箱箱型技术标准、零部件标准以及名词术语、标记代码等标准。

1978年8月，中国颁布实施了第一个集装箱国家标准——集装箱规格尺寸国家标准（GB 1413—78）。为了加强中国集装箱专业领域内的标准化工作，又于1980年3月成立了全国集装箱标准化技术委员会。委员会成立后，共组织制定了21项集装箱国家标准和11项集装箱行业标准。

目前使用的国际集装箱规格尺寸主要是第一系列的4种箱型，即A型、B型、C型和D型。另外，为了便于计算集装箱数量，可以以20英尺的集装箱作为换算标准箱（Twenty-foot Equivalent Unit，简称TEU），并以此作为集装箱船载箱量、港口集装箱吞吐量、集装箱保有量等计量单位。其相互关系为：40英尺集装箱=2 TEU，30英尺集装箱=1.5 TEU，20英尺集装箱=1 TEU，10英尺集装箱=0.5 TEU。另外，实践中人们有时将40英尺集装箱称为FEU（Forty-foot Equivalent Unit）。常用第一系列集装箱规格和重量见表2.5.1。

表2.5.1　常用第一系列集装箱规格及重量表

<table>
<tr><th>规格<br>（ft）</th><th>箱型</th><th>外尺寸</th><th>内部尺寸<br>（mm×mm×mm）</th><th>内容积<br>（m³）</th><th>配货毛重<br>（t）</th><th colspan="2">最大总重量<br>（kg/lb）</th></tr>
<tr><td rowspan="3">20</td><td>1CC</td><td>20′×8′×8.6′<br>6058 mm×2438 mm<br>×2591 mm</td><td>5690 × 2130 × 2180</td><td>24～27</td><td>17.5</td><td rowspan="3">24000</td><td rowspan="3">52900</td></tr>
<tr><td>1C</td><td>20′×8′×8′<br>6050 mm×2438 mm<br>×2438 mm</td><td>5850 ×2230 ×2150</td><td>28</td><td>23</td></tr>
<tr><td>1CX</td><td>20′×8′× <8′<br>6058 mm×2438 mm<br>× <2438 mm</td><td>5890 × 2340 × <2350</td><td>32</td><td>20</td></tr>
<tr><td rowspan="4">40</td><td>1AAA</td><td>40′×8′×9.6′<br>12192 mm×2438 mm<br>×2896 mm</td><td>11800 × 2130 × 2720</td><td>68</td><td>22</td><td rowspan="4">30480</td><td rowspan="4">67200</td></tr>
<tr><td>1AA</td><td>40′×8′×8.6′<br>12192 mm×2438 mm<br>×2591 mm</td><td>11800 × 2130 × 2180</td><td>54</td><td>22</td></tr>
<tr><td>1A</td><td>40′×8′×8′<br>12192 mm×2438 mm<br>×2438 mm</td><td>12050 ×2120 ×1960</td><td>50</td><td>36</td></tr>
<tr><td>1AX</td><td>40′×8′× <8′<br>12192 mm×2438 mm<br>× <2438 mm</td><td>12010 ×2330 × <2350</td><td>65</td><td>30</td></tr>
</table>

### 5.1.2　集装箱类型

集装箱类型可以按照不同标准进行分类，这里以集装箱的用途不同进行分类，以使大家在工作中可以根据所运输的货物的不同来选择不同类型的集装箱。

**1. 干货集装箱(Dry Cargo Container)**

除冷冻货,活的动物、植物外,在尺寸、重量等方面适合集装箱运输的货物,几乎均可使用干货集装箱。使用干货集装箱时应注意箱子内部容积和最大负荷,特别是在使用20英尺、40英尺集装箱时更应注意这一点。干货箱有时也称为通用集装箱(General Purpose Container, GP)。

**2. 散装集装箱(Bulk Container)**

散装集装箱主要用于运输豆类、谷物、硼砂、树脂等货物。散装集装箱的使用有严格要求,如:每次掏箱后,要进行清扫,使箱底、两侧保持光洁;为防止汗湿,箱内金属部分应尽可能少外露;有时需要熏蒸,箱子应具有气密性;在积载时,除了由箱底主要负重外,还应考虑到将货物重量向两侧分散;箱子的结构易于洗涤;主要适用于装运重量较大的货物,因此,要求箱子自重应比较轻。

**3. 冷藏集装箱(Reefer Container, RF)**

冷藏集装箱是指"装载冷藏货并附设有冷冻机的集装箱"。在运输过程中,启动冷冻机使货物保持在所要求的指定温度。箱内顶部装有挂肉类、水果的钩子和轨道,适用于装载冷藏食品、新鲜水果,或特种化工产品等。

冷藏集装箱投资大,制造费用几倍于普通箱,在来回程冷藏货源不平衡的航线上,经常需要回运空箱。集装箱船上用于装载冷藏集装箱的箱位有限,同普通箱比较,冷藏集装箱的营运费用较高,除应支付修理、洗涤费用外,每次装箱前应检验冷冻装置,并定期为这些装置大修而支付不少费用。

在实际营运过程中,冷藏集装箱的货运事故较多。尽管如此,世界冷藏货运量中,使用冷藏集装箱运输的比重不断上升,近年来使用冷藏集装箱运输的冷藏货物数量已经超过了使用冷藏船运输的货物数量。

**4. 敞顶集装箱(Open-top Container, OT)**

敞顶集装箱,实践中又称开顶集装箱,在集装箱种类中属于需求增长较少的一种,主要原因是货物装载量较少,在没有月台、叉车等设备的仓库无法进行装箱,在装载较重的货物时还需使用起重机。敞顶集装箱的特点是吊机可从箱子上面装卸货物,然后用防水布覆盖。目前,敞顶集装箱仅限于装运较高货物或用于代替尚未得到有关公约批准的集装箱种类。

**5. 框架集装箱(Platform Container )**

这是以装载超重货物为主的集装箱,它省去箱顶和两侧,其特点是可从箱子侧面进行装卸。在目前使用的集装箱种类中,散货集装箱、罐式集装箱等,其容积和重量均受到集装箱规格的限制,而框架集装箱则可用于装运那些形状不一的货物,如废钢铁、卡车、叉车等。框架集装箱的主要特点有:自身较重;普通集装箱是采用整体结构的,箱子所受应力可通过箱板扩散,而框架集装箱仅以箱底承受货物的重量,其强度很大。由于同样的原因,框架集装箱的底部较厚,所以相对来说,可供使用的高度较小,密封程度差。因此,框架集装箱在海上运输时必须装载在船舱内运输,在堆场存放时也应用毡布覆盖。同时,货物本身的包装也应适应这种集装箱。

**6. 牲畜集装箱(Pen Container)**

这是一种专门为装运动物而制造的特殊集装箱,箱子的构造采用美国农业部的意见,材料选用金属网使其通风良好,而且便于喂食,该种集装箱也能装载小汽车。

**7. 罐式集装箱(Tank Container,TK)**

这类集装箱专门装运各种液体货物,如食品、酒品、药品、化工品等。货物由液罐顶部的装货孔进入,卸货时,货物由排出孔靠重力作用自行流出,或者由顶部装货孔吸出。

**8. 汽车集装箱(Car Container)**

这是专门供运输汽车而制造的集装箱,结构简单,通常只设有框架与箱底,根据汽车的高度,可装载一层或两层。

## 5.2 集装箱标志与集装箱号组成

为了方便集装箱的运输管理,国际标准化组织拟订了集装箱标志方案。每类标志都必须标注在集装箱规定的位置上,如图 2.5.1 所示。集装箱上的标志主要有以下内容。

**1. 第一组标记:集装箱号(箱主代码、顺序号、核对号)**

如图 2.5.1 所示,集装箱号标记为 UESU 300246 [9]。

图 2.5.1 集装箱号标记

**1) 箱主代码**

UESU 是箱主代码,由 4 位大写的拉丁字母表示,代码由集装箱所有人决定,但是需要经国际集装箱局(BIC)注册;第 4 位字母"U"则是海运集装箱代号。这里的 UES 是租箱有限公司的集装箱。例如:中国远洋运输(集团)公司箱主代码为 COSU。主要船公司集装箱前缀如表 2.5.2 所示。

表 2.5.2 主要船公司集装箱前缀

| 船公司名称 | 集装箱前缀 | 集装箱前缀 |
| --- | --- | --- |
| 马士基 MAERSK | MASU | MARU/MAEU |
| 长荣 EVERGREEN | EVEU | EVRU |
| 东方海外 OOCL | OOLU | OOCU |
| 中远 COSCO | COSU | CBHU |
| 韩进 HANJIN | HJLU | HJCU |
| 地中海 MSC | MSCU | |
| 法国达飞 CMA | CMAU | CMCU |
| 美国总统轮船 APL | APLU | APSU |
| 阳明 YANGMING | YWLU | YMGU |
| 中海 CHINA SHIPPING | CSLU | CCLU |
| 现代 HYUNDAI | HYNU | HYGU |
| 公共租柜 | TGHU/UESU /CRXU | TRLU/ TEXU/GSTU |

**2)顺序号**

300246 是顺序号,是集装箱的编号,又称箱号,用 6 位阿拉伯数字表示,不足 6 位需在左边加“0”,补足 6 位。如果有效数字为 1234,则集装箱号应为 001234。

**3)核对号**

9 为核对数,用于计算机核对箱主号和顺序号记录的正确性。核对号一般位于顺序号之后,用 1 位阿拉伯数字表示,并加方框以示醒目。

设置核对数字的目的,是为了防止箱号在记录时发生差错。运营中的集装箱频繁地在各种运输方式之间转换,如从火车到卡车再到船舶等,不断地从这个国家到那个国家,进出车站、码头、堆场、集装箱货运站。每进行一次转换和交接,就要记录一次箱号。在多次记录中,如果偶然发生差错,记错一个字符,就会使该集装箱从此“不知下落”。为不致出现此类“丢失”集装箱及所装货物的事故,在箱号记录中设置了一个“自检测系统”,即设置 1 位“核对数”。

**4)核对号的核算**

核对号是由箱主代码的 4 位字母与顺序号的 6 位数字通过以下方式换算而得的。具体换算步骤如下。

首先,将表示箱主代码的 4 位字母转化成相应的等效数字,字母和等效数字的对应关系见表 2.5.3。

表 2.5.3 核对号计算中箱主代码字母的等效数字

| 字母 | A | B | C | D | E | F | G | H | I | J | K | L | M |
| --- | --- | --- | --- | --- | --- | --- | --- | --- | --- | --- | --- | --- | --- |
| 数字 | 10 | 12 | 13 | 14 | 15 | 16 | 17 | 18 | 19 | 20 | 21 | 23 | 24 |
| 字母 | N | O | P | Q | R | S | T | U | V | W | X | Y | Z |
| 数字 | 25 | 26 | 27 | 28 | 29 | 30 | 31 | 32 | 34 | 35 | 36 | 37 | 38 |

从表中可以看出,去掉了11及其倍数的数字,这是因为后面的计算将把11作为模数。

然后,将前4位字母对应的等效数字和后面顺序号的数字共计10位,采用加权系数法进行计算求和。计算公式为

$$S=\sum_{i=0}^{9} C_i \times 2^i$$

最后,以$S$除以模数11,求取其余数,即得核对号。

例如:UESU 300246 9 **核对号计算如下。**

**首先,查得** UESU **对应的数字是** 32-15-30-32。

然后求和:

$$S = 32\times2^0+15\times2^1+30\times2^2+32\times2^3+3\times2^4+0\times2^5+0\times2^6+2\times2^7+4\times2^8+6\times2^9$$
$$=4838$$

最后,除模数11取余数:

4838 ÷ 11 = 439……9

所以核对号为 9。

**2. 尺寸代码和类型代码标记**

**1)尺寸代码**

22为尺寸代码,表示集装箱的外形尺寸。尺寸代码由2位阿拉伯数字组成。第1位为4,表示柜长为40′(40英尺);若第1位为2,其代表的柜子的长度为20′。第2位数字表示箱高。

**2)类型代码**

1995年后的新标准中类型代码由一个英文字母加一个阿拉伯数字组成。U1为箱型代码,表示集装箱的箱型及其特征。

外形尺寸与箱型代码见表2.5.4。

**表2.5.4 集装箱箱型尺寸对照表**

| | 箱　型 | 对应类型 | 95　码 |
|---|---|---|---|
| 20′ | 干货箱 | GP | 22G1 |
| | 干货高箱 | GH(HC,HQ) | 25G1 |
| | 挂衣箱 | HT | 22V1 |
| | 开顶箱 | OT | 22U1 |
| | 冷冻箱 | RF | 22R1 |
| | 冷高箱 | RH | 25R1 |
| | 油罐箱 | TK | 22T1 |
| | 框架箱 | FR | 22P1 |

续表

| | 箱　型 | 对应类型 | 95　码 |
|---|---|---|---|
| 40′ | 干货箱 | GP | 42G1 |
| | 干货高箱 | GH(HC,HQ) | 45G1 |
| | 挂衣箱 | HT | 42V1 |
| | 开顶箱 | OT | 42U1 |
| | 冷冻箱 | RF | 42R1 |
| | 冷高箱 | RH | 45R1 |
| | 油罐箱 | TK | 42T1 |
| | 框架箱 | FR | 42P1 |
| 45′ | 干货箱 | GP | L2G1 |
| | 干货高箱 | GH(HC,HQ) | L5G1 |
| | 挂衣箱 | HT | L2V1 |
| | 开顶箱 | OT | L2U1 |
| | 冷冻箱 | RF | L2R1 |
| | 冷高箱 | RH | L5R1 |
| | 油罐箱 | TK | L2T1 |
| | 框架箱 | FR | L2P1 |

**3. 最大重量和自重**

(1)MAX. GROSS 为额定重量(总重),是指自重与载重之和。分别用千克和磅标注。

(2)TARE 为自重,指集装箱本身的重量,即空箱重量。分别用千克和磅标注。

(3)NET(有些集装箱标示为 PAYLOAD)为载重量,指集装箱最大容许承载的货物重量。分别用千克和磅标注。

(4)CU 为箱的立方容积(CUBE),CAP 是容积大小(CAPACITY)。

该箱门标示即:总重为 30480 千克/67200 磅,集装箱自重为 2120 千克/4670 磅,载重货物重量为 28360 千克/62530 磅,容积为 32.6 立方米/1152 立方英尺。

## 5.3 集装箱货物交接

### 5.3.1 集装箱货物

集装箱运输是将散件货物(Break Bulk Cargo)汇成一个运输单元(集装箱),使用船舶等运输工具进行运输的方式。集装箱货物分为整箱货和拼箱货。集装箱运输不仅与传统杂货运输一样以港口作为货物交接、换装的地点,还可以在港口以外的地点设立货物交接、换装的站点(Inland Depot)。集装箱运输改变了传统的货物流通途径,在集装箱货物的流转过程中,其流转形态分为两种,一种为整箱货,另一种为拼箱货。

**1. 整箱货**

整箱货(Full Container Load,FCL)是指由货方负责装箱和计数,填写装箱单,并加封志的集装箱货物，通常只有一个发货人和一个收货人。

国际公约或各国海商法没有对整箱货交接的特别规定，而承运人通常根据提单正面和背面的印刷条款以及提单正面的附加条款（如 said to contain, S. T. C.; shipper's load and count and seal, S. L&C&S 等不知条款），承担在箱体完好和封志完整的状况下接收并在相同的状况下交付整箱货的责任。

said to contain（依货主描述）、shipper's load and count and seal（托运人装箱、计数并铅封），这样的条款被称为不知条款，通常在提单背面注明，承运人对于上述描述或具体资料不承担任何责任。

在目前的海上货运实践中，班轮公司主要从事整箱货的货运业务。

**2. 拼箱货**

拼箱货（Less than Container Load, LCL）是指由承运人的集装箱货运站负责装箱和计数，填写装箱单，并加封志的集装箱货物。通常每一票货物的数量较少，因此装载拼箱货的集装箱内的货物会涉及多个发货人和多个收货人。承运人负责在箱内每件货物外表状况明显良好的情况下接受并在相同的状况下交付拼箱货。在目前的货运实践中，主要由拼箱集运公司从事拼箱货的货运业务。

### 5.3.2 集装箱货物交接地点和方式

**1. 集装箱货物的交接地点**

货物运输中的交接地点是指根据运输合同，承运人与货方交接货物、划分责任风险和费用的地点。由于国际公约或各国法律通常制定了强制性的法律规范，因此承运人不能通过合同的方式减轻自己的责任。

目前集装箱运输中货物的交接地点有船边或吊钩、集装箱堆场、集装箱货运站和双方约定的地点。

(1)集装箱堆场（Container Yard, CY）是交接和保管空箱（Empty Container）和重箱（Loaded Container）的场所，也是集装箱换装运输工具的场所。

(2)集装箱货运站（Container Freight Station, CFS）是拼箱货交接和保管的场所，也是拼箱货装箱和拆箱的场所。

集装箱堆场和集装箱货运站也可以同处于一处。

**2. 集装箱货物的交接方式**

根据集装箱货物的交接地点不同和整箱货或拼箱货的区别，集装箱货物的交接方式有 16 种。在不同的交接方式中，集装箱运输经营人与货方承担的风险、责任、义务不同，集装箱运输经营人的运输组织的内容、范围也不同。需要注意的是，由于海上集装箱运输中货物的交接地点在船边或吊钩的情况比较少，所以很多书中都没有列出船边或吊钩交接的情况。我国的国家标准中也只列出了前 9 种交接方式。

**1)门到门（Door to Door）交接方式**

门到门交接方式是指运输经营人由发货人的工厂或仓库接受货物，负责将货物运至收货人的工厂或仓库交付。在这种交付方式下，货物的交接形态都是整箱交接。

**2)门到场（Door to CY）交接方式**

门到场交接方式是指运输经营人在发货人的工厂或仓库接受货物，并负责将货物运至卸货港码头堆场或其内陆堆场,在 CY 处向收货人交付。在这种交接方式下,货物也都是整箱交接的。

3)门到站(Door to CFS)交接方式

门到站交接方式是指运输经营人在发货人的工厂或仓库接受货物,并负责将货物运至卸货港码头的集装箱货运站或其在内陆地区的货运站,经拆箱后向各收货人交付。在这种交接方式下,运输经营人一般是以整箱形态接受货物,以拼箱形态交付货物。

4)场到门(CY to Door)交接方式

场到门交接方式是指运输经营人在码头堆场或其内陆堆场接受发货人的整箱货,并负责把货物运至收货人的工厂或仓库向收货人交付整箱货。

5)场到场(CY to CY)交接方式

场到场交接方式是指运输经营人在装货港的码头堆场或其内陆堆场接受整箱货,并负责运至卸货港码头堆场或其内陆堆场,在堆场向收货人交付整箱货。

6)场到站(CY to CFS)交接方式

场到站交接方式是指运输经营人在装货港的码头堆场或其内陆堆场接受整箱货物,负责运至卸货港码头集装箱货运站或其在内陆地区的集装箱货运站,一般经拆箱后向收货人交付。

7)站到门(CFS to Door)交接方式

站到门交接方式是指运输经营人在装货港码头的集装箱货运站及其内陆的集装箱货运站接受货物,并经拼箱后,负责运至收货人的工厂或仓库交付。在这种交接方式下,运输经营人一般是以拼箱形态接受货物,以整箱形态交付货物。

8)站到场(CFS to CY)交接方式

站到场交接方式是指运输经营人在装货港码头或其内陆的集装箱货运站接受货物并经拼箱后,负责运至卸货港码头或内陆地区的堆场交付。在这种方式下货物的交接形态一般也是以拼箱形态接受货物,以整箱形态交付货物。

9)站到站(CFS to CFS)交接方式

站到站交接方式是指运输经营人在装货港码头或内陆地区的集装箱货运站接受货物并经拼箱后,负责运至卸货港码头或其内陆地区的集装箱货运站,经拆箱后向收货人交付。在这种方式下,货物的交接形态一般都是拼箱交接。

10)门到钩(Door to Tackle)交接方式

门到钩交接方式是指运输经营人在发货人的工厂或仓库接受货物,负责将货物运至卸货港码头,并在船边交付货物。通常为整箱货。此时货物的卸船费用多由承运人负担,但也可约定由收货人负担。

11)场到钩(CY to Tackle)交接方式

场到钩交接方式是指运输经营人在装货港的码头堆场或其内陆堆场接受整箱货物,负责运至卸货港码头,并在船边交付货物。通常货物的卸船费用由承运人负担,但也可约定由收货人负担。

12)站到钩(CFS to Tackle)交接方式

站到钩交接方式是指运输经营人在装货港码头或内陆地区的集装箱货运站接受货物并经

拼箱后,负责运至卸货港码头,并在船边交付货物。通常货物的卸船费用由承运人负担,但也可约定由收货人负担。

**13)钩到门(Tackle to Door)交接方式**

钩到门交接方式是指运输经营人在装货港码头船边接收整箱货物,并负责把货物运至收货人的工厂或仓库向收货人交付。通常货物的装船费用由承运人负担,但也可约定由发货人负担。

**14)钩到场(Tackle to CY)交接方式**

钩到场交接方式是指运输经营人在装货港码头船边接收整箱货物,负责运至卸货港码头或内陆地区的堆场交付。通常货物的装船费用由承运人负担,但也可约定由发货人负担。

**15)钩到站(Tackle to CFS)交接方式**

钩到站交接方式是指运输经营人在装货港码头船边接收整箱货物,负责运至卸货港码头或其内陆地区的集装箱货运站,并经拆箱后向收货人交付。通常货物的装船费用由承运人负担,但也可约定由发货人负担。

**16)钩到钩(Tackle to Tackle)交接方式**

钩到钩交接方式是指运输经营人在装货港码头船边接收整箱货物,负责运至卸货港码头,并在船边交付货物。通常货物的装卸船费用由承运人负担,但也可约定由发货人或收货人负担。

以上16种交接方式是集装箱运输中集装箱货物理论上所存在的交接方式。了解集装箱货物的交接方式,可以使我们知道在集装箱运输中承运人与货方之间就有关货物交接责任、费用分担等的划分问题。当然,实践中,并不是所有16种方式都会碰到。

实践中,海运集装箱货物交接的主要方式为:CY/CY,这是班轮公司通常采用的交接方式;CFS/CFS,这是集拼经营人通常采用的交接方式。

## 5.4 班轮集装箱整箱货物出口流程

### 5.4.1 整箱货物出口流程

集装箱整箱货出口货运业务流程在我国各个港口有所不同,但基本流程如图2.5.2所示。

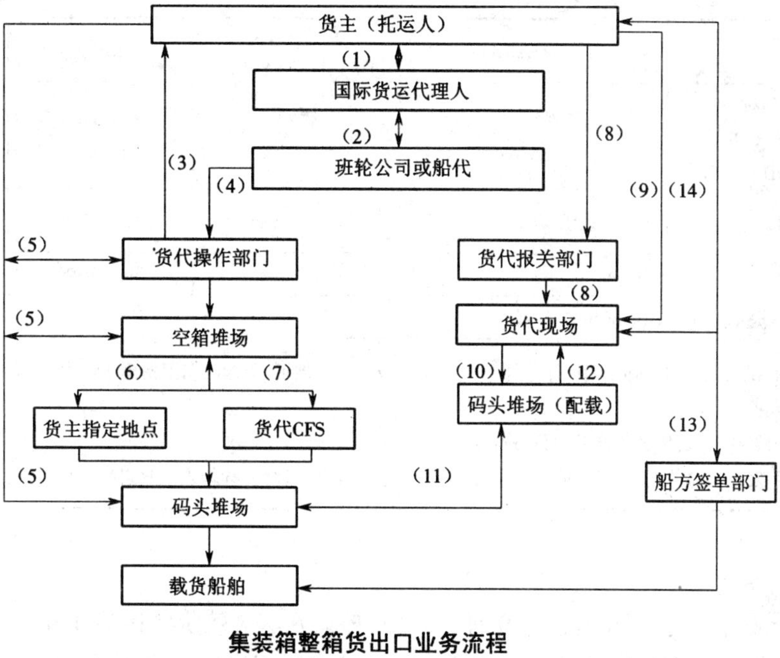


**图 2.5.2　集装箱整箱货出口业务流程**

注：(5)、(6)、(7)实践中只选其中一种操作方式，(8)，(9)在实际业务中也只选一种操作方式。

## 1. 货主委托代理

货主与货代建立货运代理关系，货主填写表 2.5.5 所示托运委托书（Booking Note）。

**表 2.5.5　出口托运单**

<table>
<tr><td colspan="2">发货人：<br>Shipper：</td><td colspan="3" rowspan="6">TO：<br>Mercantile Cargo Consolidators<br>MCC 运输新加坡公司<br>电话：　×××<br>传真：　×××<br><br>装箱地址：<br>浙江缙云华洋动力机械有限公司<br>浙江省缙云县新碧工业园区<br>联系人：　×××<br>公司电话：　×××</td></tr>
<tr><td colspan="2">JINYUN KAYO MOTOR MACHINERY CO. ,LTD.<br>XINBI INDUSTRIAL ZONE<br>JINYUN COUNTY<br>ZHEJIANG PROVINCE,CHINA</td></tr>
<tr><td colspan="2">收货人：<br>Consignee：</td></tr>
<tr><td colspan="2">TO THE ORDER OF ALLANCE BANK MALAYSIA BER-<br>HAD</td></tr>
<tr><td colspan="2">通知人：<br>Notify：</td></tr>
<tr><td colspan="2">DNC ASIATIC HOLDINGS SDN BHD. ,<br>LOT 801,BLOCK 7,MTLD,<br>DEMAKIAIIT WDIISTRIAI ESTATE</td></tr>
<tr><td>Transportation</td><td>Port of Loading</td><td>Port of Discharge</td><td>Container Size</td><td>Payable at</td></tr>
</table>

续表

| | | | | |
|---|---|---|---|---|
| 海运 | NINGBO,CHINA | KELANG NORTH PORT,MALAYSIA | 40HQ | FOB 预付 |
| 包装货物名称 DESCRIPTION OF PACKAGES AND GOODS | 唛头 MKS&NOS | 件数 NO. OF PKGS | 毛重 G. W. | 体积 MEAS. |
| ENGINE | N/M190 Cartons | 190 Cartons | 3990 KGS | 68 CBM |
| 合　计 TOTAL | | 190 Cartons | 3990 KGS | 68CBM |
| 提单形式 Type of B/L | | 正本 | | |
| 特约事项:1. 提单和报关单据请邮寄到天津华洋动力机械有限公司　地址:天津河东卫国道187号源润大厦10楼　收件人:　××××<br>2. 费用发票抬头:缙云华洋动力机械有限公司<br>3. 费用发票邮寄给缙云华洋动力机械有限公司　地址:浙江省缙云县新碧工业园区　收件人:　××× | | | | |

**2. 货代代办订舱**

货代接受委托后,据以填写托运单证,及时订舱。在集装箱货物运输业务中,为简化手续,通常以场站收据联单作为集装箱货物的托运单。其作用相当于杂货班轮运输中的装货联单。场站收据联单现在通常由货代缮制。

**3. 货代确认订舱信息**

订舱后,货代将有关订舱信息通知货主。

**4. 货代提取空箱**

在订舱后,货代可以凭装货单向船代提出使用集装箱的申请,船代就会签发集装箱发放通知单(又称放箱单、空箱提取单),连同集装箱设备交接单一并交给货代,据此就可到指定的集装箱空箱堆场提取空箱。

在整箱货运输时,通常是由货运代理人安排集装箱卡车运输公司(实践中通常称为集卡车队)到集装箱空箱堆场领取空箱。也可以由货主自己安排提箱。

**5. 货主提取空箱并装箱**

货主"自拉自送"时,先从货代处取得设备交接单 EIR,然后提空箱。装箱后制作集装箱装箱单 CLP,并按要求及时将重箱送码头堆场,即集中到港区等待装船。

整箱货的装箱工作大多由货代安排进行。具体操作时可分为三种情形。

(1)场外装箱:货代安排拖车提空箱至货主指定地点(如货主的工厂、仓库等)装箱。

(2)场内装箱:货主将货物送到货代集装箱 CFS 装箱。

(3)货主"自拉自送":就是货主自己安排货物的装箱工作。货主先从货代处取得集装箱设备交接单 EIR,然后提取空箱装箱后制作 CLP,然后将重箱送码头堆场等待装船。

不论哪种情形,装箱人均应根据订舱清单的资料,核对场站收据和货物装箱的情况,填制集装箱货物装箱单 CLP。装箱后,货代向有关方面(工厂、货运站或拖车公司)查询相应的箱号及封铅号。

**6. 货代重箱集港**

货代提空箱至货主指定的地点装箱,制作 CLP,然后将重箱"集港"。

**7. 货主重箱集港**

货主将货物送到货代 CFS，货代提空箱，并在 CFS 装箱，制作 CLP，然后“集港”。

**8. 代理报关报检**

货主委托货代代理报关、报检，办妥有关手续后将单证交货代现场。

**9. 自理报关报检**

货主也可自理报检、报关。

**10. 现场配载**

货代现场将办妥手续后的单证交码头堆场配载。

**11. 货物装船**

配载部门制订装船计划，经船公司确认后实施装船计划。

**12. 签发场站收据**

在货物装船后可以获得 D/R 正本。

**13. 签发提单**

货代向船代确认货物已如数装船后，及时缮制提单并经客户确认无误（对单）后送船代处签单。

**14. 交还提单**

货代将 B/L 等单据交给货主。

### 5.4.2 主要出口货运代理单证用途及作用

参见本书第二部分 4.3 节“杂货班轮货运单证”内容。

### 5.4.3 退关处理

货运代理人代委托单位订妥舱位并可能已办妥通关手续或者货已集港，但在装运过程中因故中止装运叫退关（Shut out）。

**1. 单证处理**

属于委托单位主动提出退关的，货运代理人在接到委托方通知后须尽快通知船公司或其代理人，以便对方在有关单证上注销此批货物，并通知港区现场理货人员注销场站收据或装货单；另一方面货运代理人须向海关办理退关手续，将注销的报关单及相关单证（外汇核销单、出口许可证、商检证件、来料或进料登记手册等）尽早取回退还委托方。如不属于委托单位主动提出退关而是由于船方、港方或海关手续不完备等各种原因造成退关的，货运代理人在办理以上单证手续前须先通知委托方说明情况并听取处理意见。

**2. 货物处理**

（1）通关后如货物尚未进入港区，货运代理人须分别通知发货人、集卡车队、装箱点分别停止发货、派车及装箱。

（2）货物已经进入港区，如退关后不再出运，须向港区申请，结清货物在港区的堆存费用，把货物拉出港区拆箱后送还发货人。

（3）退关后如准备该船下一航次或原船公司的其他航班随后出运，则暂留港区，待装下一航次或其他航班的船（限同一港区作业）。

（4）如换装另一船公司的船只，则因各船公司一般只接受本公司的集装箱，此种情况下，须将货物拉出港区换装集装箱后再送作业港区。

# 5.5 班轮集装箱整箱货物进口流程

## 5.5.1 整箱货物进口流程

集装箱整箱货进口货运业务流程在我国各个港口有所不同,但基本流程如图 2.5.3 所示。

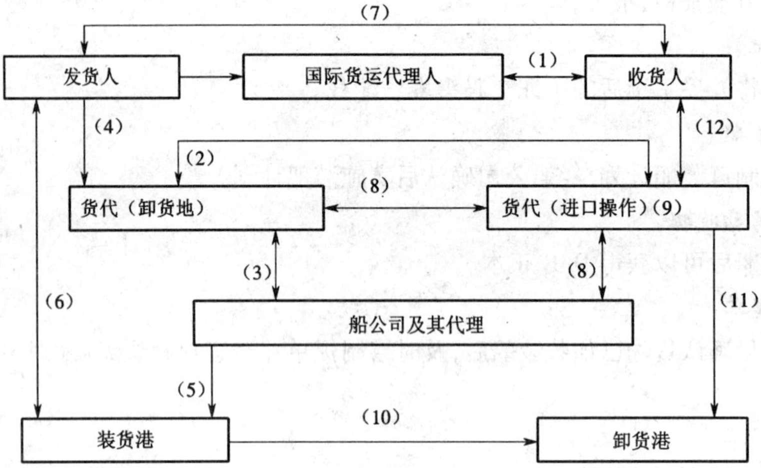


图 2.5.3 集装箱整箱货进口业务流程

### 1. 货代接受委托

进口国货代接受货主(即收货人)委托代为办理集装箱整箱进口业务。收货人应填写表 2.5.6 所示进口订舱联系单。

表 2.5.6 进口订舱联系单(委托书)

第　　号　　　　　　　　　　　　　　　　年　月　日

| | | | |
|---|---|---|---|
| 货名(填写英文) | | | |
| 重量 | | 尺码 | |
| 合同号 | | 包装 | |
| 装卸港 | | 交货期 | |
| 交货条款 | | | |
| 发货人名称地址 | | | |
| 发货人电话/电传 | | | |
| 订妥船名 | | 预抵港期 | |
| 备注 | | 委托单位 | |

订舱联系单是货运代理人安排运输的重要依据，所列项目必须完整、正确地填写。

订舱联系单中的内容及填写应注意以下问题。

(1)**“货名”**一栏必须使用中、英文填写；化工物品如使用商业名称，还必须填写化学名称。

(2)**“重量”**栏要填写毛重（如有含水分的货，应注明“水量”），以便根据货物的重量准确安排。**“尺码”**要按外包装尺寸填写。

(3)**“合同号”**栏，填写外贸专业公司进口成交合同统一的规范编号。

(4)**“包装”**栏要列明货物包装形式和种类，以便准确计算所需舱容。

(5)**“装卸港”**栏要列明具体的港口名称，若在同一地区选择装港，必须规定由买方选择。

(6)**“交货条款”**栏，要将交货的具体条件填写清楚，如 FOB，FOBS，FOBST 等。如果合同中对此有专门文字叙述，也必须详细填写在订舱联系单内，如有装货率或滞速条款也要说明，以便接受委托后根据实际情况通知国外代理安排并划分费用。

(7)**危险品订舱**时，要注明危规号等级和危险品性质（如有毒、易燃、易爆、放射性）。

(8)**贵重物品**要加注货价，以便选配适当船只，保证货物安全。

(9)对按货价区分运价等级的五金、钢材，要列明 FOB 单价以作为支付和审核运费的依据。

(10)**对于超长、超重货物**，为了便于积载和做好装卸船的准备工作，对每件长度超过 9 米，重量超过 5 公吨的，应在进口订舱联系单上注明。成套设备和机械设备重大件（包括裸装设备及大型箱装机器）凡毛重超过 20 吨，长度超过 12 米，宽度超过 3.4 米，高度超过 2.35 米者均须在订舱联系单上逐件注明。各种车辆不论是否超长超宽均须注明长、宽、高，以便计算积载费用。

(11)特殊货物如散油、冷藏货及鲜货、活货的订舱，应在进口订舱联系单上列明具体货运温度等要求。

**2. 卸货地订舱**

在买方安排运输的贸易合同下，货代办理卸货地订舱（Home Booking）业务，落实货单齐备即可。

**3. 货代办理订舱手续**

货代缮制货物清单后，向船公司办理订舱手续。

**4. 订舱结果通知发货人**

在订舱后，货代将订舱结果（船名、航次、装船期等）通知买卖合同中的卖方（实际发货人）及装货港代理人。

**5. 船舶抵装货港**

船公司安排载货船舶抵装货港。

**6. 货物装船**

实际发货人将货物交给船公司，货物装船后发货人取得有关运输单证。

**7. 单证转移**

货主之间办理交易手续及单证转移。

**8. 掌握船舶动态**

货代掌握船舶动态，收集、保管好有关单证。

**9. 货代准备相关单据**

货代及时办理进口货物的单证及有关手续(主要准备换取提货单)。

**10. 货物入库**

船抵卸货港卸货,货物入库、进场。

**11. 提货**

货代收到卸货港船代发出的提货通知书时,应凭正本提单和到货通知书到船代处办理换单手续。船代审核无误,并向收货人收取到付运费后,在提货单上加盖进口提货章,然后交给货代。

如果为门到门的整箱货物,货代还应到船代的箱管部门办理提重箱和还空箱手续,由箱管部门开具提箱通知单、进场与出场设备交接单,并在提货单上加盖船代放箱章。

在办理了货物进口报关等手续后,凭提货单到现场提货,特殊情况下船边提货。

**12. 货交收货人**

货代安排将货物交收货人,并办理空箱回运堆场等事宜。

货代在集装箱拆箱后,要负责按时将空箱送回到设备交接单上指定的还箱地点(即船公司存放空箱的空箱堆场),如果超出免费使用天数,船公司的集装箱代理人会在押金中扣除滞箱费,滞箱费按集装箱的种类不同而不同。

### 5.5.2 主要进口货运代理单证用途及作用

参见本书第二部分4.3节“杂货班轮货运单证”的相关内容。

## 5.6 班轮集装箱拼箱货物运输流程

### 5.6.1 拼箱基本知识

集装箱运输的货物分为整箱货(FCL)和拼箱货(LCL)两种。拼箱业务,即接受的客户尺码或重量达不到整箱要求的小批量货物,把不同收货人、同一卸货港的货物集中起来,拼凑成一个20英尺或40英尺整箱,这种做法称为“集拼”,英文为Consolidation。

从事集拼业务的国际货运代理企业由于其签发了自己的提单(House B/L),故通常被货方视为承运人(集装箱运输下承运人的概念是指凡有权签发提单,并对运输负有责任的人),如果只经营海运区段的拼箱业务,则是无船承运人。因此其特征主要有:不是国际贸易合同的当事人;在法律上有权订立运输合同;本人不拥有、不经营海上运输工具;因与货主订立运输合同而对货物运输负有责任;有权签发提单,并受该提单条款约束;具有双重身份,对货主而言,他是承运人,但对真正运输货物的集装箱班轮公司而言,他又是货物托运人。

### 5.6.2 直拼与转拼

拼箱可以分为直拼或转拼(混拼)。直拼是指拼箱货在同一个港口装卸,货物到达目的地前不拆箱,即货物为同一个卸货港。转拼是指拼箱货在不同目的港卸货,需要中途拆箱卸货。

**1. 拼箱货直拼运输的费用结构**

拼箱货直拼运输的费用项目主要包括以下内容。

(1)拼箱及起运港的费用:如货物提前进站的仓储费和海关监管费、提运空箱和重箱进场的拖运费和码头费用、货物装箱费和理货费用等。

(2)海运运费及手续费:如班轮公司运输整箱货所收取的海运运费、到船舶代理人处办理有关订舱等手续的费用。

(3)目的港及拆箱费用:如提运重箱和还空箱的拖运费和码头费用、拆箱费和理货费、分拨费和相关的代理手续费、拼箱货的仓储费用等。

(4)其他发生在装卸两港的相关服务费用等。

如果拼箱货情况较为特殊,则还会产生特殊的费用。以上费用通常由集运经营人按运价本或协议运价向托运人收取。

**2. 拼箱货混拼运输的费用结构**

拼箱货混拼运输的费用项目除与直拼运输相同的费用外,还包括中转港再拼箱和转运所需的费用,具体如下。

(1)中转港的拆箱和再装箱及理货的费用。

(2)集装箱的拖运费用。

(3)拼箱货的搬运费和仓储费用。

(4)办理进出口手续的费用。

(5)中转港代理人的费用。

(6)其他相关的服务费用等。

### 5.6.3 拼箱货业务操作流程

拼箱货业务操作流程与整箱货物出口流程相似,只是多了货运代理拼箱过程,并有主提单和分提单之分,见图 2.5.4。

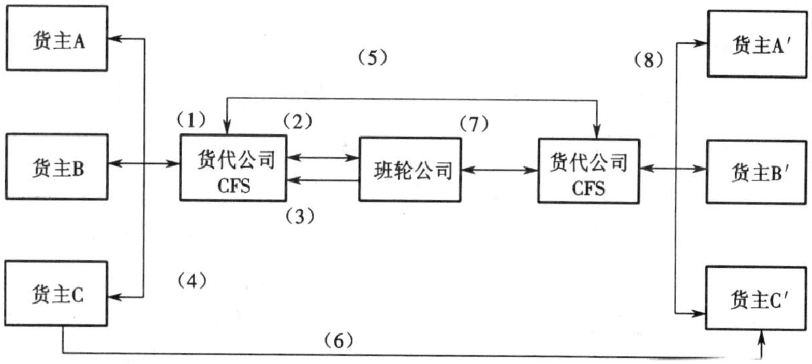


**拼箱货业务流程**

**图 2.5.4 拼箱货业务流程**

(1)A, B, C 等不同货主(发货人)将不足一个集装箱的货物(LCL)交集拼经营人。

(2)集拼经营人将拼箱货拼装成整箱货后,向班轮公司办理整箱货物运输。

(3)整箱货装船后,班轮公司签发 Master B/L 给集拼经营人。

(4)集拼经营人在货物装船后也签发自己的提单(House B/L)给每一个货主。

(5)集拼经营人将货物装船及船舶预计抵达卸货港等信息告知其卸货港的机构(代理人),同时,还将班轮公司的 Master B/L 及 House B/L 的复印件等单据交卸货港代理人,以便向班轮公司提货和向收货人交付货物。

(6)货主之间办理包括 House B/L 在内的有关单证的交接。

(7)集拼经营人在卸货港的代理人凭班轮公司的提单等提取整箱货物;到自己的集装箱货运站拆箱,然后通知各收货人持正本分提单前来提货。

(8)A′, B′, C′等不同货主(收货人)凭 House B/L 等在 CFS 提取拼箱货。

### 5.6.4 进口拆箱

集装箱拼箱进口货物按照交货人的不同分为以下两种情况:由船公司负责拆箱交货;由有拼箱分拨权的货代负责拆箱交货。两者都是在货物交付前处于海关监管以下,即存放在海关监管仓库或监管港区内。具体的货运流程如下。

**1. 卸船拆箱**

(1)载运集装箱的船舶到港后,由船代根据积载舱单数据向海关进行货物进港申报。船公司以拼箱货交付方式交货的集装箱则转入港区监管仓库或船公司的海关监管仓库拆箱仓储。

(2)经海关核准具备拼箱分拨权的货代则先向海关办理整箱放箱手续,同时将整箱内所装货物的明细制作成分拨舱单,向海关发送分拨舱单信息以供验放核对之用。货物则转入海关监管仓库拆箱仓储。

**2. 理货及到货通知**

船代或有分拨权的货代在货物入库拆箱后,根据舱单内容对货物进行清点、整理、分类、仓储,同时向提单上显示的收货人发到货通知书。

货主或其委托的货代凭提单向船代或有分拨权限货代缴清运杂费后换取提货单。提货单须有船代或有分拨权的货代的放货章才有效。

### 5.6.5 拼箱运输业务单据

集拼的每票货物各缮制一套托运单(场站收据),附于一套汇总的托运单(场站收据)上。例如有五票货物拼成一个整箱,这五票货须分别按其货名、数量、包装、重量、尺码等各自缮制托运单(场站收据)。另外缮制一套总的托运单(场站收据),货名可作成“集拼货物”(Consolidated Cargo),数量是总的件数(Packages),重量、尺码都是五票货的汇总数。目的港是统一的,关单(提单)号也是统一的编号。但五票分单的关单(提单)号则在这个统一编号之尾缀以 A, B, C, D, E 以资区分。货物出运后船公司或其代理人按总单签一份海运提单(Ocean B/L),托运人是货代公司,收货人是货代公司的卸货港代理人。然后货代公司根据海运提单,按五票货的托运单(场站收据)内容签发五份仓至仓提单(House B/L),其编号按海运提单号,尾部分别缀以 A, B, C, D, E,内容则与各托运单(场站收据)相一致,分发给各真正托运人。

另一方面货代公司须将船公司或其代理人签发给他的海运提单正本连同自签的各 House B/L 副本快递其卸货港代理人,代理人在船到时向船方提供海运提单正本,提取该集装箱到自己的货运站(CFS)拆箱,通知 House B/L 中各个收货人持正本 House B/L 前来提货。

## 练习题

### 一、单项选择题

1. 在国际海上集装箱货物运输实务中,集装箱货物交接的方式可以分为门到门、门到场、门到站、场到场、场到站、站到门、站到场和站到站等。海运集拼经营人通常采用的交接方式是

(　　)。

A. 门到门　　B. 场到场　　C. 站到站　　D. 门到场

2. 国际海运集装箱按用途不同可以分成不同类型的集装箱，如果货主托运的单件货物高度较高时(超过2.5米)，应选择(　　)类型集装箱。

A. GP　　B. OT　　C. RF　　D. TK

3. 根据我国《海商法》的规定，承运人对国际海上集装箱货物运输的责任期间，是指(　　)，货物处于承运人掌管下的全部期间。

A. 从货物装上卡车时起至货物卸下卡车时止

B. 从货物装上船时起至货物卸下船时止

C. 从装货港接受货物时起至卸货港交付货物时止

D. 从接受货物时起至交付货物时止

4. 在国际海上集装箱货物运输中，集装箱设备交接时，如集装箱发生损坏，应在集装箱设备交接单上做相关记录。集装箱设备交接单上的记录代码 BR、DR 分别代表(　　)。

A. 破损、污箱　　B. 破损、凹损　　C. 凹损、污箱　　D. 危标、污箱

5. 国际海运集装箱按用途可以分成不同类型的集装箱，其中“FR”代表(　　)。

A. 干货箱　　B. 超高箱　　C. 挂衣箱　　D. 框架箱

**二、判断题(正确 A，错误 B)**

1. 在国际海上集装箱运输中，目前使用的国际集装箱规格尺寸主要是第一系列的 4 种箱型，即 A 型、B 型、C 型和 D 型。标准箱(TEU)通常就是指这四种箱型。(　　)

2. 在国际海上集装箱货物运输中，应根据货物的不同种类、性质、包装，选用不同规格的集装箱，选用的集装箱应符合国际标准，经过严格的检查，并具有检验部门发给的合格证书。(　　)

3. 集装箱船载箱量、港口集装箱吞吐量、集装箱保有量等的计算单位通常是以 20 英尺的集装箱作为换算标准箱。(　　)

4. 国际货运代理企业在海运拼箱货的操作中，拼箱货操作一般不能接受指定货(即指定船公司的货物)。(　　)

**三、问答题**

1. 请画出集装箱整箱货物出口流程图，并说明每个操作步骤需要哪种单据。

2. 请画出集装箱整箱货物进口流程图，并说明每个操作步骤需要哪种单据。

**四、计算题**

1. 用集装箱装运一批木箱包装的货物从青岛运往国外某港口。木箱尺寸为：1 m×1 m×1 m，共有 40 $m^3$；总重为 35 t；整箱运输。可以选用的箱型为 ISO 标箱中的 1AA 或者 1CC。查运价本得：USD1000/TEU，USD1800/FEU。问：

(1) 国际货运代理人为节省成本，应该如何选用集装箱？

(2) 应支付多少运费？

2. 我国 A 货主委托国际货运代理人 B 办理一票海运集装箱货物出口事宜，该票货物的积载因数是 1.6 $m^3$/t，总重为 60 t。A 货主向国际货运代理人 B 咨询，如将该票货物装于国际标

准箱1C箱中，共需要几个1C箱。(已知1C集装箱自重为2.5 t，最大总重量为24 t，计算亏箱后最大总容积为28 $m^3$)。请计算：

(1)1个1C箱中最多可装多少吨货物？

(2)1个1C箱中最多可装多少吨该票货物？

(3)总共需要几个1C箱子装运该票货物？

**五、案例分析题**

货主A公司向作为无船承运人的B货运代理公司订舱出运20个出口集装箱，B公司接受委托承运后签发了提单，又以自己的名义将其中10个集装箱交由C航运公司运输，将另外10个集装箱交由D航运公司运输。D航运公司的船舶在运输途中遇强风，部分装在甲板上的集装箱因绑扎不牢而落入海中灭失。收货人持B公司签发的B/L提货时发现少了3个集装箱，收货人向B公司索赔，B公司拒赔，从而引发诉讼。请分析：

(1)B公司和D航运公司是否应对收货人承担赔偿责任？为什么？

(2)D航运公司对集装箱落海灭失是否适用免责条款？为什么？

**六、操作题**

1. 请说明图2.5.5所示集装箱标志含义，并计算核对号。

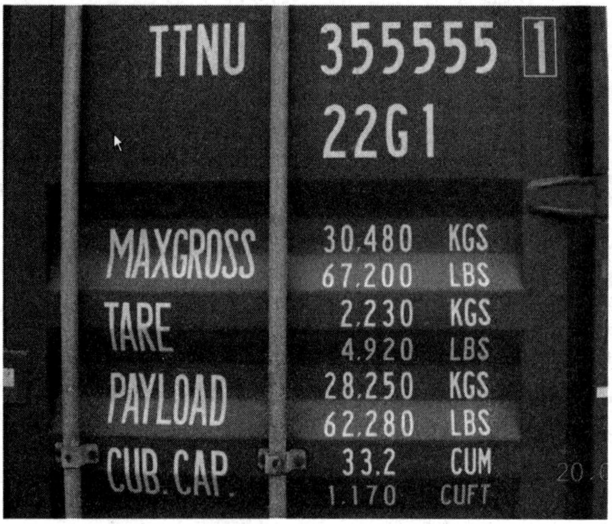


**图2.5.5 装箱标志**

2. 依下面集装箱拼箱货的具体操作程序流程，写出操作内容：

货主A、货主B、货主C ⟷ 集拼经营人⟷ 班轮公司⟷集拼经营人⟷货主A′、货主B′、货主C′

# 6 国际多式联运

## 6.1 国际多式联运基本知识

### 6.1.1 国际多式联运概念

根据 1980 年《联合国国际货物多式联运公约》的规定，国际货物多式联运（以下简称“国际多式联运”）指：“按照多式联运合同，以至少两种不同的运输方式，由多式联运经营人将货物从一国境内接管货物的地点运至另一国境内指定交付货物的地点。为履行单一方式运输合同而进行的该合同所规定的货物接送业务，不应视为国际多式联运。”

根据以上定义，可知国际多式联运必须满足以下基本条件。

**1. 至少采用两种运输方式**

国际多式联运必须是以至少两种不同的运输方式连续进行的运输。严格来讲，这里所称的运输方式是指铁路、公路、水路、航空、管道五种运输方式。

**2. 至少涉及两个国家**

国际多式联运必须是国家（地区）之间的货物运输，即国际多式联运的接管货物地点和交付货物的地点应位于不同的国家（地区）。

**3. 具有一个多式联运合同**

多式联运合同是多式联运经营人与托运人和收货人之间权利、义务、责任与豁免的合同关系和运输性质的确定。

**4. 多式联运经营人负责货物全程运输**

多式联运经营人（Multi-modal Transport Operator, MTO）是订立合同的当事人，也是多式联运单证的签发人，而非托运人或实际承运人的代理人。多式联运经营人对货物的全程运输承担责任。

### 6.1.2 国际多式联运的运输组织形式

国际多式联运是采用两种或两种以上不同运输方式进行联运的运输组织形式。这里所指的至少两种运输方式可以是海陆、陆空、海空等。这与一般的海海、陆陆、空空等形式的联运有着本质的区别。后者虽也是联运，但仍是同一种运输工具之间的运输方式。众所周知，各种运输方式均有自身的优点与不足。一般来说，水路运输具有运量大、成本低的优点；公路运输则具有机动灵活、便于实现货物门到门运输的特点；铁路运输的主要优点是不受气候影响，可深入内陆和横贯内陆实现货物长距离的准时运输；而航空运输的主要优点是可实现货物的快速运输。由于国际多式联运严格规定必须采用两种和两种以上的运输方式进行联运，因此这种运输组织形式可综合利用各种运输方式的优点，充分体现社会化大生产大交通的特点。

由于国际多式联运具有其他运输组织形式无可比拟的优越性，因而这种国际运输新技术已在世界各主要国家和地区得到广泛的推广和应用。目前，有代表性的国际多式联运主要有远东—欧洲,远东—北美等海陆空联运,其组织形式主要包括以下两种。

**1. 海陆联运**

目前组织和经营远东—欧洲海陆联运业务的主要有班轮公会的三联集团、北荷、冠航和丹麦的马士基等国际航运公司以及非班轮公会的中国远洋运输公司、中国台湾长荣航运公司和德国那亚航运公司等。这种组织形式以航运公司为主体,签发联运提单,与航线两端的内陆运输部门开展联运业务,与大陆桥运输展开竞争。

**2. 陆桥运输**

在国际多式联运中,陆桥运输(Land Bridge Service)起着非常重要的作用。所谓陆桥运输是指采用集装箱专用列车或卡车,把横贯大陆的铁路或公路作为中间"桥梁",使大陆两端的集装箱海运航线与专用列车或卡车连接起来的一种连贯运输方式。严格地讲,陆桥运输也是一种海陆联运形式。只是因为其在国际多式联运中的独特地位,故在此将其单独作为一种运输组织形式。目前,远东—欧洲的陆桥运输线路有西伯利亚大陆桥和北美大陆桥。

## 6.2 国际多式联运单据

### 6.2.1 国际多式联运单据的概念

1980 年《联合国国际多式联运公约》对多式联运单据所下的定义是"国际多式联运单据(Multi-modal Transport Document, MTD),是指证明多式联运合同以及证明多式联运经营人接管货物并负责按照合同条款交付货物的单据"。

1991 年贸发会议和国际商会制定的《多式运输单证规则》所下的定义是"多式联运单据是指证明多式联运合同的单据,该单据可以在适用法律的前提下,以电子数据交换信息取代,而且可以(a)以可转让方式签发,或者(b)表明记名收货人,以不可转让方式签发"。

### 6.2.2 国际多式联运单据的性质

国际多式联运单据分为可转让的和不可转让的两种形式,这两种形式单据的性质是有差别的。

**1. 可转让的多式联运单据**

可转让的多式联运单据,通常称为国际多式联运提单(Multi-model Transport Bill of Lading or Combined Transport Bill of Lading),具有"多式联运合同的证明、货物收据与物权凭证"三大功能。

**2. 不可转让的多式联运单据**

不可转让的多式联运单据,通常称为多式联运运单。目前,常见的标准格式为国际货运代理协会联合会 FIATA 运单(代码为 FWB, 1992)和波罗的海航运公会 BIMCO 运单(代码为 MULTIWAYBILL 95)。

不可转让的多式联运单据不具有物权凭证功能,即类似于运单(如海运单、空运单),仅具有"多式联运合同的证明和货物收据"两大功能。

这两类单据的共同点是它们均具有运输合同证明和货物收据的功能。其最大区别在于:可转让的多式联运单据具有物权凭证功能,可以转让;不可转让的多式联运单据则不具有物权凭证功能,不具有流通性,因此,"收货人"一栏必须是记名的。

### 6.2.3 国际多式联运单据内容

国际多式联运单据与海运提单主要区别在于:联运提单比海运提单增加了前程运输、交货地点、收货地点等项。见图 2.6.1 提单样式。国际多式联运单据一般包括如下 15 项内容:

(1)货物品类、标志、危险特征的声明、包数或者件数;

(2)货物的外表状况;

(3)多式联运经营人的名称与主要营业地;

(4)托运人名称;

(5)收货人名称;

(6)多式联运经营人接管货物的时间、地点;

(7)交货地点;

(8)交货日期或者期间;

(9)多式联运单据可转让或者不可转让的声明;

(10)多式联运单据签发的时间、地点;

(11)多式联运经营人或其授权人的签字;

(12)每种运输方式的运费、用于支付的货币、运费由收货人支付的声明等;

(13)航线、运输方式和转运地点;

(14)关于多式联运遵守公约或法律的规定的声明;

(15)双方商定的其他事项。

| | |
|---|---|
| Shipper | B/L NO. |
| Consignee | 中国远洋运输(集团)总公司<br>CHINA OCEAN SHIPPING(GROUP) CO.<br>CABLE:COSCO BEIJING<br>TLX:210740 CPC CN<br>COPY |
| Notify Party | **Combined Transport BILL OF LADING**<br>RECEIVED in apparent good order and condition except as otherwise noted the total number of containers or other packages or units enumerated below for transportation from the place of receipt to the place of delivery subject to the terms and conditions hereof. One of the Bills of Lading must be surrendered duly endorsed in exchange for the goods or delivery order. On presentation of this document duly endorsed to the Carrier by or on behalf of the Holder of the Bill of Lading, the rights and liabilities arising in accordance with the terms and conditions hereof shall, without prejudice to any rule of common law or statute rendering them binding on the Merchant, become binding in all respects between the Carrier and the Holder of the Bill of Lading as though the contract evidenced hereby had been made between them. IN WITNESS whereof the number of original Bills of Lading stated under have been signed, all of this tenor and date, one of which being accomplished, the other(s) to be void. |

| | | |
|---|---|---|
| Pre-carriage by 前程运输 | Place of Receipt 接受货物地点 | |
| Ocean Vessel Voy. No. | Port of Loading | |
| Port of Discharge | Place of Delivery 收到货物地点 | Final Destination (of the goods-not the ship) see Article 7 paragraph(2) |

Particulars Furnished by Merchants

| Marks & Nos. Container, Seal No. | No of containers or P kgs | Kind of Packages; Description of Goods | Gross Weight Kgs | Measurement |
|---|---|---|---|---|
| | | | | |

| | |
|---|---|
| TOTAL NO. OF CONTAINERS OR PACKAGES (IN WORDS) | |

| FREIGHT & CHARGES | Revenue Tons | Rate | Per | Prepaid | Collect |
|---|---|---|---|---|---|
| | | | | | |

| | | | |
|---|---|---|---|
| Ex. Rate: | Prepaid at | Payable at | Place and date of Issue |
| | Total Prepaid | No. of Original B(s)/L | Signed for the Carrier |

LADEN ON BOARD THE VESSEL
DATE BY ……………………
(COSCO STANDARD FORM 1.1)

图 2.6.1 国际多式联运提单实样

## 6.3 北美陆桥运输及提单使用

### 6.3.1 美加线中的MLB,IPI,OCP,SLB基本知识

**1. MLB小陆桥运输**

所谓小陆桥运输(Mini Land Bridge,MLB),也就是比大陆桥的海—陆—海形式缩短一段海上运输,成为海—陆—或陆—海形式。目前,北美小陆桥,例如,大连—长滩—休斯顿,运送集装箱货物。当然也承运从欧洲到美西及海湾地区各港的大西洋航线的转运货物。主要是远东/日本经美西海岸(W/C,West Coast),尤其是美太平洋岸西南向(PSW, Pacific South West),主要港口有LAX(Los Angeles),LBH(Long Beach),SFO(San Francisco),OAK(Oakland奥克兰);墨西哥湾海岸(G/C,Gulf Coast)到美东海岸(E/C, East Coast),墨西哥湾主要有Tampa(坦帕)、Houston(休斯顿)、Miami(迈阿密)港口, 美东海岸有New York(纽约)、SAV(Savannah沙瓦纳)、NFK(Norfolk诺福克)港口。

该小陆桥线是在1972年由美国的船公司和铁路公司联合创办的。避免了绕道巴拿马运河,可以享受铁路集装箱专用列车优惠运价,从而降低了成本,缩短了路径。以日本—美东航线为例,从大阪至纽约全程水运(经巴拿马运河)航线距离9700海里,运输时间21至24天。而采用小陆桥运输,运输距离仅7400海里,运输时间16天,可节省1周左右的时间。

**2. IPI内陆地点多式联运**

IPI运输(Interior Point Intermodal,IPI)是“内陆地点多式联运”,指远东、日本经美西海岸(W/C)之美太平洋岸西南向(PSW)、墨西哥湾口岸(G/C)港口,利用集装箱拖车或铁路运输将货物运至美国内陆城市(IPI)的海陆联运。

IPI运输是典型的微型陆桥运输(Micro Bridge或Micro Land Bridge,不可简写为MLB),就是没有通过整条陆桥,而只利用了部分陆桥区段,是比小陆桥更短的海陆运输方式,又称为半陆桥(Semi Land Bridge)。它通常是指由美国西海岸(W/C)或美国东海岸(E/C)之港口采用铁路或公路转运至IPI内陆点,例如,CHI (Chicago), Phoenix (凤凰城)、Detroit(底特律)等。

随着北美小陆桥运输的发展,出现了新的矛盾,主要反映在:当货物由靠近东海岸的内地城市采用小陆桥运输运往远东地区(或反向)时,首先要通过国内铁路运输,以国内单证运至东海岸交船公司,然后由船公司另外签发由东海岸出口到远东的全程小陆桥运输国际货运单证,并安排通过国内铁路运输运至西海岸港口,然后经海运转至远东。

货主认为,这种运输不能从内地直接以国际货运单证运至西海岸港口转运,不仅增加费用,而且耽误运输时间。为解决这一问题,微桥运输应运而生。进出美、加内陆城市的货物采用微桥运输既可节省运输时间,也可避免双重港口收费。例如,往来于日本和美东内陆城市匹兹堡的集装箱货,可从日本海运至美国西海岸港口,如奥克兰,然后通过铁路直接联运至匹兹堡,这样可完全避免进入美东的费城港,从而节省了在该港的港口费支出。

IPI运输条款下的内陆公共点(Inland Common Points)主要包括:Chicago(芝加哥)、Atlanta(亚特兰大)、Dallas(达拉斯)、Detroit(底特律)、Denver(丹佛)、St Louis(圣路易斯)、Milwaukee(密尔瓦基或密尔沃基)、Washington(华盛顿)、Proviolence(普勒维丹斯)、Richmond(里其蒙)、Kansas(堪萨斯城)、Charlotte(查洛特)、Cincinnati(辛辛那提)、Salt Lake City(盐湖城)、San Diego(圣地亚哥或圣迭戈)、Sacramento(萨克拉门多)、Memphis(孟菲斯)。

**IPI 运输与 MLB 运输的区别在于如下各项。**

一是目的地：IPI 是指定的内陆点，MLB 是美西（W/C）、墨西哥湾口岸（G/C）之港口。

二是内陆运输方式：IPI 可采用火车或拖车，MLB 不可用拖车公路运输。

此外，在美线运输中，还有 R-IPI 术语与 IPI 极为相似。R-IPI 下的 R 应为 Reverse or Return 等表示"回"、"回到"之类的词，它是指货物在美东海岸（E/C）或 G/C 卸船后采用内陆运输至 IPI 内陆点。例如：于 Savannah（沙瓦纳，E/C 港口）拖车到 Atlanta（为 IPI 点）即为 R-IPI。很显然，IPI 与 R-IPI 的区别在于，IPI 为美国内陆多式联运统称，R-IPI 则是指在全海运情况下经美国东海岸（E/C）卸船转运至 IPI 内陆地的行为，并非多式联运。

**3. OCP 陆上公共点运输**

OCP 运输（Overland Common Points）称为内陆公共点或陆上公共点运输，是使用两种运输方式将卸至美国西海岸港口的货物通过铁路转运抵美国的内陆公共点地区，并享有优惠运价。

对于目的地在落基山脉以东且货量较大的 Inland Points 可采用 OCP。所谓内陆公共点地区是指从美国的北达科他州（North Dakota）、南达科他州（South Dakota）、内布拉斯加州（Nebraska）、科罗拉多州（Colorado）、新墨西哥州（New Mexico）起以东各州，约占美国全国的 2/3 地区。所有经美国西海岸转运至这些地区的（或反向的）货物均称为 OCP 地区货物，并享有 OCP 运输的优惠费率，比当地地区费率每运费吨一般商品要节省 2 ~3 美元。

尽管 OCP 运输与 IPI 运输的目的地均为美国内陆点，但两者有如下本质的不同。

（1）OCP 运输区域范围点多面广，约占美国全国的 2/3 地区。

（2）OCP 虽然由海运、陆运两种运输形式来完成，但海运、陆运段分别由两个承运人签发单据，运输与责任风险也是分段负责。因此，它并不是国际多式联运。而 IPI 运输是真正的多式联运。

（3）OCP 运输通常是经美国西海岸（W/C）之美太平洋岸西北向（Pacific North West，PNW）港口，比如，洛杉矶、西雅图、旧金山转运；而 IPI 运输通常是经美西海岸（W/C）之美太平洋岸西南向（PSW）、墨西哥湾口岸（G/C）港口转运。

在 OCP 运输时，收货人可要求保税运输，于目的地结关提货。事实上，现行的地区运输费率与 OCP 已相差无几，加上 OCP 运输时收货人需于美国西岸自行办理中转手续，因此目前 OCP 使用得不多。

**4. SLB 西伯利亚大陆桥**

西伯利亚大陆桥（Siberian Land Bridge，SLB）是指使用国际标准集装箱，将货物由远东海运到俄罗斯东部港口，再经跨越欧亚大陆的西伯利亚铁路运至波罗的海沿岸如爱沙尼亚的塔林或拉脱维亚的里加等港口，然后再采用铁路、公路或海运运到欧洲各地的国际多式联运的运输线路。

西伯利亚大陆桥于 1971 年由全苏对外贸易运输公司正式确立。现在全年货运量高达 10 万标准箱（TEU），最多时达 15 万标准箱。使用这条陆桥运输线的经营者主要是日本、中国和欧洲各国的货运代理公司。其中，日本出口欧洲杂货的 1/3、欧洲出口亚洲杂货的 1/5 是经这条陆桥运输的。由此可见它在沟通亚欧大陆、促进国际贸易中所处的重要地位。

西伯利亚大陆桥运输包括"海铁铁"、"海铁海"、"海铁公"和"海公空"等四种运输方式。由俄罗斯的过境运输总公司（SOJUZTRANSIT）担当总经营人，它拥有签发货物过境许可证的权力，并签发统一的全程联运提单，承担全程运输责任。至于参加联运的各运输区段，则采用

"互为托、承运"的接力方式完成全程联运任务。可以说,西伯利亚大陆桥是较为典型的一条过境多式联运线路。

西伯利亚大陆桥是目前世界上最长的一条陆桥运输线。它大大缩短了从日本、远东、东南亚及大洋洲到欧洲的运输距离,并因此而节省了运输时间。从远东经俄罗斯太平洋沿岸港口去欧洲的陆桥运输线全长 13000 千米。而相应的全程水路运输距离(经苏伊士运河)约为 20000 千米。从日本横滨到欧洲鹿特丹,采用陆桥运输不仅可使运距缩短 1/3,运输时间也可节省 1/2。此外,在一般情况下,运输费用还可节省 20% ~30%,因而对货主有很大的吸引力。

SLB、OCP、MLB、IPI 四种运输组织方式的异同如表 2.6.1 所示。

**表 2.6.1　SLB、OCP、MLB、IPI 四种运输组织方式的异同**

| 比较项目 | SLB | OCP | MLB | IPI |
|---|---|---|---|---|
| 货物成交价 | 采用 FCA 或 CIP 应视合同中约定 | 卖方承担的责任、费用终止于美国西岸港口 | 卖方承担的责任、费用终止于最终交货地 | 与 MLB 相同 |
| 提单签发 | 适用于全程运输区段 | 仅适用于海上区段的货物运输 | 适用于全程运输区段 | 适用于全程运输区段 |
| 运费计收 | 收取全程运费 | 海、陆运输区段分别计收运费 | 收取全程运费 | 收取全程运费 |
| 保险区段 | 可全程投保 | 海、陆运输区段分别投保 | 可全程投保 | 可全程投保 |
| 货物运抵区域 | 不受限制 | 内陆公共点 | 美国东海岸和美国湾 | 内陆公共点 |
| 多式联运方式 | 是 | 不是 | 是 | 是 |

### 6.3.2　美加线上国际多式联运提单的制作特点

**1. 成交订约方面**

(1)在 MLB 运输和 IPI 运输下,发货人应采用 CIF 或 CFR 价交易。

(2)如果收货人的最终目的地是在 OCP 区域的,比如,芝加哥(Chicago),则原来的成交价为 CIF 或 CFR Chicago 可改为 CIF 或 CFR 美国西海岸指定港口。例如,西雅图(Seattle),并在贸易合同中明确货物的运输方式是从中国口岸到美国西海岸指定港口转运至 OCP 最后目的地的,即写明shipment from China to Seattle west coast OCP Chicago。

**2. 贸易合同、信用证及货物运输标志方面**

(1)在 MLB 运输和 IPI 运输下,在贸易合同和信用证"目的地"一栏应加注 MLB 或 IPI 字样,在货物的运输标志内,应把卸货港和 MLB 或 IPI 的最后目的地同时列明,如 Long Beach MLB Houston。

(2)OCP 运输条件下,在贸易合同和信用证"目的地"一栏应加注 OCP 字样,在货物的运输标志内,应把卸货港和 OCP 的最后目的地同时列明,如Seattle OCP Chicago。

**3. 卸货港与交货地的记载**

(1)卸货港和交货地,除显示具体地点外还必须加上州名,如Long Beach,CA。

(2)申请订舱时,应说明 MLB 或 IPI 运输,并在货运单证中将卸货港和 MLB 或 IPI 的最后目的地同时列明。在提单制作时,提单上的"交货地"栏中应加注 MLB 或 IPI 字样。比如,MLB 运输下,卸货港为长滩(Long Beach),目的地为休斯顿(Houston),则提单上的卸货港和交货地分别填写“Long Beach”和“MLB Houston ”。IPI 运输下，卸货港为长滩（Long Beach），目的地为孟菲斯（Memphis），则提单上的卸货港和交货地分别填写“Long Beach”和“IPI Memphis，TN”（TN 是田纳西 Tennessee 的缩写）。

（3）申请订舱时，应说明 OCP 运输，并在货运单证中将卸货港和 OCP 的最后目的地同时列明。在提单制作时，提单上的“交货地”栏中应加注 OCP 字样，同时在提单正面的货物内容一栏内加注“转运至内陆点”字样。比如，卸货港为西雅图，目的地为芝加哥，则应在“卸货港”栏内填写Seattle，“目的地”栏内填写OCP Chicago，“货物内容”栏加注“转运至芝加哥”（In Transit to Chicago ）。

**4. 发货人、收货人、通知方的记载**

（1）发货人的资料必须完整，包括发货人名称、详细的地址。如果由于发货人资料不详细导致货物不能装船，或在目的港不能卸货、清关等一切后果及由此引起的罚金将由发货人自行承担。

（2）收货人或通知方必须是美国境内的，而且收货人或通知方必须有一方是美国境内真正的收货人。对目的地收货人或通知方的地址必须严格按照以下格式：

BUILDING NO.（收货人或通知方办公室或住址门牌）
STREET NAME（街道名称）
CITY NAME（城市名称）
STATE NAME OR ABBREVIATION（缩写 NY FOR NEW YORK）
（州名或州名缩写）
US FIVE DIGTT ZIP CODE（美国 5 位邮政编码）

（3）美国海关现已正式同意接受指示提单（To Order ），但拒绝接受 To Order 或者 To Order of Shipper/Bank 等空白抬头的指示提单输入方式。而是必须采取记名抬头的方式（To Order of the Actual Name of Bank 或者 To Order of the Actual Name of the Shipper）。而且 Shipper 或 Bank 的详细的名称、地址和联系方法必须在“To Order of”后面列明。

（4）使用的服务合约签约方必须是发货人、收货人、通知方中的一个，而且必须有关联。同时，如果发货人为签约方，则运费条款必须是运费预付（Freight Prepaid）；如果收货人或通知方为签约方，运费条款必须是运费到付（Freight Collect），涉及两个以上通知人的，签约方必须是第一通知人。

**5. 货名、标志、数量与体积的记载**

发货人必须提供详细准确的毛重、体积、件数、品名及正确的柜号、柜型和封签号。

（1）件数应体现最小的外包装单位数，如“carton，packages，wooden case”，不允许以 pallet 作为最小包装单位。

（2）品名应尽量详细，能描述出货物的性质、形状等。提单不接受概括的品名描述，如“general cargo，chemicals，foodstuff，accessories”等。此外，美国海关不接受个人物品（personal effects），只接受家用物品（household goods）并加上详细品名。

（3）提单不显示“said to contain”（依货主描述）。

（4）美国内陆点的限重为：17236KGS/20GP，19958KGS/40GP（40HC），但最高不能超过 20900KGS/20GP，22500KGS/40GP（40HC）。加拿大内陆点的限重为：21500KGS/20GP，24000KGS/40GP（40HC）。

**6. 运输条款**

(1)至美国基本港的运输条款:CY/CY。

(2)至美国内陆点的运输条款:CY/RAMP(码头堆场至铁路堆场)。

(3)至美国门点的运输条款:CY/DOOR,而不要使用CY/CY,以免货物延迟运输。

此外,无船承运人提单的编号必须体现在船公司提单的备注栏内。

## 练习题

### 一、单项选择题

1. 以下(　　)不属于国际多式联运的基本条件。

A. 至少采用两种运输方式　　B. 至少涉及两个国家

C. 签发一份多式联运合同　　D. 采用一种运输方式

2. 根据1991年贸发会议和国际商会制定的《多式联运单证规则》,多式联运经营人对货物损坏或灭失的赔偿责任限制为毛重每千克(　　)。

A. 5SDR　　B. 4SDR　　C. 3SDR　　D. 2SDR

3. 国际多式联运经营人是(　　)。

A. 发货人的代理人　　B. 收货人的代理人

C. 区段承运人的代理人　　D. 承运人

4. 目前,国际上使用的国际多式联运单据大都采用(　　)。

A. 网状责任制　　B. 统一责任制　　C. 双重责任制　　D. 区段责任制

5. 国际多式联运的优点不包括(　　)。

A. 无货损　　B. 降低运输成本,节约运杂费用

C. 安全迅速　　D. 手续简便、提早结汇

### 二、判断题(正确A,错误B)

1. 在国际多式联运方式下,运输途中货物换装、转运等事宜均由多式联运经营人负责办理。(　　)

2. 多式联运经营人应当对合同约定的全部运输负责,多式联运经营人除了对自己及自己的受雇人或代理人的行为负责外,对托运人、收货人等在内的货方而言,还必须对区段承运人及其受雇人或代理人的行为负连带责任,但可以向其追偿。(　　)

3. 可转让的国际多式联运单据,通常称为国际多式联运提单,具有"多式联运合同的证明、货物收据与物权凭证"三大功能。(　　)

4. 签发多式联运单证、全程统一费率、一次托运、一次付费等条件是构成国际多式联运的充分条件,并非必要条件,不具备这些条件,国际多式联运仍然成立。(　　)

5.《联合国国际货物多式联运公约》是调整国际多式联运方面的国际公约,它适用于多式联运经营人。(　　)

### 三、问答题

1. 国际多式联运必须满足的条件是什么?

2. 国际多式联运提单性质是什么?

3. IPI运输与MLB运输的区别在哪里?

**四、案例分析题**

1. 大连A国际货运代理公司与发货人订立多式联运合同,并负责将两个集装箱货物从大连经印度孟买运至新德里。A国际货运代理公司分别与B船公司和C铁路运输公司签订运输合同,货物装船后B船公司签发清洁海运提单。货物在孟买港卸船时发现其中一个集装箱外表损坏,A国际货运代理公司在当地的代理人将货物通过铁路运往新德里前,已告知C铁路运输公司。当集装箱到达新德里后,收货人发现外表损坏的集装箱内的货物严重受损,根据本案例,试回答以下问题:

(1)A国际货运代理公司是否应承担责任?为什么?

(2)B船公司是否承担责任?为什么?

(3)C铁路运输公司是否承担责任?为什么?

2. 2008年6月,我国A进出口公司委托B货运代理公司办理600个纸箱的男式羽绒滑雪衫出口日本的手续。B公司将货物装上C船公司派来的船舶,并向A公司签发了清洁的多式联运提单,提单载明货物数量600纸箱,分装在3个集装箱内。6月29日,该轮抵东京收货人仓库,收货人发现货物由于集装箱有裂痕,雨水进入箱内造成货物损坏。2009年9月25日,收货人以B货运代理公司和实际承运人C船公司为被告,向法院提起诉讼。根据本案例,请分析:

(1) B公司的身份是代理人还是承运人?为什么?

(2) 依照我国《海商法》的规定,C公司是否应承担赔偿责任?为什么?

(3) 依照国际多式联运公约的规定,B公司是否应承担赔偿责任?为什么?

3. 我国A公司与美国B公司签订了进口3套设备的贸易合同,FOB美国西海岸,目的地为山东济南。A公司委托C航运公司负责全程运输。C航运公司从美国西雅图港以海运方式运输了装载于3个集装箱的设备到青岛港,C航运公司委托D货代公司负责青岛到济南的陆路运输,双方订立陆路运输合同。D货代公司并没有亲自运输,而是委托E汽车运输服务公司运输。货到目的地后,收货人发现2个集装箱破损,货物严重损坏。经查实发现涉案2个集装箱货物的损坏发生在青岛至济南的陆路运输区段。请分析并解答下列问题(本案适用中国法律):

(1) C航运公司是否对货物的损失承担责任?为什么?

(2) 阐述C航运公司和D货代公司的法律地位。

(3) 本案是否按照中国《海商法》关于承运人赔偿责任和责任限额的规定来确定当事人的赔偿责任?为什么?

# 7 租船货物运输

## 7.1 租船货运业务基本知识

### 1. 租船运输的概念

租船运输(Carriage of Goods by Chartering)是相对于班轮运输的另一种海上运输经营方式,它没有固定的船舶班期,也没有固定的航线和挂靠港,而是按照货主或承租人对货物运输的要求,根据船舶所有人或出租人与需要船舶运输的货主或承租人双方事先签订的租船合同来安排货物运输,所以又被称为**不定期船运输**(Tramp Shipping)。因此,租船运输是指由船舶出租人向承租人提供约定的船舶,由出租人运输指定的货物或者由承租人在约定的时间内按照约定的用途使用,并支付运费或者租金的海上运输营运方式。

在国际海上货物运输中,对于批量较大、货物价值相对较低的大宗散货而言,货主往往采用租船运输的方式。

租船运输下,双方当事人之间通常要签订包括租期、装卸港口、租金或者是运费以及双方的权利、义务与责任在内的租船合同。一旦船舶出租人与承租人签订了租船合同,那么双方就要受到该合同的约束,租船合同不仅是双方履行义务和享有权利的依据,同时也是双方处理租船合同执行过程中出现问题的依据。

### 2. 租船合同的当事人

租船合同的当事人是指对租船合同的履行享有权利和承担义务及责任的人,包括船舶出租人和船舶承租人。为此租船合同中须列明船舶出租人和船舶承租人的名称、住址和主要营业所地址。

#### 1)船舶出租人

船舶出租人是指根据租船合同的规定,向承租人出租船舶或者船舶的部分舱位从事货物运输的人(如航次租船),或者将船舶出租给承租人,由承租人从事货运经营的人(如定期和船和光船租船)。

租船运输的出租人既可能是将自有船舶用于租船运输的船舶所有人,也可能是以定期租船或光船租船甚至航次租船的形式将其租用的船舶再次用于租船运输的船舶经营人。在租船实务中,分别将这两种出租船舶的人称为船舶所有人或二船东。船舶所有人是指将其所拥有的船舶进行出租的人,同时又经常被称为船东(Ship Owner);二船东是指在以定期租船或光船租船甚至航次租船的形式租进的船舶的承租人将船舶转租,此时原租船合同中的承租人就成为新租船合同中的出租人,因而被称为二船东(Disponent Owner)。

#### 2)船舶承租人

船舶承租人(Charterer)是指根据租船合同的规定,从船舶出租人租进船舶或者船舶的部分舱位,由船舶出租人从事货物运输的人(如航次租船),或者由承租人从事货运经营的人(如定期租船和光船租船)。租船运输的承租人既可能是国际贸易合同中的卖方或买方,也可能是专门从事租船业务的经营人或船公司。在租船实务中，船舶承租人也常被称为租船人或租家或租方。

在租船市场上，尽管租船经纪人经常受船舶出租人或承租人的委托，代表他们在合同上签字，但是，这并不意味着租船经纪人就是合同的当事人。相反，只要租船经纪人是在委托人授权委托范围之内行事的，并在签字时表明自己的代理人的身份，他就不能被认定为合同当事人，除非他在签署合同时，没有表明自己的代理人身份。作为代理人的经纪人应该注意，即使在签署合同时已经明确了自己是代理人，但在合同中仍须列明其委托人的名称、住址或主要营业所在地，否则法院很可能会认定经纪人为合同当事人，而要求其承担履行租船合同的义务。

我国国内曾有案例判定某外轮代理公司以自己的名义与船东签订航次租船合同，被认定为承租人，应承担承租人的义务，包括支付运费的义务。外轮代理公司的主要业务是代理国际运输船舶在我国港口的有关业务，一般不直接从事租船业务。即使参与租船活动，一般也是以船舶出租人或承租人的代理人的身份出现。这种情况下，外轮代理公司的法律地位是代理人，不是合同当事人，不享有合同权利也不承担合同义务。然而，在该案中外轮代理公司却以自己的名义与船舶出租人签订租船合同。在签订租船合同时没有出具租船委托书，没有显露其代理人的身份，也没有以委托人的名义签订租船合同。所以法院最终认定其系承租人。

**3. 租船经纪人**

**1）租船经纪人的概念**

航运市场中存在着大批专门从事船舶的租赁、订舱、买卖、保险等中介业务的航运经纪人（Ship Broker）。租船经纪人（Chartering Broker）是指受船舶出租人或者承租人的委托，代表出租人或者承租人专门从事磋商租船业务的航运经纪人。租船经纪人熟悉租船市场行情，精通租船业务，同时由于他们掌握市场动态，作为船舶出租人和承租人双方的桥梁与纽带，在为委托人提供市场信息、资信调查及其他信息咨询服务、促成合同的顺利签订、减少委托人事务上的烦琐手续以及为双方当事人斡旋、调解纠纷等方面所起到的积极作用已得到了各方面的认同。由于租船经纪人对于租船市场的信息掌握全面、及时，具有租船业务的特殊知识和谈判技能，船舶出租人或承租人通过租船经纪人开展业务的做法已十分普遍，租船经纪业与船舶代理业、货运代理业已成为国际国内航运市场中不可缺少的重要组成部分。

**2）租船经纪人的分类**

在租船市场上，租船经纪人通常包括以下几种类型。

（1）船舶出租人经纪人（Owner's Broker）是指根据船舶出租人的授权和指示，代表船舶出租人利益，在租船市场上从事船舶出租或承揽货源的人。

（2）船舶承租人经纪人（Charterer's Broker）是指根据船舶承租人的授权和指示，代表承租人利益，在租船市场上为承租人洽租合适船舶的人。

（3）双方当事人经纪人（Both Parties' Broker）是指以中间人身份尽力促成船舶出租人和承租人双方达成船舶租赁交易，从中赚取佣金的人。

船舶出租人或承租人指定了租船经纪人后，则处于委托人（Principal）的地位，拥有对租船经纪人进行任何有关租船业务指示的权利。对于这些指示，租船经纪人都必须如实照办，不得损害委托人的任何利益。

**3）租船经纪人进行租船业务洽谈的方式**

租船经纪人进行租船业务洽谈的方式通常有以下三种情况。

(1)由船舶出租人和承租人各自指定一个租船经纪人,由其代表各自委托人的利益进行洽谈。这时,双方租船经纪人处于代理人的地位,完全在委托人的授意下,代表其利益进行谈判,在就租船业务所涉及的条件共同达成一致意见后,征得各自委托人的同意,代表其委托人在租船合同上签字。

(2)船舶出租人和承租人共同指定一个租船经纪人进行洽谈。这时,租船经纪人就是居间人。这种情况下,船舶出租人和承租人一般在居间人在场的条件下进行面谈,租船经纪人不再代表任何一方的利益,而是利用自己的知识,协调洽谈双方的意见,促成谈判达成合约。

(3)船舶出租人或承租人的一方与他方指定的租船经纪人进行租船业务洽谈。这时,一方的租船经纪人完全在其委托人的授意下,代表其利益进行谈判,并在征得其委托人的同意后,代表其委托人在租船合同上签字。

当租船经纪人以代理人的身份出现,且代表其委托人在租船合同上签字时,必须在合同上注明其代理人身份,实际的合同当事人仍然是船舶出租人或承租人。租船经纪人超出授权范围或在没有得到授权的情况下采取的决定,其后果应由租船经纪人承担。因此,在委托人的授权范围内从事租船业务洽谈是租船经纪人的工作原则。相应的授权文件也就成了区分责任的依据。同时,租船经纪人对委托人还具有忠实的义务,不得向委托人提供错误虚假信息,也不得向任何第三方泄漏委托人的业务机密。

**4)租船经纪人的佣金**

在通过租船经纪人成功地签订了租船合同后,通常由船舶出租人向租船经纪人支付"经纪人佣金"。佣金的多少在国际上没有统一的标准,一般在运费或租金的1%至4%。航次租船下,一个经纪人的佣金通常为1.25%,有两个经纪人时的佣金通常为2.5%。在签订租船合同后,船舶出租人按照租船合同中佣金条款规定的时间支付经纪人的佣金。

(1)如果合同规定,佣金在签订合同时支付(on signing the contract),则租船经纪人无论合同的执行情况如何,均可获得佣金。

(2)如果合同规定,佣金在货物装运时支付(on shipment of cargo),则当合同于货物装运前被解除时,租船经纪人不能获得佣金。

(3)如果合同规定,佣金在赚取运费时支付(on freight earned),则租船经纪人只能在租船合同得以履行,且船舶出租人获得运费后,方可获得佣金。

当租船业务洽谈达成协议后,因为一方当事人的过错,导致租船合同不能履行时,为了保护租船经纪人的利益,应当在合同中载明如何处理租船经纪人的佣金问题,金康合同94范本规定(见附录),在这种情况下由过错方支付原定佣金的1/3。

当租船业务洽谈没有达成协议时,租船实务的惯例是按照"无效果,无报酬"的原则,租船经纪人一般不能取得佣金,包括所支出的必要的费用。尽管我国《合同法》第426条规定,居间人"未促成合同成立,不得要求支付报酬,但可以要求委托人支付所支出的必要的费用"。

## 7.2 租船运输特点

租船运输中,船舶的营运是根据船舶出租人与承租人双方签订的租船合同来进行的,一般进行的是特定货物的运输。船舶出租人提供的是货物运输服务,而承租人则是按约定的租金率或运费率支付租金或运费。相对于班轮运输而言,租船运输具有以下特点。

(1)按照船舶出租人与承租人双方签订的租船合同安排船舶航线,组织运输;没有相对于定期班轮运输的船期表和航线。

(2)适合大宗散货运输,货物的特点是批量大、附加值低、包装相对简单。因此,租船运输的运费率(或租金率)相对班轮运输而言较低。

(3)船舶的租用一般以提供整船或部分舱位为主,主要是根据租船合同来定。另外,承租人一般可以将舱位或整船再租与第三人。

(4)船舶营运中的风险以及有关费用的负担责任根据租船合同的规定。

(5)租船运输中的提单的性质不完全与班轮运输中的提单的性质相同,它一般不是一个独立的文件,对于承租人和船舶出租人而言,仅相当于货物收据。这种提单要受租船合同约束,当承租人将提单转让与第三人时,提单起着权利凭证作用;而在第三人与船舶出租人之间,提单则是货物运输合同的证明。

(6)承租人与船舶出租人之间的权利和义务是通过租船合同来确定的。

(7)租船运输中,船舶港口使费、装卸费及船期延误,按租船合同规定由船舶出租人和承租人分担、划分及计算,而班轮运输中船舶的一切正常营运支出均由船方负担。

## 7.3 租船合同范本

### 7.3.1 租船合同范本的概念

通过租船方式实现船舶出租人与承租人双方当事人的商业目的,表现为船舶出租人与承租人签订租船合同,且每一笔租船交易均需订立租船合同。

租船合同的签订是一项非常细致和严密的工作,为了各自的利益,在谈判和订立合同时,必然要对租船合同的条款逐项推敲。这样势必造成旷日持久的谈判,不利于迅速成交。为了简化签订租船合同的手续,加快签约的进程和节省为签订租船合同而发生的费用,也为了能通过在合同中列入一些对自己有利的条款,以维护自己一方的利益,在国际航运市场上,一些航运垄断集团、大的船公司或货主垄断组织,先后编制了供租船双方当事人选用,作为洽商合同条款基础的租船合同范本。

租船合同范本中罗列了事先拟就的主要条款。为了便于商定租船合同的双方通过函电对范本中所列条款进行删减、修改和补充,每一租船合同范本都为范本的名称规定了代码,为每一条款编了代号,并在每一行文字前(或后)编了行次的顺序号。这样在洽定租船合同的过程中,只需在函电中列明所选用的范本的代码,指明对第×款第×行的内容增加、删除、更改的意见,就能较快地拟就双方所同意的条款。

虽然采用租船合同范本可以极大地方便租船合同条款的拟订,但是由于这些范本多数是由代表某一方利益的航运组织或货主组织单方面制定的,许多条款都可能对某一方有利,这是在选用租船合同范本时不能不考虑的问题。

在租船实务中,双方当事人在选用租船合同范本时,往往会对合同条款及其内容做出修改并增加许多附加条款,以弥补标准合同范本的不足和未尽到的事宜。

### 7.3.2 租船合同范本的分类

租船合同范本根据是否得到公认和是否得到广泛采用而分为标准租船合同格式、非标准租船合同格式和厂商租船合同格式。标准租船合同格式是指由英国航运公会、波罗的海国际航运公会、纽约土产交易所和日本海运集会所等公共机构所制定或认可,并被公认和广泛采用的合同格式。非标准租船合同格式是指不属于标准租船合同范围,但其格式有一定的规律,并常被采用的合同格式。厂商租船合同格式则是一些大宗货主为租赁船舶而制定的特殊合同格式。

租船合同范本根据租船货运经营方式不同又可分为航次租船合同范本、定期租船合同范本、光船租船合同范本。

### 7.3.3 主要租船合同范本

目前国际航运市场中,采用比较有影响的标准租船合同格式主要有几种。其中:统一杂货租船合同(Uniform General Charter),简称"金康"(GENGON),是国际上标准的航次租船合同范本。1922 年由国际著名船舶所有人组织波罗的海国际航运公会(BIMCO)制定并公布,分别于 1976 年、1994 年进行修订。金康合同范本是 20 世纪 20 年代为适应当时国际贸易急骤发展、货物种类大量增加的需要而制定的。它是一个不分货种和航线,使用范围比较广泛的航次租船合同的标准格式。**目前,我国航次租船实务中大多使用金康合同范本(见附录)。**

### 7.3.4 租船合同条款的分类

租船合同中所列的条款很多,其中有些条款在合同中起着重要的和决定性的作用,有些则起着附属和次要作用。当合同一方违反了合同中的不同条款时,受害方所得到的补救是不一样的。根据英美合同法的原理,租船合同中的条款基本上可分为三类,如下所述。

**1. 条件条款**

条件条款(Condition Clause)是指合同中那些履行与否对实现合同的商业目的有着密切关系的条款。如果合同一方未履行或擅自取消这种条款,就会使合同双方协议的商业目的无法实现。对此,受害方有权拒绝履行合同中规定的义务,取消合同,并可提出赔偿要求。例如,船名、船型、船舶现处的位置、船级、船旗等船舶概述的规定,船长签发提单条款,承租人应该提供约定的货物等条款是比较典型的条件条款。

**2. 保证条款**

保证条款(Warranty Clause)是指合同中次要的、非本质性的条款,对履行合同不产生决定性影响。即使合同的一方违背了这些条款,也不至于影响合同的商业目的的实现;受害方只能提出赔偿要求,而不能以此取消合同或拒绝履行合同中的义务。例如,航次租船合同中的安全港口和泊位,定期租船合同中的船速及燃油消耗、船舶的维修保养以及剩余燃油的数量的规定等一般都属于保证条款。

**3. 中间性条款**

中间性条款(Intermediate Clause)是指介于条件条款和保证条款之间的合同条款。它既不是条件条款,也不是保证条款。合同当事人一方违反这种条款时,受害方究竟是按违反条件条款处理,还是按违反保证条款处理,要视违约程度和后果而定。例如,关于船舶适航保证的条款中一般规定船舶在到达装货港时应适航,如果船舶有严重的"适航缺陷",承租人有权解除合同并要求赔偿;但是,如果船舶仅存在着轻微的"适航缺陷",承租人就只能要求赔偿,而不能解除合同。因此,这里所说的"适航保证",只不过是船舶出租人对使船舶适航做出的保证,不可以理解为就是保证条款。

# 7.4 租船货运经营方式

在租船实务中,承租人所要运输的货物可能是一次性的、单向的,也可能是长期的、往返的,此外承租人有时并不是要运输自己的货物,而是租进一条船舶,进行揽货运输,这样就带来了在租船市场上租船运输方式的多样性。目前,国际航运市场上主要的租船运输经营方式有航次租船(Voyage Charter)、定期租船(Time Charter)、光船租船(Bareboat Charter)等基本形式,还有包运租船(Contract of Affreightment,COA)和航次期租(Time Charter on Trip Basis,TCT)等形式。其中最基本的租船运输经营方式是具有运输承揽性质的航次租船。

## 7.4.1 航次租船

### 1. 航次租船的概念

航次租船又称"航程租船"或"程租船"或"程租",是指由船舶出租人向承租人提供船舶或船舶的部分舱位,在指定的港口之间进行单向或往返的一个航次或几个航次用以运输指定货物的租船运输方式。

航次租船是租船市场上最活跃、最为普遍的一种租船方式,对运价水平的波动最为敏感。在国际现货市场上成交的绝大多数货物(主要有液体散货和干散货两大类)通常都是通过航次租船方式运输的。

在航次租船的情况下,船长由船舶出租人(船东)任命,船舶由作为船舶出租人的代理人的船长管理,船舶的营运调度仍由船舶出租人负责,船舶仍归船舶出租人占有和支配。在这种意义上,航次租船合同与班轮运输合同一样,都是以承揽货物运输为目的的运输合同。

### 2. 航次租船的形式

航次租船中,根据承租人对货物运输的需要,而采取不同的航次数来订立航次租船合同。航次租船方式可分为下列几种形式。

#### 1) 单航次租船

单航次租船(Single Trip or Single Voyage Charter)是指船舶出租人与承租人双方约定,提供船舶完成一个单程航次货物运输的租船方式。船舶出租人负责将指定的货物从起运港运往目的港,货物运抵目的港卸船交付货物后,船舶出租人的运输合同义务即告完成。

#### 2) 往返航次租船

往返航次租船(Return Trip or Return Voyage Charter)是指船舶出租人与承租人双方约定,提供船舶完成一个往返航次货物运输的租船方式。返航航次的出发港及到达港并不一定与往航航次相同,也就是说,同一船舶在完成一个单航次后,会根据货物运输需要在原卸货港或其附近港口装货,返回原装货港或其附近港口。卸货后,往返航次租船结束,船舶出租人的合同义务完成。从实质上讲,一个往返航次租船包括了两个单航次租船。由于很少有货主可以保证往返航程上均有货载,所以这种租船方式主要运用在当一个货主只有去程货载,而另一个货主有回程货载时,两个货主联合起来向船舶出租人按往返航次租用船舶。在这种情况下,因为船舶出租人在回程货载上有了保证,可避免回程空航,在运费方面承租人可获得一定的优惠。

#### 3) 连续单航次租船

连续单航次租船(Consecutive Single Voyage Charter)是指船舶出租人与承租人约定,提供船舶连续完成几个单航次的租船运输方式。被租船舶在相同两港之间连续完成两个或两个以上的单航次运输后，航次租船合同结束，船舶出租人的合同义务完成。

这种运输经营方式主要应用于某些货主拥有数量较大的货载，一个航次难以运完的情况。在连续单航次租船中，连续单航次租船合同可按单航次签订若干个租船合同，也可以只签订一个租船合同。在只签订一个租船合同的情况下，合同中适用于第一个航次的各项条件和条款同样适用于以后的各航次。但是，须在合同中注明船舶第一航次的受载日期和后续的航次数，也可以为后续航次规定受载日期等。在不影响航次任务完成和下一航次受载期的情况下，船舶出租人可以承揽其他回程货载，搭载航行。

**4）连续往返航次租船**

连续往返航次租船（Consecutive Return Voyage Charter）是指船舶出租人与承租人约定，提供船舶连续完成几个往返航次的租船运输方式。被租船舶在相同两港之间连续完成两个以上往返航次运输后，航次租船合同结束，船舶出租人的合同义务完成。由于作为承租人的货方很难同时拥有较大数量的去程和回程货载，这种运输经营方式在实务中较少出现。

**3. 航次租船的特点**

（1）特定船舶、特定货物、特定港口和特定航线。航次租船合同下，对于履行货物运输的船舶和要装运的货物，装货港和卸货港以及航线都做出专门的规定。通常情况下，都由指定的船舶在指定的装货港来装运指定的货物，按照约定的或者习惯的或者地理上的航线运至指定的卸货港。

（2）航次租船合同是确定船舶出租人与承租人的权利、义务和责任的依据。航次租船合同的船舶出租人和承租人“完全”处于同等的谈判地位，根据租船市场行情和其他条件进行讨价还价，商谈合同条款。无论英美法系的国家，还是大陆法系的国家，都无强制制约航次租船合同的成文法。即使大陆法系国家制定的有关租船合同的条款，也都属于非强制性条款或弹性条款，也可以用双方协议的其他合同条款予以排除相应的适用条款。航次租船合同的船舶出租人不是公共承运人，而是专门承运人（Private Carrier），即承运与其签订租船合同的承租人的货物。

（3）承租人负责完成货物的组织，支付运费及支付相关的费用。

（4）船舶出租人占有和控制船舶，负责船舶的营运调度，配备和管理船员。

（5）船舶出租人负责船舶营运所支付的费用。这些费用包括：船舶资本费用（船舶成本、船舶资本借贷偿还、资本金利息）、固定营运费用（船员工资和伙食、船舶物料、船舶保养费用、船舶保险费用、润滑油、企业事务费用等）和可变营运费用（燃料费、港口使费、引水费、合同规定的装卸费、其他费用等）。

（6）船舶出租人出租整船或部分舱位，按实际装船的货物数量或整船舱位包干计收运费。

（7）承租人向船舶出租人支付的运输费用通常称为运费（Freight），而不称租金（Hire）。

（8）航次租船合同中都规定可用于在装卸港口装卸货物的时间，装卸时间的计算方法，滞期和速遣以及滞留损失等。这是因为在航次租船合同中，航次总的时间风险在船舶出租人一边，船舶出租人对于完成一个航次所需的时间是最为关心的，他希望缩短船舶在港停留时间，但是在港进行装卸货物的时间却往往是由承租人掌握的，船舶出租人难以控制，而这些天数可以影响船舶出租人的经济效益，这样若装卸时间超过规定的天数，承租人要向船舶出租人支付一笔约定的损害赔偿金，即滞期费；反之，装卸货物在规定的大数内提前结束，船舶出租人要向承租人支付一笔奖励，即速遣费。但双方有时也会约定按照港口当地习惯尽速装卸（Customary Quick Dispatch, CQD),即不规定装卸时间,由船舶出租人承担时间的风险。此外,对于由承租人引起的非装卸时间方面的时间损失,诸如港口合同中船舶抵港后,承租人不能及时安排泊位,以至延误船期,承租人须按照船舶的实际损失额向船舶出租人支付赔偿,即滞留损失。

**4. 航次租船的风险划分**

航次租船租期的长短取决于完成一个航次或几个航次所花费的时间,但航次租船并不规定完成一个航次或几个航次所需的时间。在这段时间内,船舶出租人与承租人之间按航次的不同阶段分别承担着不同的风险,一般将其分为四个阶段。

**1)预备航次阶段**

预备航次,是指为完成航次租船合同的货物运输,船舶前往装货港准备装货的航次。在船舶抵达装货港前,船舶在出租人的控制之下,船舶所发生的风险和费用由船舶出租人承担。

航次租船运输合同在预备航次阶段就开始执行,即预备航次是租船合同规定的船舶出租航次的一部分,合同中关于船舶出租人权利和义务的规定,同样适用于预备航次。一方面,在预备航次中船舶出租人有权享有合同项下的免责等条款;另一方面,船舶出租人有义务将船舶驶往装货港或船舶所能安全抵达并始终保持浮泊的邻近地点。并规定船舶应以合理的速度尽快完成预备航次,即船舶出租人应“尽速派遣船舶”,指示船长将船舶开往租船合同指定或承租人选择的装货港。对于船舶出租人应“尽速派遣船舶”的义务,在航次租船合同中通常都有明确的规定,如“船舶必须尽速航行开往装货港。”(The vessel must proceed with due dispatch to the loading port.)

因此,除非合同中另有明确规定或属于船舶出租人免责的范围;否则,因船舶出租人没有尽速派遣船舶,如为节省燃油,指示船长减速航行,致使船舶发生延误而不能在租船合同规定的时间抵达装货港,该船舶出租人则被认为是违反了合同中承诺的保证性义务。据此,承租人有权提出损失赔偿。

预备航次根据航次租船合同的具体规定不同,其履行义务也不同。如果合同规定船舶必须在某一个固定日期之前开始预备航次,则船舶出租人有绝对的义务履行合同,不得有任何延误,根据英国法,这是一种条件条款。如果合同规定船舶应以合理的速遣,或以适当的谨慎履行预备航次,则船舶出租人应以尽可能快的速度完成这一航次,根据英国法,这是一种保证条款。

因为预备航次是航次租船合同的一部分,所以在预备航次中,由于航次租船合同免责条款规定的事由发生,致使船舶延迟到达装货港,给承租人造成的损失,船舶出租人可以提出免责的抗辩。

**2)装货阶段**

装货阶段是指船舶抵达、停靠装货港后,待泊和装货的整个阶段。在这一时间段上的风险主要是船舶延误所造成的损失。如果船舶延误是由船舶出租人造成的,则由其承担相应的延误损失风险。如果是承租人所造成的,则应由承租人承担延误风险。

**3)航行阶段**

航行阶段是指船舶装货离港后,抵达卸货港前的整个阶段。在这段时间内,船舶和货物均处在船舶出租人的控制之下。因此,所发生的一切风险和费用通常由船舶出租人承担。

**4)卸货阶段**

卸货阶段是指船舶抵达、停靠卸货港后,待泊和卸货的整个阶段。在这一时间段上所发生的风险的处理原则与装货阶段的原则相同。

### 7.4.2 定期租船

**1. 定期租船的概念**

定期租船(Time Charter)又称“期租船”或“期租”,是指由船舶出租人向承租人提供约定的由出租人配备船员的船舶,由承租人在约定的时间内按照约定的用途使用,并支付租金的一种租船方式。这种租船方式以约定的使用期限为船舶租期,而不以完成航次数多少来计算。在租期内,承租人利用租用的船舶既可以进行不定期船货物运输,也可以投入班轮运输,还可以在租期内将船舶转租,以取得运费收入或谋取租金差额。在定期租船中,租期的长短完全由船舶出租人和承租人根据实际需要约定,少则几个月,多则几年,或更长的时间。

与航次租船相比,在定期租船中,虽然船长、船员也是由船舶出租人任命,船舶也是由作为船舶出租人的代理人的船长进行管理,船舶出租人仍可通过船长对船舶行使占有权,但是,由于定期租船在租期内船舶是由承租人使用的,由承租人负责营运调度,揽货订舱不再是船舶出租人的事情,因而定期租船不再完全是一种承揽运输的营运方式。一方面,船舶出租人将船舶交由租船人使用,包含了一定成分的财产租赁的性质;另一方面,船舶出租人仍然对船舶拥有占有权,对驾驶和管理船舶负有责任,而且当承租人本身就是货主时,船舶出租人就是承运人,这时,定期租船具有运输承揽的性质。

定期租船的承租人既有一些大型企业或实力较强的贸易机构,利用租用船舶进行自有的货物运输;也有一些航运公司,利用租用船舶从事货物运输,以便弥补自身船队的运力不足。大型企业或实力较强的贸易机构往往拥有稳定的货源,有着长期的运输需求,对租船市场的租金水平有着一定影响。

**2. 定期租船的特点**

定期租船的特点如下。

(1)船舶出租人负责配备船员,并负担其工资和伙食。

(2)承租人在船舶营运方面拥有对船长、船员的指挥权,有权要求船舶出租人予以撤换。

(3)承租人负责船舶的营运调度,并负担船舶营运中的可变费用,包括燃料费、港口使费、引水费、货物装卸费、运河通行费、租船合同规定的其他费用等。

(4)船舶出租人负担船舶营运的固定费用,包括船舶资本的有关费用、船用物料费、润滑油费、船舶保险费、船舶维修保养费等。

(5)船舶租用以整船出租;租金按船舶的载重吨、租期以及商定的租金率计收。

(6)租船合同中往往订有有关交船和还船以及停租的规定。

此外,期租情况下,租金率在租期内一般比较稳定,货载的运输不受或较少受运输市场价格波动的影响。船舶出租人为避免租期内因部分费用上涨而使其赢利减少或发生亏损,而在较长期的定期租船合同中加入“自动递增条款”(Escalation Clause),使得在规定的费用上涨时,按合同约定的相应比例提高租金。

定期租船方式下,被租船完全处于承租人的使用和控制下。所以,除因船舶不能处于适航状态外以及合同规定的停租事由外,其他情况所造成的营运风险一般均由承租人承担。

### 7.4.3 光船租船

**1. 光船租船的概念**

光船租船(Bareboat Charter)又称船壳租船,是指船舶出租人向承租人提供不配备船员的船舶,在约定的时间内由承租人占有、使用和营运,并向出租人支付租金的一种租船方式。这种租船方式实质上是一种财产租赁方式,船舶出租人不具有承揽运输的责任。在租期内,船舶出租人只提供一艘空船给承租人使用,船舶的船员配备、营运管理、供应以及一切固定或变动的营运费用都由承租人负担。船舶出租人在租期内除了收取租金外,对船舶和其经营不再承担任何责任和费用。

出租船舶时,应掌握承租人的资信和商业信誉,并拥有较为可靠的租金回收手段。而另一方面,承租人也应了解船舶的债务状况,避免租赁期间因债务而引起的船舶债权人对船舶的扣押或抵押。

**2. 光船租船的特点**

光船租船的特点如下。

(1)船舶出租人提供一艘适航空船,不负责船舶的运输。

(2)承租人配备全部船员,并负有指挥责任。

(3)承租人以承运人身份负责船舶的经营及营运调度工作,并承担在租期内的时间损失,包括船期延误、修理等。

(4)承租人负担除船舶的资本费用外的全部固定及变动成本。

(5)以整船出租,租金按船舶的载重吨、租期及商定的租金率计算。

(6)船舶的占有权从船舶交予承租人使用时起,转移至承租人。

**3. 光船租购**

近几年来,航运实践中在办理光船租船时,最常见的是使用"购买选择权租赁条件"(Leasing with Option to Purchase)。在这种条件下,承租人在光船租船合同规定的租期届满时,享有购买该船舶的选择权。附带有这种条件的光船租船合同中,通常对租期届满时的船舶价格事先确定,并规定这一船价在租期内平均分摊,与按期支付的租金一并缴纳。这是一种分期购买船舶的方法,它对于那些缺乏足够资金一次性造船或买船的承租人来说,是一种获得运力的机会,也是较容易地获得银行贷款的有效手段。这种光船租船方式就被称为光船租购(Lease Purchase)。

### 7.4.4 包运租船

**1. 包运租船的概念**

包运租船(Contract of Affreightment,COA)是指船舶出租人向承租人提供一定吨位的运力,在确定的装卸港口之间,按事先约定的时间、航次周期和每航次较为均等的运量,完成合同规定的全部货运量的租船方式。包运租船方式所签订的租船合同称为"包运租船合同",或称"运量合同"(Quantity Contract/Volume Contract)。

这种租船方式是在连续单航次程租船的运营方式的基础上发展而来的,和连续单航次程租船相比,一方面包运租船不要求一艘固定的船舶完成运输,船舶出租人在指定船舶上享有较大的自由。另一方面包运租船并不要求船舶一个接着一个航次完成运输,而是规定一个较长的时间,只要满足包运租船合同对于航次的要求即可。在这段时间内,船舶出租人可以灵活地安排运输,对于两个航次之间的时间,船舶出租人完全有权自由地安排一些额外的运输。

对船舶出租人而言,包运租船时货运量大,较长时间内有较充足的货源,基本保障了稳定的运费收益。而且包运租船中,船舶出租人可根据自有的船舶运力灵活地安排船舶,在保证按合同规定完成货物运输的前提下,船舶出租人通过对船舶的适当调度,可利用航次间的多余时间装运其他货物，提高运力利用率，从而获得更大经营效益。

对承租人而言，包运租船可以保证在较长时间内满足货物的运输需求，而且可在较大程度上摆脱租船市场行情的变动所带来的影响，确保运力将货物运往最终市场，从而保障生产或销售活动的正常进行。

**2. 包运租船方式的特点**

包运租船方式的特点如下。

(1)包运租船合同中一般不确定某一船舶，仅规定租用船舶的船级、船龄和其技术规范等。

(2)租期的长短取决于运输货物的总运量及船舶的航次周期所需的时间。

(3)货物主要是运量较大的干散货或液体散装货物。承租人通常是货物贸易量较大的工矿企业、贸易机构、生产加工集团或大型国际石油公司。

(4)航次中所产生的航行时间延误风险由船舶出租人承担，而对于船舶在港内装卸货物期间所产生的延误，与航次租船相同，一般是通过合同中的装卸时间和滞期条款来处理，通常由承租人承担船舶在港的时间损失。

(5)运费按船舶实际装运货物的数量及约定的运费费率计收，通常采用航次结算。

(6)装卸费用的负担责任划分一般与航次租船方式相同。

### 7.4.5 航次期租

目前，国际航运实务中还经常使用着一种介于航次租船和定期租船之间的租船方式，即“航次期租”(Time Charter on Trip Basis ,TCT)，又称为日租租船(Daily Charter )。

航次期租是指由船舶出租人向承租人提供船舶，在指定的港口之间，以完成航次运输为目的，按实际租用天数和约定的日租金率计算租金的租船运输经营方式。航次期租的特点是没有明确的租期期限，而只确定了特定的航次。

航次期租结合了期租和航次租船的特点，从而形成其独具特色的租船方式。其基本概念可从以下两方面理解：一是租期的计算以船舶所完成的本航次任务为基础，类似于航次租船，一般是从船舶抵达第一装港的引水锚地时起租，直至该船于最后一个卸港卸完货后，并由引航员引至引水锚地，引航员离船为止。当然具体交还船时间及地点，可由双方当事人在租船合同中订明。另一方面，尽管租期的计算类似于航次租船，但是船舶出租人收到的不是航次租船中的运费，而是类似于期租方式中的租金，一般为 15 天预付一期租金。

航次租船对于承运人来说，既可以避免期租过程中的风险，诸如缺少长期、固定的货源等；又可以保护商业机密，由于装、卸港代理均由租船人指派，故船舶出租人基本上无法了解货物详细情况，而且在船舶装载能力许可的条件下，可以尽可能地多装货，以获取更大的利润。对于船舶出租人来说，采用航次期租的租船方式，最大的益处是减少风险，这主要是指船舶港口作业及等泊等时间风险，所有这些风险都由租船人承担。

承租人在以上述五种租船方式的任何一种方式租用船舶后，除非租船合同明确规定不允许承租人转租船舶与第三者外，承租人有权将租用船舶再次租出，即所谓的转租。在存在转租的情况下，出租人和承租人都必须按照他们之间所签订的合同履行义务，而不论他们是否为真正的船舶所有人或者真正拥有货物。根据合同的相对性原则，他们不得依据其他运输合同来抗辩本合同项下其应该承担的义务与责任。

## 练习题

### 一、单项选择题

1. 目前在国际航运租船市场中,通常都采用比较有影响的标准租船合同格式。统一杂货租船合同(Uniform General Charter)简称"金康(GENCON)合同",属于(　　)。

A. 航次租船合同　　B. 定期租船合同

C. 光船租船合同　　D. 航次期租合同

2. 航次租船合同中的"解约日"通常是指(　　)。

A. 出租人有权解除合同的日期　　B. 承租人有权解除合同的日期

C. 出租人实际解除合同的日期　　D. 承租人实际解除合同的日期

3. 船方提供给租方一定吨位的运力,在确定的港口之间,以事先约定的时间、航次周期和每航次较均等的运量,完成运输合同规定的全部货运量的租船方式是(　　)。

A. 航次租船　　B. 包运租船　　C. 定期租船　　D. 光船租船

4. 在租船运输业务中,根据中国《海商法》的规定,对于以下几种租船方式,只有在(　　)中,船舶出租人必须履行班轮运输中承运人的适航义务和不得不合理绕航的义务。

A. 航次租船　　B. 定期租船　　C. 光船租船　　D. 航次期租

5. 在泊位租船合同下,船舶出租人起算装卸时间,船舶必须是一艘抵达泊位的船舶,如果船舶没有抵达合同指定的泊位,不论船舶离此泊位有多近,均不算抵达指定的地点,因次也不能起算装卸时间。在这种情况下,泊位拥挤、天气不良、航道堵塞使船舶不能靠上泊位的时间损失风险是由出租人承担的。为了解决这一问题,在航次租船合同中,不包括(　　)规定。

A. 不论船舶靠泊与否　　B. 到达即可靠泊

C. 等泊损失时间计入装卸时间　　D. 滞期连续计算

### 二、判断题(正确 A,错误 B)

1. 在航次租船合同下,若船舶不能在规定的解约日前抵达装货港,承租人有权选择是否解除合同。(　　)

2. 定期租船是指由船舶出租人向承租人提供约定的由出租人配备船员的船舶,由承租人在约定的时间内按照约定的用途使用,并支付租金的一种租船方式。这种租船方式以约定的使用期限为船舶租期,而不以完成航次数多少来计算,租期的长短完全由船舶出租人和承租人根据实际需要约定。(　　)

3. 航次租船租期的长短取决于完成一个航次或几个航次所用的时间。为此航次租船合同规定完成一个航次或几个航次所需的时间。(　　)

4. 包运租船方式是在连续单航次程租船的运营方式基础上发展而来的。与连续单航次程租船相比,包运租船不要求一艘固定的船舶完成运输,船舶出租人在指定船舶上享有较大的自由。(　　)

5. 航次租船合同的主要特点是由船舶承租人配备船员。(　　)

### 三、问答题

1. 简述租船运输的经营方式及特点。

2. 简述租船经纪人在租船市场中的作用和法律地位。

3. 国际上航次租船合同有哪几种标准格式?

4. 比较期租合同与程租合同的区别。

# 8 租船运输业务流程

## 8.1 租船运输业务程序

租船合同的洽订通常情况下是通过租船经纪人进行的。一项租船业务从发出询价到缔结租船合同的全过程称为租船程序(Chartering Procedure/Chartering Process)。通常情况下,租船程序大致经过租船询价、租船要约、租船还价、租船承诺、签订租船合同几个阶段。租船程序的整个过程实际上是船舶出租人和承租人通过经纪人或直接就各自的交易条件向对方进行说明、说服、协商的谈判过程。

租船谈判要求当事人具有很强的专业知识,应关注全球政治、经济的变化,对航运市场的变化应非常敏感,在谈判中要有预见性。对航运业务的操作过程应相当地清楚和了解,应当掌握各种典型船舶的规范及特点,应对各种合同范本的所有条款有深刻的理解。

### 8.1.1 租船询价

租船询价又称租船询盘(Chartering Inquiry)。询盘的目的和作用是让对方知道发盘人的意向和需求的概况,通常是指承租人根据自己对货物运输的需要或对船舶的特殊要求通过租船经纪人在租船市场上发出租用船舶的意向。询价也可以由船舶出租人为承揽货载而首先通过租船经纪人向租船市场发出。当然,询价也可以由船舶出租人或承租人直接发出。

**1. 承租人租船询价主要内容**

**1)承租人航次租船询价主要内容**

(1)承租人的名称及营业地点;

(2)货物种类、名称、数量、包装形式;

(3)装卸港口或地点名称;

(4)受载期和解约日;

(5)装卸时间和装卸费用条件;

(6)船舶类型、载重吨;

(7)希望采用的租船合同范本。

**2)承租人定期租船询价主要内容**

(1)承租人的名称及营业地点;

(2)船舶类型、载重吨及特殊要求;

(3)租期和租金;

(4)交还船地点;

(5)航行区域;

(6)交船日期和解约日;

(7)希望采用的租船合同范本。

**2. 船舶出租人租船询价主要内容**

**1)出租人航次租船询价主要内容**

(1)出租人的名称及营业地点;

(2)船舶概况;

(3)装卸港口或地点名称;

(4)受载期和解约日;

(5)装卸时间和装卸费用条件;

(6)运费率及运费支付条件;

(7)希望采用的租船合同范本。

**2)出租人定期租船询价主要内容**

(1)出租人的名称及营业地点;

(2)船舶概况及航区限制;

(3)租期和租金率;

(4)交还船地点;

(5)交船日期和解约日;

(6)租金率及租金支付条件;

(7)希望采用的租船合同范本。

上述租船询价内容可以根据实际需要、不同的租船方式等做出一些改变,有时比较简单,有时比较全面。通常情况下,租船询价对于询价人没有法律约束力。从我国合同法的角度上讲,租船询价相当于要约邀请,它是希望他人向自己发出租船要约的意思表示。要约邀请发出后,对于要约邀请人来说同样没有法律约束力。

### 8.1.2 租船要约(报价)

租船要约(Offer)又称租船报价或租船发盘,承租人或船舶出租人围绕租船询价中的内容,就租船涉及的主要条件答复询价方即为租船要约。当船舶出租人从租船经纪人那里得到承租人的询价后,经过成本估算或者比较其他的询价条件,通过租船经纪人向承租人提出自己所能提供的船舶情况和运费率或租金率。租船要约的具体内容与租船询价的具体内容大致相同。

由于要约对于要约人有约束力,实务中往往在租船要约中附带某些保留条件,从而使得租船要约报价按不同的约束力分为绝对发盘和条件发盘两种情形。

**1. 绝对发盘**

绝对发盘是指具有绝对成交的意图,主要条款明确肯定、完整而无保留,具有法律效力。发盘方不能撤回或更改发盘中的任何条件。绝对发盘时,发盘人一般都规定对方接受并答复的期限。发盘人在期限内不得再向第三方做出相同内容发盘,接受方要在期限结束前给予明确答复,否则无效。绝对发盘的发出意味着租船业务洽谈进入决定时刻。如果接受发盘方认可发盘中的条件,并在期限内予以同意的答复,该项租船业务即告成交。如果接受发盘方不接受发盘中的条件,或明确表示不接受发盘中的条件,或在期限内不予答复,该项租船业务即告失败。

**2. 条件发盘**

条件发盘是指发盘方在发盘中对其内容附带某些"保留条件",所列各项条件仅供双方进行磋商,接受发盘方可对发盘中的条件提出更改建议的发盘方式。由于租船要约对于租船要约人有约束力，为了避免这种约束以及在谈判中掌握主动，租船要约人在实务中往往在租船要约中附带某些保留条件，在保留条件未成就前，条件发盘不构成一项具有约束力的合同，对租船业务谈判双方不具备限制力。

条件发盘中比较常见的保留条件如下。

1）以细节内容为条件

以细节内容为条件（Subject to Details）是租船条件发盘中最常用的一种表示方法。基本含义是租船合同以合同细节谈定为准，谈拢细节是合同成立的先决条件。在主要条款基本达成一致后，如果细节未谈好，合同不成立，当事方就可以不受其约束。根据英国法，合同是严格的，只有每一个细节都谈拢了，合同才算有效成立。如合同的细节没有谈拢，合同就没有成立。根据美国法，在主要条款确定的情况下则合同成立，细节不影响合同的成立。

2）以发货人接受船舶受载期为条件

以发货人接受船舶受载期为条件（Subject to Stem）是指租船合同以发货人同意船舶受载期为前提条件。如果发货人认可承租双方约定的船舶受载期并确认接收后，租船合同成立。如果发货人不认可承租双方约定的船舶受载期时，则租船合同不成立。

3）以双方签订正式合同文本为条件

以双方签订正式合同文本为条件（Subject to Contract）是指以双方签订正式合同文本作为合同成立的条件，如果没有签订正式的合同文本，即使双方已就各项事宜达成协议，通常也会认为合同还未成立。但只要对方有履约的行为或做出确认该合同的意思表示，就可以认定合同已经成立。

4）以船舶未出租为条件

以船舶未出租为条件（Subject to Open）是指租船合同的成立以船舶尚未出租给他人为条件。如果发盘被接受时，船舶尚未出租出去，这个接受是有效的，合同成立。如果发盘被接受时，船舶已经出租给他人，这个接受是无效的，合同不成立。

### 8.1.3 租船还价

租船还价（Counter Offer）又称还盘，是接受发盘的一方对发盘中的一些条件提出修改，或提出自己的新条件，并向发盘人提出的过程。还价意味着询价人对报价人报价的拒绝和新的报价开始，我国《合同法》将还盘认定为一种新要约的行为。因此，报价人对还价人的还价可能全部接受，也可能接受部分还价，对不同意部分提出再还价或新报价。这种对还价条件做出答复或再次做出新的报价称为反还价或称反还盘。

在一笔租船交易中，经过多次还价与反还价，如果双方对租船合同条款的意见一致，一方可以以报实盘的方式要求对方做出是否成交的决定。报实盘时，要列举租船合同中的必要条款，将双方已经同意的条款和尚未最后确定的条件在实盘中加以确定。同时还要在实盘中规定有效期限，要求对方答复是否接受实盘，并在规定的有效期限内做出答复。若在有效期限内未做出答复，所报实盘即告失效。同样，在有效期内，报实盘的一方对报出的实盘是不能撤销或修改的，也不能同时向其他第三方报实盘。

### 8.1.4 租船承诺（接受）

租船承诺（Acceptance）又称受盘或接受订租，即为明确接受或确认对方所报的各项租船条件。原则上，接受订租是租船程序的最后阶段，一项租船业务即告成交，至此租船合同成立。

### 8.1.5 签订租确认书

租船实务中通常的做法是在达成租船承诺后，当事人之间还要签署一份订租确认书（Fixture Note)。双方签订的订租确认书实质上就是一份供双方履行的简式的租船合同,订租确认书经当事人双方签署后,各保存一份备查。

正式的租船合同是在合同主要条款被双方接受后开始拟制的。达成租船承诺后,双方共同承诺的实盘中的条款已产生约束双方的效力。按照国际惯例,在条件允许的情况下,双方应签署一份确认备忘书或称订租确认书,作为简式的租船合同。

国际航运市场上,订租确认书无统一格式,中国国际商会为了规范标准,制定了《航次租船合同确认书(2000年标准格式)》(见表2.8.1),供航次租船合同当事人选择使用。《航次租船合同确认书(2000年标准格式)》的主要内容包括:双方当事人的名称与地址和15项内容,即船舶概述、货物及数量、受载期、装卸费率、装卸时间、运费率、运费支付、滞期费和速遣费、税费、代理、佣金、法律和仲裁、金康合同选用和需要补充的特殊条款等。该标准格式采用中英文两种语言,由当事人根据情况决定采用何种语言。

**表2.8.1　航次租船合同订租确认书标准格式样本**

| Fixture Note of Voyage Charter Party(2000 Standard Form)<br>航次租船合同确认书2000年标准格式 | |
|---|---|
| China Chamber of International Commerce<br><br>Fixture Note of Voyage Charter Party<br>(2000 Standard Form) | 航次租船合同确认书<br>(2000年标准格式)<br>___年___月___日 |
| It is mutually agreed between<br>as Owners<br>Address: Fax: Telephone:<br>and<br>as Charterers<br>Address: Fax: Telephone:<br>that this Fixture Note shall be performed subject to the following terms and conditions: | 出租人与承租人双方同意按下列条款和条件履行本确认书:<br>出租人<br>地址: 传真: 电话:<br>承租人<br>地址: 传真: 电话: |
| 1. Particulars of Performing Vessel:<br>M/V:<br>Flag:<br>Built:<br>Classification:<br>Registered Shipowners: GT/NT/DWT:<br>/ /<br>TS SSW:<br>LOA/BM: /<br>MS Grain/Bale Capa: /<br>CBMS Ho/Ha: /<br>Derr:<br>Tweendeck:<br>[add other items when necessary] | 第一条　承运船舶的规范:<br>船名:____<br>船旗国:____<br>建造时间:____<br>船级:____<br>登记船东:____ 总吨/净吨/载重吨:____吨/____吨/____吨<br>夏季干舷:____米<br>总长/型宽:____米/____米<br>散装舱容/包装舱容:____立方米/____立方米<br>舱舱口:____/____<br>吊杆:____<br>二层甲板:____<br>[可根据需要增加项目] |

续表

| | |
|---|---|
| 2. Cargo and Quantity: [Indicate Alternative (A) or (B) with √]<br>[ ](A) m/ts of in [bag or bulk], % more or less at option [Owners' option or Charterers' option].<br><br>[ ](B) cbms of , % more or less at option [Charterers' option or Owners' option]. | 第二条 货物和数量:<br>[使用√标明选择(A)或(B)]<br>[ ](A)____公吨____[袋装或散装]货物____,增加或减少____%,由____[出租人或承租人]选择。<br>[ ](B)____立方米货物____,增加或减少____%,由____[承租人或出租人]选择。 |
| 3. Laycan:<br>/ . | 第三条 受载期:<br>____年____月____日至____年____月____日。 |
| 4. Loading/Discharging Port(s): [Indicate Alternative (A) or (B) with √]<br><br>[ ](A) safe port(s) at / .<br><br>[ ](B) safe berth(s) at port(s) of / . | 第四条 装货/卸货港:<br>[使用√标明选择(A)或(B)]<br>[ ](A)在____/____的____安全港口。<br>[ ](B)在____/____港的____安全泊位。 |
| 5. Loading/Discharging Rate: [Indicate Alternative (A) or (B) or (C) with √]<br><br>[ ](A) / m/ts per weather working day, Sundays and holidays excepted unless used (PWWD SHEX UU).<br><br>[ ](B) / m/ts per weather working day, Sundays and holidays excepted even if used (PWWD SHEX EIU).<br><br>[ ](C) Customary quick dispatch at port(s) of [loading or discharging] (CQD). | 第五条 装货/卸货率:<br>[使用√标明选择(A)或(B)或(C)]<br>[ ](A)每晴天工作日____/____公吨,星期日、节假日除外,除非已经使用(PWWD SHEX UU)<br>[ ](B)每晴天工作日____/____公吨,星期日、节假日除外,即使已经使用(PWWD SHEX EIU)。<br>[ ](C)在____[装货港或卸货港]按港口习惯快速装卸货(CQD)。 |
| 6. Laytime Calculation: [Indicate Alternative (A) or (B) with √]<br>[ ](A) Separate laytime for loading and discharging.<br>[ ](B) Total laytime for loading and discharging. | 第六条 装卸时间的计算:<br>[使用√标明选择(A)或(B)]<br>[ ](A)装货时间与卸货时间分别计算。<br>[ ](B)装货时间与卸货时间合并计算。 |

续表

| | |
|---|---|
| 7. Freight Rate: [Indicate Alternative (A) or (B) or (C) or (D) with √]<br>[ ](A) Lumpsum foist.<br>[ ](B) per [net or gross] m/t foist.<br>[ ](C) per [net or gross] m/t on free in and liner out.<br>[ ](D) per [net or gross] cbm foist. | 第七条 运费率:<br>[使用√标明选择(A)或(B)或(C)或(D)]<br>[ ](A)包干运费____,出租人不承担装卸、堆舱及平舱费。<br>[ ](B)每[净或毛]公吨____,出租人不承担装卸、堆舱及平舱费。<br>[ ](C)每[净或毛]公吨____,出租人不承担装货费,卸货费按班轮条件。<br>[ ](D)每[净或毛]立方米____,出租人不承担装卸、堆舱及平舱费。 |
| 8. Freight Payment: [Indicate Alternative (A) or (B) or (C) with √]<br>[ ](A) Freight to be paid within banking days after completion of loading.<br>[ ](B) Freight to be paid within banking days after completion of loading, but always before breaking bulk.<br>Freight collected or to be collected as per aforesaid (A) or (B) shall be deemed earned by Owners upon cargo loading on board, and such freight must be paid by Charterers non-returnable and non-discountable whether vessel /cargo lost or not.<br>[ ](C) Freight to be paid within banking days after completion of discharging. | 第八条 运费的支付:<br>[使用√标明选择(A)或(B)或(C)]<br>[ ](A)运费应于装货结束后____个银行工作日内支付。<br>[ ](B)运费应于装货结束后____个银行工作日内支付,但至迟应在开舱卸货以前。<br>按照以上(A)或(B)已收取或应收取的运费,在货物装上船后为出租人所赚取;不论船舶货物灭失与否,承租人必须支付,无须返还,不得扣减。<br>[ ](C)运费应于卸货结束后____个银行工作日内支付。 |
| 9. Demurrage/Despatch:<br>/ per day or pro rata to be settled within days after completion of discharging provided that Owner's lien, if any, on the cargo shall not be affected by this provision. | 第九条 滞期费/速遣费:<br>滞期费/速遣费为每天____/____,不足一天按比例计算,于卸货结束后____天内结算,但出租人如有留置货物的权利,不受本条规定的影响。 |
| 10. Taxes/Dues/Fee:<br>Taxes/dues/fee if any on vessel/freight to be for Owners' account, howsoever the amount thereof may be assessed. Same on cargo if any to be for Charterers' account, howsoever the amount thereof may be assessed. | 第十条 税费/规费/费用:<br>船舶/运费的税费/规费/费用由出租人负担,不论其计算方法如何。货物的税费/规费/费用由承租人负担,不论其计算方法如何。 |
| 11. Agency: [Indicate Alternative (A) or (B) with √]<br>[ ](A) Owners' agents both ends.<br>[ ](B) Owners' agent at loading port and Charterers' agent at discharging port. | 第十一条 代理:<br>[使用√标明选择(A)或(B)]<br>[ ](A)装卸港均为出租人的代理。<br>[ ](B)装货港为出租人的代理,卸货港为承租人的代理。 |
| 12. Commission: [Indicate Alternative (A) or (B) with √]<br>[ ](A) Commission on freight, dead-freight and demurrage totals percent including address commission.<br>[ ](B) Commission on freight, dead-freight and demurrage totals percent, plus percent to be for | 第十二条 佣金:<br>[使用√标明选择(A)或(B)]<br>[ ](A)运费、亏舱费和滞期费的佣金包括洽租佣金合计____%。<br>[ ](B)运费、亏舱费和滞期费佣金合计____%,另加____%,给付____。 |

续表

| | |
|---|---|
| 13. Law and Arbitration:<br>This Fixture Note shall be governed by and construed in accordance with Chinese law, and the Charter Party shall be established when this Fixture Note is signed. Any dispute arising out of or in connection with this Fixture Note shall be submitted to China Maritime Arbitration Commission for arbitration in ____. The arbitration award shall be final and binding upon the parties. | 第十三条 法律和仲裁:<br>本确认书适用中国法律并根据中国法律解释,自签订之日起租船合同成立。本确认书产生的或与本确认书有关的任何争议均应提交中国海事仲裁委员会在____仲裁。仲裁裁决是终局的,对当事人均有约束力。 |
| 14. Gencon Charter: [Indicate Alternative (A) or (B) with √]<br>[ ](A) Other terms and conditions are as per Gencon Charter 1994, except Clause 2.<br>[ ](B) Other terms and conditions are as per Gencon Charter 1976, except Clause(s) ____. | 第十四条 金康租船合同:<br>[使用√标明选择(A)或(B)]<br>[ ](A)其他条款和条件按 1994 年金康条款租船合同,但第 2 条除外。<br>[ ](B)其他条款和条件按 1976 年金康合同租船合同,但第____条除外。 |
| 15. Special Provisions: | 第十五条 特别条款:____ |

## 8.2 航次租船合同主要条款解释

### 8.2.1 装卸时间条款

装卸时间、滞期费与速遣费是航次租船合同中非常重要的内容,也是实务中最易产生争议的问题。相同的术语和条款在不同的国家可能给予不同的解释,为了避免和减少承租人和出租人之间关于装卸时间方面的争议和纠纷,国际航运组织先后制定了三个关于装卸时间相关术语和条款的解释规则性文件,供双方当事人在订立航次租船合同中使用。

首先是波罗的海国际航运公会(BIMCO)、国际海事委员会(CMI)、英国船舶经纪人和代理人协会联盟(FONASBA)以及英国航运公会(GCBS)共同推荐采用的《1980 年租船合同装卸时间定义》(以下简称《80 装卸时间定义》);其次是波罗的海国际航运公会(BIMCO)、国际海事委员会(CMI)、英国船舶经纪人和代理人协会联盟(FONASBA)、国际干货船船东协会(INTERCARCO)共同推荐采用的《1993 年航次租船合同装卸时间解释规则》(以下简称《93 装卸时间解释规则》);最后是波罗的海航运交易所在 2000 年为其会员制定的一套装卸时间解释规则,2003 年加以修订为《2003 年波罗的海租船合同与装卸时间术语和缩略语规则》(以下简称《03 装卸时间术语规则》)。

以上三个文件都是关于装卸时间有关术语解释的规则,在实务中发挥很大的作用,但并不强制适用,即并不强制约束航次租船合同的当事人。双方当事人可以选择适用其中一个文件,当合同当事人在航次租船合同中明确规定适用其中一个文件时,该文件对双方当事人有约束力,有关装卸时间相关术语的解释便按照该文件的规定来解释。

使用程租船运输货物时,在规定的装卸期限内,如果租船人未能完成作业,为了补偿船方由此造成船舶延期所产生的损失,由租船人向船方支付一定的罚金,此项罚金称为**滞期费**(Demurrage)。如果租船人在程租船合同规定的时间内提前完成装卸,给船方节省了船期,船方为鼓励租船人,而向租船人支付一定金额作为报酬,此项报酬,称为**速遣费**(Dispatch)。

速遣费一般为滞期费的一半。装卸时间和滞期费、速遣费的规定对外贸公司在采用程租船方式运输进出口货物时是非常重要的。为了明确买卖双方的装卸责任,并使进出口合同的规定与程租船合同保持一致,必须根据货物的种类、船舶舱口数、港口装卸能力和港口习惯装卸时间等因素,并参考同一航线、港口装卸同类货物和租船合同,正确规定装卸时间和装卸货率,防止进出口合同的规定与程租船合同脱节或者相互矛盾而造成经济损失。

**1.装卸时间的定义**

根据《93 装卸时间解释规则》,装卸时间(laytime)是指"合同当事人双方约定的船舶出租人使船舶并且保证船舶适于装卸货物,无须在运费之外支付附加费的时间",也可以说是承租人和船舶出租人约定的,承租人保证将合同货物在装货港全部装完和/或在卸货港全部卸完的时间。《80 装卸时间定义》和《03 装卸时间术语规则》也做出同样的解释。

**2.装卸时间的规定方法**

**1)未明确规定装卸时间**

未明确规定装卸时间是指双方当事人在航次租船合同中没有对装卸时间做出具体的规定,租船实务中采用的表述方法通常有以下两种。

一种是按装卸港口习惯尽快装卸(Customary Quick Dispatch,CQD),另外一种是按照船舶能够收货或交货的速度装货或卸货。这两种术语的含义在《80 装卸时间定义》中做出解释,而《93 装卸时间解释规则》和《03 装卸时间术语规则》并未做出规定。根据《80 装卸时间定义》,按装卸港口习惯尽快装卸是指承租人以尽可能快的速度进行装卸作业。

在装卸港口习惯尽快装卸条件下,港口拥挤、工人罢工、港口当局干预、第三方的行为以及天气因素带来的时间损失的风险都在船舶出租人一方,唯一可归责于承租人的原因是承租人的过失或违约。按照船舶能够收货或交货的速度装货或卸货是指船舶处于完全工作状况下,能够最大限度进行装卸货物的情况下所计算出的装卸时间。很显然,前一个术语有利于承租人,后一个术语有利于出租人。

**2)明确规定装卸时间**

明确规定装卸时间是指在租船合同中规定允许承租人装卸货物的具体时间。例如:合同规定装货时间为 5 个良好天气工作日,卸货时间为 4 个良好天气工作日。或者规定装卸时间共为 9 个良好天气工作日。

**3)规定一定的装卸定额**

租船合同中有时并没有具体的时间,仅规定一定的装卸定额,装卸时间则是根据所装货物的具体数量除以一定的装卸率得出的。

**3.对装卸时间中"日"的理解**

在租船合同中,针对装卸时间往往是用日数来表示的,各种各样租船合同的订立,对于日数的表述也是多种多样的。航次租船合同中需要以一个具有一定含义的"日"的概念来表示和计算装卸时间。

**1)日(Day)**

根据《93 装卸时间解释规则》,"日"是指从午夜零点至午夜 24 点连续 24 小时的时间。不足一天按比例计算。("DAY"shall mean a period of twenty-four consecutive hours running from 00:00 to 24:00 hours. Any part of a day shall be counted pro rata.)。

**2)连续日(Running Day)**

根据《93装卸时间解释规则》,连续日(Consecutive Day)是指一天紧接着一天的日数。即每一天,连续经过、中间不存在中断,包括所有的日子,如周六、周日和假日等。英美判例法的不断发展,确认了连续日的含义与日(Day)完全相同。即不论是由于天气原因不能装卸货物,还是因为节假日不能装卸货物,装卸时间都连续计算,不做任何扣减。

**3)工作日(Working Day,WD)**

工作日是指在港口当地,按照港口当地的习惯,进行正常装卸作业的日子。而休息日,例如一般国家规定的星期日或伊斯兰教国家规定的星期五,不属于工作日。但在实务中,即便是国家规定的休息日,有些港口也进行工作,特别是星期六。有些地方规定是休息日,有些地方规定上半天班,那么算不算休息日呢?诸如此类,容易引发争议,所以最好在合同中给予明确。节假日主要指公共节日,不包括星期日或者星期六。

根据《93装卸时间解释规则》,工作日是指没有被装卸时间明确排除在外的日数(Working days shall mean days not expressly excluded from laytime)。根据该术语的解释,合同中没有明确从装卸时间中扣除的日期均应作为工作日,不论是星期六、星期日还是节假日,只要合同中没有明确扣除的话,都不能扣除。《03装卸时间术语规则》也做出同样的解释。而根据《80装卸时间定义》,工作日是指没有被租船合同明确排除在装卸时间外,并且也不属于节假日的日数或部分时间(Working days means days or part thereof which are not expressly excluded from laytime by the charter party and which are not holidays)。根据该术语的解释,除了节假日,合同中没有明确从装卸时间中扣除的日期均应作为工作日,不论是星期六还是星期日都不能给予扣除,除非合同有明文规定。由于对工作日的解释和规定不同,需要在合同中明确适用《93装卸时间解释规则》、《03装卸时间术语规则》还是《80装卸时间定义》。

**4)良好天气工作日(Weather Working Day, WWD)**

良好天气工作日是在工作日的含义基础上将影响船舶装卸的不良天气排除在外的表示方法。即除去天气不良影响船舶装卸任何时间之外的良好天气工作日。

不良天气必须是实际上影响了装卸的天气,预计的不能算入,而且必须是以装卸码头的天气状况为准的,船在港外锚地待泊的天气不能作为评判的标准。但另一方面,在计算装卸时间的时候,并不考虑是否开始进行装卸作业,如果船舶在锚地待泊时已经开始起算装卸时间,那么这时不良天气同样可以中断装卸时间计算。

另外,为了明确星期日、节假日排除在良好天气工作日之外,避免争执,租船实务中通常在良好天气工作日之后加上不同的表述,如表2.8.2所示。如:良好天气工作日,周日和节假日除外(WWD,Sunday and Holiday excepted);良好天气工作日,周日和节假日除外,除非已使用(WWD, Sunday and Holiday excepted, unless used);良好天气工作日,周日和节假日除外,即使已使用(WWD, Sunday and Holiday excepted, even if used);良好天气工作日,周日和节假日除外,除非已使用,但仅按照实际使用时间计算(WWD,Sunday and Holiday excepted,unless used, but only time actually used to count)。

表 2.8.2 工作日术语表述

| | | |
|---|---|---|
| SHEX | SUNDAYS AND HOLIDAYS EXCEPTED | 星期日和节假日除外 |
| SHEX EIU | SUNDAYS AND HOLIDAYS EXCEPTED EVEN IF USED | 即使使用,星期六和节假日亦除外 |
| SHEX UU | SUNDAYS AND HOLIDAYS EXCEPTED UNLESS USED | 除非使用,星期六和节假日除外 |
| WWD | WEATHER WORKING DAY | 良好天气工作日 |

**5)24 小时良好天气工作日(Weather Working Day of 24 Hours)**

《80 装卸时间定义》未对该术语进行解释,《93 装卸时间解释规则》对该术语的解释等同于良好天气工作日和连续 24 小时良好天气工作日。根据《03 装卸时间术语规则》,24 小时良好天气工作日是指累计 24 小时为一个良好天气工作日的时间。根据英国判例法,24 小时良好天气工作日是指不管港口规定的工作时间是多少个小时,也不论工作小时数是跨及几天的时间,以累计 24 小时为一个良好天气工作日的时间。例如:港口当地实行 8 小时工作制,那么三个工作日才可算作一个 24 小时良好天气工作日。如果港口工作时间是 24 小时,则与良好天气工作日是相同的含义,否则两者是有较大区别的。

**6)连续 24 小时良好天气工作日(Weather Working Day of Consecutive 24 Hours )**

根据《93 装卸时间解释规则》和《03 装卸时间术语规则》,连续 24 小时良好天气工作日是指将影响船舶装卸的不良天气排除在外的连续 24 小时为一日的表示方法。即除去天气不良影响船舶装卸任何时间之外的连续 24 小时作为一日。根据该术语的解释,则不论港口规定的正常工作时间是几个小时,均按 24 小时计算。这种表示方法与良好天气工作日的表述基本相同,但有一个比较小的差别,即在 24 小时连续良好天气工作日的条件下,对任何时间当中发生的坏天气,不论是否发生在作业时间,均要进行实扣实销;而在良好天气工作日中,如果坏天气不是发生在工作时间,那么不得进行扣减,但如果发生在工作时间,那么需要按照工作时间与 24 小时的比例进行扣减。根据《80 装卸时间定义》,连续 24 小时良好天气工作日是指将影响船舶装卸的不良天气、星期日、节假日排除在外的连续 24 小时为一日的表示方法。

根据《93 装卸时间解释规则》,良好天气工作日、24 小时良好天气工作日和连续 24 小时良好天气工作日三个术语的含义是一致的,即除去天气不良影响船舶装卸任何时间之外的连续 24 小时良好天气工作日。

**4. 装卸时间的起算、中断和终止**

**1)装卸时间起算**

装卸时间的起算对于计算装卸时间是非常重要的,通常情况下船舶需要满足以下三个条件才能起算装卸时间:一是船舶抵达租船合同规定的装卸地点,二是船舶在各个方面做好装卸货物的准备,三是船长或其代理人递交装卸准备就绪通知书(Notice of Readiness, NOR)。当然,真正起算还可能要经过一个通知时间(Notice Time)。

Ⅰ.船舶抵达租船合同规定的装卸地点

租船合同规定的装卸地点通常分为两种情况,一种是合同只规定装卸港口,另一种是合同规定具体泊位。前者称为港口租船合同,后者称为泊位租船合同。

在泊位租船合同下,船舶要想起算装卸时间必须已抵达泊位,如果船舶没有抵达合同指定的泊位,不论船舶离此泊位有多近,均不算抵达指定的地点,因此也不能起算装卸时间。在这种情况下,泊位拥挤、天气不良、航道堵塞使船舶不能靠上泊位的时间损失风险是由船舶出租人承担的。为解决这一问题，在航次租船合同中，船舶出租人通常订有“无论船舶靠泊与否”（Whether in Berth or Not, WIBON），“到达即可靠泊”和“等泊损失时间计入装卸时间”等的规定。

“无论船舶靠泊与否”（WIBON）是指如果船舶抵达港口后，泊位被其他的船舶占着，船舶可以递交装卸准备就绪通知书，即算为抵达指定的地点。该术语通常情况下可以使一个泊位合同变成一个港口合同。但是这种表述方法，根据英国判例法（The Kyzikos 1989），仅仅能表示，如果泊位被其他的船舶占着，而使本船无法靠泊，可以起算装卸时间；而如果是泊位空着，由于天气不好等其他外在原因使船舶不得驶入，是不得起算装卸时间的。

“到达即可靠泊”，即船舶一抵港即可靠泊，是指承租人有一个绝对严格的责任，即船舶一抵港，便须指定一个马上可以去靠泊的泊位，要是做不到，那就是承租人的违约，须赔偿船舶出租人的延误损失，这种损失往往不是以滞期费的形式表现出来的，而是表现为滞留损失。对于船舶出租人而言，特别是针对港口拥挤的风险，该条款较好地保护船舶出租人的利益。

“等泊损失时间计入装卸时间”是指如果没有适于船舶装卸货物的泊位，船舶在通常待泊的地点等待泊位的时间损失计入装卸时间。

在港口租船合同下，船舶一经到达指定的港口，不论是否靠泊，都应认定船舶抵达租船合同规定的地点。目前国际上对于到达港口的标准基本上是按照英国判例法（The Johanna Oldendorff）确立的“里德标准”来衡量的，即船舶处于港内并且在承租人立即有效支配下。港内通常情况下是指船舶抵达港口当局的行政管辖范围之内的区域，根据“里德标准”，船舶在港外的锚地时不能算到达船舶。为了避免因港口拥挤，船舶到达不能进入港内，或者有些港口惯常等候地点在港外，船舶出租人在港口租船合同中往往会加上“无论是否抵港”（Whether in Port or Not, WIPON）术语，从而不受“里德标准”的约束。

Ⅱ. 船舶在各个方面做好装卸货物的准备

船舶在各个方面做好装卸货物的准备是指在配备船员，使机器的各个传动部分、吊杆以及其他装卸工具随时处于可供使用状态以及使船舶随时处于可立即进行装卸货物的状态等方面都已为装卸货物做好准备。例如装货时，货舱已经打扫清洁、适于装载货物。如装谷粮，还要为防止谷物移动而装备“止动板”，已经做到使货舱清洁、干燥、无异味、无虫鼠害；如果需要熏舱，还必须在熏舱后取得检验合格证书。此外船舶还需要通过各项检查，办妥各项船舶进出港的手续，即船舶必须通过海关、边防或移民局以及卫生检疫部门的检查。在这种条件下，船舶就可以进入第三个步骤，递交装卸准备就绪通知书。

我国国内曾有仲裁案例裁决：某轮开始装货后只有 2 个舱口在装货，有 3 个舱口还在卸载该轮所载前一航次所载货物，该轮在抵达装货港后，在前一航次所载货物没有全部卸完以前，不能认为其在各方面已准备就绪适于装载全部货物，因此装货时间应在全部 5 个舱口开始装货时开始起算，但是，在计算允许的装货时间时，应从装货总数扣除以前装载的货物数量。

Ⅲ. 递交装卸准备就绪通知书

递交装卸准备就绪通知书是指船舶抵达合同规定的装卸地点后，船长或其代理人向承租人或其代理人发出本船已在各个方面准备就绪、等待装卸货物的通知。递交装卸准备就绪通知书的意义在于一方面是出租人宣布船舶已经对装卸工作准备就绪，可以进行装卸作业；另一方面意味着装卸时间可以按合同规定开始起算。装卸时间的具体起算通常还要看租船合同的规定，**一般情况下递交装卸准备就绪通知书的一段时间后才开始起算装卸时间。如“金康 94”**

**规定：上午递交装卸准备就绪通知书，下午1点起算，下午办公时间递交装卸准备就绪通知书，下一个工作日上午6点起算，这一规定时间称为通知时间。**

在英国判例法的规定中，如果承租人在船舶出租人递交装卸准备就绪通知书之前，就开始进行装卸作业，那么从他开始进行装卸作业的时候，装卸时间就开始起算，而不再考虑船舶出租人是否递交装卸准备就绪通知书；如果船舶出租人通过船长递交装卸准备就绪通知书并不是在承租人的工作时间内，那么此时该份装卸准备就绪通知书是暂时不能生效的，其需要等到承租人的工作时间开始，才能自动生效，从这一刻起再经过通知时间，就可以起算装卸时间了。但是如果船长是在船舶还未完全备妥，也就是不能满足抵达和备妥可装货两个条件以及在租船合同中经过明示的要求，那么这时递交的装卸准备就绪通知书就是无效的，其必须在船舶满足了上述两个条件以及在租船合同中经过明示的要求之后，重新进行递交，否则装卸时间只能等到承租人实际开始进行装卸货物时才能起算。如果承租人在通知时间内进行装卸货物，除非租船合同中另有规定，否则装卸时间从开始进行装卸作业起就要起算了，而不再考虑要计算满通知时间。

**2）装卸时间的中断**

在租船合同中，如果订明了装卸时间，那么无论是直接写明还是需要通过复杂的计算最终得出，承租人就都有一个严格的责任，要在这规定的装卸时间内装卸完货物，否则就是违约，从而带来滞期费的索赔。在英美普通法下，是没有中断装卸时间的规定的。但是在英美判例法中有默认的原因可以中断装卸时间，即船舶出租人的过失或者是错误导致承租人不能继续进行装卸作业，这段时间是可以从允许的装卸时间当中予以扣减的。

租船实务中对于装卸时间的中断通常包括不良天气、节假日、移泊时间、罢工、船舶出租人的过错、装卸设备故障等。

**3）装卸时间的终止**

在英美判例法下，装卸时间是在装卸作业完成的一刻结束的，即将船舶在港内等待开航的时间从装卸时间当中予以扣减。当然在租船合同中如果有其他的约定，则要按照租船合同的规定。在租船合同中往往会有一条适航平衡条款，其主要是要求承租人在装货或卸货完毕之后，要使船舶处于适航的状态，以便开到第二个装港或卸港进行装卸作业。但是除非该条款当中明确约定进行适航平衡的时间同样计入装卸时间，否则这段时间的损失是由船舶出租人承担的，即装卸时间仍然在装卸作业结束时终止。

另外，一旦装卸时间终止，承租人就不得再延误船期，否则同样会构成承租人违约，不论此时是否还有剩余的装卸时间，承租人都需要向船舶出租人支付违约金。这时的违约金是以滞期损失的形式表现出来的，这样一方面船舶出租人须向承租人支付速遣费，另一方面，承租人也有义务向船舶出租人支付滞期损失。

### 8.2.2 装卸费用条款

装卸费用是指将货物从岸边（或驳船）装入舱内和将货物从船舱内卸至岸边（或驳船）的费用。关于装卸费用及风险如何分担的问题，一般依据合同条款的具体约定。若租船合同中没有具体约定，则由船舶出租人负担。

**1. 装卸费用的约定方法**

**1）班轮条款（Liner Terms）**

班轮条款又称“泊位条款”（Berth Terms），等同于“总承兑条款”（Gross Terms）、“船边交接货物条款"(Free Alongside Ship, FAS)。根据这一条款,承租人把货物交到船边船舶的吊钩下,船舶出租人负责把货物装入舱内,并整理好;卸货时,船舶出租人负责把货物从舱内卸到船边,由承租人或收货人提货。这一条款,责任和费用的划分以船边为界,是船舶出租人负责雇用装卸工人,并负担货物的装卸费用的条款。

**2)舱内收货条款(Free In, FI)**

舱内收货条款简称FI条款,或船舶出租人不负担装货费条款。根据这一条款,在装货港由承租人负担装货费用。如果船舶出租人仅就装货费不负责,其他费用仍由船舶出租人承担的话,可用"FILO"(Free In, Liner Out)条款,这是FI条款的变形。

**3)舱内交货条款(Free Out, FO)**

舱内交货条款简称FO条款,或船舶出租人不负担卸货费条款。如果船舶出租人仅就卸货费不负责,其他费用仍由船舶出租人承担的话,可用"LIFO"(Liner In, Free Out)条款,这是FO条款的变形。

**4)舱内收交货条款(Free In and Out, FIO)**

舱内收货条款简称FIO条款,或船舶出租人不负担装卸费条款。根据这一条款,在装、卸两港由承运人雇佣装卸工人,并负担装卸费用。

**5)舱内收交货和堆舱、平舱条款(Free In and Out, Stowed and Trimmed, FIOST)**

船舶出租人不负担装卸的所有费用。既不负责装、不负责卸,也不负责平舱和理(堆)舱费。装卸费、平舱费、理(堆)舱费由承租人负担。按此含义,装运重大件货物时,绑扎所需绑扎材料也应由承运人负担,为明确起见,在合同中注明"Lashed"。若船舶出租人还不负担垫舱费用,则加注"Dunnages"。

**6)总装卸费,或总装货、总卸货费条款(Gross Load and Discharge, or Gross Load, or Gross Discharge)**

这是指船舶出租人负责与装卸,或装货,或卸货有关的全部费用,即船舶出租人除要负责装卸费外,还有承担货物积载、平舱等费用。该条款在实践中很少用到。

**7)限额条款(Scale Load and Discharge)**

船舶出租人负责一定限额的装卸费,超出部分由承租人自行负担。

上述条款中的装卸费用是指在装卸货港产生的费用。如果是在避难港产生的,或者是因为过运河需要过驳而产生的装卸费及其他非原来约定的装卸港产生的装卸费,则仍由船舶出租人负担。除非合同另有规定外,即使是由承租人负担装卸费用,船长对船舶的安全装卸作业也仍然负有监管之责。

在船舶出租人不负担装卸费用的情况下,装卸作业中第一次开舱和最后一次关舱的工作仍属于船舶出租人。

**2. 船上装卸设备的使用**

即使是承租人承担装卸货物,船舶出租人也必须在整个作业中免费提供船上的装卸设备给承运人使用,而且该设备必须处于可工作状态,同时如果港口规定允许的话,在承租人的要求下,船舶出租人应安排船员操纵船上的装卸设备。

# 8.3 装卸时间和滞期费、速遣费计算

## 8.3.1 装卸时间的计算方法

在航次租船合同中，装卸时间的计算方法有分别计算和装卸时间统算等方法，作为滞期费或速遣费的核算基础。

**1. 装卸时间的分别计算**

装卸时间分别计算是指航次租船合同中关于装卸时间的规定是对装货港的装货时间和卸货港的卸货时间分别规定一定的时间，单独计算，不能将装货时间和卸货时间加在一起计算，也不能用一个作业中节省的时间抵消另一作业中超用的时间的一种术语。

在通常情况下，如果航次租船合同没有特别规定，对装货港和卸货港的装卸时间是分别给予规定和单独核算的。例如：装货时间为 5 WWD SHEX EIU(5 Weather Working Days, Sundays and Holidays Excepted, Even If Used)，卸货时间为 4 WWD SHEX EIU，则根据具体的情况分别计算某船在装货港实际使用的时间与许可的装货时间的差别，如果超出则承租人支付滞期费，如果节省则出租人支付速遣费。在卸货港也是如此。由于航运惯例为速遣费费率是滞期费费率的一半，所以在装卸时间单独核算的情况下即便是在装货港滞期两天、在卸货港速遣两天，承租人仍然要支付给滞期费给出租人。

**2. 装卸时间的统算**

关于装货港和卸货港的装卸时间的统算，主要有如下三种约定方法。

**1）装卸共用时间（All Purposes）**

装卸共用时间，顾名思义是一种表明装货港和卸货港的装卸时间统一合起来使用的一种用语。例如，租船合同中规定“装卸时间共用时间为 9 WWD SHEX UU”(Total Laytime for Loading and Discharging 9 WWD SHEX UU or 9 WWD SHEX UU All Purposes)。以这种用语表明的装卸时间统算，一般来说无须装货港或卸货港单独计算装卸时间，可以合并在一起计算。只要装卸两港实际使用的装卸总时间未超过合同规定的合计时间，只会产生速遣时间而不会产生滞期时间。反之如果装卸两港实际使用的装卸总时间超过合同规定的合计时间，则只会产生滞期时间而不会产生速遣时间。但如果在装货港已将装卸两港合计的允许使用时间用完，则在装货港已进入滞期，按照“一旦滞期，永远滞期”的原则，当船舶抵达卸货港后，立即连续计算滞期时间。

**2）可调剂使用装卸时间（Reversible Laytime）**

可调剂使用装卸时间又称“装卸时间抵算”，是指承租人有权选择将约定的装货时间和卸货时间加在一起计算。结果如同约定一个装卸作业的总时间。按照这种约定，承租人可将装货港的速遣时间计入卸货港的允许使用时间，而使卸货港的允许使用时间增加，或将装货港的滞期时间在卸货港的允许使用时间中扣除，而使卸货港的允许使用时间减少。

采用这种方法时，应分别规定装货时间和卸货时间，并单独编制装卸时间表，而在卸货港卸货完毕后算出装卸两港总的滞期时间或速遣时间。这时，必须将已在装货港用于装货的时间记录于根据租船合同签发的提单上，使收货人能明确知道还有多少允许使用的卸货时间。

如果装货港的实际使用时间超过了包括卸货允许使用时间在内的装卸货的全部允许使用时间，即在装货港已经进入滞期，则船舶抵达卸货港时，并不立即连续计算滞期时间，而是在递

交装卸准备就绪通知书后，经过一段通知时间，才开始继续计算滞期时间。即在这种情况下，承租人仍享有将正常的通知时间排除于装卸时间之外的权利。

比较 All Purposes 与 Reversible Laytime 区别在于在装货港尚未将全部可用时间用完，只要在卸货港仍留有可用时间，则两种术语计算结果完全相同，如果在装货港已将装卸两港合用的时间全部用完，船舶已进入滞期时，两种术语的计算结果才有不同。

**3）装卸时间平均计算（Right to Average Laytime ）**

装卸时间平均计算又称“装卸时间均算”，是指分别计算装货时间和卸货时间，用一个作业中节省的时间抵消另一作业中超用的时间。它与“可调剂使用装卸时间”不同，虽然也分别单独编制装货时间计算表和卸货时间计算表，但并不以装货港节省的时间和滞期时间来调整原规定的卸货港的可用时间，而是单独根据卸货港的时间表，计算出卸货港产生的滞期时间或节省时间，再以装货港节省的时间或滞期时间来抵补卸货港的滞期时间或节省时间。所以，这一方法旨在以装货港节省的时间抵补卸货港的滞期时间，或以卸货港节省的时间抵补装货港的滞期时间，从而减少通常须以速遣费的加倍费率支付滞期费的情况。

### 8.3.2 滞期费（Demurrage）

**1. 滞期费的含义**

根据《93 装卸时间解释规则》，滞期费是指“因不是出租人的责任所造成的，超过装卸时间的船舶迟延而付给出租人的约定金额”。

如果承租人所用的实际装卸时间超过了合同规定的允许使用时间，超过部分的时间为“滞期时间”，承租人必须向船舶出租人支付“滞期费”，以补偿船舶出租人因船舶发生滞期而遭受的损失。滞期费等于滞期时间和约定的滞期费率的乘积。

**2. 滞期时间的分类**

**1）限定滞期期间（Limited Demurrage Period）**

限定滞期期间是在合同中经双方当事人约定的船舶滞期限定时间。在该限定期内，如果船舶发生滞期，承租人按合同规定的滞期费率支付给船舶出租人滞期费。但是，如果在“限定滞期期间”届满时仍未完成货物装卸，或由于承租人的原因使船舶继续停留在港内，该船舶称为“滞留船舶”（Vessel Under Detention）。对此，船舶出租人可向承租人提出“滞留损失”赔偿。有关滞留损失赔偿的计算基础，一般在合同中是没有明确规定的，而是依据发生延滞这一事实和当时租船市场的运费水平予以计算。

**2）非限定滞期期间（Unlimited Demurrage Period）**

非限定滞期期间是在合同中没有明确规定船舶发生滞期时的时间长短，而只是确定了滞期费率。因此，原则上船舶的滞期时间可以是无限制的，也不存在船舶滞留损害的问题，船舶出租人只能按合同中确定的滞期费率要求承租人支付滞期费。

然而，有时虽然在合同中没有明确滞期的限定期间，但是如果合同当事人所在国家的有关法律或海商法中，或合同仲裁条款限定的仲裁地点的适用法中，对船舶的滞期期间有明确规定，船舶出租人同样可以向承租人提出船舶延滞损害赔偿。

**3. 滞期费的计算方法**

滞期时间是通过实际装卸作业使用的时间与合同允许使用的装卸时间相比较得出的。在滞期期间的星期日、节假日，乃至因天气或其他原因停止工作的时间是否也作为滞期时间计算滞期费，常常是争议之处。合同中如果没有明确约定采用哪一种术语计算滞期时间，则通常解释是按照英美普通法下“滞期时间连续计算”的方式计算。但是如果合同双方同意按“滞期时间非连续计算”的话，则必须在合同中订明，否则只能按“一旦滞期，永远滞期”的方式连续计算。

**4. 滞留损失**

**1）滞留损失的含义**

滞留损失又称为延滞损失、超滞期等，是指船舶滞留在港口而应由承租人赔偿给出租人的一笔金额。滞留损失不同于滞期费。滞期费的发生往往与装卸时间紧密相关，是一种约定违约金，即当承租人未能在合同约定的装卸时间内完成装卸货作业，不管出租人是否有实际损失，也不管出租人的实际损失额是否高于约定的滞期费，承租人都必须按合同约定的数额予以赔偿。

滞留损失不是当事双方事先约定的，或者不能完全预见到，而是由于承租人的过失，或者是承租人的过失之外的其他原因，造成船舶延误而产生的损失，应按船舶的实际损失赔偿。延滞可能是承租人未及时指定卸货港产生的船舶延误，也可能是承租人未及时提供货物产生的延误。一般来说，它与装卸作业无关。所以滞留损失是一种具有补偿性质的违约赔偿金。包括因延误而产生的燃料费、港口使费等营运费用、延滞造成的出租人可能丧失的利益等。

**2）滞留损失产生的原因**

滞留损失产生的可能情况如下。

（1）当合同规定的装卸时间届满，而装卸作业尚未完成，如果合同中没有约定滞期费率，而且事后双方也未达成协议，则延滞期间的损失按实际损失计算。

（2）合同中有关于滞期时间的约定。如金康合同第 7 条明确规定滞期时间为 10 个连续日。当 10 个连续日过后，装卸作业仍未完成的，则进入延滞损失期间。

（3）在 CQD 等条款下产生的延滞。CQD 条款及 as fast as the vessel can receive/deliver 条款未规定固定的装卸时间，一旦合理的装卸时间用完，即进入延滞损失的计算。因此这种条款之下，不产生任何滞期费、速遣费的计算问题。

（4）承租人未按时提供货物产生的延滞。实践中因为承租人未备好货，或未做好有关文件的准备工作，或因贸易纠纷等原因，致使船舶抵港之后不能靠泊装卸货。如果装卸时间尚未起算，则因此产生的损失为滞留损失，而不能是滞期费。

### 8.3.3 速遣费

**1. 速遣费的含义**

速遣费（Dispatch）是指承租人在规定的装卸时间内提前完成装卸货物而节省船舶在港时间，由船舶出租人支付给承租人约定的报酬。

速遣费等于速遣时间与约定的速遣费率的乘积。承租人所用的实际装卸时间少于合同规定的允许使用时间，节省部分的时间即为速遣时间。对此，承租人有权向船舶出租人主张速遣费。根据国际航运惯例，速遣费费率通常是滞期费费率的一半，除非合同另有明确规定。

**2. 速遣费的计算方法**

在计算速遣时间的问题上，出租人和承租人容易发生争议的问题是在节省的时间中是否扣除星期日、节假日及不良天气停止工作的时间。为了防止争议，租船合同也常常采用一些含义明确的用语，表明速遣时间的计算，即“节省全部时间”（All Time Saved）和“节省全部工作时间”（All Working Time Saved）。

当合同中没有明确约定采用哪一种用语来计算速遣时间时,通常解释是按"节省全部工作时间"计算。

### 8.3.4 装卸时间、滞期费和速遣费计算实例

合同规定:WWD SHEX 装货2天,卸货4天,滞期费率 USD4000/天,速遣费率为滞期费率的一半。

根据事实记录编制装卸港的装卸时间表(一)(见表2.8.3),计算滞期费和速遣费。

**表2.8.3 装卸时间表(一)**

| 装货港 | | 起止时间及说明 | 装货时间(小时) |
|---|---|---|---|
| 1/6 | 六 | 装货时间从12:00开始 | 12 |
| 2/6 | 日 | 周日不计算天数 | |
| 3/6 | 一 | 装货于12:00结束 | 12 |
| 4/6 | 二 | 装货时间于12:00届满 | |
| 合　计: | | | 24 |

| 卸货港 | | 起止时间及说明 | 卸货时间(小时) |
|---|---|---|---|
| 11/6 | 二 | 卸货时间从12:00开始 | 12 |
| 12/6 | 三 | WWD SHEX | 24 |
| 13/6 | 四 | WWD SHEX | 24 |
| 14/6 | 五 | WWD SHEX | 24 |
| 15/6 | 六 | 装卸时间于12:00届满 | 24 |
| 16/6 | 日 | | |
| 17/6 | 一 | WWD SHEX | 24 |
| 18/6 | 二 | WWD SHEX | 24 |
| 19/6 | 三 | 卸货于12:00结束 | 12 |
| 合　计: | | | 144 |

**1.按装卸时间分别计算原则**

装货港节省时间:1天。产生速遣费:USD2000/天×1天 = USD2000。

卸货港滞期时间:3天。产生滞期费:USD4000/天×3天 = USD12000。

本航次承租人应付滞期费:USD12000 - USD2000 = USD10000。

**2.按装卸时间平均计算原则**

用装货港速遣时间1天去冲减卸货港滞期时间3天,总滞期时间2天(3-1=2天),滞期费:USD4000/天×2天 = USD8000。

**3. 按共同使用装卸时间原则**

按共同使用装卸时间原则编制的装卸时间表(二)见表2.8.4。

**表2.8.4　装卸时间表(二)**

| 装、卸货港 | | 起止时间及说明 | 允许时间 | 节省/滞期时间 |
|---|---|---|---|---|
| 日期 | 星期 | | 小时 | 小时 |
| 1/6 | 六 | 装货于12:00开始 | 12 | |
| 2/6 | 日 | | | |
| 3/6 | 一 | 装货于12:00结束 | 12 | |
| 11/6 | 二 | 卸货于12:00开始 | 12 | |
| 12/6 | 三 | WWD SHEX | 24 | |
| 13/6 | 四 | WWD SHEX | 24 | |
| 14/6 | 五 | WWD SHEX | 24 | |
| 15/6 | 六 | WWD SHEX | 24 | |
| 16/6 | 日 | | | |
| 17/6 | 一 | 装卸时间于12:00届满 | 12 | 12 |
| 18/6 | 二 | WWD SHEX | | 24 |
| 19/6 | 三 | 卸货于12:00结束 | | 12 |
| 合计: | | | 144 | 48 |

装卸两港共产生滞期费(8-6):USD4000/天×2天 = USD8000。

## 练习题

### 一、单项选择题

1. 金康94合同规定,如装卸准备就绪通知书在中午12点之前(包括12点)递交,装卸时间从下午1点起算,如通知书在12点之后递交,装卸时间从(　　)上午6点起算。

A. 下一个工作日　　B. 下一个日历日

C. 下一个良好天气日　　D. 下一个连续日

2. 航次租船合同通常规定,在船舶抵达装货港口递交NOR一段时间后,开始起算(　　)。

A. 装卸时间　　B. 受载期

C. 租船合同期限　　D. 宣载期

3. 根据航次租船合同的规定,在船舶装卸时间届满后,开始起算(　　)。

A. 速遣费　　B. 滞期时间　　C. 船舶受载期　　D. 宣载期

4. 航次租船合同项下关于装卸时间的计算有几种方法,由双方当事人选择使用。(　　)是指分别计算装货时间和卸货时间,用一个作业中节省的时间抵消另一个作业中超用的时间。

A. 可调剂使用装卸时间　　B. 装卸时间平均计算

C. 装卸时间的分别计算　　D. 装卸共用时间

5. 航次租船方式下,货物装卸费由船舶出租人还是承租人承担取决于合同的具体规定。

下列(　　)术语表明船舶承租人不承担货物装船费用,但负责货物的卸船费用。

A. FILO　　B. FIO, FIOST

C. FO, LIFO　　D. LINER TERMS, GROSS TERMS

6. 航次租船合同中规定,装货时间为5 WWD SHEX EIU,卸货时间为4 WWD SHEX UU。在装卸时间单独核算的情况下,装货港滞期两天、卸货港速遣两天,通常情况下(　　)。

A. 出租人要支付速遣费给承租人,承租人也要支付滞期费给出租人,但速遣费大于滞期费

B. 出租人要支付速遣费给承租人,承租人也要支付滞期费给出租人,滞期费等于速遣费

C. 出租人不要支付速遣费给承租人,承租人也不要支付滞期费给出租人,滞期费与速遣费抵消

D. 出租人要支付速遣费给承租人,承租人也要支付滞期费给出租人,但滞期费大于速遣费

**二、判断题(正确A,错误B)**

1. 递交装卸准备就绪通知书是指船舶抵达合同规定的装卸地点后,船舶承租人或其代理人向船长或其代理人发出准备就绪等待装卸货物的通知。(　　)

2. 在航次租船合同下,递交装卸准备就绪通知书的意义在于,一方面是承租人宣布船舶已经对装卸工作准备就绪,可以进行装卸作业;另一方面意味着滞期时间可以按合同规定开始起算。(　　)

3. 航次租船下,WWD SHEX UU术语与WWD SHEX EIU术语相比较而言,前者有利于船舶承租人,后者有利于船舶出租人。(　　)

4. 航次租船合同下,若合同规定每天每舱装卸多少吨,其含义是指用船舶具体装卸货物的数量除以每舱日装卸率与船舶舱口数的积而得出装卸天数。例如:合同规定"每日每舱装货400吨",船舶共装载10000吨货物,分别装于5个舱内。则装卸时间等于5天。(　　)

5. 受载期是船舶在租船合同规定的日期内到达约定的装货港,并做好装货准备的期限。船舶在受载期这一段时间内的任意一天到达装港都是租约允许的,无论是受载期的第一天还是最后一天,船舶抵达装港并做好装货准备即可。(　　)

**三、问答题**

1. 何谓船舶受载期和解约日?金康合同中解约日条款的内容是什么?

2. 航次租船合同中关于装卸时间和滞期速遣的通常规定是什么?

3. 航次租船合同中为何规定NOR的"递交时间"和"通知时间"?

# 9 航空货物运输

## 9.1 航空货运特点

自从飞机诞生后,航空货运以其自身特有的优势发展极为迅速。航空货运同其他的交通方式相比,有着鲜明的特点。

**1. 运送速度快**

由于航空货运所采用的运送工具是飞机,飞机的飞行时速都在每小时600千米到800千米,比其他的交通工具要快得多。火车时速在每小时100千米到140千米,汽车在高速公路上是120千米到140千米,轮船就更慢了。航空货运的这个特点适应了一些特种货物的需求,例如海鲜、活动物等鲜活易腐的货物,由于货物本身的性质导致对时间的要求特别高,只有采用航空运输。另外,在现代社会,需要企业及时对市场的变化做出非常灵敏的反应,这一社会发展趋势所引发的对一些货物的运输时间约束性很强,企业不仅要考虑生产成本,还要考虑时间成本,这就需要航空运输的有力支持。

**2. 破损率低、安全性好**

在地面,由于航空货物本身的价格比较高,操作流程的环节比较其他运输方式严格得多,破损的情况大大减少,因此在整个货物运输环节之中,货物的破损率低、安全性好。这种特点使得有些货物虽然从物理特性来说,不适合用空运,例如体积比较大、比较重的机械设备仪器等,但这类货物中往往怕碰撞损坏,这种制约因素导致只能用航空运输,以减少损坏的概率。

**3. 空间跨度大**

在有限的时间内,飞机的空间跨度是最大的。通常宽体飞机一次可以飞7000千米左右,进行跨洋飞行完全没问题;从中国飞到美国西海岸,通常只需13个小时左右,这对于某些货物(如活动物)的运输而言是非常大的优点。

**4. 可节省生产企业的相关费用**

由于航空运输的快捷性,一方面可加快生产企业商品的流通速度,从而节省产品的仓储费、保险费和利息支出等;另一方面产品的流通速度加快,也带来了资金的周转速度加快,可大大地增加资金的利用率。

**5. 运价比较高**

由于航空货运存在以上的优点,它的运价相对来说比较高,例如从中国到美国西海岸,空运价格至少是海运价格的10倍以上,因此对于货物价值比较低、时间要求不严格的货物,通常考虑运输成本问题,会采用非航空货运的运输方式。

**6. 载量有限**

由于飞机航空器本身的载重容积的限制,通常航空货运的量相对于海运来说少得多,例如载重最大的民用飞机B747全货机,货物最大载重119吨,与海运几万吨、十几万吨的载重相差很远。

**7. 易受天气影响**

飞机本身受到天气的影响非常大,如遇到大雨、大风、雾等恶劣天气,航班就不能得到有效保证,这对航空货物造成的影响就比较大。例如:有一票货从沈阳飞往温州,运输货物是螃蟹苗,到了温州上空,由于天气原因无法降落,只好备降到福州的长乐机场。由于螃蟹苗的运输有一定的时间限制,超过有效时间螃蟹苗可能就要死亡,当时再用汽车运,时间已经来不及,最后只能削价卖给福州当地的水产批发市场。

从以上对航空货运的特点分析,可以看出航空货运既有优势,也有劣势。需要在实际的操作当中,充分发挥航空货运的优势,克服其劣势,才能保证航空货运在经济发展中的作用。

## 9.2 航空运输经营方式

**1. 班机运输方式**

班机是指在固定的航线上定期航行的航班,即有固定始发站、目的站和途经站的飞机。班机的航线基本固定,定期开航,收发货人可以确切地掌握起运和到达时间,保证货物安全迅速地运达目的地,对运送鲜活、易腐的货物以及贵重货物非常有利。不足之处是舱位有限,不能满足大批量货物及时出运的需要。

**2. 包机运输**

包机运输可分为整架包机和部分包机。

(1)整架包机指航空公司或包机代理公司,按照与租机人双方事先约定的条件和运价,将整架飞机租给租机人,从一个或几个航空站装运货物至指定目的地的运输方式。运费随国际航空运输市场的供求情况而变化。

(2)部分包机指几家航空货运代理公司联合包租一架飞机,或者由包机公司把一架飞机的舱位分别给几家航空货运代理公司,适合一吨以上但不足装一整架飞机的货物,运费较班机低,但运送时间则比班机要长。

## 9.3 集中托运业务及单据

### 9.3.1 航空集中托运

集中托运是航空货运代理公司把若干批单独发运的、发往同一方向的货物集中起来,组成一票货,向航空公司办理托运,采用一份总运单集中发运到同一站,由航空货运代理公司在目的地指定的代理人收货、报关并分拨给各实际收货人的运输方式。这种托运方式,货主可以得到较低的运价,使用比较普遍,是航空货运代理的主要业务之一。

货物到达目的站,由集中托运商(Break Bulk Agent)统一办理海关手续后,再分别将货物交付给不同的收货人。其中集中托运商简称集运商和分拨代理商,这两个名词主要来自欧美,在有些国家专门有这样的企业。但在中国,航空代理人做的工作本身就含有集中托运和分拨代理的项目,因此理解这两个概念,在中国就等同于航空代理人。

**1.航空集中托运的文件**

**1)分运单和主运单**

代理人在进行集中托运货物时,首先从各个托运人处收取货物,在收取货物时,需要给托运人一个凭证,这个凭证就是分运单(House Air Waybill, HAWB),它表明托运人把货物交给了代理人,代理人收到了托运人的货物。所以分运单就是代理人与发货人交接货物的凭证,代理人可自己颁发分运单,不受航空公司的限制,但通常格式还按照航空公司主运单来制作。在分运单中,"托运人"栏和"收货人"栏都是真正的托运人和收货人。

代理人在收取货物之后,进行集中托运,需要把来自不同托运人的货物集中到一起,交给航空公司,代理人和航空公司之间需要一个凭证,这个凭证就是主运单(Master Air Waybill, MAWB)。航空主运单对于代理人和航空公司都非常重要,因为它承载了货物的最主要信息,货物运输的过程就是信息流的过程,信息流保证了货物运送的安全性和准确性;主运单表明代理人是航空公司的销售代理,表示取得授权的代理人在市场上可以销售航空公司的舱位。通常航空公司根据代理人的实际情况和结算周期,分时间间隔发放给代理人一定数量的货运单,通常代理人销售完一定数量的运单后,与航空公司进行结算。因此,主运单是代理人与承运人交接货物的凭证,同时又是承运人运输货物的正式文件。在主运单中,"托运人"栏和"收货人"栏都是代理人。在中国只有航空公司才能颁发主运单,任何代理人不得自己印制颁发主运单。

一票集中托运货物的所有分运单都要装在结实的信封内附在主货运单后,并在货运单"Nature and Quantity"栏内注明" Consolidation as per Attached Manifest"(集中托运货物的相关信息附在随带的舱单中)。这又涉及另外一个文件,即集中托运货物舱单(Manifest)。

图2.9.1为主运单实样,如果是分运单会在此位置标明"HOUSE AIRWAY BILL"。

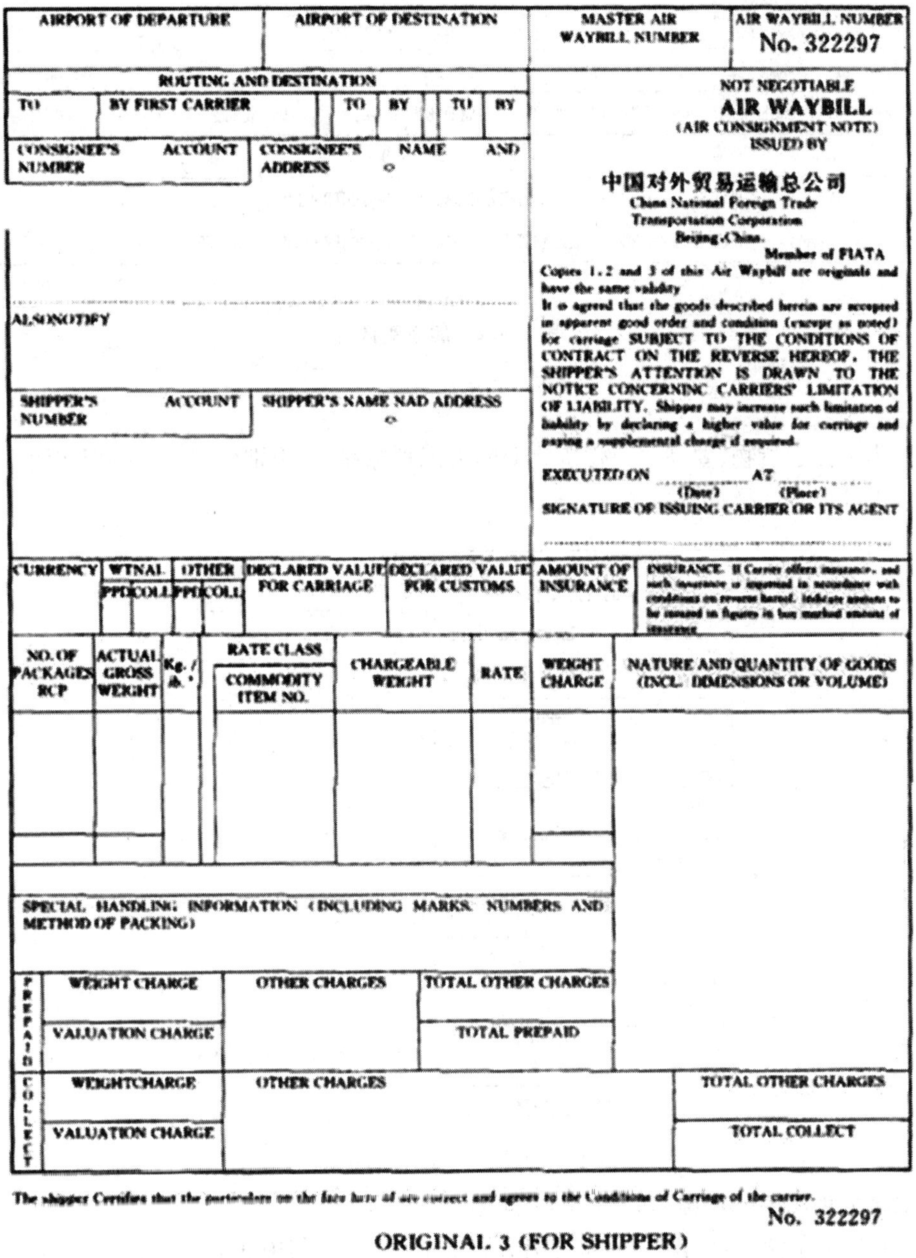
AIRPORT OF DEPARTURE | AIRPORT OF DESTINATION | MASTER AIR WAYBILL NUMBER | AIR WAYBILL NUMBER No. 322297

ROUTING AND DESTINATION
TO | BY FIRST CARRIER | TO | BY | TO | BY

NOT NEGOTIABLE
AIR WAYBILL
(AIR CONSIGNMENT NOTE)
ISSUED BY
中国对外贸易运输总公司
China National Foreign Trade
Transportation Corporation
Beijing,China.
Member of FIATA

CONSIGNEE'S ACCOUNT NUMBER | CONSIGNEE'S NAME AND ADDRESS

Copies 1, 2 and 3 of this Air Waybill are originals and have the same validity
It is agreed that the goods described herein are accepted in apparent good order and condition (except as noted) for carriage SUBJECT TO THE CONDITIONS OF CONTRACT ON THE REVERSE HEREOF. THE SHIPPER'S ATTENTION IS DRAWN TO THE NOTICE CONCERNING CARRIERS' LIMITATION OF LIABILITY. Shipper may increase such limitation of liability by declaring a higher value for carriage and paying a supplemental charge if required.

ALSONOTIFY

SHIPPER'S ACCOUNT NUMBER | SHIPPER'S NAME NAD ADDRESS

EXECUTED ON ______ AT ______
(Date) (Place)
SIGNATURE OF ISSUING CARRIER OR ITS AGENT

CURRENCY | WTNAL PPD COLL | OTHER PPD COLL | DECLARED VALUE FOR CARRIAGE | DECLARED VALUE FOR CUSTOMS | AMOUNT OF INSURANCE | INSURANCE. If Carrier offers insurance, and such insurance is requested in accordance with conditions on reverse hereof, indicate amount to be insured in figures in box marked amount of insurance.

NO. OF PACKAGES RCP | ACTUAL GROSS WEIGHT | Kg. / lb. | RATE CLASS COMMODITY ITEM NO. | CHARGEABLE WEIGHT | RATE | WEIGHT CHARGE | NATURE AND QUANTITY OF GOODS (INCL. DIMENSIONS OR VOLUME)

SPECIAL HANDLING INFORMATION (INCLUDING MARKS, NUMBERS AND METHOD OF PACKING)

PREPAID: WEIGHT CHARGE | OTHER CHARGES | TOTAL OTHER CHARGES
VALUATION CHARGE | TOTAL PREPAID

COLLECT: WEIGHTCHARGE | OTHER CHARGES | TOTAL OTHER CHARGES
VALUATION CHARGE | TOTAL COLLECT

The shipper Certifies that the particulars on the face here of are correct and agrees to the Conditions of Carriage of the carrier.
No. 322297
ORIGINAL 3 (FOR SHIPPER)

图 2.9.1 主运单实样

2)集中托运货物舱单(Manifest)

由于在主运单中,货物的品名是通过"品名"栏中注明的"集中托运货物的相关信息附在随带的舱单中",并没有列出具体的货物品名,因此需要查询集中托运货物舱单,才能了解在这种主运单中有哪些分运单和货物。通过集中托运货物舱单,可以看出各个分运单号以及各个分单中货物的运送目的地、件数、重量、体积等项目。舱单实样见图 2.9.2。

**Air Manifest**

ConsolID：3

| Prefix | Master AWB | Airline | Flight | Shipper | Consignee | Origin | Code | Destination | Code |
|---|---|---|---|---|---|---|---|---|---|
| EA | 016-65475463 | UNITED AIR L | 6587 | BLUE SEA SHIPPING | CHINA INTERNATIONAL | LOS ANGELES | LAX | GANZHOU | KOW |

| File No. | House AWB | Shipper | Consignee | Description | Pieces | CBM | CFT | Weight Kgs |
|---|---|---|---|---|---|---|---|---|
| 44 | LAXCAN-67654 | BLUE SEA SHIPPING | CHINA INTERNATIONAL | COMPUTER PARTS | 250 | .00 | .00 | 3654.178 |
| 45 | LAXCAN-67654 | BLUE SEA SHIPPING | CHINA INTERNATIONAL | COMPUTER PARTS | 250 | .00 | .00 | 3654.178 |
| | | | | | 500 | .00 | .00 | 7308.356 |

图 2.9.2 舱单实样

### 3)识别标签

对于集中托运货物，要在每一件货物上贴上识别标签，在识别标签上要特别注明主单号和分单号。识别标签实样见图 2.9.3。

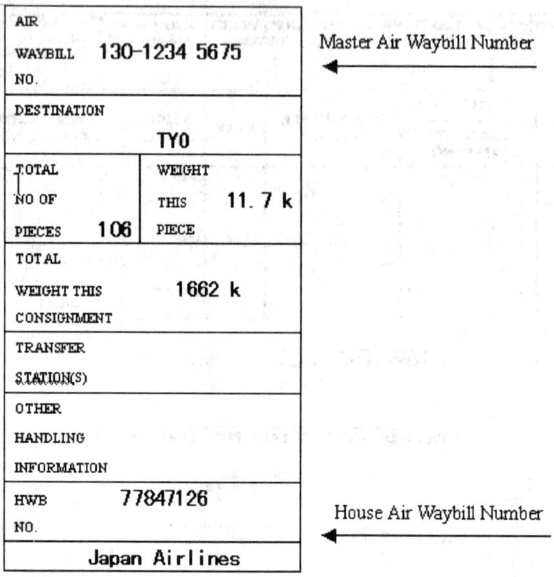


图 2.9.3 识别标签实样

### 2. 航空集中托运的货物

并不是所有的货物都可以采取集中托运的方式，因为在集中托运时，代理人把来自不同托运人的货物并在一个主单上运输。对于航空公司来说，对待主单上所有的货物的方式一定是一样的，不可能对在一张主单上的两种货物，采取两种不同的操作方法，因此对于集中托运的货物的性质有一定的要求。下列货物不得以集中托运形式运输：贵重物品、活体动物、尸体、骨灰、外交信袋、危险物品。

## 9.3.2 直接运输与集中托运的区别

在货物运输之中，不能保证货物都用集中托运的方式，除对货物本身的要求外，还由于航空运输时间要求比较高，在比较短的时间内，保证多个托运人的货物到同一个目的地，这在实际操作当中，往往不能得到保证。因此，许多时候还是采取直接运输的方式，下面是直接运输与集中托运货物的区别。

**1. 直接运输**

①货物由承运人的代理人交付给承运人；

②货运单由代理人填开，并列明真正的托运人和收货人。

**2. 集中托运货物**

①集中托运货物由托运人的委托人——集中托运商交付给承运人；

②货运单由集中托运人填开；

③货物的收发货人分别为集中托运人和分拨代理人。

## 9.4 航空运输业务区

出于保证国际航空运输的运营安全以及国际民航组织(ICAO)规定各国航空运输企业在技术规范、航行程序、操作规则上的一致性原则，国际航空运输协会(IATA)将世界划分为三个航空运输业务区，称为"国际航协交通会议区"(IATA Traffic Conference Areas)，以方便各国及地区航空运输企业之间的运输业务划分与合作。

如图2.9.4所示(附IATA区域图)，国际航空运输协会(IATA)将全球划分为三个航空运输业务区，分为Area TC1，Area TC2，Area TC3三个大区，简称TC1，TC2，TC3，其下又可以进行次一级的分区，称为次区(Sub-area)。

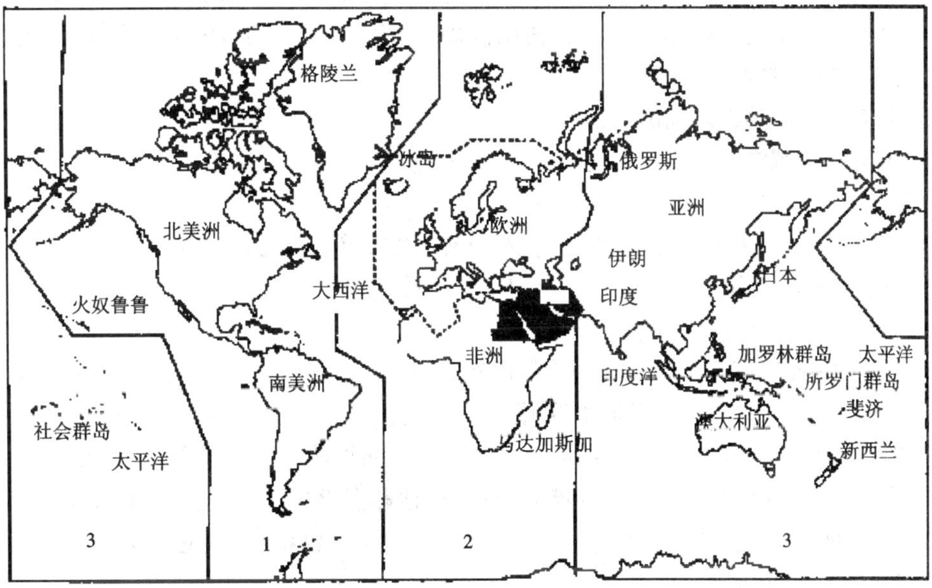


图2.9.4 国际航协三大分区

**1. 一区(TC1)**

该区东临TC2区、西接TC3区，北起格陵兰岛，南至南极洲。主要包括北美洲、拉丁美洲以及附近岛屿和海洋。TC1区与TC2区的分界线：北起0°经线，向南约至74°N处折向西南，穿过格陵兰岛与冰岛之间的丹麦海峡，在60°N处沿40°W经线至20°N处，再折向东南，到赤道处再沿 20°W 经线向南止于南极洲。

TC1 区有两个相连的大陆：南、北美大陆及附近岛屿，格陵兰岛、百慕大群岛、西印度群岛和加勒比岛屿以及夏威夷群岛（含中途岛和巴尔拉环礁）。按自然地理划分，以巴拿马运河为界，分为南美洲、北美洲。按政治经济地理划分，则以美、墨边境为界，分为北美洲及拉丁美洲。美洲大陆东临大西洋、西濒太平洋。太平洋天堑阻碍了美洲和其他大洲之间的陆路交通，它与其他各洲之间的交通联系只有通过海洋运输和航空运输来实现。

TC1 主要分为如下四个次区。

**1）加勒比次区**

（1）美国（除波多黎各和美属维尔京群岛之外）与巴哈马群岛、百慕大群岛、加勒比群岛、圭亚那、苏里南、法属圭亚那之间的地区。

（2）加拿大/墨西哥与巴哈马群岛、百慕大群岛、加勒比群岛（含波多黎各和美属维尔京群岛）、圭亚那、苏里南、法属圭亚那之间的地区。

（3）由巴哈马群岛、百慕大群岛、加勒比群岛（含波多黎各和美属维尔京群岛）构成的区域。

（4）由上述为一端与圭亚那、苏里南、法属圭亚那为另一端围成的区域。

**2）墨西哥次区**

加拿大/美国（除波多黎各和美属维尔京群岛）与墨西哥之间的地区。

**3）远程次区**

（1）以加拿大、墨西哥、美国为一端与中美洲和南美洲为另一端的地区。

（2）以巴哈马群岛、百慕大群岛、加勒比群岛、圭亚那、苏里南、法属圭亚那为一端与中美洲和南美洲为另一端的地区。

（3）中美洲和南美洲之间的地区。

（4）中美洲区域内。

**4）南美次区**

南美次区由以下区域构成：阿根廷、玻利维亚、巴西、智利、哥伦比亚、厄瓜多尔、法属圭亚那、圭亚那、巴拿马、巴拉圭、秘鲁、苏里南、乌拉圭、委内瑞拉。

对“加勒比”和“远程”区域的定义如下。

（1）加勒比群岛：安圭拉岛、安提瓜和巴布达、阿鲁巴、巴巴多斯、博奈尔、英属维尔京群岛、开曼群岛、古巴、库拉索、多米尼加联邦、多米尼加共和国、格林那达（卡里亚库岛、马斯蒂克岛、帕姆岛）、瓜德罗普、海地、牙买加、马提尼克、蒙塞拉特、圣基茨（尼维斯、安圭拉）、圣卢西亚、圣马丁、圣文森特和格林纳丁斯群岛、特立尼达和多巴哥、特克斯和凯科斯群岛。

（2）中美洲：伯立兹、哥斯达黎加、萨尔瓦多、危地马拉、洪都拉斯、尼加拉瓜。

（3）南美洲：同南美次区。

北美洲主要是美国、加拿大，这两个国家受英国殖民的影响极大，它是现代世界资本主义的主要中心之一，是世界经济发展水平最高的地区，它向世界市场提供了大量的工农业产品。北美洲也是世界上有巨大潜力的地区，自然资源十分丰富，但人口密度不高，在历史上，它虽然已经从“旧大陆”吸收了大量“过剩”人口，但是，直到今天，仍然是世界上最大的人口净移入区。此外，北美洲是现代航空运输的发达地区，多年来，在人员、机群、业务量、营运收入等方面名列世界前茅。

拉丁美洲毗连北美，不论在古代、近代与现代，两者都有密切的联系。拉丁美洲自15世纪末被欧洲殖民者发现后，这一地区的绝大部分沦为西班牙、葡萄牙的殖民地，因此拉丁美洲各国的社会制度、生产方式、宗教信仰、风俗习惯都受到西、葡的深刻影响。

**2. 二区(TC2)**

该区东临TC3区，西接TC1区，北起北冰洋，南至南极洲，包括亚洲(除中东包括的亚洲部分国家)、大洋洲及太平洋岛屿的广大地区。TC2区与TC3区分界线：北起80°E经线，在75°N处向南弯折，沿乌拉尔山南下，绕经里海西岸、南岸，伊朗北界、东界，再沿60°E经线向南止于南极洲。

TC2区主要分为以下三个次区。

**1)欧洲次区**

欧洲次区由以下区域构成：阿尔巴尼亚、阿尔及利亚、安道尔、亚美尼亚、奥地利、阿塞拜疆、亚速尔群岛、比利时、白俄罗斯、保加利亚、加拿利群岛、克罗地亚、捷克共和国、丹麦、爱沙尼亚、芬兰、法国、格鲁吉亚、德国、直布罗陀、匈牙利、冰岛、爱尔兰、意大利、拉脱维亚、列支敦士登、立陶宛、卢森堡、马尔顿、马德拉岛、马耳他、摩尔多瓦、摩纳哥、荷兰、挪威、波兰、葡萄牙、罗马尼亚、俄罗斯联邦(乌拉山以西)、圣马力诺、斯洛伐克共和国、斯洛文尼亚、西班牙、瑞典、瑞士、突尼斯、土耳其、乌克兰、英国、南斯拉夫。

**2)中东次区**

中东次区由以下区域构成：巴林、塞浦路斯、埃及、伊朗(伊斯兰共和国)、伊拉克、以色列、约旦、科威特、黎巴嫩、阿曼、沙特阿拉伯、苏丹、叙利亚、(阿拉伯共和国)、阿拉伯联合酋长国(阿布扎比、阿治曼、崇拜、富查伊拉、哈伊马南、沙迦和乌姆盖万)、也门。

**3)非洲次区**

非洲次区由中非、东非、印度洋岛屿、利比亚、南非、北非构成。

(1)中非：马拉维、赞比亚、津巴布韦。

(2)东非：布隆迪、吉布提、厄古特里亚、埃塞俄比亚、肯尼亚、卢旺达、索马里、坦桑尼亚和乌干达。

(3)印度洋岛屿：科摩罗、马达加斯加、毛里求斯、马约特岛、留尼汪岛和塞古尔群岛。

(4)南非：博茨瓦纳、莱索托、莫桑比克、南非、纳米比亚、斯威士兰和乌姆塔塔。

(5)西非：安哥拉、贝宁、布基纳法索、喀麦隆、佛得角、中非共和国、乍得、刚果人民共和国、科特迪瓦、赤道几内亚、加蓬、几内亚、几内亚比绍、利比里亚、马里、毛里塔尼亚、尼日尔、尼日利亚、圣多美和普林西比、塞内加尔、塞拉利昂、多哥和扎伊尔。

**3. 三区(TC3)**

该区东临TC1区，西接TC2区，北起北冰洋，南至南极洲，包括亚洲(除中东包括的亚洲部分国家)、大洋洲及太平洋岛屿的广大地区。TC3区与TC1区分界线：北起170°W经线，向南穿过白令海峡后，向西南折至(50°N，165°E)，再折经(7°N，180°W)、(7°N，140°W)、(20°S，120° W)等处，最后沿120° W经线向南止于南极洲。

TC3共分为以下四个次区。

**1)亚次大陆次区**

该次区包括阿富汗、孟加拉国、不丹、印度(包括安达曼群岛)、马尔代夫、尼泊尔、斯里兰卡。

2）东南亚次区

该次区包括文莱达鲁萨兰国、柬埔寨、中华人民共和国、关岛、印度尼西亚、哈萨克斯坦、吉尔吉斯斯坦、老挝（人民民主共利国）、马来西亚、马绍尔群岛、密克罗尼西亚（含除帕劳群岛之外的加罗林群岛）、蒙古、缅甸、北马里亚那群岛（含除关岛之外的马里亚那群岛）、帕劳、菲律宾、俄罗斯联邦（乌拉尔东部地区）、新加坡、塔吉克斯坦、泰国、土库曼斯坦、乌兹别克斯坦、越南。

3）太平洋次区

该次区包括美属萨摩亚、澳大利亚、库克群岛、斐济群岛、法属波利尼西亚、基里巴斯、瑙鲁、新喀里多尼亚、新西兰（含洛亚蒂群岛）、纽埃、巴布亚新几内亚、萨摩亚、所罗门群岛、汤加、图瓦卢、瓦努阿图、瓦利斯和富图纳群岛。

4）日本朝鲜次区

日本、朝鲜。

## 9.5 航空运价手册

The Air Cargo Tariff，英文缩写 TACT。TACT 是由国际航空出版社（IAP）与国际航空运输协会（IATA）合作出版的《空运货物运价表》的缩写。

1975 年，一些航空公司各自出版其运价手册，其中的内容大致相同，但是格式相差甚远。为了减少浪费，并使运价手册更加具有实用性，国际航空运输协会决定共同出版一本通用的运价手册，这就是 TACT（The Air Cargo Tariff）的来历。

TACT 主要分为三个部分：TACT Rules，TACT Rates—North America，TACT Rates—Worldwide。其中：

（1）TACT Rates（北美和全球）每两个月出版一期；

（2）TACT Rules 每年出版两期，四月、十二月出版。

**1. TACT Rules**

内容非常全面，包括了 IATA 在国际运输中的所有规则。主要内容有：

（1）General information；

（2）Acceptance for carriage；

（3）Transportation charges；

（4）Services and related charges；

（5）The air waybill；

（6）Payment rates and charges and currency conversion；

（7）Information by countries；

（8）Carriers special regulation。

**2. TACT Rates—North America（《北美运价手册》）**

这部分包含了从北美出发或到北美的运价。主要内容有：

（1）Special rates；

（2）Descriptions；

（3）Notes；

(4) Rates;
(5) Construction rates;
(6) Domestic/transborder rates。

3. TACT Rates—Worldwide(《世界(除北美)运价手册》)

这部分包含了除北美的全世界的运价。主要内容有:

(1) Special rates;
(2) Descriptions;
(3) Notes;
(4) Rates;
(5) Construction rates。

## 9.6 航空货运代码简介

在航空运输当中,一些名词的代码往往比全称重要得多。在航空货运当中,由于单证的大小限制、操作的方便程度等缘故,货运的整个流程中代码的作用非常显著,它具有简洁、节省空间、容易识别等优点,因此在这里介绍一下在航空货运当中的代码。

**1. 国家代码**

在航空运输当中,国家代码用两字代码表示,如表2.9.1所示。

表2.9.1 国家代码

| 英文全称 | 中文全称 | 两字代码 |
|---|---|---|
| China | 中国 | CN |
| United States of America | 美国 | US |
| United Kingdom | 英国 | GB |
| Germany | 德国 | DE |
| France | 法国 | FR |
| Japan | 日本 | JP |
| Korea | 韩国 | KR |
| Singapore | 新加坡 | SG |
| Canada | 加拿大 | CA |
| Australia | 澳大利亚 | AU |

**2. 城市三字代码**

城市的三字代码在航空运输中,占据着重要的位置,运输本身是在空间上点与点的位移,因此,每运一票货物都涉及城市的三字代码,如表2.9.2所示。

表 2.9.2　城市代码

| 英文全称 | 中文全称 | 三字代码 |
|---|---|---|
| BEIJING | 北京 | BJS |
| GUANGZHOU | 广州 | CAN |
| SHANGHAI | 上海 | SHA |
| CHONGQING | 重庆 | CKG |
| TIANJIN | 天津 | TSN |
| SHENZHEN | 深圳 | SZX |
| HANGZHOU | 杭州 | HGH |
| KUNMING | 昆明 | KMG |
| QINGDAO | 青岛 | TAO |
| XIAMEN | 厦门 | XMN |
| DALIAN | 大连 | DLC |
| LONDON | 伦敦 | LON |
| NAGOYA | 名古屋 | NGO |
| SEOUL | 首尔 | SEL |
| PARIS | 巴黎 | PAR |
| CHICAGO | 芝加哥 | CHI |
| NEW YORK | 纽约 | NYC |
| TOKYO | 东京 | TYO |
| OSACA | 大阪 | OSA |

### 3. 机场的三字代码

机场通常也用三字代码表示，如表 2.9.3 所示。有一些城市机场的三字代码同城市三字代码一样，中国很多城市如此，例如天津等。但从国际性角度，大多数机场三字代码同城市三字代码不一样，例如北京，城市是 BJS，首都机场是 PEK。

表 2.9.3　机场代码

| 机场的英文全称 | 中文全称 | 三字代码 | 所在国家 |
|---|---|---|---|
| Beijing Capital International Airport | 北京首都国际机场 | PEK | 中国 |
| Charles de Gaulle | 夏尔·戴高乐国际机场 | CDG | 法国 |
| Narita International Airport | 东京成田国际机场 | NRT | 日本 |
| Kansai International Airport | 大阪关西国际机场 | KIX | 日本 |
| International Washington Dulles International Airport | 杜勒斯国际机场 | IAD | 美国 |
| London Heathrow International Airport | 伦敦希斯罗国际机场 | LHR | 英国 |
| O'Hare InternationalAirport | 奥黑尔国际机场 | ORD | 美国 |

### 4. 航空公司的代码

航空公司一般既有两字代码,也有三字代码。航空公司代码如表 2.9.4 所示。

**表 2.9.4 航空公司代码**

| 航空公司的英文全称 | 中文全称 | 代码 | 所在国家(地区) |
| --- | --- | --- | --- |
| Air China International Corp. | 中国国际航空公司 | CA | 中国 |
| China Southern Airlines | 中国南方航空公司 | CZ | 中国 |
| China Eastern Airlines | 中国东方航空公司 | MU | 中国 |
| America Airlines | 美洲航空公司 | AA | 美国 |
| Air Canada | 加拿大航空公司 | AC | 加拿大 |
| China Airlines Ltd. | “中华航空”公司 | CI | 中国台湾 |
| Cathay Pacific Airways Ltd. | 国泰航空公司 | CX | 中国香港 |
| Korean Air | 大韩航空公司 | KE | 韩国 |
| Dragon Air | 港龙航空公司 | KA | 中国香港 |
| Japan Airlines Co. ,Ltd. | 日本航空公司 | JL | 日本 |
| All Nippon Airlines Co. ,Ltd. | 全日本航空公司 | NH | 日本 |
| Japan Air System Co. ,Ltd. | 佳速航空公司 | JD | 日本 |
| Lufthansa Germany Airline | 汉莎航空公司 | LH | 德国 |
| United Air Lines,Inc. | 美国联合航空公司 | UAL | 美国 |
| Northwest Airlines Inc. | 美国西北航空公司 | NW | 美国 |
| Asiana Airlines | 韩亚航空公司 | OZ | 韩国 |
| Singapore Airlines Ltd. | 新加坡航空公司 | ML | 新加坡 |
| Air France | 法国航空公司 | AF | 法国 |
| British Airways | 英国航空公司 | BA | 英国 |
| Royal Dutch Airlines | 荷兰皇家航空公司 | KLM | 荷兰 |
| Air Macao Airlines | 澳门航空公司 | NX | 中国澳门 |

### 5. 常见的航空货运的操作代码

在航空货物运输中,经常可以看到一些常见的特殊操作代码(见表 2.9.5),这些代码主要供操作人员在运输的各个环节中,注意运输货物的性质,采取相应的操作策略。

**表 2.9.5 常见航空货运操作代码**

| 操作代码 | 英文全称 | 中文全称 |
| --- | --- | --- |
| AOG | Aircraft on Ground | 航材 |
| AVI | Live Animal | 活动物 |
| BIG | Outsized | 超大货物 |
| CAO | Cargo Aircraft Only | 仅限货机 |
| DIP | Diplomatic Mail | 外交邮袋 |

续表

| 操作代码 | 英文全称 | 中文全称 |
|---|---|---|
| EAT | Foodstuffs | 食品 |
| FIL | Undeveloped/Unexposed Film | 未冲洗/未曝光的胶卷 |
| FRO | Frozen Goods | 冷冻货物 |
| HUM | Human Remains in Coffins | 尸体 |
| ICE | Dry Ice | 干冰 |
| LHO | Living Human Organs/Blood | 人体器官/鲜血 |
| NWP | Newspapers/Magazines | 报纸杂志 |
| OBX | Obnoxious Cargo | 有强烈异味的货物 |
| OHG | Overhang Item | 拴挂货物 |
| PEF | Flowers | 鲜花 |
| PEM | Meat | 肉 |
| PER | Perishable Cargo | 易腐货物 |
| PES | Fish/Seafood | 鱼、海鲜 |
| VAL | Valuable Cargo | 贵重物品 |
| WET | Shipments of Wet Material Not Packed in Watertight Containers | 湿潮货 |
| HEA | Heavy Cargo,150KGS and Over per Piece | 单件150千克以上的货物 |

### 6. 常见的危险品代码

危险品是航空货运输中操作最复杂、难度最大的一类货物，在仓储、运输的环节应尤为注意。而在货物的外包装上经常看到危险品代码（见表2.9.6），了解这些代码的含义，具有非常重要的意义。

表2.9.6　危险品代码

| 危险品代码 | 英文全称 | 中文全称 |
|---|---|---|
| RCL | Cryogenic Liquids | 低温液体 |
| RCM | Corrosive | 易腐蚀的货物 |
| RCX | Explosives 1.3C | 爆炸物1.3C类 |
| RFL | Flammable Liquid | 易燃液体 |
| ROP | Organic Peroxide | 有机过氧化物 |
| RPG | Toxic Gas | 有毒气体 |
| RRW | Radioactive Material,Category I-white | 放射性物质，1类白色包装 |

### 7. 常见的缩写

在航空运输当中，经常碰到一些缩写（见表2.9.7），这些缩写也是表现为代码形式，但各有不同的表示方法。

表 2.9.7 常见缩写

| 缩写代码 | 英文全称 | 中文全称 |
|---|---|---|
| AWB | Air Waybill | 航空货运单 |
| CASS | Cargo Account Settlement System | 货运账目清算系统 |
| CC | Charges Collect | 运费到付 |
| CCA | Cargo Charges Correction Advice | 货物运费更改通知 |
| LAR | Live Animals Regulations | 活动物规则 |
| NVD | No Value Declared | 无声明价值 |
| PP | Charges Prepaid | 运费预付 |
| SLI | Shipper' s Letter of Instruction | 空运托运书 |
| ULD | Unit Load Device | 集装器 |
| HWB | House Air Waybill | 航空分运单 |
| MWB | Master Air Waybill | 航空主运单 |

## 练习题

### 一、单项选择题

1. 根据《国际海运危险货物规则》的规定，油漆、清漆属于（　　）类的危险品。

A. 爆炸品　　B. 有毒气体　　C. 易燃液体　　D. 有毒物质

2. 在国际航空货物运输中法国戴高乐国际机场的三字代码是（　　）。

A. LHT　　B. KIX　　C. NRT　　D. CDG

3. 在国际航空货物运输中，操作代码 PER 的中文全称是（　　）。

A. 拴挂货物　　B. 鲜活易腐货物　　C. 贵重物品　　D. 仅限货机

4. 在国际航空货物运输中，航空货运代理人和航空公司之间的货物交接凭证是（　　）。

A. HAWB　　B. MAWB　　C. B/L　　D. SLI

5. 在国际航空货物运输中，下列说法错误的是（　　）。

A. 每件普通航空货物的最小体积不得小于 5 厘米 ×10 厘米 ×20 厘米

B. 每票普通货物的最小重量不得小于 1 千克

C. 易碎物品每件重量不超过 25 千克

D. 鲜活易腐货物每件重量以不超过 25 千克为宜

### 二、判断题（正确 A，错误 B）

1. 凡是运输声明价值超过 1000 美元的物品，都属于国际航空货物中的贵重货物。（　　）

2. 在国际航空货物运输中，货物发运后，托运人可以对货运单上的各项内容做出变更。（　　）

3. 国际航空货物集中托运时，集运商应出具分运单，并粘贴分标签，显示分运单号和目的地城市或机场的三字代码。（　　）

4. 在国际航空货物运输中，如货物的一部分发生遗失、损坏或者延误，以致影响同一份货

运单所列的另一包装件的价值时,在确定责任限额时,另一包装件的总重量也应当考虑在内。(　　)

5. 在国际航空货物运输中,贵重货物在装机或装集装箱过程中至少应有三人在场,其中一人必须是承运人的代表。(　　)

**三、问答题**

1. 简述航空运输经营方式。

2. 什么情况下使用主运单,什么情况下使用分运单,在空运单上如何表示?

3. 直接运输与集中托运有何区别?

4. 航空运价手册分为几部分,其内容是什么?

**四、案例分析题**

1. 南京某货主出口一批价值 USD10000、共 10 箱的丝织品,通过 B 航空公司的代理人 A 办理空运,经北京出口至法国巴黎。货物交付后,由代理人 A 于 2009 年 1 月 1 日出具了航空货运单一份。该货运单注明:第一承运人是 B 航空公司,第二承运人是 C 航空公司,货物共 10 箱,重 250 千克。货物未声明价值。B 航空公司于当日即通过代理人 A 向货主通知了货物已灭失。货主向代理人 A 提出书面索赔要求,要求代理人 A 全额赔偿损失。

请分析:

(1) 代理人 A 是否承担责任? 为什么?

(2) B 航空公司是否承担责任? 为什么?

(3) 货主获得的赔偿金额应为多少?

2. A 货运代理公司空运部接受货主的委托,将一台重 12 千克的红外线测距仪从沈阳空运至香港。该批货物价值 6 万余元人民币,但货物"申明价值"栏未填写。A 货运代理公司按照正常的业务程序,向货主签发了航空分运单,并按普通货物的空运费率收取了运费。由于当时沈阳无直达香港的航班,所有空运货物必须在北京办理中转。为此 A 货运代理公司委托香港 B 货运代理公司驻北京办事处办理中转业务。但是,航空公司工作疏忽,致使该货物在北京至香港的运输途中遗失。根据以上案情,请回答如下问题:

(1) A 货运代理公司和 B 货运代理公司的法律地位是什么? 他们是否应对货物遗失承担责任?

(2) 本案是否适用国际航空货运公约? 为什么?

(3) 货主认为应按货物的实际价值进行赔偿的主张是否有法律依据? 为什么?

3. 一票航空运输的精密设备,从新加坡到延吉市,货运单号 999－89783444。货物价值 6 万美元,声明价值 6 万美元。货运单上注明"Airport of departure: Singapore; Airport of destination: Yanji,货物重 20 千克"。货物从新加坡运往长春机场,再使用卡车运输运至延吉市。由于在长春至延吉的高速公路上发生车祸,精密设备受到损坏,相关检验部门对受损精密设备进行估价,其残值为 2.4 万美元。请分析:

(1) 航空公司是否应赔偿? 理由是什么?

(2) 如果赔偿,应赔偿多少? 为什么?

# 10 国际航空货物运价及运费计算

## 10.1 国际航空货物运价基本知识

由于航空运输货物的种类繁多,货物运输的起讫地点所在航空区域不同,每种货物所适用的运价亦不同。换言之,运输的货物种类和运输起讫地点的IATA区域使航空货物运价乃至运费计算分门别类。同时,由于飞机业务载运能力受飞机最大起飞全重和货舱本身体积的限制,货物的计费重量需要同时考虑其体积重量和实际重量两个因素。又因为航空货物运价的“递远递减”的原则,产生了一系列重量等级运价,而重量等级运价的起码重量也影响着货物运费的计算。由此可见,货物航空运费的计算受多种因素的影响。

### 10.1.1 基本概念

**1.运价(Rate)**

运价又称费率,是指承运人对所运输的每一重量单位货物(千克或磅)(kg or lb)所收取的自始发地机场至目的地机场的航空费用。

**1)航空货物运价所使用的货币**

用以公布航空货物运价的货币称为运输始发地货币。

货物的航空运价一般以运输始发地的本国货币公布,有的国家以美元代替其本国币公布。以美元公布货物运价的国家视美元为当地货币。运输始发地销售的航空货运单的任何运价、运费值均应为运输始发地货币,即当地货币。以美元公布货物运价的国家的当地货币为美元。

**2)货物运价的有效期**

销售航空货运单所使用的运价应为填制货运单之日的有效运价,即在航空货物运价有效期内适用的运价。

**2.航空运费(Weight Charge)**

货物的航空运费是指航空公司将一票货物自始发地机场运至目的地机场所应收取的航空运输费用。该费用根据每票货物所适用的运价和货物的计费重量计算而得。每票货物是指使用同一份航空货运单的货物。

由于货物的运价是指货物运输起讫地点间的航空运价,航空运费就是指运输始发地机场至目的地机场间的运输货物的航空费用,不包括其他费用。

**3.其他费用(Other Charges)**

其他费用是指由承运人、代理人或其他部门收取的与航空货物运输有关的费用。

在组织一票货物自始发地至目的地运输的全过程中,除了航空运输外,还包括地面运输、仓储、制单、国际货物的清关等环节,提供这些服务的部门所收取的费用即为其他费用。

### 10.1.2 计费重量(Chargeable Weight)

计费重量是指用以计算货物航空运费的重量。货物的计费重量或者是货物的实际毛重,或者是货物的体积重量，或者是较高重量分界点的重量。

1. 实际毛重(Actual Gross Weight)

包括货物包装在内的货物重量称为货物的实际毛重。

由于飞机最大起飞全重及货舱可用载重量的限制，一般情况下，对于高密度货物，应考虑其货物实际毛重可能会成为计费重量。

2. 体积重量(Volume Weight)

1)定义

按照国际航协规则，将货物的体积按一定的比例折合成的重量，称为体积重量。

由于货舱空间体积的限制，一般对于低密度的货物，即轻泡货物，考虑其体积重量可能会成为计费重量。

2)计算规则

不论货物的形状是否为规则的长方体或正方体，计算货物体积时，均应以最长、最宽、最高的三边的厘米长度计算。长、宽、高的小数部分按四舍五入取整，体积重量的折算，换算标准为每6000立方厘米折合1千克。

$$\text{体积重量}=\frac{\text{体积重量}}{6000\ \text{立方厘米/千克}}$$

3. 计费重量(Chargeable Weight)

一般地，采用货物的实际毛重与货物的体积重量两者较高者。

国际航协规定，国际货物的计费重量以千克为单位，重量尾数不足0.5千克，按0.5千克计算；0.5千克以上不足1千克，按1千克计算。例如，103.01千克 按103.50千克计算，103.50千克按104千克计算。国际货物的计费重量以磅为单位，以1磅为最小计费单位，不满1磅计为1磅。

### 10.1.3 最低运费(Minimum Charge)

最低运费是指一票货物自始发地机场至目的地机场航空运费的最低限额。货物按其适用的航空运价与其计费重量计算所得的航空运费，应与货物最低运费相比，取高者。

### 10.1.4 货物航空运价、运费的货币进整

货物航空运价及运费的货币进整，因货币的币种不同而不同。TACT将各国货币的进整单位的规则公布在TACT Rules中。详细规则可参考TACT Rules 7.1中"CURRENCY TABLE"。

运费进整时，需将航空运价或运费计算到进整单位的下一位，然后按半数进位法进位，计算所得的航空运价或运费，达到进位单位一半则入，否则舍去，就是我们常说的四舍五入。

对于以0.01,0.1,1,10等为进位单位的货币，其货币进位举例如下：进位金额为746.389，进位单位为0.01，进整后为746.39。

我国货币人民币(CNY)的进位规定为：最低航空运费进位单位为"5"，除此之外的运价及航空运费等的进位单位均为"0.01"。

对于以0.05,0.5,5等为进整单位的货币，计算中应特别注意其进整问题。

例如：进位金额为4.445，进位单位为0.05，进整后为4.45。

由于世界很多国家采用此类进位单位，在实际运输工作中，在处理境外运至我国的到付货物时，对航空货运单的审核及费用的收取，需注意此项规则。

采用进整单位的规定，主要用于填制航空货运单（AWB）。销售 AWB 时，所使用的运输始发地货币，按照进整单位的规定计算航空运价及运费。

## 10.2 国际航空货物运价体系

目前国际货物运价按制定的途径划分，主要分为**协议运价**和**国际航协运价**。

**1. 协议运价**

协议运价是指航空公司与托运人签订协议，托运人保证每年向航空公司交运一定数量的货物，航空公司则向托运人提供一定数量的运价折扣。

目前航空公司使用的运价大多是协议运价，但在协议运价中又根据不同的协议方式进行细分。

航空国际货物运价构成表如表 2.10.1 所示。

**表 2.10.1 航空国际货物运价构成表**

<table>
<tr><td colspan="2" rowspan="2">协议定价</td><td rowspan="2">包板（舱）</td><td>死包板（舱）</td></tr>
<tr><td>软包板（舱）</td></tr>
<tr><td rowspan="2">长期协议</td><td rowspan="2">短期协议</td><td rowspan="2">返还</td><td>销售量返还</td></tr>
<tr><td>销售额返还</td></tr>
<tr><td colspan="2">自由销售</td><td></td><td></td></tr>
</table>

**名词解释**

**1. 长期协议**

通常航空公司同代理人签订的协议是一年的期限。

**2. 短期协议**

通常航空公司同代理人签订的协议是半年或半年以下的期限。

**3. 包板（舱）**

包板（舱）指托运人在一定航线上包用承运人的全部或部分的舱位或集装器来运送货物。

**4. 死包板（舱）**

托运人在承运人的航线上通过包板（舱）的方式运输时，托运人无论向承运人是否交付货物，都必须付协议上规定的运费。

**5. 软包板（舱）**

托运人在承运人的航线上通过包板（舱）的方式运输时，托运人在航班起飞前 72 小时如果没有确定舱位，承运人则可以自由销售舱位，但承运人对代理人的包板（舱）的总量有一个控制。

6. 销售量返还

如果代理人在规定期限内完成了一定的货量，航空公司则可以按一定的比例返还运费。

7. 销售额返还

如果代理人在规定期限内完成了一定的销售额，航空公司则可以按一定的比例返还运费。

8. 自由销售

自由销售也称议价货物或是一票一价，除了协议的货物，都是一票货物一个定价。

2. 国际航协运价

1）概述

国际航协运价是指 IATA 在 TACT 运价资料上公布的运价。国际货物运价使用 IATA 的运价手册——TACT Rates Book，结合并遵守国际货物运输规则（TACT Rules）共同使用。按照 IATA 货物运价公布的形式划分，国际货物运价可分为公布直达运价和非公布直达运价。

IATA 运价体系如表 2.10.2 所示。

表 2.10.2 IATA 运价体系

| | | |
|---|---|---|
| IATA 运价 | 公布直达运价（Published Through Rates） | 普通货物运价（General Cargo Rate） |
| | | 指定商品运价（Specific Commodity Rate） |
| | | 等级货物运价（Commodity Classification Rate） |
| | | 集装货物运价（Unit Load Device Rate） |
| | 非公布直达运价（UN-published Through Rates） | 比例运价（Construction Rate） |
| | | 分段相加运价（Combination of Rates and Charges） |

国际航协运价由国际航协通过运价手册向全世界公布，主要目的是协调各国的货物运价，但从实际操作来看，各国从竞争角度考虑，很少有航空公司完全遵照国际航协运价，大多进行了一定的折扣，但不能说明这种运价没有实际价值。

首先，它把世界上各个城市之间的运价通过手册公布出来，每个航空公司都能找到一种参照运价，所以每个航空公司在制定本公司运价时，都是按照国际航协这个标准运价进行。其次，国际航协对特种货物运价进行了分类，航空公司在运输这种货物时一般都用国际航协标准运价。最后，这种国际航协运价在全世界制定了一种标准运价，使得国际航空货物的运输的价格有了统一的基准，使得整个市场得到了规范。

2）现有定价的原则

Ⅰ. 重量分段对应运价

在每一个重量范围内设置一个运价。

如北京——汉城：45 千克— 18.00 人民币、100 千克—17.17 人民币、300 千克—15.38 人

民币。

Ⅱ. 数量折扣原则

随着运输重量的增大,运价越来越低,这实际上是使用定价原则中的数量折扣原则,通过这个原则,保证飞机的舱位有充分的货物。从以上北京到汉城就可以看出,45 千克的运价是 18 元,100 千克的运价是 17.17 元,300 千克的运价是 15.38 元,重量越大运价越低。

Ⅲ. 运距的因素

从北京到悉尼的距离大约是到新加坡的两倍,从表 2.10.3 中就可以看出 300 千克的运价,到悉尼是到新加坡的两倍左右。距离越长这种趋势越明显,但在低重量级别上,往往运价之差比距离之差要小,原因在于地面操作成本的大小。

**表 2.10.3 运距因素**

| 北京——新加坡 | | 北京——悉尼 | |
|---|---|---|---|
| 重量分级(千克) | 运价(元/人民币) | 重量分级(千克) | 运价(元/人民币) |
| N | 36.66 | N | 54.72 |
| 45 | 27.50 | 45 | 41.04 |
| 300 | 15.38 | 300 | 32.83 |

Ⅳ. 根据产品的性质分类

国际航协根据产品的性质分为在普货运价的基础上运价附加和运价附减。例如:对于活体动物、骨灰、灵柩、鲜活易腐物品、贵重物品、急件等货物采取附加的形式;对于书报杂志、作为货物运输的行李采取附减的形式。

## 10.3 各类航空货物运费计算

### 10.3.1 普通货物运价(General Cargo Rate, GCR)

**1. 普通货物运价基础知识**

普通货物运价是指除了等级货物运价和指定商品运价以外的适合于普通货物运输的运价。该运价公布在 TACT RATES BOOKS 的 SECTION 4 中。

普通货物运价包括基础运价和重量分界点运价。基础运价为 45 千克以下普通货物运价,重量分界点运价根据货物重量不同,分为若干个重量等级分界点运价。

例如,“N”表示标准普通货物运价,指的是 45 千克以下的普通货物运价(如无 45 千克以下运价时,N 表示 100 千克以下普通货物运价),对于 45 千克以上的不同重量分界点的普通货物运价均用“Q”表示。如,Q45 表示 45 千克以上(包括 45 千克)普通货物的运价、Q100 表示 100 千克以上(包括 100 千克)普通货物的运价、Q300 表示 300 千克以上(包括 300 千克)普通货物的运价,依此类推。

用货物的计费重量和其适用的普通货物运价计算而得的航空运费不得低于运价资料上公布的航空运费的最低收费标准(M)。

**2. 普通货物运费计算**

**实例一**

**Routing**: Shanghai, China (SHA) to Paris, France (PAR)

**Commodity**: Toy

**Gross Weight**: 5.6 kg

**Dimensions**: 40 cm × 28 cm × 22 cm

计算航空运费。

公布运价如表 2.10.4 所示。

表 2.10.4　实例一运价

| | | | |
|---|---|---|---|
| SHANGHAI | CN | | BJS |
| Y. RENMINBI | CNY | | kg |
| PARIS | FR | M | 320.00 |
| | | N | 50.37 |
| | | 45 | 41.43 |
| | | 300 | 37.90 |
| | | 500 | 33.42 |
| | | 1000 | 30.71 |

**计算方法：**

Volume(体积)：　40 cm × 28 cm × 22 cm = 24640 $cm^3$

Volume Weight(体积重量)：　24640 $cm^3$ ÷ 6000 $cm^3$/kg = 4.11 kg ≈ 4.5 kg

Gross Weight(毛重)：　5.6 kg

Chargeable Weight(计费重量)：6.0 kg

Applicable Rate(适用费率)：　GCR N 50.37CNY/KG

Weight Charge(航空运费)：　6.0 × 50.37 = 302.22CNY

因为 Minimum Charge 为 320.00CNY，此票货物的航空运费应为 320.00CNY。

**航空货运单运费计算栏填制如表 2.10.5 所示。**

表 2.10.5　实例一运费计算栏填制

| No. of Pieces RCP | Gross Weight | kg lb | Rate Class | Commodity Item No. | Chargeable Weight | Rate/ Charge | Total | Nature and Quantity of Goods (incl. Dimensions or Volume) |
|---|---|---|---|---|---|---|---|---|
| 1 | 5.6 | K | M | | 6.00 | 320.00 | 320.00 | TOY<br>DIMS.: 40 cm × 28 cm × 22 cm |

**实例二**

**Routing**: Beijing, China (BJS) to Amsterdam, Holland (AMS)

**Commodity**: Tools

**Gross Weight**: 38.60 kg

**Dimensions**:101 cm×58 cm×32 cm

计算航空运费。

公布运价如表 2.10.6 所示。

**表 2.10.6 实例二运价**

| | | | |
|---|---|---|---|
| BEIJING | CN | | BJS |
| Y. RENMINBI | CNY | | kg |
| AMSTERDAM | NL | M | 32.00 |
| | | N | 50.22 |
| | | 45 | 41.53 |
| | | 300 | 37.52 |

**计算方法:**

**(1)按照实际重量计算。**

Volume(体积): 101 cm × 58 cm × 32 cm = 187456 $cm^3$

Volume Weight(体积重量): 187456 $cm^3$ ÷ 6000 $cm^3$/kg = 31.24 kg ≈ 31.50 kg

Gross Weight(毛重): 38.60 kg

Chargeable Weight(计费重量): 39.00 kg

Applicable Rate(适用费率): GCR N 50.22CNY/KG

Weight Charge(航空运费): 39.00 × 50.22 = 1958.58CNY

**(2)采用较高重量分界点的较低运价计算。**

Chargeable Weight(计费重量): 45.00 kg

Applicable Rate(适用费率): GCR Q41.53CNY/KG

Weight Charge(航空运费): 45 × 41.53 = 1868.85CNY

**(1)与(2)比较,取运费较低者。**

Weight Charge(航空运费): 45 × 41.53 = 1868.85CNY

**航空货运单运费计算栏填制如表 2.10.7 所示。**

**表 2.10.7 实例二运费计算栏填制**

| No. of Pieces RCP | Gross Weight | kg lb | Rate Class | | Chargeable Weight | Rate/Charge | Total | Nature and Quantity of Goods (incl. Dimensions or Volume) |
|---|---|---|---|---|---|---|---|---|
| | | | | Commodity Item No. | | | | |
| 1 | 38.6 | K | Q | | 45.00 | 41.53 | 1868.85 | TOOLS<br>DIMS.:101 cm×58 cm×32 cm |

## 10.3.2 指定商品运价(Specific Commodity Rate, SCR)

### 1. 指定商品运价基础知识

#### 1)指定商品运价定义

指定商品运价是指适用于自规定的始发地至规定的目的地运输特定品名货物的运价。

通常情况下，指定商品运价低于相应的普通货物运价。就其性质而言，该运价是一种优惠性质的运价。鉴于此，指定商品运价在使用时，对于货物的起讫地点、运价使用期限、货物运价的最低重量起点等均有特定的条件。

指定商品运价的原因可归纳为以下两方面：其一，在某特定航线上，一些较为稳定的货主经常或者是定期托运特定品名的货物，托运人要求承运人提供一个较低的优惠运价；其二，航空公司为了有效利用其运力，争取货源并保证飞机有较高的载运率，向市场推出一个有竞争力的优惠运价。

有些指定商品运价也公布了不同的重量等级分界点，旨在鼓励货主托运大宗货物，并意识到选择空运的经济性及可行性。

**2）指定商品运价传统的分组和编号**

在 TACT RATES BOOKS 的 SECTION 2 中，根据货物的性质、属性以及特点等对货物进行分类，共分为十大组，每一组又分为十个小组。同时，对其分组形式用四位阿拉伯数字进行编号，该编号即为指定商品货物的品名编号。

指定商品分组及品名编号如表 2.10.8 所示。从中国始发常用指定商品代码如表 2.10.9 所示。

**表 2.10.8　指定商品分组及品名编号**

| | |
|---|---|
| 0001～0999 | 食用肉类和植物类产品 |
| 1000～1999 | 活体动物及非食用动物和植物类产品 |
| 2000～2999 | 纺织品、纤维及其制品 |
| 3000～3999 | 金属及其制品，但不包括机械、车辆和电器设备 |
| 4000～4999 | 机械、车辆和电器设备 |
| 5000～5999 | 非金属矿和产品 |
| 6000～6999 | 化工产品及其有关制品 |
| 7000～7999 | 纸张、芦苇、橡胶和木材制品 |
| 8000～8999 | 科学、专业精密仪器、机械和配件 |
| 9000～9999 | 其他货物 |

**表 2.10.9　从中国始发常用指定商品代码**

| | |
|---|---|
| 0007 | 水果 |
| 0008 | 新鲜水果、蔬菜 |
| 0300 | 鱼（可食用的）、海鲜、海味 |
| 0600 | 肉、肉制品（包括家禽、野味和猎物） |
| 1093 | 沙蚕 |
| 1201 | 皮革和皮制品 |
| 1401 | 花木、幼苗、根茎、种子、植物和鲜花 |
| 2195 | 成包、成卷、成块未进一步加工或制造的纱、线、纤维、布、服装和纺织品 |
| 6001 | 化学制品、药品、药材 |

**2. 指定商品运价的使用规则**

在使用指定商品运价时，只要所运输的货物满足下述三个条件，可以直接使用指定商品运价：

(1)运输始发地至目的地之间有公布的指定商品运价；

(2)托运人所交运的货物，其品名与有关指定商品运价的货物品名相吻合；

(3)货物的计费重量满足指定商品运价使用时的最低重量要求。

使用指定商品运价计算航空运费的货物，其航空货运单的"Rate Class"一栏，用字母"C"表示。

**3. 指定商品运费计算**

(1)先查询运价表，如有指定商品代号，则考虑使用指定商品运价。

(2)查找 TACT RATES BOOKS 的品名表，找出与运输货物品名相对应的指定商品代号。

(3)如果货物的计费重量超过指定商品运价的最低重量，则优先使用指定商品运价。

(4)如果货物的计费重量没有达到指定商品运价的最低重量，则需要比较计算。

**实例一**

**Routing**: Beijing, China(BJS) to Osaka, Japan(OSA)

**Commodity**: Fresh Apples

**Gross Weight**: each 65.20 kg, total 5 pieces

**Dimensions**: 102 cm × 44 cm × 25 cm × 5

计算航空运费。

公布运价如表 2.10.10 所示。

**表 2.10.10 实例一公布运价**

| | | | |
|---|---|---|---|
| BEIJING<br>Y. RENMINBI | CN<br>CNY | | BJS<br>kg |
| OSAKA | JP | M | 230.00 |
| | | N | 37.51 |
| | | 45 | 28.13 |
| | 0008 | 300 | 18.80 |
| | 0300 | 500 | 20.61 |
| | 1093 | 100 | 18.43 |
| | 2195 | 500 | 18.80 |

**计算方法：**

查找 TACT RATES BOOKS 的品名表，品名编号"0008"所对应的货物名称为"FRUIT, VEGETABLES (FRESH)"，现在承运的货物是 FRESH APPLES，符合指定商品代码"0008"，由于货主交运的货物重量符合"0008"指定商品运价使用时的最低重量要求。

Volume(体积)： $102\ cm \times 44\ cm \times 25\ cm \times 5 = 561000\ cm^3$

Volume Weight(体积重量)： $561000\ cm^3 \div 6000\ cm^3/kg = 93.50\ kg$

Gross Weight(毛重)： 65.20 kg × 5 = 326.00 kg

Chargeable Weight(计费重量)：326.00 kg

Applicable Rate(适用费率)： SCR 0008/300 18.80CNY/KG

Weight Charge(航空运费)： 326.00 × 18.80 = 6128.80CNY

**航空货运单运费计算栏填制如表 2.10.11 所示。**

**表 2.10.11 实例一运费计算栏填制**

| No. of Pieces RCP | Gross Weight | kg lb | Rate Class | Commodity Item No. | Chargeable Weight | Rate/ Charge | Total | Nature and Quantity of Goods (incl. Dimensions or Volume) |
|---|---|---|---|---|---|---|---|---|
| 5 | 326.00 | K | C | 0008 | 326.00 | 18.80 | 6128.80 | FRESH APPLES<br>DIMS. :102 cm × 44 cm × 25 cm × 5 |

**实例二**

**Routing**：Beijing，China(BJS) to Nagoya，Japan(NGO)

**Commodity**：Fresh Oranges

**Gross Weight**：each 47.80 kg，total 6 pieces

**Dimensions**：128 cm × 42 cm × 36 cm × 6

计算航空运费。

公布运价如表 2.10.12 所示。

**表 2.10.12 实例二公布运价**

| BEIJING<br>Y. RENMINBI | CN<br>CNY | | BJS<br>kg |
|---|---|---|---|
| NAGOYA | JP | M | 230.00 |
| | | N | 37.51 |
| | | 45 | 28.13 |
| | 0008 | 300 | 18.80 |
| | 0300 | 500 | 20.61 |
| | 2195 | 500 | 18.80 |

**计算方法：**

**(1)按普通运价使用规则计算。**

Volume(体积)： 128 cm × 42 cm × 36 cm × 6 = 1161216 $cm^3$

Volume Weight(体积重量)： 1161216 $cm^3$ ÷ 6000 $cm^3$/kg = 193.54 kg ≈ 194 kg

Gross Weight(毛重)： 47.80 kg × 6 = 286.80 kg

Chargeable Weight(计费重量)：287 kg

Applicable Rate(适用费率)： GCR/Q 45 28.13CNY/KG

Weight Charge(航空运费)：　287 kg × 28.13 = 8073.31CNY

**分析：**

由于计费重量没有满足指定商品代码。0008 的最低重量要求 300 千克,因此只能先用普货来算。

**(2)按指定商品运价使用规则计算。**

Actual Gross Weight(实际毛重)：286.80 kg

Chargeable Weight(计费重量)：　300 kg

Applicable Rate(适用费率)：　SCR 0008/300 18.80CNY/KG

Weight Charge(航空运费)：　300 kg × 18.80 = 5640.00CNY

**(1)与(2)比较,取运费较低者。**

Weight Charge(航空运费)：　5640.00CNY

**航空货运单运费计算栏填制如表 2.10.13 所示。**

**表 2.10.13　实例二运费计算栏填制**

| No. of Pieces RCP | Gross Weight | kg lb | | Rate Class / Commodity Item No. | Chargeable Weight | Rate/ Charge | Total | Nature and Quantity of Goods (incl. Dimensions or Volume) |
|---|---|---|---|---|---|---|---|---|
| 6 | 286.80 | K | C | 0008 | 300.00 | 18.80 | 5640.00 | FRESH ORANGES<br>DIMS.:128 cm × 42 cm × 36 cm × 6 |

## 10.3.3 等级货物运价(Commodity Classification Rate)

### 1. 等级货物运价基础知识

等级货物运价是指在规定的业务区内或业务区之间运输特别指定的等级货物的运价。

IATA 规定,等级货物包括下列各种货物：

①活动物；

②贵重货物；

③书报杂志类货物；

④作为货物运输的行李；

⑤尸体、骨灰；

⑥汽车等。

### 2. 等级货物运价使用规则

等级货物运价是在普通货物运价基础上附加或附减一定百分比的形式构成,附加或附减规则公布在 TACT RULES 中。

通常附加或不附加也不附减的等级货物用代号(S)表示(S—Surcharged Class Rate)。附减的等级货物用代号(R)表示(R—Reduced Class Rate)。

IATA 规定,对于等级货物运输,如果属于国际联运,并且参加联运的某一承运人对其承运的航段有特殊的等级货物百分比,即使运输起讫地点间有公布的直达运价,也不可以直接使用。此时,应采用分段相加的办法计算运输始发地至运输目的地的航空运费。此项规则在此不做详细说明。

以下所述的各种等级货物运价均为运输始发地至运输目的地之间有公布的直达运价，并且是可以直接使用情况下的运价计算。

当始发地和目的地的等级运价百分比不同时，以始发地的百分比为准。

注：动物的容器以及食物等应包含在活体动物的计费重量中。

### 3. 等级货物运费计算

**实例一**

**Routing**: Stuttgart, Germany (SRT)—Barcelona, Spain (BCN)

**Commodity**: Live dog

**Gross Weight**: 40 kg (dog + kennel)

**Dimensions**: 90 cm × 50 cm × 68 cm × 1

计算航空运费。

公布运价如表 2.10.14 所示。

表 2.10.14 实例一公布运价

| | | | |
|---|---|---|---|
| STUTTGART<br>EURO | DE<br>EUR | | STR<br>kg |
| BARCELONA | ES | M | 76.69 |
| | | N | 5.47 |
| | | 100 | 4.45 |
| | | 300 | 3.86 |
| | | 500 | 3.73 |

**计算方法：**

查找活动物运价表，从斯图加特运往巴塞罗那，属于 IATA 2 区之内运输一般活体动物，运价为 175% N。

Volume(体积)： 90 cm × 50 cm × 68 cm = 306000 $cm^3$

Volume Weight(体积重量)： 306000 $cm^3$ ÷ 6000 $cm^3$/kg = 51 kg

Gross Weight(毛重)： 40.00 kg

Chargeable Weight(计费重量)：51.00 kg

Applicable Rate(适用费率)： 175% N × 5.47CNY/KG = 9.57EUR/KG

Weight Charge：(航空运费) 51 × 9.57 = 488.07EUR

**航空货运单运费计算栏填制如表 2.10.15 所示。**

表 2.10.15 实例一运费计算栏填制

| No. of Pieces RCP | Gross Weight | kg lb | Rate Class | | Chargeable Weight | Rate/ Charge | Total | Nature and Quantity of Goods (incl. Dimensions or Volume) |
|---|---|---|---|---|---|---|---|---|
| | | | | Commodity Item No. | | | | |
| 1 | 40.00 | K | S | N175 | 51 | 9.57 | 488.07 | DOG<br>DIMS.：90 cm × 50 cm × 68 cm × 1<br>LIVE ANIMALS |

注：1. “运价类别”（Rate Class）栏：填入活体动物运价代号“S”。
2. “商品编号”（Commodity Item No.）栏：填入活体动物规则“N175”，表示使用了175%的N运价。
3. “运价/运费”（Ratel Charge）栏：填写按照活体动物规则计算出的运价。
4. “货物品名和数量”（Nature and Quantity of Goods）栏：要求有活体字样“LIVE ANIMALS”。

**实例二**

**Routing**: Beijing, China (BJS) to London, United Kingdom (LON)

**Commodity**: Books

**Gross Weight**: 980.00 kg

**Dimensions**: 70 cm × 50 cm × 40 cm × 20

计算航空运费。

公布运价如表2.10.16所示。

表2.10.16 实例二公布运价

| | | | |
|---|---|---|---|
| BEIJING | CN | | BJS |
| Y. RENMINBI | CNY | | kg |
| LONDON | GB | M | 320 |
| | | N | 63.19 |
| | | 45 | 45.22 |
| | | 100 | 42.22 |
| | | 500 | 33.42 |
| | | 1000 | 30.71 |

**计算方法：**

从北京运往伦敦，属于IATA 2区与3区之间运输书籍，运价为50%N。

**（1）按等级货物运价计算。**

Volume（体积）： 70 cm × 50 cm × 40 cm × 20 = 2800000 $cm^3$

Volume Weight（体积重量）： 2800000 $cm^3$ ÷ 6000 $cm^3$/kg = 466.67 kg ≈ 467.00 kg

Gross Weight（毛重）： 980.00 kg

Chargeable Weight（计费重量）：980.00 kg

Applicable Rate（适用费率）： 50% N × 63.19CNY/KG = 31.595CNY/KG ≈ 31.60CNY/KG

Weight Charge（航空运费）： 980.00 × 31.60 = 30968.00CNY

**（2）按普通货物运价计算。**

Chargeable Weight（计费重量）：1000 kg

Applicable Rate（适用费率）： 30.71CNY/KG

Weight Charge（航空运费）： 1000 × 30.71 = 30710CNY

**（1）与（2）比较，取运费较低者。**

Weight Charge（航空运费）： 30710CNY

**航空货运单运费计算栏填制如表2.10.7所示。**

表 2.10.17 实例二运费计算栏填制

| No. of Pieces RCP | Gross Weight | kg lb | | Rate Class Commodity Item No. | Chargeable Weight | Rate/ Charge | Total | Nature and Quantity of Goods (incl. Dimensions or Volume) |
|---|---|---|---|---|---|---|---|---|
| 20 | 980.00 | K | Q | | 1000 | 30.71 | 30710.00 | BOOKS<br>DIMS.: 70 cm×50 cm×40 cm×20 |

### 10.3.4 集中托运货物运价(Mixed Consignments)

**1. 集中托运货物定义**

集中托运货物指使用同一份货运单运输的货物中,包含有不同运价、不同运输条件的货物。

**2. 集中托运货物中不得包括下列物品**

(1)TACT Rules 3.7.6 中规定的任何贵重货物;

(2)活动物;

(3)尸体、骨灰、外交信袋;

(4)作为货物运送的行李;

(5)机动车辆(电力自动车辆除外)。

**3. 申报方式与计算规则**

**1)申报整批货物的总重量(或体积)**

计算规则:集中托运货物被视为一种货物,将其总重量确定为一个计费重量,运价采用适用的普通货物运价。

**2)分别申报每一种类货物的件数、重量、体积及货物品名**

计算规则:按不同种类货物适用的运价与其相应的计费重量分别计算运费。

注:如果集中托运货物使用一个外包装将所有货物合并运输,则该包装物的运费按混运货物中运价最高的货物的运价计收。

**4. 声明价值**

集中托运货物只能按整票(整批)货物办理声明价值,不得办理部分货物的声明价值,或办理两种以上的声明价值。所以,混运货物声明价值费的计算应按整票货物总的毛重。

**5. 最低运费**

集中托运货物的最低运费,按整票货物计收。即无论是分别申报或不分别申报的混运货物,按其运费计算方法计得的运费与起止地点间的最低收费标准比较,取高者。

### 10.3.5 运价的使用顺序

(1)如果有协议运价,则优先使用协议运价。

(2)在相同运价种类、相同航程、相同承运人条件下,公布直达运价应按下列顺序使用。

①优先使用指定商品运价。如果指定商品运价条件不完全满足,则可以使用等级货物运价和普通货物运价。

②其次使用等级货物运价。等级货物运价优先于普通货物运价使用。

(a)如果货物可以按指定商品运价计费,但因其重量没满足指定商品运价的最低重量要求,则按指定商品运价计费,与采用普通货物运价计费结果相比较,取低者。如果该指定商品同时又属于附加的等级货物,则只允许采用附加的等级货物运价和指定商品运价的计费结果比较,取低者,不能与普通货物运价比较。

(b)如果货物属于附减的等级货物,即书报杂志类、作为货物运输的行李,其等级货物计费则可以与普通货物运价计算的运费相比较,取低者。

③如果当运输两点间无公布直达运价,则应使用非公布直达运价。

(a)优先使用比例运价构成全程直达运价。

(b)当两点间无比例运价时,使用分段相加办法组成全程最低运价。

### 10.3.6 国际货物运输其他费用

国际航空货物运输中,航空运费是指自运输始发地至运输目的地之间的航空运输费用。在实际工作中,对于航空公司或其代理人将收运的货物自始发地运至目的地整个运输组织过程,除发生航空运费外,在运输始发站、中转站、目的站经常发生与航空运输有关的其他费用。

**1. 货运单费(Documentation Charges)**

货运单费又称为航空货运单工本费,此项费用为填制航空货运单之费用。

航空公司或其代理人销售或填制货运单时,该费用包括逐项逐笔填制货运单的成本。对于航空货运单工本费,各国的收费水平不尽相同。

按国际航协规定:

(1)航空货运单若由航空公司来销售或填制,则表示为AWC,表示此项费用归出票航空公司(Issuing Carrier)所有;

(2)如果货运单由航空公司的代理人销售或填制,则表示为AWA,表示此项费用归销售代理人所有。

中国民航各航空公司一般规定:无论货运单是航空公司销售还是由代理人销售,填制AWB时,货运单中“Other Charges”一栏中用AWC表示,意为此项费用归出票航空公司所有。

**2. 垫付款和垫付费 (Disbursements and Disbursements Fees)**

垫付款是指在始发地机场运输一票货物时发生的部分其他费用。这部分费用仅限于货物地面运输费、清关处理费和货运单工本费。

垫付费是对于垫付款的数额而确定的费用。垫付费的费用代码为“DB”。按TACT Rules规定,该费用归出票航空公司所有。在货运单的“其他费用”栏中,此项费用应表示为“DBC”。

垫付费的计算公式:

$$\text{垫付费} = \text{垫付款} \times 10\%$$

但每一票货物的垫付费不得低于20USD或等值货币。

**3. 危险品处理费(Charges for Shipments of Dangerous Goods Handling)**

国际航空货物运输中,对于收运的危险品货物,除按危险品规则收运并收取航空运费外,还应收取危险货物收运手续费,该费用必须填制在货运单“其他费用”栏内,用“RA”表示费用种类。TACT Rules规定,危险品处理费归出票航空公司所有。在货运单中,危险品处理费表示为“RAC”。

**4. 运费到付货物手续费(Charges Collect Fee,又称CC Fee)**

国际货物运输中,当货物的航空运费及其他费用到付时,在目的地的收货人,除支付货物的航空运费和其他费用外,还应支付到付货物手续费。此项费用由最后一个承运航空公司收取,并归其所有。

## 练习题

### 一、单项选择题

1. 国际航空货物的计费重量以(　　)为最小单位。

A. 0.3 千克　　B. 0.5 千克　　C. 0.8 千克　　D. 1 千克

2. 航空货物的指定商品品名编号在 2000 ~ 2999 之间的编号代表(　　)货物。

A. 机器、汽车和电器设备　　B. 可食用的动植物产品

C. 活动物及非食用的动植物产品　　D. 纺织品、纤维及其制品

3. 在国际航空货物运输中,(　　)属于非公布直达运价。

A. 普通货物运价　　B. 等级货物运价

C. 分段相加运价　　D. 集装货物运价

4. 某国际航空货物运单上的"Rate Class"一栏印有"N",说明(　　)。

A. 该票货物的计费重量达到 45 千克

B. 该票货物的计费重量没有达到 45 千克

C. 该票货物采用最低运费

D. 该票货物采用较高重量点的运价

5. 航空货物运价所使用的货币应为(　　)。

A. 始发地货币　　B. 目的地货币

C. 美元　　D. 英镑

### 二、判断题(正确 A, 错误 B)

1. 在国际航空货物运输中,较高重量分界点的重量也可成为货物的计费重量。(　　)

2. 国际航空运价表中的最低运费是指一票货物自始发地机场至目的地机场航空运费的最低限额,按照最低运费收取运费的货物不再收取其他附加费。(　　)

3. 在国际货物托运书上显示的价格是航空公司的优惠价格加上其他费用或者协议运价,而不是 TACT 上公布的适用运价和费率。(　　)

4. 航空运输活动物所用容器、饲料、饮用水等重量应包括在货物的计费重量内。(　　)

5. 在航空货物运输中,活动物的运输也可以办理运费到付。(　　)

### 三、问答题

1. 简述国际航空运价体系。

2. 简述国际航空货物运价分类及其特点。

3. 国际航空货物运输其他费用包括哪些?

### 四、计算题

**1. Routing: BEIJING, CHINA (BJS) TO NEW YORK, USA**

Commodity: TOY

Gross Weight: 270 kg

Dimensions: 240 cm × 120 cm × 60 cm

公布运价如表 2.10.18 所示。

表 2.10.18　题 1 公布运价

| | | | |
|---|---|---|---|
| BEIJING | CN | | BJS |
| Y. RENMINBI | CNY | | KGS |
| NEW YORK | US | M | 420.00 |
| | | N | 64.46 |
| | | 45 | 46.34 |
| | | 100 | 45.19 |
| | | 300 | 41.86 |

注：经查，此时运价构成形式为 150% of Normal GCR。

计算该票货物的航空运费。

**2. Routing：BEIJING，CHINA（BJS）to ATLANTA，U. S. A.（ATL）**

Commodity：MONKEYS

Gross Weight：TOTAL 3 PIECES，EACH 55.3 KGS

Dimensions：98 cm × 88 cm × 44 cm × 3

公布运价如表 2.10.19 所示。活动物运价表如表 2.10.20 所示。

表 2.10.19　题 2 公布运价

| | | | |
|---|---|---|---|
| BEIJING | CN | | BJS |
| Y. RENMINBI | CNY | | KGS |
| ATLANTA | US | M | 420.00 |
| | | N | 75.95 |
| | | 45 | 58.68 |
| | | 100 | 52.34 |
| | | 300 | 47.26 |

表 2.10.20　活动物运价表

| ALL LIVE ANIMALS Except：Baby Poultry less than 72 hours old | **Within** 1 | **Within** 2 (see also Rule 3.7.1.3) | **Within** 3 | **Between** 1 & 2 | **Between** 2 & 3 | **Between** 3 & 1 |
|---|---|---|---|---|---|---|
| | 175% of Normal GCR | 175% of Normal GCR | 150% of Normal GCR | 175% of Normal GCR | 150% of Normal GCR | 150% of Normal GCR |

请计算航空运费。

**3. Routing：SHANGHAI，CHINA（SHA）TO NAGASAKI，JAPAN（NGS）**

Commodity：Personal Effects

Gross Weight：EACH 20.4 kg，TOTAL 6 PIECES

Dimensions：89 cm × 61 cm × 35 cm × 6

公布运价如表 2.10.21 所示。

**表 2.10.21　题 3 公布运价**

| | | | | |
|---|---|---|---|---|
| SHANGHAI | CN | | | SHA |
| Y. RENMINBI | CNY | | | KGS |
| NAGASAKI | JP | | M | 230.00 |
| | | | N | 38.22 |
| | | | 45 | 28.13 |
| | | 0008 | 300 | 18.80 |
| | | 0300 | 500 | 20.61 |
| | | 1093 | 100 | 18.43 |
| | | 2195 | 500 | 18.80 |

请计算航空运费。

# 11 国际航空货物运输业务操作流程

## 11.1 航空货物出口运输业务操作流程

航空货物出口运输业务程序包含如图 2.11.1 所示几个环节。

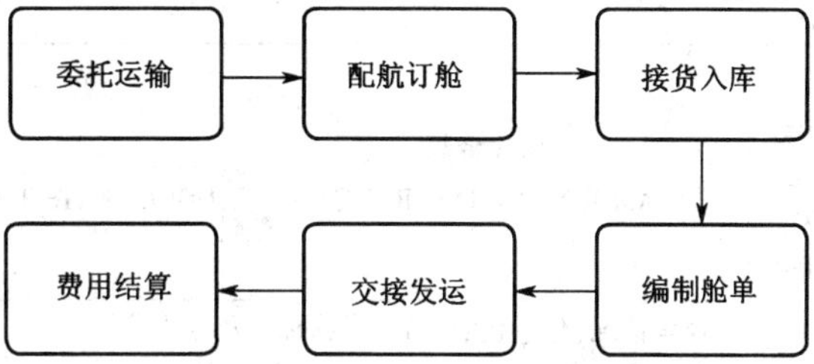


图 2.11.1 航空货物出口运输业务程序

**1. 委托运输**

发货人与货运代理确定运输价格以及服务条件后，货运代理将给发货人一份空白货物托运书，发货人将如实填写此份托运书，并传真或交回货运代理。货物托运委托书实样见图 2.11.2。

中国国际航空运输有限公司

国际货物托运书

SHIPPER'S LETTER OF INSTRUCTION

<table>
<tr><td>托运人姓名及地址<br>SHIPPER'S NAME AND ADDRESS</td><td>托运人账号<br>SHIPPER'S ACCOUNT NUMBER</td><td colspan="2">供承运人用<br>FOR CARRIER USE ONLY</td></tr>
<tr><td colspan="2" rowspan="2">KERRY EAS LOGISTICS LTD. TIANJIN BRANCH<br>NO. 204 WEIGUO ROAD, DONGLI DISTRICT<br>TIANJIN CHINA<br>TEL: 86 22 58295588 FAX: 86 22 58299150</td><td>航班/日期<br>FLIGHT/DATE</td><td>航班/日期<br>FLIGHT/DATE</td></tr>
<tr><td></td><td></td></tr>
<tr><td>收货人姓名及地址<br>CONSIGNEE'S NAME AND ADDRESS</td><td>收货人账号<br>CONSIGNEE'S ACCOUNT NUMBER</td><td colspan="2"></td></tr>
</table>

续表

<table>
<tr><td colspan="4">PACTRA INTERNATIONAL(MALAYSIA)<br>KARL-WALDBRUNNER-PLATZ<br>1210 KUALA, MALAYSIA</td><td colspan="2"></td></tr>
<tr><td colspan="4">代理人的名称和城市<br>ISSUING CARRIER'S AGENT NAME AND CITY</td><td colspan="2"></td></tr>
<tr><td colspan="4">始 发 站<br>AIRPORT OF DEPARTURE<br>TIANJIN BINHAI INTERNATIONAL AIRPORT</td><td colspan="2">ALSO NOTIFY:</td></tr>
<tr><td colspan="4">到 达 站<br>AIRPORT OF DESTINATION<br>KUALA LUMPUR AIRPORT</td><td colspan="2"></td></tr>
<tr><td colspan="2">托运人声明的价值<br>SHIPPER'S DECLARED VALUE</td><td colspan="2" rowspan="2">保险金额<br>AMOUNT OF INSURANCE</td><td colspan="2" rowspan="2">所附文件<br>DOCUMENTS TO ACCOMPANY AIR WAYBILL</td></tr>
<tr><td>供运输用<br>FOR CARRIAGE</td><td>供海关用<br>FOR CUSTOMS</td></tr>
<tr><td colspan="6">处理情况(包括包装方式、货物标志及号码等)<br>HANDLING INFORMATION (INGL. METHOD OF PACKING, IDENTIFYING MARKS AND NUMBERS ETC.)</td></tr>
<tr><td>件数<br>NO. OF<br>PACKING</td><td>实际毛重(千克)<br>ACTUAL GROSS<br>WEIGHT(KG)</td><td>运价类别<br>RATE CLASS</td><td>收费重量<br>GHARGEABLE WEIGHT</td><td>费率<br>RATE</td><td>货物品名及数量<br>NATURE AND QUANTITY OF GOODS<br>(INCL. DIMENSION OR VOLUME)</td></tr>
<tr><td>1</td><td>930.0</td><td></td><td></td><td></td><td>MOBILE PHONE<br>GT-I5503YKCXME<br>DIMS.:120 mm×82 mm×114 mm/1</td></tr>
</table>

**托运人证实以上所填全部属实并愿遵守承运人的一切载运章程。**

THE SHIPPER CERTIFIES THAT THE PARTICULARS ON THE FACE HEREOF ARE CORRECT AND AGREES TO THE CONDITIONS OF CARRIAGE OF THE CARRIER.

**托运人签字**:孙圆圆　　**日期**:2011.12.15　　**经手人**:任斌　　**日期**:2011.12.15

**图 2.11.2　货物托运书实样**

托运书包括下列内容栏。

**1)托运人姓名及地址(SHIPPER'S NAME AND ADDRESS)**

填列托运人的全称、街名、城市名称、国家名称及便于联系的电话、电传或传真号码。

**2)收货人姓名及地址(CONSIGNEE'S NAME AND ADDRESS)**

填列收货人的全称、街名、城市名称、国家名称(特别是在不同国家内有相同城市名称时,更应注意填上国名)以及电话号、电传号或传真号,本栏内不得填写"to order"或"to order of the shipper"(按托运人的指示)等字样,因为航空货运单不能转让。

**3)始发站机场(AIRPORT OF DEPARTURE)**

填始发站机场的全称,可填城市名称。

4)目的地机场(AIRPORT OF DESTINATION)

填目的地机场(机场名称不明确时,可填城市名称),如果某一城市名称用于一个以上国家时,应加上国名。例如,LONDON UK 伦敦,英国;LONDON CA 伦敦,加拿大。

5)要求的路线/申请订舱(REQUESTED ROUTING)

本栏用于航空公司安排运输路线时使用,但如果托运人有特别要求时,也可填入本栏。

6)供运输用的声明价值(DECLARED VALUE FOR CARRIAGE)

填写供运输用的声明价值金额,该价值即为承运人赔偿责任的限额。承运人按有关规定向托运人收取声明价值费。但如果所交运的货物毛重每千克不超过 20 美元(或等值货币),无须填写声明价值金额,可在本栏内填入“NVD”( No Value Declared)(未声明价值)。如本栏空着未填写,则承运人或其代理人可视为货物未声明价值。

7)供海关用的声明价值(DECLARED VALUE FOR CUSTOMS)

国际货物通常要受到目的站海关的检查,海关根据此栏所填数额征税。

8)保险金额(AMOUNT OF INSURANCE)

中国民航各空运企业暂未开展国际航空运输代保险业务,本栏可空着不填。

9)处理情况(HANDLING INFORMATION)

填列附加的处理要求。例如:外包装上的标记;操作要求,如易碎、向上等。

10)所附文件(DOCUMENTATION TO ACCOMPANY AIR WAYBILL)

填列随附在货运单上运往目的地的文件,应填上所附文件的名称。例如,托运人所托运的动物证明书(SHIPPER'S CERTIFICATION FOR LIVE ANIMALS)。

11)件数和包装方式(NUMBER AND KIND OF PACKAGES)

填列该批货物的总件数,并注明其包装方法。例如,纸箱(Carton)、木箱(Case)、板条箱(Crate)、袋(Bag)、卷(Roll)、包裹(Package)等。如货物没有包装时,就注明为散装(Loose)。

12)实际毛重(ACTUAL GROSS WEIGHT)

本栏内的重量应由承运人或其代理人在称重后填入。如托运人已填上重量,承运人或其代理人必须进行复核。

13)运价类别(RATE CLASS)

填列所适用的运价、协议价、杂费、服务费。

14)计费重量(千克)(CHARGEABLE WEIGHT,KGS)

本栏内的计费重量应由承运人或其代理人在量过货物的尺寸(以厘米为单位)后,由承运人或其代理人算出计费重量后填写。如托运人已经填上,承运人或其代理人必须进行复核。

15)费率(RATE/CHARGE)

本栏可空着不填。

16)货物的品名及数量(包括体积或尺寸)(NATURE AND QUANTITY OF GOODS (INCL. DIMENSIONS OR VOLUME ))

填列货物的品名和数量(包括尺寸或体积)。

若一票货物包括多种物品时,托运人应分别申报货物的品名,填写品名时不能使用“样品”、“部件”等这类比较笼统的名称。货物中的每一项均须分开填写,并尽量填写详细,如“9

筒35毫米的曝光动画胶片”等,本栏所填写内容应与出口报关发票、进出口许可证上列明的货物相符。

运输下列货物,按国际航协有关规定办理(参阅TACT Rules 2.3.3/7.3/8.3):活体动物,个人物品,枪械、弹药、战争物资,贵重物品,危险物品,汽车,尸体,具有强烈气味的货物,裸露的机器、铸件、钢材,湿货,鲜货易腐物品。

危险品应填写适用的准确名称及标贴的级别。

**17)托运人签字(SIGNATURE OF SHIPPER)**

托运人必须在本栏内签字。

**18)日期(DATE)**

填托运人或其代理人交货的日期。

**2.配航订舱**

货运代理根据发货人的委托书,向航空公司订舱(也可由发货人指定航空公司),订舱一般要提前一周进行,用来确认价格,避免下周发生太大的波动而引起纠纷,同时向客户确认航班以及相关信息。

订舱的具体做法和基本步骤是,接到发货人的发货预报后,向航空公司吨控部门领取并填写订舱单,同时提供相应的信息:

(1)货物的名称;

(2)体积(必要时提供单件尺寸);

(3)重量;

(4)件数;

(5)目的地;

(6)要求出运的时间等;

(7)其他运输要求(温度、装卸要求、货物到达目的地时限等)。

订舱后,航空公司签发舱位确认书(舱单),同时给予装货集装器领取凭证,以表示舱位订妥。

**3.接货入库**

接受货物,是指航空货运代理公司把即将发运的货物从发货人手中接过来并运送到自己的仓库。

接受货物一般与接单同时进行。对于通过空运或铁路从内地运往出境地的出口货物,货运代理按照发货提供的运单号、航班号及接货地点日期,代其提取货物。如货物已在始发地办理了出口海关手续,发货人应同时提供始发地海关的关封。

接货时应对货物进行过磅和丈量,并根据发票、装箱单或送货单清点货物,核对货物的数量、品名、合同号或唛头等是否与货运单上所列一致。检查货物的外包装是否符合运输的要求。

接受货物后机场货站要做以下工作。

**1)理货**

Ⅰ.标记

当货物送至相关的货站后,货运代理会根据航空公司的运单号码,制作主标签和分标签,贴在货物上,以便于起运港及目的港的货主、货代、货站、海关 、航空公司、商检及收货人识别,如图 2.11.2 所示。

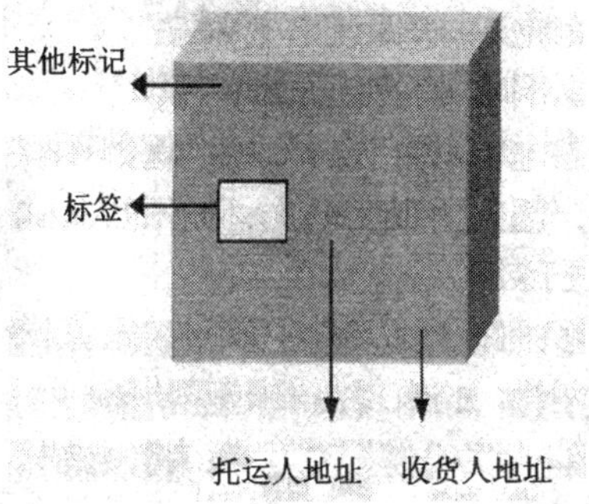


图 2.11.2 在货物外包装上由托运人书写有关事项和记号

①托运人和收货人的姓名、地址、联系电话、传真;

②合同号等;

③操作(运输)注意事项,例如不要暴晒(Don't Expose to Excessive Sunlight)、防潮(Keep Dry)、小心轻放(Handle with Care);

④单件超过 150 千克的货物。

Ⅱ. 标签

(1)从标签的作用来区分:识别标签、特种货物标签、操作标签。

①识别标签。说明货物的货运单号码、件数、重量、始发站、目的站、中转站的一种运输标志,如图 2.11.3 所示。分为挂签、贴签两种。

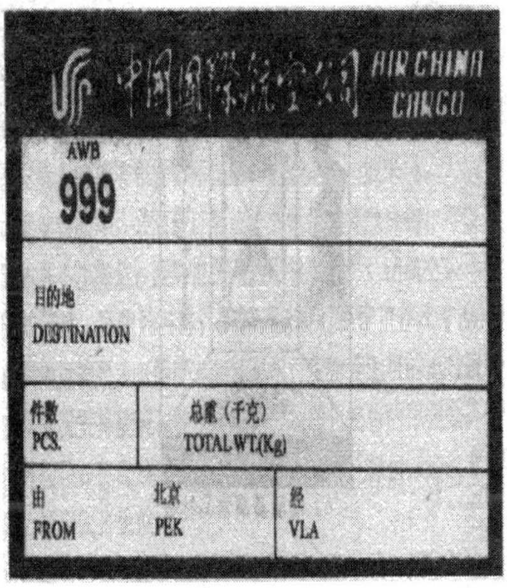


图 2.11.3 识别标签

②特种货物标签。说明特种货物性质的各类识别标志。分为活动物标签、危险品标签和鲜货易腐物品标签,如图 2.11.4 所示。

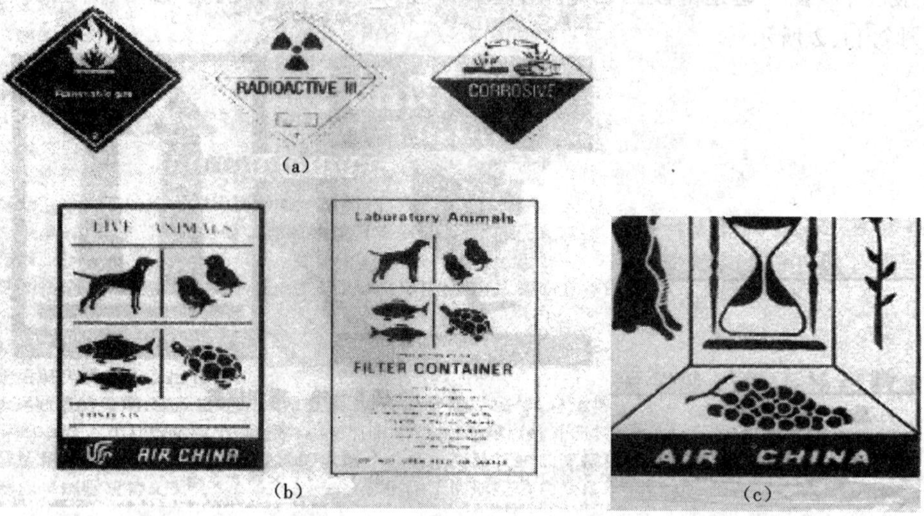


**图 2.11.4　特种货物标签**

(a)危险物品标签;(b)活体动物标签;(c)鲜活易腐物品标签

③操作标签。说明货物储运注意事项的各类标志,如图 2.11.5 所示。

**图 2.11.5　操作标签**

**2)过磅**

将贴好标签的货物交由货站过安全检查,过磅以及丈量货物尺寸计算体积重量,之后货站将整单货物的实际重量以及体积重量写入可收运书,加盖“安检章”、“可收运章”并签名确认。

**3)打单**

货运代理根据货站的可收运书将全部货物数据打入航空公司的运单上。

**4)特殊处理**

可能因货物的重要性、危险性以及装运限制(如超大、超重等),货站将要求承运的航空公司代表进行审核,并签字说明,才可入仓。

航空运单与海运提单有很大不同,不可转让,持有航空运单也并不能说明可以对货物要求所有权。航空运单的正本一式三份,每份都印有背面条款,其中一份交发货人,是承运人或其代理人接受货物的依据;第二份由承运人留存,作为记账凭证;最后一份随货同行,在货物到达目的地,交付给收货人时作为核收货物的依据。

**4. 编制舱单**

配舱方案制定后就可着手编制出仓单:出仓单的日期、承运航班的日期、装载板箱形式及数量、货物进仓顺序编号、总运单号、件数、重量、体积、目的地三字代码和备注。

出仓单交给出口仓库,用于出库计划,出库时点数并向装板箱交接。

出仓单交给装板箱环节,是向出口仓库提货的依据,也是制作国际货物交接清单的依据,该清单用于向航空公司交接货物,同时还可用于外拼箱。

出仓单交给报关环节。当报关有问题时,可有针对性反馈,以采取相应措施。

**5. 交接发运**

交接是向航空公司交单交货,由航空公司安排航空运输。交单就是将随机单据和应有承运人留存的单据交给航空公司。随机单据包括第二联航空运单正本、发票、装箱单、产地证明、品质鉴定证书。交货即把与单据相符的货物交给航空公司。交货前必须粘贴或拴挂货物标签,清点和核对货物,填制货物交接清单。

**6. 费用结算**

费用结算主要涉及同发货人、承运人和国外代理人三方面的结算。

## 11.2 航空货物进口运输业务操作流程

航空货物进口运输业务程序包含如图 2.11.6 所示几个环节。

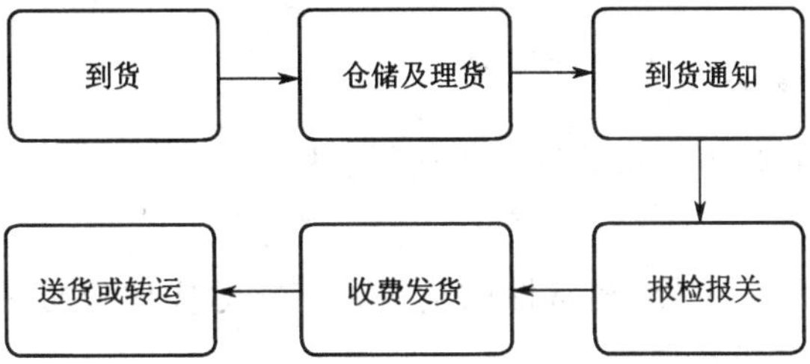


**图 2.11.6 航空货物进口运输业务程序**

**1. 到货**

航空货物入境时,与货物相关的单据(运单、发票、装箱单等)也随机到达,运输工具及货物处于海关监管之下。货物卸下后,将货物存入航空公司或机场的监管仓库,进行进口货物舱单录入,将舱单上总运单号、收货人、始发站、目的站、件数、重量、货物品名、航班号等信息通过计算机传输给海关留存,供报关用。

同时根据运单上的收货人及地址寄发取单、提货通知。若运单上收货人或通知人为某航空货运代理公司,则把运输单据及与之相关的货物交给该航空货运代理公司。

**2. 仓储及理货**

代理公司自航空公司接货后,即短途驳运进自己的监管仓库,组织理货及仓储。

理货内容如下。

(1)逐一核对每票件数,再次检查货物破损情况,遇有异常,确属接货时未发现的问题,可向民航提出交涉，最迟应在收到货物后 14 天内提出。

(2)按大货、小货，重货、轻货，单票货、混载货，危险品、贵重品，冷冻、冷藏品，分别堆存、进仓。堆存时要注意重不压轻、大不压小。

(3)登记每票货储存区号，并输入计算机。

**3. 到货通知**

货物到目的港后，货运代理应从航空运输的时效出发，为减少货主仓储费，避免海关滞报金，尽早、尽快、尽妥地通知货主到货情况，提请货主配齐有关单证，尽快报关。

**4. 报关报检**

除部分进口货存放民航监管仓库外，大部分进口货物存放于各货代公司自有的监管仓库。由于货主的需求不一，货物进口后的报检、报关、运输一般有以下几种形式：

①货运代理公司代办报检、报关、运输；

②货主自行办理报检、报关、运输；

③上述环节部分由货运代理办理，部分由货主自行办理。

**5. 收费、发货**

**1)收费**

货运代理公司仓库在发放货物前，一般先将费用收妥。收费内容有：

①到付运费及垫付佣金；

②单证、报关费；

③仓储费(含冷藏、冷冻、危险品、贵重品特殊仓储费)；

④装卸、铲车费；

⑤航空公司到港仓储费；

⑥海关预录入，动植检、卫检报验等代收代付费用；

⑦关税及垫付佣金。

除了每次结清提货的货主外，经常性的货主可与货运代理公司签订付费协议，实施先提货、后付款，按月结账的付费方法。

**2)发货**

办完报关、报验等进口手续后，无须商检的货物，货主须凭盖有海关放行章的进口提货单到所属监管仓库付费提货。如需商检的货物检验检疫合格后，要由商检机构盖章，如动植物检疫合格章、卫生检疫合格章，进口药品须有药品检验合格章等。

仓库发货时，须检验提货单据上各类报关、报验章是否齐全，并登记提货人的单位、姓名、身份证号以确保发货安全。

**6. 送货与转运**

出于多种因素，许多货主要求将进口到达货由货运代理报关、垫税，提货后运输到直接收货人手中。货运代理公司在代理客户制单、报关、垫税、提货、运输的一揽子服务中，由于工作熟练、衔接紧密、服务到位，而受到货主的欢迎。

**1)送货上门业务**

送货上门业务主要指进口清关后，货物直接运送至货主单位，运输工具一般为汽车。

2)转运业务

转运业务主要指将进口清关后货物转运至内地的货运代理公司,运输方式主要为飞机、汽车、火车、水运、邮政。

办理转运业务,需由内地货运代理公司协助收回相关费用,同时口岸货代公司亦应支付一定比例的代理佣金给内地代理公司。

3)进口货物转关及监管运输

进口货物转关是指货物入境后不在进境地海关办理进口报关手续,而运往另一设关地点办理进口海关手续。在办理进口报关手续前,货物一直处于海关监管之下。转关运输亦称监管运输,意谓此运输过程置于海关监管之中。

## 练习题

### 一、单项选择题

1. 在国际航空货物运输中 SLI 的中文全称是(　　)。

A. 航空货运单　B. 运输声明价值　C. 空运托运书　D. 运费预付

2. 在国际航空货物运输中,一票货物中包含有不同物品称为混运货物。下列(　　)不得作为混运货物运输。

A. 雨伞　B. 儿童读物　C. 外交信袋　D. 服装

3. 航空货物出口运输业务流程不包括(　　)。

A. 委托运输　B. 配航订舱　C. 接货入库　D. 到货通知

4. 在运费预付的情况下,向发货人收取费用不包括(　　)。

A. 航空运费　B. 地面运输费

C. 各种服务费和手续费　D. 代理佣金

5. 航空货物进口运输业务操作流程中不包括(　　)。

A. 仓储及理货　B. 收费、发货　C. 送货与转运　D. 配航订舱

### 二、判断题(正确 A,错误 B)

1. 在国际航空货物运输中,托运航空危险品时,托运人必须填写一份危险品申报单,并随货运至目的站。(　　)

2. 在国际航空货物运输中,收运活体动物前,必须定妥全程舱位。(　　)

3. 在国际航空货物运输中,混运货物可以办理部分货物的声明价值。(　　)

4. 我国某托运人要托运一小箱价值 USD900 的养殖珍珠,该票货在国际航空货物运输中属于贵重货物运输。(　　)

5. 在国际航空货物运输中,如果所托运的货物是易碎物品,则每件重量不应超过 25 千克,且用木箱包装,内加垫衬物,外包装上贴“易碎物品”标签。(　　)

### 三、问答题

1. 简述航空货物运输进口操作流程。

2. 简述航空货物运输出口操作流程。

### 四、操作题

从广州运往美国的一票货物,品名是 ZIPPO 打火机专用燃油,货物重量 26KGS,货运单号

999－12345675。问：

(1)托运人必须填写一式两份的何种单证？为什么？

(2)这两份单证分别如何处理？

(3)该票货物需要贴何种操作标签？

(4)在空运单“Handling Information”一栏如何填写？

# 12 航空货运单

## 12.1 航空货运单基本知识

**1. 航空货运单的要求**

运单要求用英文打字机或计算机，用英文大写字母打印，各栏内容必须准确、清楚、齐全，不得随意涂改。

货运单已填内容在运输过程中需要修改时，必须在修改项目的近处盖章注明修改货运单的空运企业名称、地址和日期。修改货运单时，应将所有剩余的各联一同修改。

航空货运单不可转让，属于航空货运单所属的空运企业(Issuing Carrier)。

**2. 航空货运单的用途**

货运单是托运人或其代理人所使用的最重要的货运文件，其作用归纳如下：

①是承运人与托运人之间缔结的运输契约；

②是承运人收运货物的证明文件；

③是运费结算凭证及运费收据；

④是承运人在货物运输组织的全过程中运输货物的依据；

⑤是国际进出口货物办理清关的证明文件；

⑥是保险证明。

**3. 航空货运单的构成**

我国国际航空货运单由一式十二联组成，包括三联正本，六联副本和三联额外副本。各联用途如表 2.12.1 所示。航空货运单实样见图 2.12.1、图 2.12.2。

表 2.12.1 国际航空货运单各联用途

| 序 号 | 名称及分发对象 | 颜 色 |
|---|---|---|
| A | Original 3 (正本 3，给托运人) | 浅蓝色 |
| B | Copy 9 (副本 9，给代理人) | 白色 |
| C | Original 1 (正本 1，交出票航空公司) | 浅绿色 |
| D | Original 2 (正本 2，给收货人) | 粉红色 |
| E | Copy 4 (副本 4，提取货物收据) | 浅黄色 |
| F | Copy 5 (副本 5，给目的地机场) | 白色 |
| G | Copy 6 (副本 6，给第三承运人) | 白色 |
| H | Copy 7 (副本 7，给第二承运人) | 白色 |
| I | Copy 8 (副本 8，给第一承运人) | 白色 |
| J | Extra copy (额外副本，供承运人使用) | 白色 |
| K | Extra copy (额外副本，供承运人使用) | 白色 |
| L | Extra copy (额外副本，供承运人使用) | 白色 |

**014** PEK | 78339785 **014-** 78339785

**Shipper's name and address** / Nom et adresse de l'expéditeur | Shipper's Account Number / N° de compte de l'expéditeur

FEDEX INTERNATIONAL FREIGHT FORWARDING AGENCY
SERVICES(SHANGHAI) COMPANY LIMITED NINGBO BRANCH
ROOM 12A01-02, 12A FLOOR, HUI JIN MANSION,
NO. 77, HE YI ROAD, NINGBO CHINA
0574-27897660

NOT NEGOTIABLE **AIR WAYBILL** (AIR CONSIGNMENT NOTE) — NON NÉGOCIABLE **LETTRE DE TRANSPORT AÉRIEN**

ISSUED BY / ÉMISE PAR **AIR CANADA Cargo** — MEMBER OF IATA / MEMBRE DE L'IATA

Copies 1, 2 and 3 of this Air Waybill are originals and have the same validity / Les exemplaires 1, 2 et 3 de cette lettre de transport sont originaux et ont la même validité

**Consignee's name and address** / Nom et adresse du destinataire | Consignee's account number / N° de compte du destinataire

FEDEX TRADE NETWORKS
7075 ORDAN DRIVE
MISSISSAUGA, ONTARIO L5T 1K6
PHONE: 905-677-7371 FAX: 905-677-2026

It is agreed that the goods described herein are accepted in apparent good order and condition (except as noted) for carriage SUBJECT TO THE CONDITIONS OF CONTRACT ON THE REVERSE HEREOF. THE SHIPPER'S ATTENTION IS DRAWN TO THE NOTICE CONCERNING CARRIERS' LIMITATION OF LIABILITY. Shipper may increase such limitation of liability by declaring a higher value for carriage and paying a supplemental charge if required.
Il est convenu que les marchandises décrites dans le présent document sont acceptées pour le transport en bon état apparent (sauf annotation contraire) et que le transport est SOUMIS AUX CONDITIONS DU CONTRAT QUI FIGURENT AU VERSO. L'ATTENTION DE L'EXPÉDITEUR EST ATTIRÉE SUR L'AVIS CONCERNANT LA LIMITATION DE RESPONSABILITÉ DU TRANSPORTEUR. L'expéditeur peut augmenter cette limitation de responsabilité en déclarant une valeur pour le transport plus élevée et en payant des frais supplémentaires s'il y a lieu.

**Issuing carrier's agent, name and city** / Nom et ville de l'agent du transporteur émetteur

**Accounting Information** / Renseignements comptables
FREIGHT PREPAID

| Agent's IATA code / Code IATA de l'agent | Account no. / N° de compte |
|---|---|
| 08301140002 | 018502 |

Airport of departure (address of first carrier) and requested routing: BEIJING

| To | By first carrier | To | By | To | By | Currency | Chgs code | WT/VAL PPD | WT/VAL COLL | Other PPD | Other COLL | Declared value for carriage | Declared value for customs |
|---|---|---|---|---|---|---|---|---|---|---|---|---|---|
| YYZ | AC | | | | | CNY | | | PP | | PP | N. V. D. | N. C. V. |

| Airport of destination | Flight/Date | Amount of insurance |
|---|---|---|
| PEARSON INTERNATIONAL | AC032/13NOV2012 | |

INSURANCE – If Carrier offers insurance, and such insurance is requested in accordance with conditions on reverse hereof, indicate amount to be insured in figures in box marked "amount of insurance".

**Handling information** / Précisions sur le traitement de l'expédition
40PKGS
ONE POUCH OF DOCS ATTD
THIS SHIPMENT CONTAINS NO SOLID WOOD PACKING MATERIALS
NOTIFY:SAME AS CONSIGNEE
SCI

| No. of Pieces RCP | Gross weight | kg/lb | Rate Class | Commodity Item No. | Chargeable weight | Rate / Charge | Total | Nature and quantity of goods (incl. dimensions or volume) |
|---|---|---|---|---|---|---|---|---|
| 40 | 198.0 | K | Q | | 198.0 | 45.19 | 8947.62<br>43*40*24: 1,<br>34*27*23: 1,<br>37*29*25: 7,<br>47*32*23: 8,<br>35*35*13: 15,<br>32*24*32: 8, | CONSOLIDATION AS PER ATTACHED MANIFEST<br>BRAIDED ELASTIC<br>SLC/STC 40PKGS<br>0.962 $M^3$ |

| Prepaid | Weight Charge | Collect |
|---|---|---|
| 8947.62 | | |
| Valuation charge | | |
| Tax | | |
| Total other Charges Due Agent | | |
| Total other Charges Due Carrier | | |
| 2366.60 | | |
| Total prepaid | | Total collect |
| 11314.22 | | |
| Currency Conversion Rates | | cc charges in Dest. Currency |
| For Carrier Use Only at Destination | | Charges at Destination / Total collect Charges |

**Other Charges** / Autres frais
AWC: 50.00
PMC: 2079.00
PSC: 237.60

Shipper certifies that the particulars on the face hereof are correct and that insofar as any part of the consignment contains dangerous goods, such part is properly described by name and is in proper condition for carriage by air according to the applicable Dangerous Goods Regulations.
L'expéditeur certifie que les indications portées sur le présent document sont exactes et que, dans la mesure où une partie quelconque de l'expédition contient des marchandises dangereuses, cette partie d'expédition est correctement désignée et bien préparée pour le transport aérien, conformément à la Réglementation pour le transport des marchandises dangereuses applicable.

Signature of Shipper or his Agent / Signature de l'expéditeur ou de son agent

11NOV12 BEIJING CHINA
Executed on (date) at (place) Signature of Issuing Carrier or its Agent

ACF2042T (2000-05) PRINTED IN CANADA - IMPRIMÉ AU CANADA

**ORIGINAL 3 (FOR SHIPPER / EXPÉDITEUR)** 78339785

图 2.12.1 航空货运单实样 1

**4. 航空货运单的限制**

一张货运单只能用于一个托运人在同一时间、同一地点托运的由承运人承运的，运往同一目的站同一收货人的一件或多件货物。

货运单可以是代表航空公司身份（由该航空公司印制）的货运单，还可以是非任何一个航空公司印制的，代表中立的货运单。

货运单的右上端印有“不可转让”（Not Negotiable）字样，其意义是指航空货运单仅作为货物航空运输的凭证，所有权属于出票航空公司，与可以转让的海运提单恰恰相反。因此，任何IATA成员都不允许印制可以转让的航空货运单，货运单上的“不可转让”字样不可被删去或篡改。

## 12.2 航空货运单填制规范

航空货运单的填制规范如下。

**1）1栏：货运单号码（The Air Waybill Number）**

货运单号码应清晰地印在货运单的左右上角以及右下角。

航空货运单的编号由航空公司编制，一般由11位数字组成，前3位和后8位之间间隔一定的距离，前3位数字为航空公司的代号，如中国国际航空公司的代号是999、德国汉莎航空公司的代号是020。在后8位中注意：第8位数字是检验号，是前7位数字对7取模的结果，第4位数字与第5位数字之间应留有比其他数字之间较大的空间。另外货运单前应填制始发站机场的IATA三字代码（如果始发地机场名称不明确，可填制机场所在城市的IATA三字代码）。

例：**PEK 999-2454 2975** 表明始发地机场是北京。

**2）2栏：托运人姓名和地址（Shipper's Name and Address），托运人账号（Shipper's Account Number）**

“托运人姓名和地址”栏填制托运人姓名（名称）、地址、国家以及托运人的电话、传真号码。“托运人帐号”栏不须填写，除非承运人需要。

**3）3栏：航空货运单所属承运人的名称及地址（Issued by）**

此处一般印有航空公司的标志、名称和地址。

**4）4栏：收货人姓名和地址（Consignee's Name and Address），收货人账号（Consignee's Account Number）**

“收货人姓名和地址”栏填制收货人姓名（名称）、地址、国家（或国家两字代码）以及收货人的电话、传真号码。“收货人账号”栏仅供承运人使用，一般不须填写，除非最后的承运人需要。

**5）5栏：签发航空货运单的承运人的代理人名称和城市（Issuing Carrier's Agent Name and City）**

填制向承运人收取佣金的国际航协代理人的名称和所在机场或城市。

**6）6栏：财务说明（Accounting Information）**

此栏目填写有关财务说明事项。

**7)7 栏:代理人国际航协代号(Agent' s IATA Code)**

代理人在非货账结算区(Non-CASS Areas),打印国际航协 7 位数字代号,例如 14-30288;代理人在货账结算区(CASS Areas),打印国际航协 7 位数字代号,后面是 3 位 CASS 地址代号,和 1 位检验号,例如 34-41234/567-1。

**8)8 栏:账号(Account No.)**

本栏一般不需填写,除非承运人需要。

**9)9 栏:始发站机场(Airport of Departure and Requested Routing)**

此栏中应填制始发站机场或所在城市的全称。

**10)10 栏:运输路线和目的站(Routing and Destination)**

Ⅰ. 至(第一承运人)[To(by First Carrier)]

填制目的站机场或第一个转运点的 IATA 三字代码(当该城市有多个机场,不知道机场名称时,可用城市代码)。

Ⅱ. 由第一承运人 By First Carrier

填制第一承运人的名称(全称或 IATA 两字代码皆可)。

Ⅲ. 至(第二承运人)[To(by Second Carrier)]

填制目的站机场或第二个转运点的 IATA 三字代码(当该城市有多个机场,不知道机场名称时,可用城市代码)。

Ⅳ. 由(第二承运人)[By(Second Carrier)]

填制第二承运人的 IATA 两字代码。

Ⅴ. 至(第三承运人)[To(by Third Carrier)]

填制目的站机场或第三转运点的 IATA 三字代码(当该城市有多个机场,不知道机场名称时,可用城市代码)。

Ⅵ. 由(第三承运人)[By ( Third Carrier)]

填制第三承运人的 IATA 两字代码。

**11)11 栏:货币(Currency)**

填制始发国的 ISO(国际标准组织)的货币代号。如:人民币 CNY。

**12)12 栏:运费代号(CHGS Code)(仅供承运人用)**

本栏一般不需填写,仅供电子传送货运单信息时使用。

**13)13 栏:航空运费(根据货物计费重量乘以适用的运价收取的运费)和声明的价值附加费的预付和到付(WT/VAL)**

**声明价值费是指第 16 栏向承运人声明价值时必须与运费一起交付声明价值费。如运费和声明价值费是预付的则在 PPD 栏填 X;如费用是到付,则在 COLL 栏填 X。**

**14)14 栏:在始发站的其他费用预付和到付(Other)**

填制规范同 13 栏。

**15)15 栏:供运输用声明价值(Declared Value for Carriage)**

打印托运人向货物运输声明的价值金额。注:NO VALUE DECLARED(NVD)表示没有申明价值。

**16)16 栏:供海关用声明价值(Declared Value for Customs)**

填制货物通关时所需的商业价值金额。如果货物没有商业价值,此栏必须填制“NCV”

字样。

17)17 栏:目的站机场(Airport of Destination)

**填制最后承运人的目的地机场全称(如果该城市有多个机场,不知道机场名称时,可用城市全称)。**

18)18 栏:航班/日期(Flight/Date)

仅供承运人使用,本栏注明的起飞日期不能视为本货物的装运日期,一般以航空货运单的签发日期作为装运日期。

本栏一般不需填写。

19)19 栏:保险的金额(Amount of Insurance)

如果承运人向托运人提供代办货物保险业务,此栏打印托运人货物投保的金额。

如果承运人不提供此项服务或托运人不要求投保时,此栏内必须打印"xxx"符号。

20)20 栏:运输处理注意事项(Handling Information)

此处填制相应的代码及航空公司注意事项附加的处理要求,例如:另请通知(ALSO NOTIFY)。除填收货人之外,如托运人还希望在货物到达的同时通知他人,应另填写通知人的全名和地址。

(1)如果是危险货物,有两种情况。一种是需要附托运人的危险品申报单,则本栏内应打印"DANGEROUS GOODS AS PER ATTACHED SHIPPER' S DECLARATION"字样;对于要求装货机上的危险货物,还应再加上"CARGO AIRCRAFT ONLY"字样。另一种是属于不要求附危险品申报单的危险货物,则应打印"SHIPPER'S DECLARATION NOT REQUIRED"字样。

(2)当一批货物中既有危险货物也有非危险货物时,应分别列明,危险货物必须列在第一项,此类货物不要求托运人附危险品申报单,且危险货物不是放射性物质且数量有限。

(3)其他注意事项尽可能使用"货物交换电报程序"(Cargo Interchange Message Procedure, CARGO-IMP)中的代号和简语。例如:

①货物上的标志、号码以及包装方法;

②货运单所附文件,如托运人的动物证明书(SHIPPER' S CERTIFICATION FOR LIVE ANIMALS)、装箱单(PACKING LIST)、发票(INVOICE)等;

③除收货人外,另请通知人(ALSO NOTIFY)的姓名、地址、国家以及电话、传真号码;

④货物所需要的特殊处理规定;

⑤海关规定等。

21)21 栏:件数/运价组合点(No. of Pieces RCP)

(1)打印货物的件数;

(2)如果使用非公布直达运价计算运费,在件数的下面还应打印运价组合点城市的 IATA 三字代码。

22)22 栏:毛重(Gross Weight)

填制适用于运价的货物实际毛重(以千克为单位时可保留至小数后 1 位)。

23)23 栏:重量单位(kg/lb)

以千克为单位用代号"K",以磅为单位用代号"L"。

24)24 栏:运价等级(Rate Class)

根据需要填制下列代号:

M——最低运费(Minimum Charge);

N——45 千克以下普通货物运价(Normal Rate);

Q——45 千克以上普通货物运价(Quantity Rate);

C——指定商品运价(Specific Commodity Rate);

R——等级货物附减运价(Class Rate Reduction);

S——等级货物附加运价(Class Rate Surcharge);

U——集装化设备基本运费或运价(Unit Load Device Basic Charge or Rate);

E——集装化设备附加运价(Unit Load Device Additional Rate);

X——集装化设备附加说明(Unit Load Device Additional Information);

Y——集装化设备折扣(Unit Load Device Discount)。

**25)25 栏:商品品名编号(Commodity Item No.)**

(1)使用指定商品运价时,此栏填制指定商品品名代码,如填编码 0007 水果(填制位置应与运价代号 C,保持同一水平);

(2)使用等级货物运价时,此栏填制附加或附减运价的比例(百分比);

(3)如果是集装货物,填制集装货物运价等级。

**26)26 栏:计费重量(Chargeable Weight)**

填制与运价相应的货物计费重量。

如果是集装货物,则:

(1)与运价代号"U"对应,填制适合集装货物基本运费的运价点重量;

(2)与运价代号"E"对应,填制超过使用基本运费的重量;

(3)与运价代号"X"对应,填制集装器空重。

**27)27 栏:运价/运费(Rate/Charge)**

(1)当使用最低运费时,此栏与运价代号"M"对应填制最低运费。

(2)填制与运价代号"N"、"Q"、"C"等相对应的运价。

(3)当货物为等级货物时,此栏与运价代号"S"或"R"对应填制附加或附减后的运价。

(4)如果货物是集装货物则:

①与运价代号"U"对应,填制集装货物的基本运费;

②与运价代号"E"对应,填制超过基本运费的集装货物运价。

**28)28 栏:总计(Total)**

填制计费重量与适用运价相乘后的运费金额。

**29)29 栏:货物品名和数量(Nature and Quantity of Goods)**

本栏应尽可能地清楚、简明,以便涉及组织该批货物运输的所有工作人员能够一目了然。

(1)填制品名要求:

①填制货物的品名(用英文大写字母);

②当一票货物中含有危险货物时,应分列填制,危险货物应列在第一项;

③运输活动物时,本栏内容应根据 IATA 活动物运输规定填制;

④对于集合货物,本栏应填制"Consolidation as per Attached List"。

(2)填制货物的体积,用长×宽×高表示。

例如,DIMS.:40 cm × 30 cm × 20 cm。

(3)可填制货物的产地国。

**30)30 栏:其他费用(Other Charges)**

承运人收取的货运单费用"C"表示，如 AWC:50.00;代理人收取的货运单费用"A",表示,如 AWA:50.00。

除了 AW—Air Waybill 货运单费之外,还有 AC—Animal Container 动物容器租费,FC—Charges Collect Fee 运费到付手续费,IN—Insurance Premium 代办保险服务费等费用。

**31)31 栏:运费重量(Weight Charge)**

货物计费重量计得的货物运费。本栏有两项,预付额和到付额。根据实际情况填制,并与28 栏金额相同。

**32)32 栏:声明价值附加费(Valuation Charge)**

如果托运人向货物运输人声明价值的话,此栏填制根据公式(声明价值 = 实际毛重 × 最高赔偿额)×0.5%,计得声明价值附加费金额。此项费用必须全部预付或全部到付。

**33)33 栏:税款(Tax)**

填制适用的税款。此项费用须全部预付或全部到付。

**34)34 栏:由代理人收取其他费用总额(Total Other Charges Due Agent)**

填制由代理人收取的其他费用总额。

**35)35 栏:由承运人收取其他费用总额(Total Other Charges Due Carrier)**

填制由承运人收取的其他费用总额。

**36)36 栏:预付运费总额(Total Prepaid)**

预付费用总额是预付运费及其他费用总额。

**37)37 栏:到付运费总额(Total Collect)**

到付费用总额是到付运费及其他费用总额。

**38)38 栏:发货人或其代理人签字(Signature of Shipper or His Agent)**

托运人或其代理人在本栏签名。

**39)39 栏:承运人或其代理人签字(Signature of Carrier or His Agent)**

承运人或其代理人在本栏签名。

**40)40 栏:承运人或其代理人签字及签发空运单(日期)、(地点)[Executed on (date) at (place)]**

按日、月、年的顺序填制签发货运单的日期(月份可用缩写),例如 06 SEP2011,地点填制机场或城市的全称或缩写。

**41)41 栏:货币兑换比价(Currency Conversion Rate)**

填制目的地国家货币代号,后面是兑换比率。

**42)42 栏:用目的地国家货币付费(CC Charges in Destination Currency)**

将到付总额使用货物换算比率折算成目的地国际货币的金额,填制在本栏内。

**43)43 栏:仅供承运人在目的站使用(For Carrier's Use Only at Destination)**

本栏不需填写。

**44)44 栏:在目的地的费用(Charges at Destination)**

最后承运人将目的地发生的费用金额填写在本栏。

**45)45 栏:到付费用总额(Total Collect Charges)**

填制到付费用总和。

1

| Shipper's Name and Address | Shipper's Account Number | Not Negotiable<br>**Air Waybill**<br>Issued by 3 | AIR CHINA 中国国际航空公司<br>BEIJING CHINA |
|---|---|---|---|
| 2 | | Copies 1, 2 and 3 of this Air Waybill are originals and have the same validity | |
| Consignee's Name and Address | Consignee's Account Number | It is agreed that the goods described herein are accepted in apparent good order and condition (except as noted) for carriage SUBJECT TO THE CONDITIONS OF CONTRACT ON THE REVERSE HEREOF. ALL GOODS MAY BE CARRIED BY ANY OTHER MEANS INCLUDING ROAD OR ANY OTHER CARRIER UNLESS SPECIFIC CONTRARY INSTRUCTIONS ARE GIVEN HEREON BY THE SHIPPER. THE SHIPPER'S ATTENTION IS DRAWN TO THE NOTICE CONCERNING CARRIER'S LIMITATION OF LIABILITY. Shipper may increase such limitation of liability by declaring a higher value of carriage and paying a supplemental charge if required. | |
| 4 | | | |
| Issuing Carrier's agent Name and City<br>5 | | Accounting Information 6 | |
| Agent's IATA Code 7 | Account No. 8 | | |
| Airport of Departure (Add. of First Carrier) and Requested Routing<br>9 | | | |

| to | by First Carrier | Rounting and Destination | To | By | To | By | Currency | CHGS Code | WT/VAT PPD | WT/VAT COLL | Other PPD | Other COLL | Declared Value for Carriage | Declared Value for Customs |
|---|---|---|---|---|---|---|---|---|---|---|---|---|---|---|
| | | 10 | | | | | 11 | 12 | 13 | | 14 | | 15 | 16 |

| Airport of Destination | Flight Date | For Carrier's use only Flight Date | Amount of Insurance | INSURANCE - If carrier offers insurance and such insurance is requested in accordance with the conditions thereof. Indicate amount to be insured in figures in box marked "Amount of Insurance." |
|---|---|---|---|---|
| 17 | | 18 | 19 | |

Handling Information

20

| No. of Pieces RCP | Gross Weight | kg lb | | Rate Class Commodity Item No. | Chargeable Weight | Rate Charge | Total | Nature and Quantity of Goods (incl. Dimensions or Volume) |
|---|---|---|---|---|---|---|---|---|
| 21 | 22 | 23 | 24 | 25 | 26 | 27 | 28 | 29 |

| | | |
|---|---|---|
| Prepaid | Weight Charge | Collect |
| 31 | | |
| Valuation Charge 32 | | |
| Tax 33 | | |

Other Charges: 30

| | |
|---|---|
| 34 Total Other Charges Due Agent | Shipper certifies that the particulars on the face hereof are correct and that insofar as any part of the consignment contains dangerous goods, such part is properly described by name and is in proper condition for carriage by air according to the applicable Dangerous Goods Regulations. |
| 35 Total Other Charges Due Carrier | Signature of Shipper or his Agent 38 |
| Total Prepaid 36 / Total Collect 37 | Shipper certifies that particulars on the face hereof are correct and agree THE CONDITIONS ON REVERSE HEREOF |
| Currency Conversion Rates 41 / CC Charges in Dest. Currency 42 | Executed on (date) 40 at (place) Signature of Issuing Carrier or his Agent 39 |
| For Carrier's Use only At Destination 43 / Charges at Destination 44 | Total Collect Charges 45 |

ORIGINAL 3 (FOR SHIPPER)

**图 2.12.2 航空运单实样 2**

## 练习题

### 一、单项选择题

1. 在国际航空货物运输中,CC表示(　　)。

A. 无声明价值　　B. 货物运费更改通知书

C. 运费到付　　D. 航空货运单

2. 在国际航空货物运输中,如果托运人没有声明价值。在航空货运单"Declared Value for Carriage"栏中必须打印(　　)。

A. AWA　　B. AWC　　C. NVD　　D. NCV

3. 托运人托运的货物,毛重每千克价值在(　　)美元以上的,可以办理货物声明价值,按规定交纳声明价值附加费。

A. 10　　B. 20　　C. 50　　D. 100

4. 航空公司与货运代理公司在进口货物交接时,出现清单有记录、有货物但没有主运单的情况,应采取(　　)方式处理。

A. 主运单退回　　B. 主运单后补　　C. 货物退回　　D. 清单加主运单号

5. 航空托运单中填列供运输用声明价值金额表示(　　)。

A. 货物的实际价值　　B. 保险公司赔偿责任的限额

C. 承运人赔偿责任的限额　　D. 海关征税的数额

### 二、判断题(正确A,错误B)

1. 填制国际航空货运单时,品名一栏一般用大写英文填写,到达香港地区的可以用中文。(　　)

2. 在国际航空运输中,托运书的"收货人"栏内不得填写"to order"或"to order of the shipper"(按托运人的指示)等字样,主要原因在于航空货运单不能转让。(　　)

3. 按《国际铁路货物联运协定》的规定,金银和金属制品、钻石、貂皮大衣、拍摄的电影片、家庭用品等货物,发货人在托运时必须声明货物价格。(　　)

4. 无运单、运单不正规或运单丢失时必须声明货物价格。(　　)

5. 填制空运单时,若目的地机场名称不明确,可填所在城市的名称。(　　)

### 三、操作题

1. 根据以下信息填写航空货运单。

从上海浦东国际机场运往日本大阪关西国际机场一批宠物狗,没有运输声明价值,托运人没有办理货物保险,运费是预付,计费重量是60千克,请在航空货运单中填入下列各项相应答案:

(1) Accounting Information;

(2) Declared Value for Carriage;

(3) Amount of Insurance;

(4) Chargeable Weight;

(5) Other Charges。

2. 根据图2.12.3所示航空货运单各栏已填写内容,说明其含义。

TSN　　ISO9001 CERTIFIED

Air Waybill Number　KEAS 11024031

[redacted]

嘉里大通物流有限公司
Kerry EAS Logistics Limited
No.21 Xiao Yun Road, San Yuan Dong Qiao,
Dong San Huan Bei Lu, Chao Yang District
Beijing, China Post Code:100027
Tel:(86-010)64518899
Fax:(86-010)64677866

Non-negotiable
**Air Waybill**
(Air Consignment note)
issued by

Copies 1,2 and 3 of this Air Waybill are originals and have the same validity

It is agreed that the goods described herein are accepted in apparent good order and condition (except as noted) for carriage SUBJECT TO THE CONDITIONS OF CONTRACT ON THE REVERSE HEREOF. ALL GOODS MAY BE CARRIED BY ANY OTHER MEANS INCLUDING ROAD OR ANY OTHER CARRIER UNLESS SPECIFIC CONTRARY INSTRUCTIONS ARE GIVEN HEREON BY THE SHIPPER, AND SHIPPER AGREES THAT THE SHIPMENT MAY BE CARRIED VIA INTERMEDIATE STOPPING PLACES WHICH THE CARRIER DEEMS APPROPRIATE. THE SHIPPER'S ATTENTION IS DRAWN TO THE NOTICE CONCERNING CARRIER'S LIMITATION OF LIABILITY. Shipper may increase such limitation of liability by declaring a higher value for carriage and paying supplemental charge if required.

**Shipper's Name and Address**
TIANJIN SAMSUNG ELECTRONICS CO.LTD
NO.12, 4TH AVENUE, DONGTING STREET,
TIANJIN TEDA 300457
TEL:86-22-2532-9155
FAX:86-22-2532-9154

**Shipper's Account Number**

**Consignee's Name and Address**
SAMSUNG MEXICANA ELECTRONICS CO.,LTD
BLVD. LOS OLIVOS NO.11110,
2DA. SECCION TIJUANA BAJA, MEXICO
TEL:(664) 969-4557
E-MAIL: D.ZERMENO@SAMSUNG.COM

**Consignee's Account Number**

**Accounting Information**
FREIGHT PREPAID
INV NO:9003154770

| Airport of Departure | Master Air Waybill No. |
| --- | --- |
| TIANJIN | 999-1454 2975 |

| to | By First Carrier (Routing and Destination) | to | by | to | by | Currency | CHGS Code | WT/VAL PPD | WT/VAL COLL | Other PPD | Other COLL | Declared value for Carriage | Declared value for Customs |
| --- | --- | --- | --- | --- | --- | --- | --- | --- | --- | --- | --- | --- | --- |
| LAX | CA2002 | | | | | CNY | | PP | | PP | | NVD | NCV |

| Airport of Destination | Flight/Date | Amount of Insurance | INSURANCE: If carrier offers insurance in accordance with conditions on reverse hereof, indicate amount to be insured in figures in box marked "Amount of Insurance" |
| --- | --- | --- | --- |
| LOS ANGELES, CA | CA2002/09SEP | XXX | |

**Handling Information** DOCS ATTD.
PLEASE NOTIFY CONSIGNEE IMMEDIATELY UPON ARRIVAL OF GOODS

| No. of Pieces RCP | Gross Weight | kg lb | Rate Class (Commodity Item No.) | Chargeable Weight | Rate / Charge | Total | Nature and Quantity of Goods (incl. Dimensions or Volume) |
| --- | --- | --- | --- | --- | --- | --- | --- |
| 2 | 7.0 | K | M | 7.0 | | | IC MOTOR DRIVER<br>IC-VFD<br>1003-001508<br>1003-002176<br><br>DIMS:35×36×8/1<br>39×39×22/1 |
| FREIGHT PREPAID AS ARRANGED | | | | | | | |

| Prepaid | Weight Charge | Collect | Other Charges |
| --- | --- | --- | --- |
| | Valuation Charge | | |
| | Tax | | |
| | Total Other Charges Due Agent | | |
| | Total Other Charges Due Carrier | | |
| Total Prepaid | | Total Collect | |
| Currency Conversion Rates | | CC Charges in Dest. Currency | |

Shipper certifies that the particulars on the face hereof are correct and that insofar as any part of the consignment contains dangerous goods, such part is properly described by name and is in proper condition for carriage by air according to the applicable Dangerous Goods Regulations.

Signature of Shipper or his Agent

| 09SEP | TIANJIN | KERRY EAS CK |
| --- | --- | --- |
| Executed on (Date) | at (Place) | Signature of Issuing Carrier or its Agent |

Air Waybill Number　KEAS 11024031

图 2.12.3　航空货运单

# 13 国际航空快递货物运输

## 13.1 国际航空快递货物运输的基本知识

从20世纪70年代开始,特快专递业务以门到门服务的形式,为客户提供快速递送各类文件资料、物品、机器零件等服务。作为社会经济发展和文明进步的反映,它的高时效性和高服务质量的特点广受用户的欢迎,至今这项业务在我国已相当普及,并成为航空运输业的一项重要业务。

### 13.1.1 快递发展的历史

国际快递的产生是因为近几十年来国际贸易和国际运输飞快地发展,客观上要求有一个比现存运输方式快得多的运输方式出现。我们从DHL的产生来了解快递的起源。

1969年3月的一天,一位名叫达尔希(Dalsey)的美国青年,到加利佛尼亚州的一家海运公司看望朋友时,听一位管理人员讲,现在一艘德国商船正停泊在夏威夷港,而提货单在旧金山制作中,需在一周时间才能寄到夏威夷港。达尔希主动提出,愿意乘飞机将文件送到夏威夷。管理人员发现此举可节省昂贵的港口使用费和滞期费等开支,便同意他充当一次特殊信使。达尔希完成任务后便联合了赫尔布罗姆(Hillblom)和林恩(Lynn)两位朋友,于1969年10月20日在旧金山成立DHL航空快件公司,服务于旧金山和夏威夷岛之间,这就是最早的国际快递公司。1974年DHL又在香港成立了DHL国际航空快件有限公司,现在DHL的总部设在布鲁塞尔,并为德国邮局所控股。

从DHL的产生可以知道,快递是社会经济发展的必然产物,社会经济的发展对快件产生了巨大的需求,从而使这个行业应运而生。

快件业务从所发运快件的内容看,主要分成快件文件和快件包裹两大类。快件文件以商务文件、资料等无商业价值的印刷品为主,也包括银行单证、合同、照片、机票等。

快件包裹又叫小包裹服务,包裹是指一些贸易成交的小型样品、零配件返修及采用快件运送方式的一些进出口货物和物品。航空快递的业务性质和运输方式与普通航空货运有较多相近之处,可以视为航空货运的延续或发展。因而,国内许多航空货运代理公司都兼营快件业务,同时也有专门的快件公司从事国际航空快件业务。

快件货物除了航空公司飞行承运之外,其全程运行必须置于快件公司的操作和控制之下。这样才能提高运送速率,减少差错,为跟踪查询提供条件,使快件运输较之于普通空运在服务水准上有了质的提高。

### 13.1.2 快递运输方式的分类

快递运输方式从大类上主要分为三种:国际快递、国内快递和同城快件。

**1. 国际快递**

国际快递就是国与国之间的以商业文件和包裹为运送对象的一种快速运送方式。

国际快递主要分为三类:门到门、门到机场、专人派送。

1)门到门服务(Door to Door)

发件人需要发货时打电话给快递公司,快递公司接到电话后,立即派人到发件人处取件。快递公司将取到的需发运的快件根据不同的目的地进行分拣、整理、核对、制单、报关。利用最近的航班,通过航空公司(或快递公司自己的班机)将快件运往世界各地。发件地的快递公司用电传、发 Email 或传真等形式将所发运快件有关信息(航空运单及分运单号、件数、重量等内容)通知中转站或目地站的快递公司。快件到达中转站或目的地机场后,由中转站或当地的快递公司负责办理清关手续、提货手续,并将快件及时送交收货人手中,之后将快件派送信息及时反馈到发件地的快递公司。

2)门到机场服务(Door to Airport )

运输服务只能到达收件人所在城市或附近的机场。快件到达目的地机场后,当地快递公司及时将到货信息通知收件人,收件人既可自己办理清关手续,也可委托原快递公司或其他代理公司办理清关手续,但需额外缴纳清关代理费用。采用这种运输方式的快件多是因为其价值较高,或是目的地海关当局对货物或物品有特殊规定。

3)专人派送(Courier on Board)

这种方式是指发件地快递公司指派专人携带快件在最短的时间内,采用最便捷的交通方式,将快件送到收件人手里。这种方式一般是在一些比较特殊的情况下,为了确保货物安全、确保交货时间而采用的。

比较起来第一种方式最普遍、最简单方便。在日常业务中如果有什么重要的文件或其他物品需要尽快交到客户手中时,只需拨打电话,很快地快递公司的专业派送人员就会上门取货,随之其他一切发运手续就由快递公司办理了。这对于发运一般的文件、成交样品等比较适合。第二种形式在时间上优于普通货运形式,同时又简化了发件人的手续,但需要收货人按自己的方式到机场办理清关、提货手续。第三种方式是一种特殊服务,一般很少采用,但用这种方式可以免去普通快件的出关、入关手续。

**2. 国内快递**

国内快递指主要在一个国家范围内进行经营快件的业务。我国很多快递公司的快件主要在中国国内进行运输,这就是国内快递。

**3. 同城快递**

同城快递,就是在同一个城市内发快递,客户不能上门自取货物的情况下,请快递公司代劳。

### 13.1.3 世界六大快递公司简介

到现在为止,在全世界形成规模的,即能在 200 个国家和地区以上有网络并能作业的,共有六家公司,即 DHL、FedEx、UPS、TNT、OCS 和依靠万国邮政联盟为基础的各国邮局,即 EMS。这六家的简要情况如下。

FedEx(Federal Express)联邦快递是典型的美国公司,靠国内快递起家。美国的国内快件,80% 以上由 FedEx 运作。现在它兼营国际快件,双管齐下。它现有员工约 143500 人,640 架飞机和 45000 辆货车。它的业务重点在亚洲和美洲之间。

UPS (United Parcel Service)联合包裹运输公司,1907 年 8 月 28 日在美国西雅图市成立。在第二次世界大战前后,主要是帮助商店做购物递送和宅急送,目前已成为美国国内最大的包裹投递商和全球最著名的包裹运送快递公司。它拥有 700 多架飞机和 88000 辆货车,论实力,在六大快递公司中占第一位。它还为自己的客户提供金融贷款。

DHL,起源于美国,现在公司被德国邮局收购,成为德国邮局控股的国际快递公司,总部设在布鲁塞尔。公司业务从一开始就是国际业务。目前在国际业务中仍占有领先地位,重点逐渐转向亚洲与欧洲之间。

TNT (Thomas National Transport) ,1946 年由澳大利亚人托马斯成立于悉尼,开始只限于国内业务。1997 年被荷兰邮局兼并,总部的名称叫 TPG(TNT Post Group),其快递业务仍叫 TNT。TPG 的业务分三部分:国际快递、邮件和物流。TNT 现有 36 架飞机、17200 辆车,以欧洲业务为主。TNT 的物流很发达,特别是有关汽车、轮胎、高科技的产品和易消耗品的物流方面。它现在是世界上的最大汽车物流供应商。

OCS (Overseas Courier Service)日本海外新闻普及株式会社。1957 年由日本东京的几家主要报纸出版人组建而成,其业务是为这些报社的国外订户发送报纸,到了 20 世纪 70 年代以后才开始做文件、包裹的国际快递业务。总部设在日本东京,业务以亚洲为中心,是和中国在快递方面合作最早的公司。

EMS 依靠万国邮政联盟。按照合约,各国邮局互为代理、互相投递来自不同国家和地区的快件,同时将自己收到的快件交到收件人手中,其业务也在不断地发展。

## 13.2 航空快递的特点

航空快件运输(尤其是包裹运输)与普通航空货物运输相比,其基本程序和需要办理的手续相同,所需的运输单据和报关单证也基本一样,都要向航空公司办理托运,都要与收发货人及承运人办理单货交接手续,都要提供相应的报关单证向海关办理进出口报关手续。

但是,航空快运作为一项专门业务而独立存在,亦具有其他运输运式所不能取代的特点。试以航空快运业务与普通航空货运业务、国际邮政业务做简单的比较,从中可以看出航空快运业务具有以下的特点和作用。

**1. 快递公司有完善的快递网络**

快递以时间、递送质量区别于其他运输方式,它的高效运转只有依靠完善的网络才能进行。这种网络要求,无论始发地、中转地、到达地都能服务于网络,同时网络具有相当强的整合能力。

**2. 从收运范围来看,航空快运以收运文件和小包裹为主**

文件包括银行票据、贸易合同、商务信函、装船单据、小件资料等,包裹包括机器上的小零件、小件样品、急用备件等。快运公司对收件有最大重量和最大体积的限制。

普通航空货运则以收运进出口贸易货物为主,并且规定每件货物的最小体积不得小于 5 cm × 10 cm × 20 cm,每票货物的最小重量不得小于 0.5 kg。

邮政业务则以运送私人信函为主要业务范围,要求货物的体积、重量较之航空快件为小。航空快件、普通航空货运、邮政国际业务三者业务范围之间有一定交叉,但又各有自己相对的经营领域和服务范围,其主导业务是有明显区分的。

**3. 特殊的单据 POD (Proof of Delivery)**

从运输和报关单来看,航空快运业务中有一种其他运输形式所没有的单据。POD 是航空快运中重要的单据。它由多联组成(各快运公司的 POD 不尽相同),一般有发货人联、随货同行联、财务结算联、收货人签收联等,其上印有编号及条形码。POD类似于航空货运中的分运单,但比航空分运单的用途更为广泛。它具有:

①商务合同作用;

②分运单作用;

③服务时效、服务水平记录作用;

④配合电脑检测、分类、分拨作用;

⑤结算作用。

**4. 流程环节全程控制**

从服务层次来看,航空快运因设有专人负责,减少了内部交接环节,缩短了衔接时间,因而运送速度快于普通航空货运业务和邮递业务,这是快运业务有别于其他运输形式的最本质、最根本的一点。

**5. 高度的信息化控制**

从服务质量来看,航空快件在整个运输过程中都处于电脑的监控之下,快件每经一个中转港或目的港,电脑都得输入其动态(提货、转运、报关等),派送员将货送交收货人时,让其在POD上签收(日期、姓名)后,电脑操作员将送货情况输入电脑,这样,信息很快就能反馈到发货方。一旦查询,立刻就能得到准确的回复。这种运输方式使收发货人都感到安全、可靠。

普通的航空货物虽然在送交收货人时也让其在底单上签字,但这种底单主要是作为货物已交付货主的凭证存入档案,而不是作为回执反馈发货方。虽然有些航空货运代理公司也开始向发货方国外代理反馈货物处理信息,但反馈信息的速度和准确度远不如航空快运业务。

邮政业务没有运送信息反馈,邮件丢失查找困难,被动查询时,按顺序一个邮局接一个邮局查询,一个邮局接一个邮局回复,信息返回缓慢。

## 练习题

### 一、单项选择题

1. 国外老客户要求寄送一般丝绸面料样品,量不多但要求快速,怎样寄送样品和处理样品寄送费用?(　　)。

A. 邮政的航空大包,寄费到付　　B. 邮政的航空大包,寄费预付

C. 航空快递,寄费预付　　D. 航空快递,寄费到付

2. 航空快递业务的形式不包括(　　)。

A. 从机场到机场　　B. 门到门

C. 站到站　　D. 场到场

3. 世界前四大快递公司不包括(　　)。

A. DHL　　B. UPS　　C. TNT　　D. EMS

4. 对航空快递业务中交付凭证(Proof of Delivery, POD)的表述,错误的是(　　)。

A. 留在始发地并用于出口报关　　B. 贴附在货物表面,随货同行

C. 相当于普货空运中的主运单　　D. 作为快递公司内部结算的依据

5. 邮件按传递时限分为普通邮件和(　　)。

A. 航空邮件　　B. 国际邮件　　C. 特快专递邮件　　D. 给据邮件

**二、判断题**

1. 一票货物装船后，国际货运代理人委托快递公司派人去承运人处取回提单，快递工作人员在路上将该全套提单遗失。为使承运人能够补发提单，货运代理人应该要求快递公司登报申明该套提单作废。(　　)

2. 航空快递是航空运输方式中最为快捷、方便的运输方式，又称"桌到桌运输"。(　　)

3. 快递不接受托运名酒、饮料等液体之类货物。(　　)

4. 正常邮件在收寄时不给出收据，处理时不登记，投递时不要收件人签字，，也不承担赔偿责任，邮政企业不接受查询。(　　)

5. 平常信函和明信片邮局收寄时不付予收据，且平常信函中不准夹寄非纸质性物品。(　　)

**三、问答题**

简述航空快递应注意的问题。

# 附　　录

# 附录　金康合同范本
# （中英文对照）

| | |
|---|---|
| 1. Shipbroker | RECOMMENDED<br>THE BALTIC AND INTERNATIONAL MARITIME COUNCIL<br>UNIFORM GENERAL CHARTER (AS REVISED 1922, 1976 and 1994)<br>(To be used for trades for which no specially approved form is in force)<br>CODE NAME: "GENCON"<br>Part I<br>2. Place and date |
| 3. Owners/Place of business (Cl. 1) | 4. Charterers/Place of business (Cl. 1) |
| 5. Vessel's name (Cl. 1) | 6. GT/NT (Cl. 1) |
| 7. DWT all told on summer load line in metric tons (abt.) (Cl. 1)<br>9. Expected ready to load (abt.) (Cl. 1) | 8. Present position (Cl. 1) |
| 10. Loading port or place (Cl. 1) | 11. Discharging port or place (Cl. 1) |
| 12. Cargo (also state quantity and margin in Owners' option, if agreed; if full and complete cargo not agreed state "part cargo") (Cl. 1) | |
| 13. Freight rate (also state whether freight prepaid or payable on delivery) (Cl. 4) | 14. Freight payment (state currency and method of payment; also beneficiary and bank account) (Cl. 4) |
| 15. State if vessel's cargo handling gear shall not be used (Cl. 5)<br>17. Shippers/Place of business (Cl. 6)<br>18. Agents (loading) (Cl. 6)<br>19. Agents (discharging) (Cl. 6) | 16. Laytime (if separate laytime for load. and disch. is agreed, fill in a) and b). If total laytime for load. and disch., fill in c) only) (Cl. 6)<br>a) Laytime for loading<br>b) Laytime for discharging<br>c) Total laytime for loading and discharging |
| 20. Demurrage rate and manner payable (loading and discharging) (Cl. 7) | 21. Cancelling date (Cl. 9)<br>22. General Average to be adjusted at (Cl. 12) |
| 23. Freight Tax (state if for the Owners' account) (Cl. 13 (c))<br>25. Law and Arbitration (state 19 (a), 19 (b) or 19 (c) of Cl. 19; if 19 (c) agreed also state Place of Arbitration) (if not filled in 19 (a) shall apply) (Cl. 19)<br>(a) State maximum amount for small claims/shortened arbitration (Cl. 19) | 24. Brokerage commission and to whom payable (Cl. 15)<br>26. Additional clauses covering special provisions, if agreed |

It is mutually agreed that this Contract shall be performed subject to the conditions contained in this Charter Party which shall include Part I as well as Part II. In the event of a conflict of conditions, the provisions of Part I shall prevail over those of Part II to the extent of such conflict.

| | |
|---|---|
| Signature (Owners) | Signature (Charterers) |

Printed by The BIMCO Charter Party Editor

# PART II

## "Gencon" Charter (As Revised 1922, 1976 and 1994)

**1.** It is agreed between the party mentioned in Box 3 as the Owners of the Vessel named in Box 5, of the GT/NT indicated in Box 6 and carrying about the number of metric tons of deadweight capacity all told on summer loadline stated in Box 7, now in position as stated in Box 8 and expected ready to load under this Charter Party about the date indicated in Box 9, and the party mentioned as the Charterers in Box 4 that:

The said Vessel shall, as soon as her prior commitments have been completed, proceed to the loading port(s) or place(s) stated in Box 10 or so near thereto as she may safely get and lie always afloat, and there load a full and complete cargo (if shipment of deck cargo agreed same to be at the Charterers' risk and responsibility) as stated in Box 12, which the Charterers bind themselves to ship, and being so loaded the Vessel shall proceed to the discharging port(s) or place(s) stated in Box 11 as ordered on signing Bills of Lading, or so near thereto as she may safely get and lie always afloat, and there deliver the cargo.

**2. Owners' Responsibility Clause**

The Owners are to be responsible for loss of or damage to the goods or for delay in delivery of the goods only in case the loss, damage or delay has been caused by personal want of due diligence on the part of the Owners or their Manager to make the Vessel in all respects seaworthy and to secure that she is properly manned, equipped and supplied, or by the personal act or default of the Owners or their Manager.

And the Owners are not responsible for loss, damage or delay arising from any other cause whatsoever, even from the neglect or default of the Master or crew or some other person employed by the Owners on board or ashore for whose acts they would, but for this Clause, be responsible, or from unseaworthiness of the Vessel on loading or commencement of the voyage or at any time whatsoever.

**3. Deviation Clause**

The Vessel has liberty to call at any port or ports in any order, for any purpose, to sail without pilots, to tow and/or assist Vessels in all situations, and also to deviate for the purpose of saving life and/or property.

**4. Payment of Freight**

(a) The freight at the rate stated in Box 13 shall be paid in cash calculated on the intaken quantity of cargo.

(b) Prepaid. If according to Box 13 freight is to be paid on shipment, it shall be deemed earned and non-returnable, Vessel and/or cargo lost or not lost.

Neither the Owners nor their agents shall be required to sign or endorse bills of lading showing freight prepaid unless the freight due to the Owners has actually been paid.

(c) On delivery. If according to Box 13 freight, or part thereof, is payable at destination it shall not be deemed earned until the cargo is thus delivered. Notwithstanding the provisions under (a), if freight or part thereof is payable on delivery of the cargo the Charterers shall have the option of paying the freight on delivered weight/quantity provided such option is declared before breaking bulk and the weight/quantity can be ascertained by official weighing machine, joint draft survey or tally.

Cash for Vessel's ordinary disbursements at the port of loading to be advanced by the Charterers, if required, at highest current rate of exchange, subject to two (2) per cent to cover insurance and other expenses.

**5. Loading/Discharging**

*(a) Costs/Risks*

The cargo shall be brought into the holds, loaded, stowed and/or trimmed, tallied, lashed and/or secured and taken from the holds and discharged by the Charterers, free of any risk, liability and expense whatsoever to the Owners. The Charterers shall provide and lay all dunnage material as required for the proper stowage and protection of the cargo on board, the Owners allowing the use of all dunnage available on board. The Charterers shall be responsible for and pay the cost of removing their dunnage after discharge of the cargo under this Charter Party and time to count until dunnage has been removed.

*(b) Cargo Handling Gear*

Unless the Vessel is gearless or unless it has been agreed between the parties that the Vessel's gear shall not be used and stated as such in Box 15, the Owners shall throughout the duration of loading/discharging give free use of the Vessel's cargo handling gear and of sufficient motive power to operate all such cargo handling gear. All such equipment to be in good working order. Unless caused by negligence of the stevedores, time lost by breakdown of the Vessel's cargo handling gear or motive power - pro rata the total number of cranes/winches required at that time for the loading/discharging of cargo under this Charter Party - shall not count as laytime or time on demurrage. On request the Owners shall provide free of charge cranemen/winchmen from the crew to operate the Vessel's cargo handling gear, unless local regulations prohibit this, in which latter event shore labourers shall be for the account of the Charterers. Cranemen/winchmen shall be under the Charterers' risk and responsibility and as stevedores to be deemed as their servants but shall always work under the supervision of the Master.

*(c) Stevedore Damage*

The Charterers shall be responsible for damage (beyond ordinary wear and tear) to any part of the Vessel caused by Stevedores. Such damage shall be notified as soon as reasonably possible by the Master to the Charterers or their agents and to their Stevedores, failing which the Charterers shall not be held responsible. The Master shall endeavour to obtain the Stevedores' written acknowledgement of liability.

The Charterers are obliged to repair any stevedore damage prior to completion of the voyage, but must repair stevedore damage affecting the Vessel's seaworthiness or class before the Vessel sails from the port where such damage was caused or found. All additional expenses incurred shall be for the account of the Charterers and any time lost shall be for the account of and shall be paid to the Owners by the Charterers at the demurrage rate.

**6. Laytime**

* *(a) Separate laytime for loading and discharging*

The cargo shall be loaded within the number of running days/hours as indicated in Box 16, weather permitting, Sundays and holidays excepted, unless used, in which event time used shall count.

The cargo shall be discharged within the number of running days/hours as indicated in Box 16, weather permitting, Sundays and holidays excepted, unless used, in which event time used shall count.

* *(b) Total laytime for loading and discharging*

The cargo shall be loaded and discharged within the number of total running days/hours as indicated in Box 16, weather permitting, Sundays and holidays excepted, unless used, in which event time used shall count.

*(c) Commencement of laytime (loading and discharging)*

Laytime for loading and discharging shall commence at 13.00 hours, if notice of readiness is given up to and including 12.00 hours, and at 06.00 hours next working day if notice given during office hours after 12.00 hours. Notice of readiness at loading port to be given to the Shippers named in Box 17 or if not named, to the Charterers or their agents named in Box 18. Notice of readiness at the discharging port to be given to the Receivers or, if not known, to the Charterers or their agents named in Box 19.

If the loading/discharging berth is not available on the Vessel's arrival at or off the port of loading/discharging, the Vessel shall be entitled to give notice of readiness within ordinary office hours on arrival there, whether in free pratique or not, whether customs cleared or not. Laytime or time on demurrage shall then count as if she were in berth and in all respects ready for loading/discharging provided that the Master warrants that she is in fact ready in all respects. Time used in moving from the place of waiting to the loading/discharging berth shall not count as laytime.

If, after inspection, the Vessel is found not to be ready in all respects to load/discharge time lost after the discovery thereof until the Vessel is again ready to load/discharge shall not count as laytime.

Time used before commencement of laytime shall count.

* *Indicate alternative (a) or (b) as agreed, in Box 16.*

**7. Demurrage**

Demurrage at the loading and discharging port is payable by the Charterers at the rate stated in Box 20 in the manner stated in Box 20 per day or pro rata for any part of a day. Demurrage shall fall due day by day and shall be payable upon receipt of the Owners' invoice.

In the event the demurrage is not paid in accordance with the above, the Owners shall give the Charterers 96 running hours written notice to rectify the failure. If the demurrage is not paid at the expiration of this time limit and if the vessel is in or at the loading port, the Owners are entitled at any time to terminate the Charter Party and claim damages for any losses caused thereby.

**8. Lien Clause**

The Owners shall have a lien on the cargo and on all sub-freights payable in respect of the cargo, for freight, deadfreight, demurrage, claims for damages and for all other amounts due under this Charter Party including costs of recovering same.

**9. Cancelling Clause**

(a) Should the Vessel not be ready to load (whether in berth or not) on the cancelling date indicated in Box 21, the Charterers shall have the option of cancelling this Charter Party.

(b) Should the Owners anticipate that, despite the exercise of due diligence, the Vessel will not be ready to load by the cancelling date, they shall notify the Charterers thereof without delay stating the expected date of the Vessel's readiness to load and asking whether the Charterers will exercise their option of cancelling the Charter Party, or agree to a new cancelling date.

Such option must be declared by the Charterers within 48 running hours after the receipt of the Owners' notice. If the Charterers do not exercise their option of cancelling, then this Charter Party shall be deemed to be amended such that

## PART II

"Gencon" Charter (As Revised 1922, 1976 and 1994)

the seventh day after the new readiness date stated in the Owners' notification to the Charterers shall be the new cancelling date.
The provisions of sub-clause (b) of this Clause shall operate only once, and in case of the Vessel's further delay, the Charterers shall have the option of cancelling the Charter Party as per sub-clause (a) of this Clause.

**10. Bills of Lading**

Bills of Lading shall be presented and signed by the Master as per the "Congenbill" Bill of Lading form, Edition 1994, without prejudice to this Charter Party, or by the Owners' agents provided written authority has been given by Owners to the agents, a copy of which is to be furnished to the Charterers. The Charterers shall indemnify the Owners against all consequences or liabilities that may arise from the signing of bills of lading as presented to the extent that the terms or contents of such bills of lading impose or result in the imposition of more onerous liabilities upon the Owners than those assumed by the Owners under this Charter Party.

**11. Both-to-Blame Collision Clause**

If the Vessel comes into collision with another vessel as a result of the negligence of the other vessel and any act, neglect or default of the Master, Mariner, Pilot or the servants of the Owners in the navigation or in the management of the Vessel, the owners of the cargo carried hereunder will indemnify the Owners against all loss or liability to the other or non-carrying vessel or her owners in so far as such loss or liability represents loss of, or damage to, or any claim whatsoever of the owners of said cargo, paid or payable by the other or non-carrying vessel or her owners to the owners of said cargo and set-off, recouped or recovered by the other or non-carrying vessel or her owners as part of their claim against the carrying Vessel or the Owners. The foregoing provisions shall also apply where the owners, operators or those in charge of any vessel or vessels or objects other than, or in addition to, the colliding vessels or objects are at fault in respect of a collision or contact.

**12. General Average and New Jason Clause**

General Average shall be adjusted in London unless otherwise agreed in Box 22 according to York-Antwerp Rules 1994 and any subsequent modification thereof. Proprietors of cargo to pay the cargo's share in the general expenses even if same have been necessitated through neglect or default of the Owners' servants (see Clause 2).
If General Average is to be adjusted in accordance with the law and practice of the United States of America, the following Clause shall apply: "In the event of accident, danger, damage or disaster before or after the commencement of the voyage, resulting from any cause whatsoever, whether due to negligence or not, for which, or for the consequence of which, the Owners are not responsible, by statute, contract or otherwise, the cargo shippers, consignees or the owners of the cargo shall contribute with the Owners in General Average to the payment of any sacrifices, losses or expenses of a General Average nature that may be made or incurred and shall pay salvage and special charges incurred in respect of the cargo. If a salving vessel is owned or operated by the Owners, salvage shall be paid for as fully as if the said salving vessel or vessels belonged to strangers. Such deposit as the Owners, or their agents, may deem sufficient to cover the estimated contribution of the goods and any salvage and special charges thereon shall, if required, be made by the cargo, shippers, consignees or owners of the goods to the Owners before delivery.".

**13. Taxes and Dues Clause**

(a) On Vessel -The Owners shall pay all dues, charges and taxes customarily levied on the Vessel, howsoever the amount thereof may be assessed.
(b) On cargo -The Charterers shall pay all dues, charges, duties and taxes customarily levied on the cargo, howsoever the amount thereof may be assessed.
(c) On freight -Unless otherwise agreed in Box 23, taxes levied on the freight shall be for the Charterers' account.

**14. Agency**

In every case the Owners shall appoint their own Agent both at the port of loading and the port of discharge.

**15. Brokerage**

A brokerage commission at the rate stated in Box 24 on the freight, dead-freight and demurrage earned is due to the party mentioned in Box 24.
In case of non-execution 1/3 of the brokerage on the estimated amount of freight to be paid by the party responsible for such non-execution to the Brokers as indemnity for the latter's expenses and work. In case of more voyages the amount of indemnity to be agreed.

**16. General Strike Clause**

(a) If there is a strike or lock-out affecting or preventing the actual loading of the cargo, or any part of it, when the Vessel is ready to proceed from her last port or at any time during the voyage to the port or ports of loading or after her arrival there, the Master or the Owners may ask the Charterers to declare, that they agree to reckon the laydays as if there were no strike or lock-out. Unless the Charterers have given such declaration in writing (by telegram, if necessary) within 24 hours, the Owners shall have the option of cancelling this Charter Party. If part cargo has already been loaded, the Owners must proceed with same, (freight payable on loaded quantity only) having liberty to complete with other cargo on the way for their own account.
(b) If there is a strike or lock-out affecting or preventing the actual discharging of the cargo on or after the Vessel's arrival at or off port of discharge and same has not been settled within 48 hours, the Charterers shall have the option of keeping the Vessel waiting until such strike or lock-out is at an end against paying half demurrage after expiration of the time provided for discharging until the strike or lock-out terminates and thereafter full demurrage shall be payable until the completion of discharging, or of ordering the Vessel to a safe port where she can safely discharge without risk of being detained by strike or lock-out. Such orders to be given within 48 hours after the Master or the Owners have given notice to the Charterers of the strike or lock-out affecting the discharge. On delivery of the cargo at such port, all conditions of this Charter Party and of the Bill of Lading shall apply and the Vessel shall receive the same freight as if she had discharged at the original port of destination, except that if the distance to the substituted port exceeds 100 nautical miles, the freight on the cargo delivered at the substituted port to be increased in proportion.
(c) Except for the obligations described above, neither the Charterers nor the Owners shall be responsible for the consequences of any strikes or lock-outs preventing or affecting the actual loading or discharging of the cargo.

**17. War Risks ("Voywar 1993")**

(1) For the purpose of this Clause, the words:
(a) The "Owners" shall include the shipowners, bareboat charterers, disponent owners, managers or other operators who are charged with the management of the Vessel, and the Master; and
(b) "War Risks" shall include any war (whether actual or threatened), act of war, civil war, hostilities, revolution, rebellion, civil commotion, warlike operations, the laying of mines (whether actual or reported), acts of piracy, acts of terrorists, acts of hostility or malicious damage, blockades (whether imposed against all Vessels or imposed selectively against Vessels of certain flags or ownership, or against certain cargoes or crews or otherwise howsoever), by any person, body, terrorist or political group, or the Government of any state whatsoever, which, in the reasonable judgement of the Master and/or the Owners, may be dangerous or are likely to be or to become dangerous to the Vessel, her cargo, crew or other persons on board the Vessel.

(2) If at any time before the Vessel commences loading, it appears that, in the reasonable judgement of the Master and/or the Owners, performance of the Contract of Carriage, or any part of it, may expose, or is likely to expose, the Vessel, her cargo, crew or other persons on board the Vessel to War Risks, the Owners may give notice to the Charterers cancelling this Contract of Carriage, or may refuse to perform such part of it as may expose, or may be likely to expose, the Vessel, her cargo, crew or other persons on board the Vessel to War Risks; provided always that if this Contract of Carriage provides that loading or discharging is to take place within a range of ports, and at the port or ports nominated by the Charterers the Vessel, her cargo, crew, or other persons onboard the Vessel may be exposed, or may be likely to be exposed, to War Risks, the Owners shall first require the Charterers to nominate any other safe port which lies within the range for loading or discharging, and may only cancel this Contract of Carriage if the Charterers shall not have nominated such safe port or ports within 48 hours of receipt of notice of such requirement.

(3) The Owners shall not be required to continue to load cargo for any voyage, or to sign Bills of Lading for any port or place, or to proceed or continue on any voyage, or on any part thereof, or to proceed through any canal or waterway, or to proceed to or remain at any port or place whatsoever, where it appears, either after the loading of the cargo commences, or at any stage of the voyage thereafter before the discharge of the cargo is completed, that, in the reasonable judgement of the Master and/or the Owners, the Vessel, her cargo (or any part thereof), crew or other persons on board the Vessel (or any one or more of them) may be, or are likely to be, exposed to War Risks. If it should so appear, the Owners may by notice request the Charterers to nominate a safe port for the discharge of the cargo or any part thereof, and if within 48 hours of the receipt of such notice, the Charterers shall not have nominated such a port, the Owners may discharge the cargo at any safe port of their choice (including the port of loading) in complete fulfilment of the Contract of Carriage. The Owners shall be entitled to recover from the Charterers the extra expenses of such discharge and, if the discharge takes place at any port other than the loading port, to receive the full freight as though the cargo had been

## PART II

### "Gencon" Charter (As Revised 1922, 1976 and 1994)

carried to the discharging port and if the extra distance exceeds 100 miles, to additional freight which shall be the same percentage of the freight contracted for as the percentage which the extra distance represents to the distance of the normal and customary route, the Owners having a lien on the cargo for such expenses and freight.

(4) If at any stage of the voyage after the loading of the cargo commences, it appears that, in the reasonable judgement of the Master and/or the Owners, the Vessel, her cargo, crew or other persons on board the Vessel may be, or are likely to be, exposed to War Risks on any part of the route (including any canal or waterway) which is normally and customarily used in a voyage of the nature contracted for, and there is another longer route to the discharging port, the Owners shall give notice to the Charterers that this route will be taken. In this event the Owners shall be entitled, if the total extra distance exceeds 100 miles, to additional freight which shall be the same percentage of the freight contracted for as the percentage which the extra distance represents to the distance of the normal and customary route.

(5) The Vessel shall have liberty:-

(a) to comply with all orders, directions, recommendations or advice as to departure, arrival, routes, sailing in convoy, ports of call, stoppages, destinations, discharge of cargo, delivery or in any way whatsoever which are given by the Government of the Nation under whose flag the Vessel sails, or other Government to whose laws the Owners are subject, or any other Government which so requires, or any body or group acting with the power to compel compliance with their orders or directions;

(b) to comply with the orders, directions or recommendations of any war risks underwriters who have the authority to give the same under the terms of the war risks insurance;

(c) to comply with the terms of any resolution of the Security Council of the United Nations, any directives of the European Community, the effective orders of any other Supranational body which has the right to issue and give the same, and with national laws aimed at enforcing the same to which the Owners are subject, and to obey the orders and directions of those who are charged with their enforcement;

(d) to discharge at any other port any cargo or part thereof which may render the Vessel liable to confiscation as a contraband carrier;

(e) to call at any other port to change the crew or any part thereof or other persons on board the Vessel when there is reason to believe that they may be subject to internment, imprisonment or other sanctions;

(f) where cargo has not been loaded or has been discharged by the Owners under any provisions of this Clause, to load other cargo for the Owners' own benefit and carry it to any other port or ports whatsoever, whether backwards or forwards or in a contrary direction to the ordinary or customary route.

(6) If in compliance with any of the provisions of sub-clauses (2) to (5) of this Clause anything is done or not done, such shall not be deemed to be a deviation, but shall be considered as due fulfilment of the Contract of Carriage.

**18. General Ice Clause**

*Port of loading*

(a) In the event of the loading port being inaccessible by reason of ice when the Vessel is ready to proceed from her last port or at any time during the voyage or on the Vessel's arrival or in case frost sets in after the Vessel's arrival, the Master for fear of being frozen in is at liberty to leave without cargo, and this Charter Party shall be null and void.

(b) If during loading the Master, for fear of the Vessel being frozen in, deems it advisable to leave, he has liberty to do so with what cargo he has on board and to proceed to any other port or ports with option of completing cargo for the Owners' benefit for any port or ports including port of discharge. Any part cargo thus loaded under this Charter Party to be forwarded to destination at the Vessel's expense but against payment of freight, provided that no extra expenses be thereby caused to the Charterers, freight being paid on quantity delivered (in proportion if lumpsum), all other conditions as per this Charter Party.

(c) In case of more than one loading port, and if one or more of the ports are closed by ice, the Master or the Owners to be at liberty either to load the part cargo at the open port and fill up elsewhere for their own account as under section (b) or to declare the Charter Party null and void unless the Charterers agree to load full cargo at the open port.

*Port of discharge*

(a) Should ice prevent the Vessel from reaching port of discharge the Charterers shall have the option of keeping the Vessel waiting until the re-opening of navigation and paying demurrage or of ordering the Vessel to a safe and immediately accessible port where she can safely discharge without risk of detention by ice. Such orders to be given within 48 hours after the Master or the Owners have given notice to the Charterers of the impossibility of reaching port of destination.

(b) If during discharging the Master for fear of the Vessel being frozen in deems it advisable to leave, he has liberty to do so with what cargo he has on board and to proceed to the nearest accessible port where she can safely discharge.

(c) On delivery of the cargo at such port, all conditions of the Bill of Lading shall apply and the Vessel shall receive the same freight as if she had discharged at the original port of destination, except that if the distance of the substituted port exceeds 100 nautical miles, the freight on the cargo delivered at the substituted port to be increased in proportion.

**19. Law and Arbitration**

* (a) This Charter Party shall be governed by and construed in accordance with English law and any dispute arising out of this Charter Party shall be referred to arbitration in London in accordance with the Arbitration Acts 1950 and 1979 or any statutory modification or re-enactment thereof for the time being in force. Unless the parties agree upon a sole arbitrator, one arbitrator shall be appointed by each party and the arbitrators so appointed shall appoint a third arbitrator, the decision of the three-man tribunal thus constituted or any two of them, shall be final. On the receipt by one party of the nomination in writing of the other party's arbitrator, that party shall appoint their arbitrator within fourteen days, failing which the decision of the single arbitrator appointed shall be final.

For disputes where the total amount claimed by either party does not exceed the amount stated in Box 25** the arbitration shall be conducted in accordance with the Small Claims Procedure of the London Maritime Arbitrators Association.

* (b) This Charter Party shall be governed by and construed in accordance with Title 9 of the United States Code and the Maritime Law of the United States and should any dispute arise out of this Charter Party, the matter in dispute shall be referred to three persons at New York, one to be appointed by each of the parties hereto, and the third by the two so chosen; their decision or that of any two of them shall be final, and for purpose of enforcing any award, this agreement may be made a rule of the Court. The proceedings shall be conducted in accordance with the rules of the Society of Maritime Arbitrators, Inc..

For disputes where the total amount claimed by either party does not exceed the amount stated in Box 25** the arbitration shall be conducted in accordance with the Shortened Arbitration Procedure of the Society of Maritime Arbitrators, Inc..

* (c) Any dispute arising out of this Charter Party shall be referred to arbitration at the place indicated in Box 25, subject to the procedures applicable there. The laws of the place indicated in Box 25 shall govern this Charter Party.

(d) If Box 25 in Part 1 is not filled in, sub-clause (a) of this Clause shall apply.

* *(a), (b) and (c) are alternatives; indicate alternative agreed in Box 25.*

** *Where no figure is supplied in Box 25 in Part 1, this provision only shall be void but the other provisions of this Clause shall have full force and remain in effect.*

**1. 兹由第3栏所列的下述船舶所有人与第4栏所指的承租人,双方协议如下**

船舶名见第5栏,总/净登记吨见第6栏,货物载重量大约吨数见第7栏,现在动态见第8栏,根据本租船合同做好装货准备的大约时间见第9栏。

上述船舶一旦完成前个合同,应驶往第10栏所列的装货港口或地点,或船舶能安全抵达并始终浮泊的附近地点,装载第12栏所列的货物,满舱满载。(如协议装运甲板货,则由承租人承担风险)承租人约束自己装运该货,船舶经此装载后,应驶往第11栏所列的,在签发提单时指定的卸货港口或地点,或船舶能安全抵达并始终浮泊的附近地点,交付货物。

**2. 船舶所有人责任条款**

船舶所有人对货物的灭失、损坏或延迟交付的责任限于造成灭失、损坏或延迟的原因是由于船舶所有人或其经理人本身未尽谨慎使船舶各方面适航,并保证适当配备船员、装备船舶和配备供应品,或由于船舶所有人或其经理人本身的行为或不履行职责。船舶所有人对由于其他任何原因造成的货物灭失、损坏或延迟,即使是由于船长或船员或船舶所有人雇佣的船上或岸上人员的疏忽或不履行职责(如无本条规定,船舶所有人应对他们的行为负责),或由于船舶在装货或开航当时或其他任何时候不适航所造成的,亦概不负责。

**3. 绕航条款**

船舶有权为任何目的以任何顺序挂靠任何港口,有无引航员在船均可航行,在任何情况下拖带和/或救助他船,亦可为拯救人命和/或财产而绕航。

**4. 运费支付**

(a)运费应按第13栏规定的费率,按所装货物的数量计算以现金支付。

(b)运费预付。如按第13栏规定运费应预付,则运费视为已挣得,无论船舶/货物是否灭失,不得返还。除非运费已支付给船东,否则船东或其代理无须签发运费预付提单。

(c)运费到付。如按第13栏规定运费或部分运费为到付,则运费直到货物卸完才视为挣得。不论(a)款如何规定,如运费或部分运费为到付,租家有权在开舱前选择按卸货重量/数量支付运费,且该重量/数量可由官方计量器或联检或理货确定。如经要求,承租人应现金垫付船舶在装货港的经常费用,而按最高兑换率折合并附加2%抵偿保险费和其他费用。

**5. 装卸**

(a)费用/风险

承租人负责把货物送至舱内,装船、积载和/或平舱,绑扎和/或加固,并从舱内提取和卸货,船舶所有人不承担任何风险、责任和费用。如要求并为保护所装货物,承租人应提供并放置所有垫舱物料,船东允许在船上使用所有有用的垫料。承租人根据本租约负责在卸货后移走所有垫料,并计入装卸时间。

(b)船吊

除非船舶无船吊或双方同意并在第15栏中记载不使用船舶装卸设备,船舶应在整个装/卸货物的过程中提供该装卸设备,并提供足够的动力。所有该设备应处于良好工作状态,除非由于装卸工人的疏忽,所有因船舶装卸设备或动力不足引起的时间损失——根据本租约规定的船吊/温车数量按比例计算——不得计入装卸时间或滞期时间。

应要求船舶所有人应提供船员充当船吊/温车司机,如当地法律禁止,则承租人应负责岸上的劳工费用。船吊/温车司机由承租人负责风险和责任,装卸工人视为其雇佣人员,但由船长监督工作。

(c)装卸工人损害

承租人负责装卸工人造成的对船舶的损害(除正常的损耗)。该损害应由船长尽可能快地通知承租人或其代理和装卸工人,否则承租人不负责任。船长应尽力取得装卸工人的书面责任证据。

承租人必须在航次结束前修复装卸工人所造成的对船舶的损害,但如该损害有损船舶的适航则应在造成或发现损害的港口起航前修复,所有额外费用由承租人负责,时间损失按滞期费率由承租人支付给船东。

**6. 装卸时间**

(a)装货和卸货分别计算时间

如天气许可,货物应在第16栏规定的连续天/小时数内装完,星期日和节假日除外,除非已使用,但只计算实际使用的时间。

(b)装货和卸货混合计算时间

如天气许可,货物应在第16栏规定的总的连续天/小时数内装卸完毕,星期日和节假日除外,除非已使用,但只计算实际使用的时间。

(c)装卸时间的起算

如准备就绪通知书在中午12点之前(包括12点)递交,装卸时间从下午1时起算;如通知书在12点以后递交,装卸时间从下一个工作日上午6时起算。在装货港,通知书应递交给第17栏中规定的托运人。如未指定则递交给18栏中的承租人或其代理。在卸货港,通知书应递交给收货人,如未知,则递交给19栏中的承租人或其代理。

如船舶到达装/卸港而无泊位,则船舶有权在到达后在办公时间内递交通知书,无论检疫与否,无论清关与否,且如船长保证船舶在各方面均准备完毕,如已靠泊并在各方面做好装/卸准备一样,装卸时间或滞期时间开始计算。从等泊位置移到装/卸泊位的时间不计入装卸时间。

如经检验发现船舶未准备就绪,从发现之时起至再次准备就绪的时间不得计入装卸时间。

装卸时间起算前已实际使用的时间计为装卸时间。

协议选择(a)或(b),并填入第16栏。

**7. 滞期费**

滞期费用由承租人按第20栏中规定的每日费率,不足一日者按比例计算,按日支付,并在收到船东的发票后支付。

如未按上述规定支付,船东应给承租人书面通知其在96小时内支付,如仍未在此期限内付清,且如船舶在装港,则船东有权在任何时候中止本租约并向其索赔由此引起的任何损失。

**8. 留置权条款**

船舶所有人得因未收取的运费、亏舱费、滞期费和滞留损失和所有应付费用包括为取得该笔收入所花的费用而对货物和该批货物的转租运费有留置权。

**9. 解约条款**

(a)如船舶未能在第21栏规定的解约日做好装货准备(不论靠泊与否),承租人有权解除本合同。

(b)如船东预计虽谨慎处理仍无法在解约日前准备装货,则应立即通知承租人其预计准备好的日期,并询问是否解约或同意新的解约日。

(c)承租人应在收到该通知后 48 小时内宣布,如承租人未行使其解约权,则本租约视为修改如下:船东在通知中宣布的准备完毕日期后的第七天为新的解约日。

(c),(b)款规定只能适用一次,如船舶再次延误,则承租人可选择按本条(a)款解除本租约。

**10. 提单**

船长或如船东给其代理书面授权后由船东代理,按所呈上的 1994 年版"CONGENBILL"格式在不损害本租约的利益下签发提单,给承租人一副本。如承租人所签发的提单加重了船东在本租约下的责任和义务,则应向船东赔偿由此引起的损失。

**11. 互有责任碰撞条款**

如有船舶由于他船疏忽以及本船船长、船员、引水员或承运人的雇佣人员在驾驶或管理船舶中的疏忽或不履行职责而与他船相撞,则本船货主应就他船亦即非本船货物所有人所载货物的船舶或该船舶所有人所受的一切损害或所负一切责任给予本船承运人赔偿,但此种赔偿应以上述损害或责任是指已由或应由他船亦即非本船货物所有人所载货物的船舶或该船舶所有人付与上述货主所受灭失或损害或其提出的任何要求的数额为限,并由他船亦即非本船货物所有人所载货物的船舶作为其向所载船舶或承运人提出的索赔的一部分,将其冲抵,补偿或收回。

上述规定在非属碰撞船舶或物体,或在碰撞船舶之外的任何船舶所有人、经营人或主管人,在碰撞、触碰、搁浅或其他事故中犯有过失时,亦应适用。

**12. 共同海损和新杰森条款**

共同海损按 1994 年约克—安特卫普规则和其任何修订版本在伦敦进行理算,除非 22 栏另有规定,即使共同海损费用是由船舶所有人的雇佣人员的疏忽或不履行职责所致,货主还应支付其中货物的分摊数额(参见第 2 条)。

如共同海损根据美国的法律和实践进行理算,则适用如下条款:"如果在航次开始以前或以后,由于不论是疏忽与否的任何原因而引起的意外、危险、损害或灾难,而根据法令、契约或其他规定,承运人对此类事件或其后果都不负责,则货物托运人、收货人或货主应在共同海损中与承运人一起分担可能构成或可能发生的具有共同海损性质的牺牲、损失或费用,并应支付关于货物方面所发生的救助费用或特殊费用,如救助船舶为本承运人所有或经营,则其救助费用应当犹如该救助船舶系第三者所有一样,全额支付。承运人或其代理人所认为足以支付货物方面的预计分摊款额及其救助费用和特殊费用的保证金,如有需要,应由货方、托运人、收货人或货主在提货之前给予承运人。"

**13. 税收和使费条款**

(a)关于船舶——船东支付所有对船舶征收的使费、费用和税。

(b)关于货物——承租人支付所有对货物征收的使费、费用和税。

(c)关于运费——承租人支付所有对运费征收的税,除非第 23 栏另有规定。

**14. 代理**

在任何情况下,装货港和卸货港由船舶所有人指定自己的代理人。

**15. 经纪人费用**

经纪人的佣金按已收取的运费、亏舱运费和滞期费,以第 24 栏所规定的费率,支付给第 24 栏所指定的当事人。合同不履行时,由责任方向经纪人至少支付按估算的运费确定的佣金的1/3,作为经纪人所花费用和工作的补偿。在多航次情况下,补偿的数额由双方协议。)

**16. 普通罢工条款**

(a)当船舶从上一港口准备起航时,或在驶往装货港的途中,或在抵港后,如因罢工或停工而影响全部或部分货物装船,船长或船舶所有人可以要求承租人声明同意按没有发生罢工或停工的情况计算装卸时间。如承租人未在24小时内以书面(必要时以电报)做出声明,船舶所有人有解除合同的选择权。如果部分货物已经装船,则船舶所有人必须运送该货物(运费仅按装船的数量支付),但有权按自己的利益在途中揽运其他货物。

(b)当船舶抵达卸货港或港外之时或之后,如由于罢工或停工而影响货物的卸载,并且在48小时内未能解决时,收货人可选择使船舶等待到罢工或停工结束,并在规定的装卸时间届满后,支付半数滞期费,或者指示船舶驶往一没有因罢工或停工而延误和危险的安全港口卸货。这种指令应在船长或船舶所有人将影响卸货的罢工或停工情况通知承租人后48小时内发出。在这种港口交付货物时,本租船合同和提单中的所有条款都将适用,并且,船舶应和原目的港卸货一样,收取相同的运费,但当到替代港口的距离超过100海里时,在替代港所交付的货物运费应按比例增加。

(c)除了上述规定,承租人和船东对任何罢工或停工而无法或影响货物装卸所引起的后果均不负责任。

**17. 战争风险(Voywar1993)**

(1)本条定义:

(a)"船东"指船舶所有人、光船租船人、实际承运人、船舶经营人或其他管理人员或船长。

(b)"战争风险"包括任何实际的或预料的战争、敌对行为、军事行动、内战、内乱或革命、破坏活动、海盗行为、侵略行为、敌对或恶意行为、封锁,或任何个人、团体、侵略者、政府、交战国或组织宣布为封锁的任何行动(无论是针对所有船舶或某一船旗的船舶,或针对某种货物或船员),且根据船长和/或船东的合理判断,可能或似乎将对船舶、其货物、船员或船上其他人员构成危险。

(2)如在船舶开始装货前的任何时候,根据船长和/或船东的合理判断,发现履行合同或任何部分合同将使船舶或船长和船员后货物在航次任何阶段遭受战争风险,则船舶所有人有权告知承租人解除本租船合同,或拒绝履行部分合同。如果该租约规定了装卸货物港的范围,且承租人指定的港口将使船舶、货物、船员或其他船上人员遭受战争风险,船东应首先要求承租人指定在范围内的其他港口,仅在承租人收到该要求48小时后仍未指定安全港时有权解除租船合同。

(3)无论在开始装货后或在卸货结束前的航行的任何阶段,根据船长和/或船东的合理判断,发现船舶、货物(或部分货物)、船员或船上其他人员将遭受战争风险,则不能要求船长继续装货或继续航程或部分航程或签发提单,或通过任何运河或水道,或前往或滞留在任何港口。如发生此种情况,船东应通知承租人指定卸货的安全港口。如在收到该通知48小时后,承租人未指定所述港口,船东有权选择在任何安全港口(包括装货港)卸下货物,并视为合同的全部履行。船东有权从承租人那里得到因该卸货的额外支出,如在非装货港卸货,则就像货物运达至目的性一样船东有权收取全部运费,如超过原卸港100海里,则按距离收取额外运费,且船东有权因该支出和运费留置货物。

(4)如在装货开始后,根据船长和/或船东的合理判断,发现船舶、货物(或部分货物)、船员或船上其他人员将在正常和习惯航线(包括运河和水道)中遭受战争风险,且有一条至卸货港的较长航线,则船东应通知承租人他将采用该航线,在此情况下,如总的航行距离超过原航线100海里,则船东有权按距离收取额外运费。

(5)船舶可以自由:

(a)服从船旗国或根据法律船东应遵守的国家,或其他政府或团体或组织所发出的有关装载、离港、到港、航线、护航、挂港、停航、目的港、地区、水域、卸载、交货或任何其他方面的任何命令、指令或建议;

(b)服从任何个人依据本船的战争险条款有权发出的任何命令、指令或建议;

(c)服从联合国安理会的提议,欧盟指令,或其他任何有权超国家的团体所发出的指令,船东应遵守的国际法和其他强制性命令和指令;

(d)在任何港口卸货或部分货物,该货物可能使船舶因视为走私而被充公;

(e)挂靠任何港口以调换船员或部分船员或船上的其他人员,因有理由认为他们可能被埋葬、入狱或受制裁;

(f)当根据本条规定未装货或已卸货时,船东为其自身利益装运其他货物,并运至其他港口,无论是向前或返回或与正常或习惯航线相反航行。

(6)如根据本条(2)至(5)款规定而作为或不作为,都不得视为绕航,而应视为本租约的完全履行。

**18. 普通冰冻条款**

**1)装货港**

(1)当船舶准备从上一港口开航时,或在航程中的任何时候,或在船舶抵达时,因冰冻而不能进入装货港,或者,在船舶抵港后发生冰冻,船长可以因担心船舶被冻结而决定不装运货物离港,本租船合同因此失效。

(2)如在装货过程中,船长因担心船舶被冻结而认为离港更有利时,他可以决定载运已装船的货物离港,并可为船舶所有人的利益将船舶驶往任何其他港口揽载货物运至包括卸货港在内的任何其他港口。根据本租船合同已装船的任何部分货物,在不因此增加收货人额外费用的条件下,由船舶所有人转运至目的港并承担费用,但运费仍应支付,此运费按交付的货物数量计付(若为整笔运费,则按比例支付),所有其他条件按租船合同。

(3)如装货港不止一个,并且其中一个或数个因冰冻而关闭,船长或船舶所有人可选择在不冻港装载部分货物,并按(1)款规定,为其自身利益而在其他地点揽载货物,或者,当承租人不同意在不冻港装载货物时,宣布本租船合同失效。

(4)本冰冻条款不适用春季。

**2)卸货港**

(1)如船舶因冰冻(春季除外)而不能抵达卸货港,收货人可选择使船舶等候至恢复通航,并支付滞期费,或指示船舶驶往一安全并能立即驶入并安全卸货而没有因冰冻而滞留风险的港口。这种指示应在船长或船舶所有人向承租人发出船舶不能抵达目的港通知后48小时做出。

(2)如在卸货期间,船长担心船舶被冻结而认为离港更为有利时,他可以决定载运船上货物离港,并驶往能驶入并能安全卸货的最近港口。

(3)在此种港口交货时,提单上的所有条件应适用,船舶应按其在原目的港卸货一样,收取相同运费,但如到达替代港口的距离超过100海里,则在替代港口交付货物的运费应按比例增加。

**19. 法律和仲裁**

*(a)本租约适用英国法,如有任何争议应提交至伦敦根据1950年和1979年仲裁法以及随着时间增长所做的修订版进行仲裁。除非双方同意独任仲裁,适用三人仲裁庭,双方各指定一名,第三人由该两人选择,他们或其中任何两人的决断是最终的。一方收到另一方已指定一名仲裁员的书面通知后,应在14天内指定另一名仲裁员,否则已指定的那名仲裁员的决断为最终决断。

如争议金额未超过第25栏规定的金额**,该仲裁应按伦敦海事仲裁委员会的小额索赔程序进行。

*(b)本租约适用美国法典第9条和美国海运法,如有任何争议应提交至纽约的三人仲裁庭,双方各指定一名,第三人由该两人选择,他们或其中任何两人的决断是最终的,为执行该决断,应按法庭规则达成该协议。仲裁应按海事仲裁协会规则进行。

如争议金额未超过25栏规定的金额**,该仲裁应按纽约仲裁协会的简易仲裁程序进行。

*(c)本租约引起的任何争议应提交至25栏指定的地方仲裁,25栏指定地点的法律适用本租约。

(d)如25栏未填写,适用本条(a)款。

*(a),(b)和(c)选择其一,并填入第25栏。

**如第I部分25栏未填,本款无效,但本条其他款仍然全部有效。

**注:由于本书篇幅所限,以下内容详见光盘附录:**

①世界机场三字代码;

②中国机场三字代码;

③主要国家两字代码;

④世界城市三字代码;

⑤航空公司代码及数字代码;

⑥航空货运操作代码;

⑦空运常见缩写代码、空运常见的危险品代码;

⑧集装箱内外尺寸对照表。

# 参 考 文 献

[1] 中国国际货运代理协会. 国际海上货运代理理论与实务[M].北京:中国商务出版社,2010.

[2] 中国国际货运代理协会.国际航空货运代理理论与实务[M].北京:中国商务出版社,2010.

[3] 海关总署报关员资格考试教材编写委员会.2011 年版报关员资格全国统一考试教材 [M]. 北京:中国海关出版社,2011.